AVR 마이크로컨트롤러 혼자서 터득하기

윤창용 · 이희진 지음

홍릉과학출판사

머리말

과학문명의 발달로 우리 주변 곳곳에는 자동화 시스템이 무수히 많이 존재하고 있다. 이러한 시스템은 마이크로프로세서를 동반하게 되고, 시스템들의 특성을 향상시키기 위한 다양한 기능도 필요하게 되면서 하나의 칩 안에 많은 기능을 집적화하여 시스템의 규모를 작고 강하게 만든 마이크로컨트롤러가 적용되고 있다.

마이크로컨트롤러는 지금까지 주류도 자리잡았던 8비트 시장이 32비트 시장으로 넘어가는 형세에 있으나 아직도 교육 및 초소형 기능이 필요로 하는 산업분야와 안정성과 신뢰성을 보장해야 하는 분야에서는 8비트를 많이 사용되고 있다. 그러나 가격 대 기능이 뛰어난 범용 32비트 마이크로컨트롤러의 시장 규모는 점점 커져가고 있어 점차적으로 8비트 시장은 줄어들 것으로 전망된다.

본 교재는 현재 8비트 마이크로컨트롤러 중에 가장 많은 사랑을 받고 오랜 시간 많은 분야에서 사용되면서 안정성과 신뢰성이 보장되고 있는 ATmega128의 기본 기능을 교육용 키트를 이용하여 혼자서도 손쉽게 실습하고 이해할 수 있도록, 첫째 실습 예제가 교육용 키트에서 어떻게 동작하는지 사진과 함께 설명하고, 둘째 배포용 CodeVisionAVR을 이용하여 실습 예제의 C 프로그램의 작성과 컴파일을 각각의 사진과 함께 단계적으로 제시하고, 셋째 교육용 키트의 전원 및 배선 연결을 각각의 사진과 함께 단계별로 알려준다. 또한 실습 예제의 이해를 증진시키기 위하여 예제를 3단계로 나누어 설명하고 있다. 첫 단계는 아두이노와 같은 함축형 프로그램 방식이고 두 번째 단계는 일반적인 프로그램 방식으로 컴파일러가 제공하는 헤더파일을 이용하여 각각의 레지스터를 직접적으로 사용하는 방법이다. 세 번째 단계는 두 번째 단계에서의 컴파일러가 제공하는 헤더파일 대신 직접 레지스터의 주소를 정의하여 사용하는 방법으로 학생들에게 데이터 메모리에서의 레지스터 위치와 사용법을 간접적으로 알게 해주는 방법이다.

각 단계에서 프로그램의 이해를 높이고자 각 라인별로 주석에 대한 해석을 자세히 제공하고 있으며 하드웨어 블록도와 회로도를 제공하고 중요 회로의 동작에 대하여 설명하고 있다. 각 프로그램이나 회로에 적용된 내용은 각 절의 마지막에 이론을 추가하여 학생들이 이론적으로 접근하도록 하고 있다.

본 교재는 5개의 장과 부록으로 구성되어 있으며 실습장비는 ㈜한백전자 HBE-MCU-MULTI Ver. 2.0을 사용한다. 제 1장은 마이크로프로세서/마이크로컨트롤러/ATmega128의 특징과 기본 기능에 대한 간단한 소개, 제 2장은 I/O의 입출력에 대한 것으로 LED 출력, FND 출력, 스위치 입력과 LED 출력, 스위치 입력과 FND 출력, 제 3장은 폴링 방식과 인터럽트 벡터 방식의 외부 인터럽트, 제 4장은 8비트와 16비트 타이머 모드 및 8비트 카운터 모드, 제 5장은 폴링 방식 및 인터럽트 벡터 방식의 비동기 직렬통신과 문자형 LCD에 대하여 다루고 있다. 또한 부록은 AVR Studio, CodeVisionAVR, 하이퍼터미널, 헤더파일의 설치 방법에 대하여 나타내고 있다.

이 책을 만드는데 힘이 되어주신 하나님에게 감사드리며, 교재의 개발을 위하여 여러모로 지원해주신 (주)한백전자 및 홍릉과학출판사에게 고마움을 표하는 바이다. 또한, “본 연구는 2017년도 한경대학교 연구년 경비의 지원에 의한 것임.” 이다.

끝으로 본 교재의 개선점이나 틀린 점이 있으면 언제라도 지적하여 주시기 바라며, 본 교재를 통하여 자신감 있고 창의력 있는 엔지니어로서 성장하시기를 기원하는 바이다.

2019년 저자

목 차

CHAPTER 01 ATmega128 마이크로컨트로러

CHAPTER 02 입출력(I/O) 포트

CHAPTER 03 외부 인터럽트

CHAPTER 04 타이머/카운터 기본기능

CHAPTER 05 비동기 직렬통신

부록 AVR Studio/CodeVisionAVR/하이퍼터미널/헤더파일 설치하기

그림목차

표목차

CHAPTER 01

ATmega128 마이크로컨트롤러

마이크로프로세서(microprocessor)는 연산 처리 회로를 하나의 칩 안에 집적하여 소형화시킨 형태를 의미하며 컴퓨터의 중앙 처리 장치(CPU)라고도 한다. 마이크로프로세서는 칩에 더 많은 트랜지스터를 포함시킬 수 있는 집적회로 기술이 발전하면서 4비트, 8비트의 워드를 64비트 워드까지 처리할 수 있게 되어 오늘날 대부분의 컴퓨터는 64비트 구조를 갖고 있다. 그러나 소형화와 저가격이 요구되는 가전과 IT 제품들은 마이크로프로세서 코어에 메모리, 여러 종류의 주변장치 기능(타이머, 직렬통신, ADC 등), 입출력 포트들을 함께 집적화한 마이크로컨트롤러(microcontroller)라는 칩을 개발하여 적용하고 있으며 이를 MCU(Micro-Controller Unit)라고도 부른다. 마이크로컨트롤러는 여러 응용분야에 필요한 기능들을 한 칩 내에서 모두 제공하고 있으며. 시스템 내부의 칩 개수를 줄여주어 가볍고 최적화된 가격과 개발기간을 줄여주게 된다. 최근에는 16비트 마이크로컨트롤러는 사라지고 널리 사용되고 있던 8비트 마이크로컨트롤러 수요가 줄어들고 있는 반면 고속화된 32비트 마이크로컨트롤러들이 보편화 되어 가고 있는 실정이다.

1.1 마이크로프로세서

마이크로프로세서는 중앙처리장치(CPU : Central Processing Unit)라고도 부르며 컴퓨터의 연산장치와 제어장치를 1개의 작은 실리콘 칩에 집적시킨 처리장치로 연산을 미리 확립된 순서에 의해 체계적으로 실행할 뿐만 아니라 컴퓨터의 각 장치에 제어 신호를 제공하는 제어장치를 1개의 작은 실리콘 칩에 집적시킨 초대

규모 집적회로로 이루어진 처리장치이다.

내부는 비교, 판단, 연산을 담당하는 논리연산장치(ALU : Arithmetic Logic Unit)와 명령어의 해석과 실행을 담당하는 제어장치(control unit)로 구성된다. 논리연산장치는 각종 덧셈을 수행하는 가산기(adder)와 산술과 논리연산의 결과를 일시적으로 기억하는 누산기(accumulator), 중앙처리장치에 있는 일종의 임시 기억장치인 레지스터(register) 등으로 구성되어 있다. 제어장치는 프로그램의 수행 순서를 제어하는 프로그램 계수기(program counter), 현재 수행중인 명령어의 내용을 임시 기억하는 명령 레지스터(instruction register), 명령 레지스터에 수록된 명령을 해독하여 수행될 장치에 제어신호를 보내는 명령 해독기(instruction decoder)로 이루어져 있다.

이러한 마이크로프로세서에 CTC(타이머/카운터), PIO(병렬 입출력), SIO(직렬 입출력), ROM(프로그램 메모리), RAM(데이터 메모리) 등의 주변 부품의 기능을 함께 집적화시킨 것인 마이크로컨트롤러이며, 필요에 따라 특수기능(PWM, ADC, EEPROM, RTC, LAN)들도 추가적으로 포함하여 사용한다.

마이크로프로세서는 동작방식에 따라 CISC와 RISC 구조로 구분한다.

(1) CISC(Complex Instruction Set Computer)

폰노이만 형식인 마이크로프로세서가 프로그램을 실행하는데 주기억 장치에 명령어와 데이터(오퍼랜드)를 같이 저장하고 명령어 코드를 해석한 후에 실행하는 복잡한 마이크로 코드를 기반으로 한 마이크로프로그램 방식의 구조를 기반으로 설계된 방식이다. 어셈블리 언어와 같은 프로그래밍의 언어 수준을 고려하고 표준화와 호환성에 중점을 두었으며 복잡한 명령어 형식과 어드레싱 모드를 사용해서 해당 프로그램의 메모리 요구량을 절약할 수 있으나 구조가 복잡해서 생산단가가 비싸다. 명령어 세트의 크기가 크며 명령어 형식이 다양하나 실제로 많이 사용되는 명령어의 수는 그리 많지 않으며 명령어에 따라 가변적이며 짧은 명령어는 1클록 만에 수행되는 것도 있고 수 백 클록이 소요되는 명령어들도 있다.

(2) RISC(Reduced Instruction Set Computer)

제어장치들을 모두 하드와이어(hard wire)로 구성함으로써 하드웨어에 의한 직접적인 실행에 의해 명령어 처리속도가 빠르며 명령어 수가 적고 명령어 형식이 간단하다. 명령어 처리에 파이프라인 기법을 적용하고 있으며, 프로그램 메모리와 데이터 메모리를 분리시켜서 명령어들은 프로그램 메모리에 저장하고 데이터들은 데이터 메모리에 저장한 후에 프로그램을 수행하는 하버드 구조(harvard architecture)를 사용하기도 한다. RISC는 모든 명령어가 2바이트 혹은 4바이트 워드 단위로 고정되어 있기 때문에 명령어 인출은 항상 메모리를 한번만 참조함으로써 명령어 인출 단계의 속도를 향상시킬 수 있다. 즉, 고정길이 명령어로서 1개 명령어를 수행하는데 1개 클록이면 실행된다. 마이크로프로세서 내부에 많은 범용 레지스터를 내장하고 데이터들을 미리 내부 레지스터로 가지고 와서 실행함으로써 처리속도가 향상되나 컴파일러에 많은 부분을 의존함으로써 컴파일러 설계가 어렵다.

1.2 AVR 마이크로컨트롤러

ATmega128 칩은 ATMEL사(현재 Microchip Technology사에 병합)에서 개발된 RISC(Reduced Instruction Set Computer) 구조의 저전력 CMOS 8-Bit 마이크로컨트롤러인 AVR 시리즈 마이크로컨트롤러 중 하나이다. AVR 마이크로컨트롤러는 1997년에 처음 발표한 8비트 제어용 마이크로프로세서로서, Alf-Egil Bogen과 Vegard Wollan의 진보된 RISC 기술을 기반으로 하였다고 하여 첫 글자를 따서 AVR이라고 명명한 것이다. AVR 마이크로컨트롤러는 대부분의 명령이 단일 클록으로 실행되어 동작 속도를 혁신적으로 개선하였으며, 임베디드 환경에 적합한 저전력 소모의 칩이다. AVR은 데이터 메모리와 프로그램 메모리가 분리된 하버드 구조를 따르고 있어, CPU의 데이터 처리 속도를 높일 수 있다는 장점을 가지고 있다. AVR RISC 구조는 CISC 마이크로컨트롤러보다 10배 이상의 빠른 속도로 프로그램 실행이 이루어지는 보다 편리한 코드 체계를 가진다. 또한, ATMEL사의 장점인 플래시 메모리 기술과 접목시켜 칩 내에 프로그램 코드용으로 플래시 메모리를 내장하고 여기에 사용자 프로그램을 쉽게 다운로드할 수 있는 ISP(In-System Programming) 방식을 적용하고 있다. 이와 같은 많은 장점 때문에 상대적으로 늦게 출시되었음에도 불구하고 8051이나 PIC을 능가하는 인기를 단시간 내에 얻게 되었다. 현재 AVR 마이크로컨트롤러는 ATtiny와 ATmega 및 ATxmega 패밀리의 3가지 기본 모델이 널리 사용되고 있다.

(1) AVR 마이크로컨트롤러 특징

AVR은 저가의 고기능 마이크로컨트롤러로서 다음과 같은 특성을 갖고 있다.

- RISC(Reduced Instruction Set Code) 구조를 가지고 있으며, 대부분 단일 사이클 명령을 실행할 수 있다. AVR의 RISC 구조는 통상적인 RISC처럼 명령어와 주소지정 방식이 작지 않아 어셈블리어 프로그램 작성에서 불리하지 않으면서도 통상적인 RISC처럼 속도가 매우 빠른 유사 RISC의 특성을 갖고 있다.
- 연산과 데이터 저장을 한 번에 할 수 있는 하버드 구조(Harvard Architecture)를 가지고 있다. 프로그램 메모리와 데이터 메모리가 구분되지 않은 폰노이만(von Neumann) 방식이 아니고, 프로그램 메모리와 데이터 메모리가 분리되어 있는 하버드 구조를 채택하였다.
- 32개의 8비트 범용 레지스터를 가지는 레지스터 중심형 구조이며, 단순한 어드레싱 모드와 간결한 프로그램 코드 사이즈를 가지도록 하는 등 C언어 프로그램에 매우 유리하도록 설계되어 있다.
- CMOS 기술을 채택하고 있어, 소비전력이 매우 적고 동작전압이 1.8-5.5V로 큰 장점이 있다. 다양한 동작 모드를 제공해 저전력 동작을 지원하고, 잡음여유와 입력 임피던스가 큰 장점이 있으나 정전기 및 과전압에 의한 파손 위험이 큰 단점도 있다.
- CMOS 기술에 의해 1[kbytes]~256[kbytes] 플래시 롬 메모리와 변수 저장을 위한 EEPROM 및 SRAM이 작은 칩 하나에 내장되어 있다.
- 유사 RISC 구조와 32개의 레지스터 사용 및 고-집적으로 대부분 1 머신 사이클에 명령어가 실행되어 보통 1[MHz]당 1[MIPS]의 처리속도를 보인다.
- 8핀에서 100핀의 외형과 이에 상응하는 메모리와 기능을 갖는 다양한 시리즈의 제품이 존재하여 적절한 응용에 대응하여 제어기를 개발할 수 있다. 모델에 따라 병렬 입출력(I/O) 포트, 내장 시스템 클록 발진기, 8비트 타이머/카운터, 16비트 타이머/카운터, 워치독 타이머, UART 또는 USART, SPI, TWI (I^2C), 아날로그 비교기, 10비트 ADC, PWM 출력, RTC, 브라운-아웃 검출

(brown-out detector) 등 매우 다양한 입출력(I/O) 기능을 가지고 있다.

- 외부에 버스를 가지는 모델에서는 이 외부 시스템 버스를 이용하여 데이터 메모리 또는 입출력(I/O) 디바이스를 확장할 수 있다.
- 다양한 인터럽트 소스와 처리 기능을 가지고 있고, 여러 가지 파워절약 모드를 내장하고 있다.
- 무료 개발 도구인 AVR Studio 등, 다양하고 값싼 개발 도구가 이용가능하다.
- 내부에 롬라이터와 같은 기능을 하는 부분이 내장되어 있어, 내부 플래시 롬을 롬라이터 없이 읽고 쓸 수 있다. 따로 값 비싼 롬라이터를 이용하지 않고도 PCB 기판 상에 마이크로컨트롤러를 실장하고 전원과 클록이 공급되는 상태에서 프로그래밍이 가능한 ISP(In System Program) 기능이 제공된다.

(2) AVR 마이크로컨트롤러 종류

AVR은 크게 Tiny, Mega, Xmega 시리즈로 나뉠 수 있다. 여기서 배우는 ATmega128은 Mega 시리즈 중에서도 고기능 고성능의 마이크로컨트롤러이다.

■ Tiny 시리즈

핀수가 8~24핀 정도의 작은 외형으로 대부분 외부 시스템 버스가 없고 내부에 1[kbytes]~2[kbytes] 정도의 플래시 메모리를 가지고 있어 용량도 작은 편이다. UART를 지원하지 않고 RTC 타이머가 없으며 16비트 타이머가 없고 8비트 타이머만 1~2개 있는 등 기능이나 성능이 비교적 낮지만 가격이 저렴하여 소형제어기에 적당하다.

■ Mega 시리즈

28~100핀 정도의 외형을 갖고 내부에 8[kbytes]~256[kbytes] 정도의 플래시 메모리와 256[bytes]~4[kbytes] 정도의 EEPROM과 512[bytes]~4[kbytes]의 SRAM을 내장하고 있다. 20[MHz]의 클록에서 20[MIPS]의 속도를 갖는 등 성능과 기능이 높으나 가격도 높다.

■ Xmega 시리즈

32~100핀 정도의 외형을 갖고 내부에 8[kbytes]~384[kbytes] 정도의 플래시

메모리와 512[bytes]~4[kbytes] 정도의 EEPROM과 1[kbytes]~ 32[kbytes]의 SRAM을 내장하고 있다. 32[MHz]의 클록 속도를 갖는 등 성능과 기능이 Mega 시리즈 보다 우수하고 가격도 높다.

1.3 ATmega128 마이크로컨트롤러

ATmega128은 ATMEL사의 8비트 마이크로컨트롤러로 다양한 분야에서 널리 사용되고 있으며, 128[kbytes]의 플래시 메모리와 4[kbytes]의 SRAM 및 4[kbytes]의 EEPROM을 가지고 있다. 또한 전력 소모를 줄이기 위해서 여섯 개의 슬립모드(Idle, ADC Noise Reduction, Power down, Power save, Standby, Extended Standby)를 지원한다. 인터페이스로 8채널의 10비트 ADC를 지원하며, JTAG 인터페이스도 가지고 있다. 프로그램 메모리의 명령어는 하나의 파이프라인을 통하여 각 클록 주기마다 명령어가 실행되므로 데이터 처리 속도가 빠르다. 이것이 RISC 프로세서가 지니는 가장 큰 장점이다. 또한, 프로그램을 위한 버스와 데이터를 위한 버스가 독립적으로 분리된 하버드 구조에 의하여 프로그램 메모리와 데이터 메모리를 동시에 접근할 수 있다.

(1) ATmega128 특징

ATmega128 계열은 향상된 RISC 구조를 기반으로 한 하버드 구조로 되어있어 기존의 폰노이만 구조보다 명령 처리가 훨씬 빠르고 효율적이다.

(가) 고성능 저전력 소모의 RISC 구조

- 133개의 명령이 대부분이 1클록에 실행됨
- 32×8 비트 범용 레지스터 및 주변장치 제어 레지스터
- 16[MHz] 클록을 이용하면 16[MIPS]까지의 명령 처리 속도 가능

(나) 비휘발성 데이터 및 프로그램 메모리

- 128[kbytes] ISP 방식의 프로그램용 플래시 메모리 내장
- 4[kbytes] 내부 SRAM

- 4[kbytes] EEPROM(100,000번 쓰기/삭제 가능)
- 외부 64[kbytes] 메모리 영역(선택할 경우)
- 소프트웨어 보안을 위한 메모리 잠금 프로그래밍 기능

(다) 특수 기능

- 6개의 슬립 모드
- 내부 RC 오실레이터와 외부 크리스털을 연결하기 위한 발진 회로 내장
- 외부, 내부 인터럽트 소스

(라) 다양한 주변 장치

- 시스템 클록을 발생하는 내부 RC 오실레이터 회로와 외부에 크리스털이나 세라믹 레조네이터를 접속할 수 있는 발진 회로 내장
- 리셋을 포함한 총 35개의 인터럽트
  - 8채널 10비트 A/D 변환기와 아날로그 비교기
  - 2개의 전 이중 통신이 가능한 USART 직렬 통신 포트
  - 별도의 프리스케일러와 PWM 기능이 있는 2개의 8비트 타이머/카운터
  - 별도의 프리스케일러와 비교, 캡처, PWM 기능이 있는 2개의 16비트 타이머/카운터
  - 내부 오실레이터로 작동하는 워치독 타이머(watchdog timer)
  - 마스터/슬레이브 SPI 직렬 통신
  - 별도의 오실레이터로 작동이 가능한 실시간 카운터(RTC)

마이크로컨트롤러의 구동 프로그램은 C 언어보다는 어셈블리어로 작성하는 것이 연산속도 면에서 유리하다. 그러나 AVR 계열의 마이크로컨트롤러는 ATmel사에서 소자 설계 당시부터 C 언어를 염두에 두고 내부 메모리 및 명령어 체계를 설계하였기 때문에 어셈블리어 보다는 C 언어로 구동 프로그램을 작성하는 것이 훨씬 효과적이다.

이는 C 언어 자체의 장점을 그대로 살리면서 연산 속도 면에서도 유리할 수 있다는 의미이다. 또한 프로그램을 수정하거나 마이크로프로세서를 변경하더라도 C 언어로 작성되어 있는 소스 프로그램은 어셈블리어에 비해 상대적으로 약간의 수

정만 거치면 그대로 사용할 수 있는 장점이 있다.

(2) ATmega128 구조

ATmega128은 하버드 구조(Harvard architecture)를 가진다. 하버드 구조는 프로그램 메모리와 데이터 메모리가 확연히 구분되어 있어, 프로그램 메모리에는 프로그램만 넣을 수 있고, 데이터 메모리에는 데이터만 넣을 수 있다. 또한 프로그램 메모리와 데이터 메모리는 별개의 버스에 의해 접근된다. 이렇게 각자 버스를 사용하기 때문에 동시에 일을 수행할 수 있어 속도가 빠르다. ATmega128의 외부 핀 배치는 그림 1-1과 같으며 내부 구조는 그림 1-2, 그림 1-3과 같다.

(가) ATmega128 CPU 코어

일반적으로 CPU는 연산부, 레지스터부 그리고 제어부로 구성된다. CPU 코어는 프로그램 카운터가 지시하는 플래시 메모리 번지에서 명령어를 인출하고 해독하는 부분과 ALU(Arithmetic Logic Unit, 산술 논리 연산 장치), 범용 레지스터, 상태 레지스터, 스택 포인터 등의 명령어 처리 부분, 그리고 데이터 메모리 및 인터럽트 처리 입출력(I/O) 모듈 등으로 구성된다.

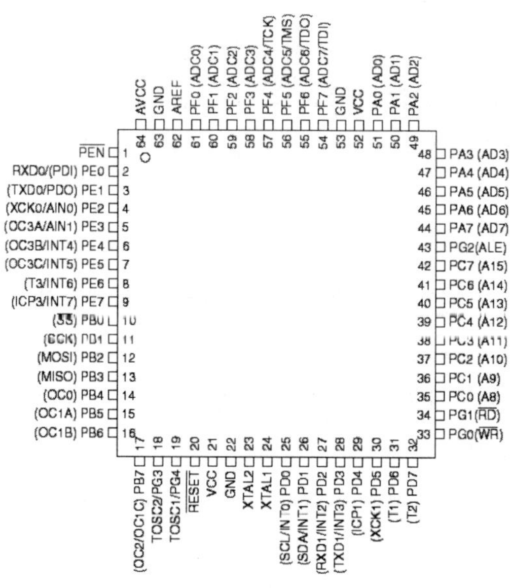

▌그림 1-1▐ ATmega128의 외부 핀 배치

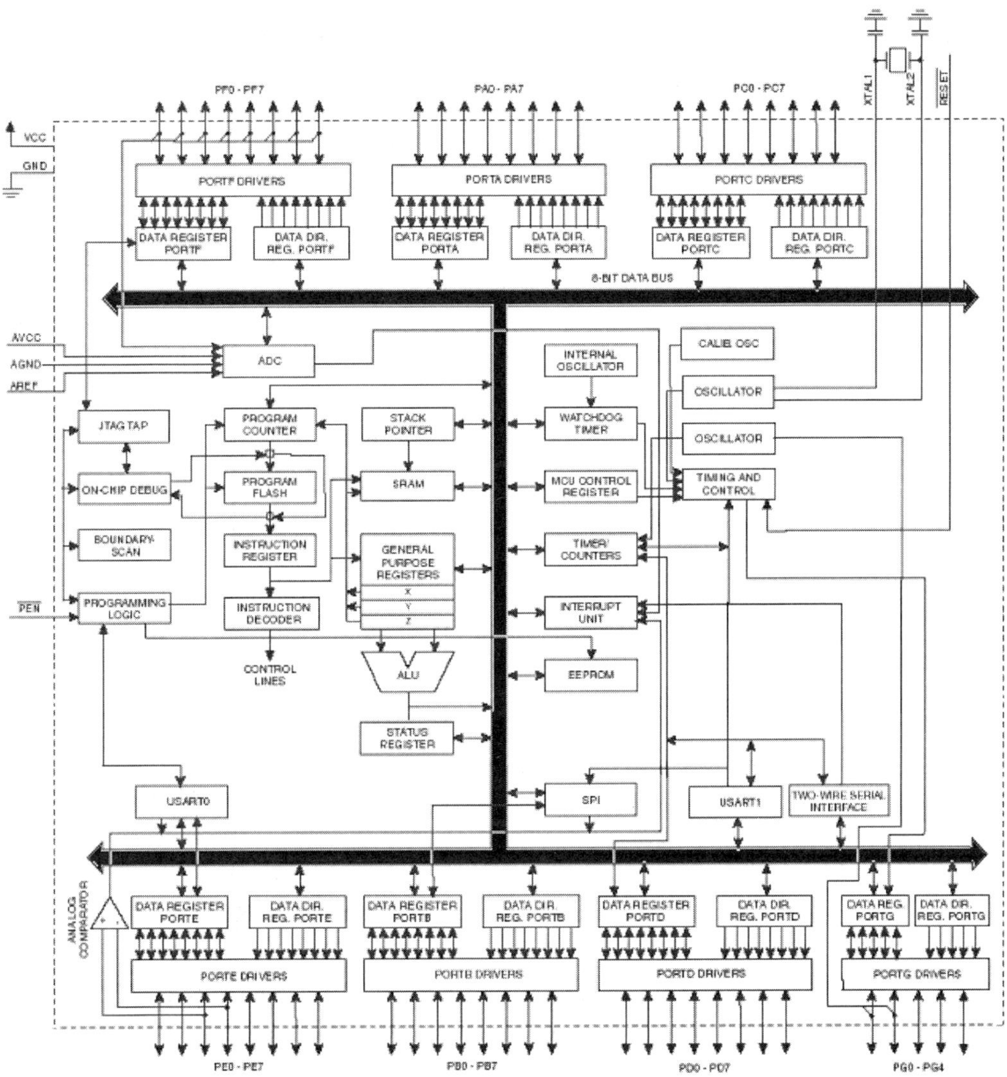

▌그림 1-2▐ ATmega128의 내부 구조도

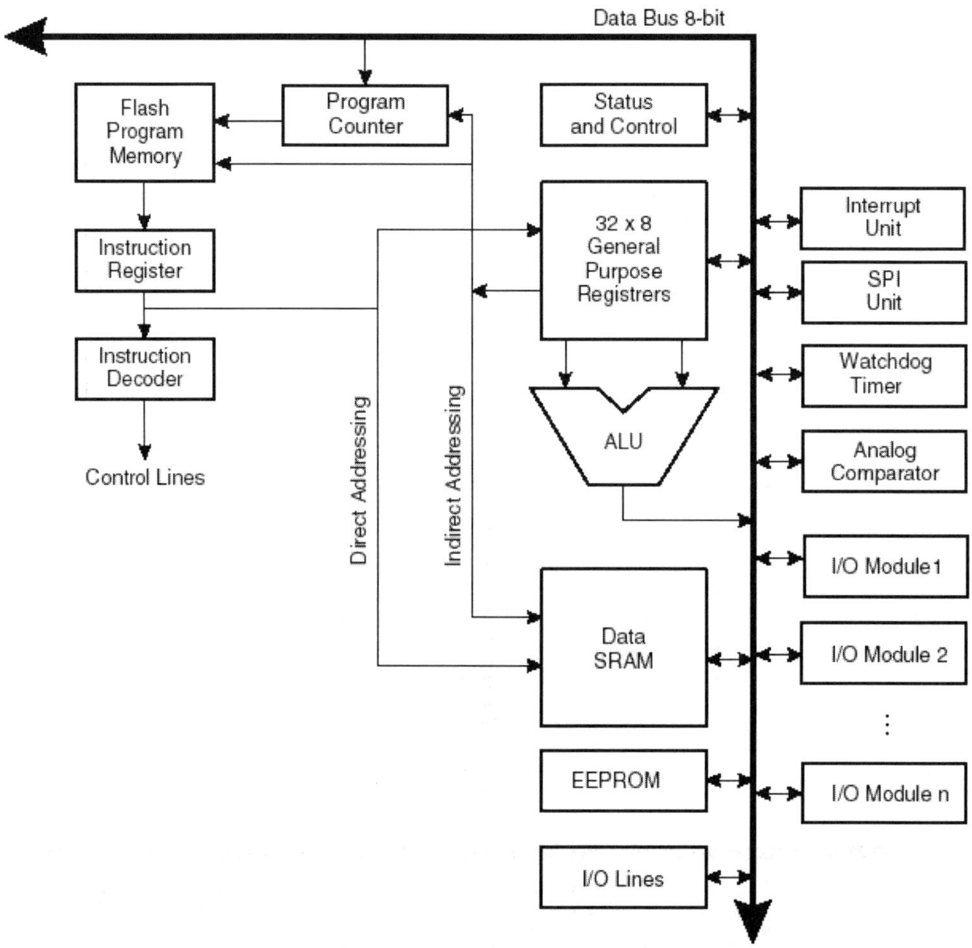

▌그림 1-3▐ ATmega128의 간략화된 내부 구조도

(나) 메모리 액세스와 명령 실행 타이밍

그림 1-4는 하버드 구조와 고속 액세스 레지스터 파일 개념에 의해 가능해진 병렬 명령 패치들과 명령 처리를 보여준다. 이것은 가격 대비 기능, 클록 당 기능, 전력 단위 당 기능에 있어 독특한 결과로서 1[MHz]당 1[MIPS]의 처리 속도를 얻을 수 있는 기본적인 파이프라이닝(pipelining) 개념이다.

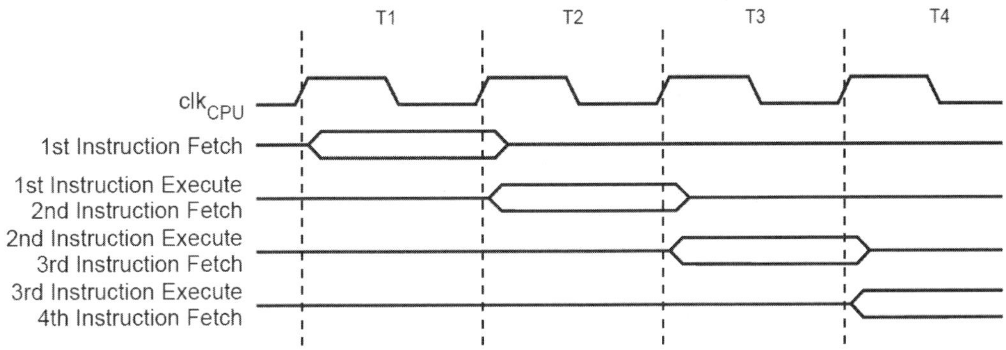

▌그림 1-4▐ 병렬 명령 패치와 명령 실행

그림 1-5는 레지스터 파일에 대한 내부 타이밍 개념도이다. 단일 클록 사이클 내에 ALU는 2개의 레지스터 오퍼랜드를 사용하여 실행된다. 그리고 그 결과는 목적 레지스터에 다시 저장된다.

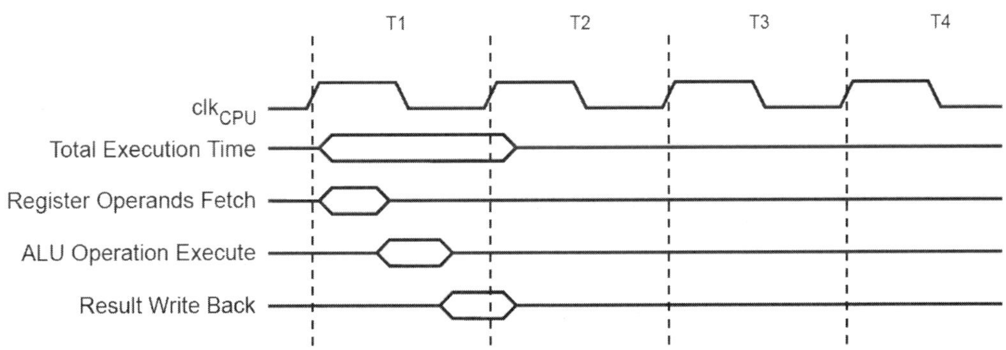

▌그림 1-5▐ 단일 사이클 ALU 실행

내부 데이터 SRAM 액세스는 4바이트로 구성된 명령어(2워드)를 수행하는 구조이므로 그림 1-6에 나타낸 바와 같이 2개의 시스템 사이클에 실행된다.

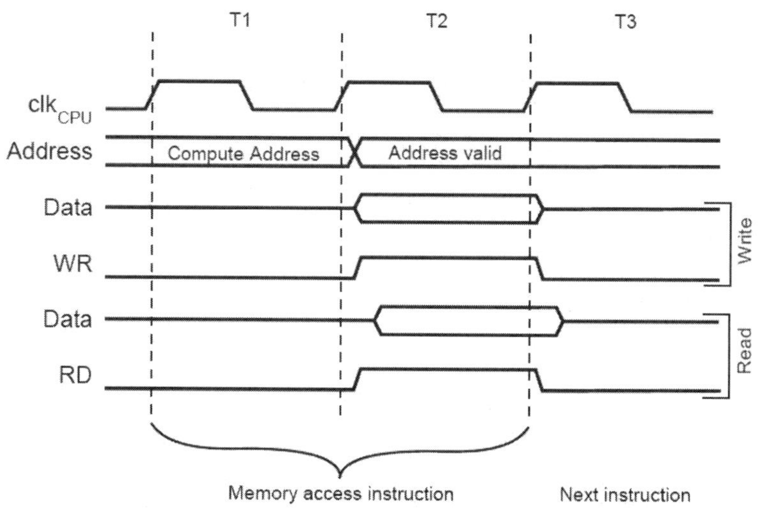

┃그림 1-6┃ 내부 데이터 SRAM 액세스 사이클

(다) 메모리와 하드웨어 기본 사항

CPU는 프로그램 메모리의 내용을 읽어서 이를 실행하고, 데이터 메모리는 데이터를 일시 저장한다.

┃표 1-1┃ ATmega128 메모리의 기본 구조

구분	프로그램 메모리	데이터 메모리
소자	플래시 메모리	SRAM
1워드 폭	16비트	8비트
크기	64K × 16비트(128[kbytes])	4K × 8비트(4[kbytes])
용도	프로그램 저장	데이터 저장

■ **프로그램 메모리**

ATmega128은 프로그램 저장을 위해 재 프로그램이 가능한 128[kbytes]의 플래시 메모리를 갖고 있다. 이것은 8비트 마이크로컨트롤러이지만, 프로그램 메모리는 각 번지가 16비트 구조로 되어 있어서 64K × 16비트 = 128[kbytes] 용량을 가진다.

이 플래시 메모리는 SPI 통신 방식을 이용한 ISP(In-System Programming) 기능을 가지고 있어서 사용자가 작성한 프로그램을 직접 다운로드할 수 있다. 플래시 메모리에 프로그램을 기입하는 방법은 ISP 방식 이외에도 JTAG 에뮬레이터를 사용하는 방법과 병렬 프로그래밍 모드를 사용하는 방법이 있다.

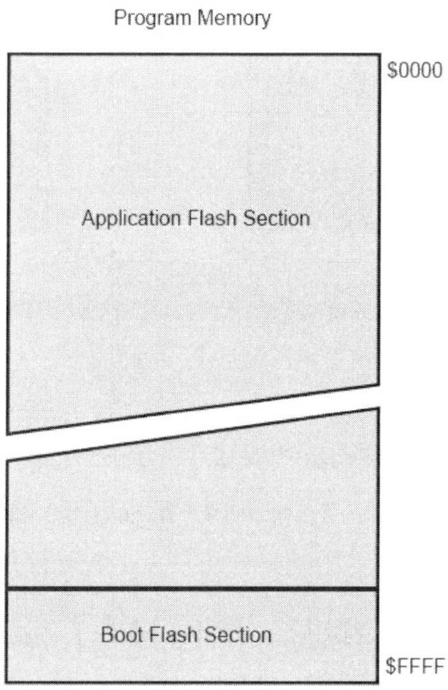

▌그림 1-7▐ 프로그램 메모리

■ 데이터 메모리

ATmega128의 데이터 메모리는 크게 3가지로 나누어 생각할 수 있다. 내부 데이터 메모리로서의 SRAM, 외부 데이터 메모리, 그리고 내부 EEPROM이다. 이 중에서 EEPROM은 별도의 레지스터를 통하여 특별한 방식으로 액세스하며, 나머지는 모두 64K 바이트의 데이터 메모리 영역에 지정 되어 있다.

데이터 메모리의 최대 크기는 64[kbytes]이며, 메모리는 바이트[byte] 단위로 주소가 지정된다. 처음부터 32개의 레지스터 파일, 64개의 표준 I/O 메모리, 160개의 확장 I/O 메모리, 4[kbytes]의 내부 데이터 SRAM과 선택적으로 사용할 수 있는 외부 데이터 SRAM 순으로 구성되어 있다.

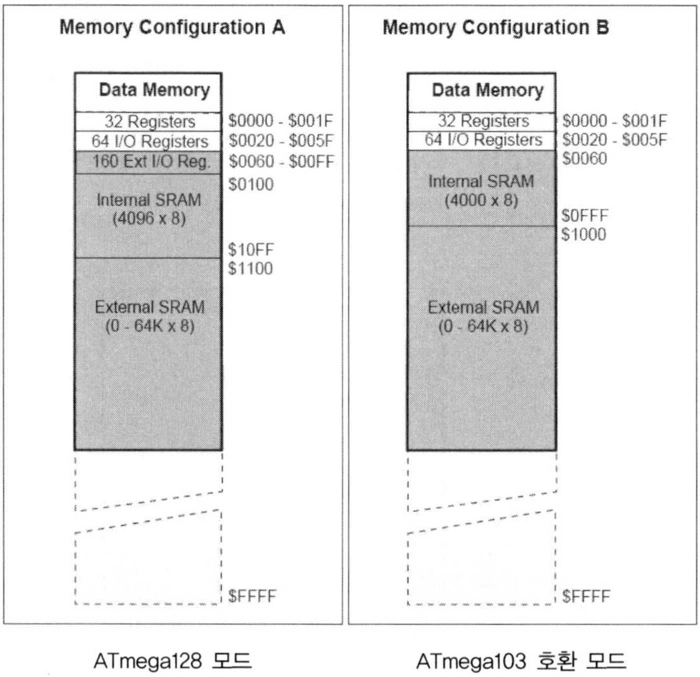

| 그림 1-8 | ATmega128 데이터 메모리

64개의 I/O 레지스터는 데이터 메모리 주소로 0x20~0x5F의 번지를 가지지만, IN 그리고 OUT 명령을 사용할 때는 0x00~0x3F의 특수기능 레지스터(SFR)의 I/O 번지를 사용하여야 한다. 160개의 확장 I/O 레지스터는 IN, OUT 명령을 사용할 수 없고 ST, STS, STD, LD, LDS, LDD만을 사용하여야 한다. 따라서 주소도 데이터 메모리 주소를 사용하여 0x60~0xFF를 적용하여야 한다.

- ATmega128 클록 분배 구조와 시스템 클록 소스

ATmega128은 그림 1-9와 같이 다양한 형태로부터 시스템 클록 소스를 공급받을 수 있으면 이러한 클록은 CPU Core, RAM 등에 공급되게 된다. 단, 워치독 타이머(watchdog timer)는 내부에 독립적인 클록소스를 갖고 있다. ATmega128을 동작시키기 위하여 공급하는 시스템 클록은 표 1-2처럼 사용하려고 하는 소스에 따라 퓨즈 바이트에 있는 CKOPT와 CKSEL3..0 값을 선택하여야 한다. 공장 출하할 때는 CKOPT = '1'과 CKSEL3..0 = '0001'로 설정

되어 있다. 표 1-3과 표 1-4는 ATmega128에 공급하는 시스템 클록을 외부 크리스털로 적용할 때 필요한 CKOPT와 CKSEL3..0에 대한 것이다. 또한 표 1-5는 내부 RC 발진기를 시스템 클록으로 사용할 때 필요한 CKOPT와 CKSEL3..0에 대한 것이다.

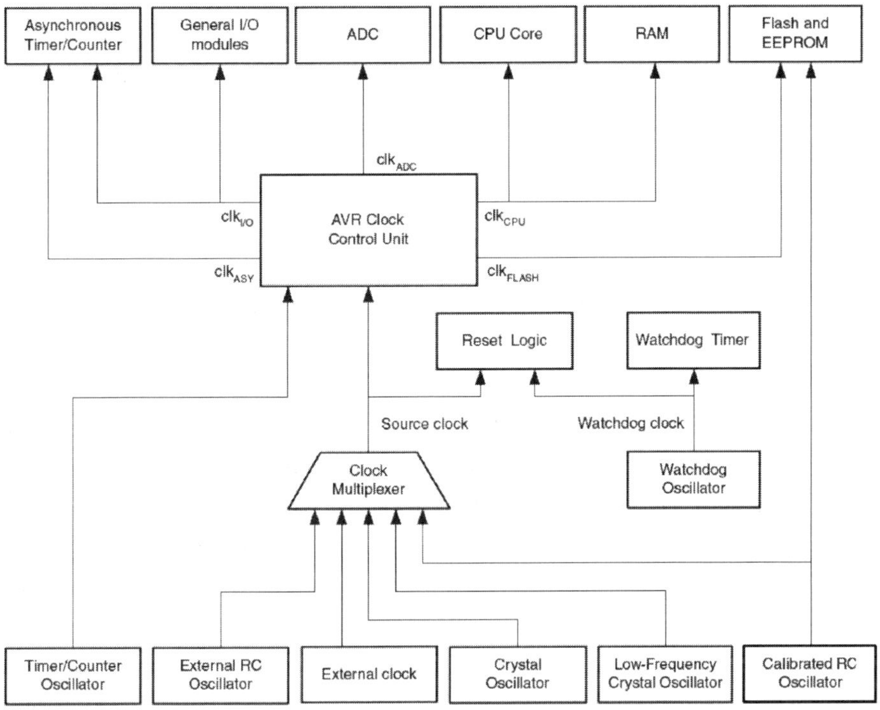

▌그림 1-9▐ ATmega128 클록 소스 및 클록 분배 구조

▌표 1-2▐ ATmega128 시스템 클록 소스와 CKSEL3..0

시스템 클록 소스	CKSEL3..0
외부 크리스털/세라믹 레조네이터	1111 – 1010
외부 저주파 크리스털	1001
외부 RC 오실레이터	1000 – 0101
내부 RC 오실레이터	0100 – 0001
외부 클록	0000

'1'은 해제(unprogrammed), '0'은 설정(programmed).

내부 RC 발진기를 사용하면 외부 크리스털에 비하여 타이머, 직렬통신 등에서 오차가 미세하게 존재할 수 있지만 일반적으로 사용할 때는 문제가 없으며, 외부에 발진기나 커패시터 등을 적용하지 않아도 되므로 회로 구성 시 공간적/가격적으로 장점을 갖게 된다.

❙ 표 1-3 ❙ 외부 크리스털을 시스템 클록으로 사용할 때의 CKOPT와 CKSEL3..1

CKOPT	CKSEL3..1	주파수영역[MHz]
1	101	0.4~0.9
1	110	0.9~3.0
1	111	3.0~8.0
0	101, 110, 111	1.0~16.0
CKOPT='1', CKSEL3..1='101'일 때는 크리스털 사용 못함(세라믹 레조네이터만 사용 가능)		

❙ 표 1-4 ❙ 시동시간(start-up times)[세라믹 레조레이터 또는 크리스털을 사용할 때]

CKSEL0	SUT1..0	시동시간 (파워다운/파워절약에서)	추가 지연시간 (리셋에서) (Vcc=5.0V)	권장 사용처
0	00	258 CK	4.1 ms	세라믹 레조네이터, fast rising power
0	01	258 CK	65 ms	세라믹 레조네이터, slowly rising power
0	10	1K CK	–	세라믹 레조네이터, BOD enabled
0	11	1K CK	4.1 ms	세라믹 레조네이터, fast rising power
1	00	1K CK	65 ms	세라믹 레조네이터, slowly rising power
1	01	16K CK	–	크리스털 오실레이터, BOD enabled
1	10	16K CK	4.1 ms	크리스털 오실레이터, fast rising power
1	11	16K CK	65 ms	크리스털 오실레이터, slowly rising power

| 표 1-5 | 내부 RC 발진기를 시스템 클록으로 사용할 때의 CKOPT와 CKSEL3..0

CKOPT	CKSEL3..0	주파수[MHz]
1	0001	1.0
1	0010	2.0
1	0011	4.0
1	0100	8.0

- ATmega128 퓨즈 비트 선택

퓨즈 바이트에 있는 CKOPT 클록 소스는 ISP, JTAG 등을 이용하여 플래시 메모리에 사용자 프로그램을 써 넣을 때 퓨즈 비트들을 재설정하여야 한다.

7	6	5	4	3	2	1	0	비트번호
–	–	–	–	–	–	M103C	WDTON	초기값 (11111101)

확장 퓨즈 바이트

7	6	5	4	3	2	1	0	비트번호
OCDEN	JTAG EN	SPIEN	CKOPT	EE SAVE	BOOT SZ1	BOOT SZ0	BOOT RST	초기값 (10011001)

휴즈 상위 바이트

7	6	5	4	3	2	1	0	비트번호
BOD LEVEL	BODEN	SUT1	SUT0	CKSEL3	CKSEL2	CKSEL1	CKSEL0	초기값 (11100001)

휴즈 하위 바이트

| 그림 1-10 | ATmega128 퓨즈 비트들(공장 출하시의 초기 값)

- M103C 비트는 '0'이면 ATmega103 호환모드로 설정된다.
- WDTON 비트는 '0'이면 워치독 타이머가 항상 On 상태이다.
- ATmega128은 공장에서 출고될 때 CKOPT = '1', CKSEL = '0001', SUT =

'10'로 되어 있다. 즉, 시스템 발진기로 내부 1[MHz]의 RC 발진기를 사용하게 되어 있다.

- 발진기를 외부 크리스털, 외부 RC 발진기, 외부 오실레이터로 변경하거나 내부 발진기의 주파수를 교체하고자 할 경우에는 CKOPT, CKSEL, SUT의 값을 변경하면 된다. 예를 들어, 외부 크리스털 7.3728[MHz]를 사용할 경우에는 CKOPT = '1', CKSEL = '1111', SUT = '11'('01', '10'을 사용해도 됨)을 사용하면 된다.
- 브라운-아웃(brown-out) 기능을 사용할 경우에는 BODEN = '0'으로 설정하고, 브라운-아웃 전압 레벨이 2.7[V]일 때는 BODLEVEL = '1', 4.0[V]일 때는 '0'을 설정한다.
- 부트로더 기능을 사용할 경우에만 BOOTRST, BOOTSZ0..1을 사용한다.
- SPIEN은 시리얼 프로그램 또는 데이터 다운로딩 시에 적용되고, SPI 시리얼 프로그램 모드에서는 접근할 수 없다(ATmega128은 PDI, PDO 핀을 이용하여 프로그램 다운로딩 시킨다.). JTAGEN은 JTAG를 이용할 때만 사용한다(JTAGEN = '0'이면 PF4~PF7은 입출력(I/O) 기능으로 사용할 수 없다). 일반적으로는 SPIEN(SPIEN = '0')만 선택하고 사용한다.
- OCDEN은 On-Chip Debug를 위한 것으로 JTAG를 이용하여 디버깅할 경우에 사용한다.
- Lock Bit는 특별한 경우를 제외하고는 절대 사용하지 않는다. 잘못 설정할 경우 프로그램 보호가 이루어져 다운로딩이 되지 않을 수 있다.

(3) ATmega128 주요 기능

ATmega128의 주요 기능으로는 입출력(I/O) 포트, 타이머/카운터, 외부인터럽트, USART 기능이 있다.

(가) 입출력(I/O) 포트

ATmega128 마이크로컨트롤러에는 8비트 양방향 입출력(I/O) 포트 6개(A, B, C, D, E, F)와 5비트 양방향 입출력(I/O) 포트 G가 있다. 각 포트에는 입출력과 관련된 레지스터가 3개씩 있다.

표 1-6 입출력 포트 레지스터

레지스터	기 능	리셋 시
DDR	포트의 데이터 방향을 결정한다.	0000 0000
PORT	DDR에 의해 출력으로 설정되어 있는 경우에 출력을 하면 PORT 래치에 기록된다.	0000 0000
PIN	DDR에 의해 입력으로 설정되어 있는 경우에 PIN을 읽게 되면 포트 I/O의 high/low 상태를 읽어 들인다.	하이 임피던스 상태

■ 포트 A(PA0~PA7)

내부 풀업(20[kΩ]~50[kΩ])되어 있는 8비트의 양방향 입출력 단자이다. 출력 포트로 사용할 때 각 핀은 LED를 직접 구동할 수 있을 정도의 전류(1핀만을 고려할 때는 최대 40[mA])를 공급한다. 각각의 핀을 프로그램에서 DDRA 레지스터를 이용하여 포트의 입출력을 설정한다. 포트 A는 입출력 포트 외에 표 1-7과 같은 기타 기능도 가지고 있다.

표 1-7 포트 A의 기타 기능

포트 핀	기타 기능	설 명
PA0~PA7	AD0~AD7	외부 메모리 인터페이스 하위 주소와 데이터 비트 0~7

✦ **ATmega128 최대 싱크(sink) 전류(TQFP, QFN 및 MLF 패키지에서)**

① 모든 포트의 IOL 합은 400[mA]를 초과할 수 없다.
② A0~A7, G2, C3~C7의 IOL 합은 100[mA]를 초과할 수 없다.
③ C0~C2, G0, G1, D0~D7, XTAL2의 IOL 합은 100[mA]를 초과할 수 없다.
④ B0~B7, G3, G4, E0~E7의 IOL 합은 100[mA]를 초과할 수 없다.
⑤ F0~F7의 IOL 합은 100[mA]를 초과할 수 없다.
 * 싱크 전류 : IC로 흘러들어가는 전류

✦ **ATmega128 최대 소스(source) 전류(TQFP, QFN 및 MLF 패키지에서)**

① 모든 포트의 IOH 합은 400[mA]를 초과할 수 없다.
② A0~A7, G2, C3~C7의 IOH 합은 100[mA]를 초과할 수 없다
③ C0~C2, G0, G1, D0~D7, XTAL2의 IOH 합은 100[mA]를 초과할 수 없다.
④ B0~B7, G3, G4, E0~E7의 IOH 합은 100[mA]를 초과할 수 없다.
⑤ F0~F7의 IOH 합은 100[mA]를 초과할 수 없다.
 * 소스 전류 : IC로부터 흘러나오는 전류

■ 포트 B(PB0~PB7)

내부 풀업(20[kΩ]~50[kΩ])되어 있는 8비트의 양방향 입출력 단자이다. 출력 포트로 사용할 때 각 핀은 LED를 직접 구동할 수 있을 정도의 전류를(1핀만을 고려할 때는 최대 40[mA]) 공급한다. 각각의 핀을 프로그램에서 DDRB 레지스터를 이용하여 포트의 입출력 방향을 설정해 사용할 수 있다. 포트 B는 입출력 포트 외에 표 1-8과 같은 기타 기능도 가지고 있다.

| 표 1-8 | 포트 B의 기타 기능

포트 핀	기타 기능	설 명
PB0	$\overline{SS}$	SPI 슬레이브 선택 입력
PB1	SCK	SPI 버스 직렬 클록
PB2	MOSI	SPI 버스 마스터 출력/슬레이브 입력
PB3	MISO	SPI 버스 마스터 입력/슬레이브 출력
PB4	OC0	타이머/카운터 0 출력 비교와 PWM 출력
PB5	OC1A	타이머/카운터 1 출력 비교와 PWM 출력 A
PB6	OC1B	타이머/카운터 1 출력 비교와 PWM 출력 B
PB7	OC2/OC1C	타이머/카운터 2의 출력 비교와 PWM 출력 타이머/카운터 1의 출력 비교와 PWM 출력 C

■ 포트 C(PC0~PC7)

내부 풀업(20[kΩ]~50[kΩ])되어 있는 8비트의 양방향 입출력 단자이다. 출력 포트로 사용할 때 각 핀은 LED를 직접 구동할 수 있을 정도의 전류를(1핀만을 고려할 때는 최대 40[mA]) 공급한다. 각각의 핀을 프로그램에서 DDRC 레지스터를 이용하여 포트의 입출력 방향을 설정해 사용할 수 있다. 또한 입출력 단자 외에 표 1-9와 같이 외부 데이터 메모리를 엑세스하기 위한 16비트 어드레스 중에서 상위 8비트 어드레스 버스로도 사용된다. 따라서 전체적으로 외부 메모리 영역은 2^{16} = 65,536개의 번지 지정이 가능하며, 이중에 내부에서 사용하는 일부 영역은 제외된다. 포트 C는 입출력 포트 외에 표 1-9와 같은 기타 기능도 가지고 있다.

표 1-9 포트 C의 기타 기능

포트 핀	기타 기능	설 명
PC0~PC7	A8~A15	외부 메모리 인터페이스 상위 주소 비트 8~15

- 포트 D(PD0~PD7)

내부 풀업(20[kΩ]~50[kΩ])되어 있는 8비트의 양방향 입출력 단자이다. 출력 포트로 사용할 때 각 핀은 LED를 직접 구동할 수 있을 정도의 전류를(1핀만을 고려할 때는 최대 40[mA]) 공급한다. 각각의 핀을 프로그램에서 DDRD 레지스터를 이용하여 입력이나 출력으로 설정해 사용할 수 있다. 포트 D는 입출력 포트 외에 표 1-10과 같은 기타 기능도 가지고 있다.

표 1-10 포트 D의 기타 기능

포트 핀	기타 기능	설 명
PD0	INT0/SCL	외부 인터럽트 0 입력/ TWI 직렬 클록
PD1	INT1/SDA	외부인터럽트 1 입력/ TWI 직렬 데이터
PD2	INT2/RXD1	외부인터럽트 2 입력/ UART1 수신 핀
PD3	INT3/TXD1	외부인터럽트 3 입력/ UART1 송신 핀
PD4	ICP1	타이머/카운터 1의 입력 캡처 핀
PD5	XCK1	USART1의 외부 클록 입출력
PD6	T1	타이머/카운터 1 클록 입력
PD7	T2	타이머/카운터 2 클록 입력

- 포트 E(PE0~PE7)

내부 풀업(20[kΩ]~50[kΩ])되어 있는 8비트의 양방향 입출력 단자이다. 출력 포트로 사용할 때 각 핀은 LED를 직접 구동할 수 있을 정도의 전류를(1핀만을 고려할 때는 최대 40[mA]) 공급한다. 각각의 핀을 프로그램에서 DDRE 레지스터를 이용하여 입력이나 출력으로 설정해 사용할 수 있다. 포트 E는 입출력 포트 외에 표 1-11과 같은 기타 기능도 가지고 있다.

❙표 1-11❙ 포트 E의 기타 기능

포트 핀	기타 기능	설 명
PE0	PDI/RXD0	ISP의 프로그램 데이터 입력/ UART0 수신 핀
PE1	PDO/TXD0	ISP의 프로그램 데이터 출력/ UART0 송신 핀
PE2	AIN0/XCK0	아날로그 비교기(+)입력/ USART0 외부 클록 입출력
PE3	AIN1/OC3A	아날로그비교기(–)입력/ 타이머/카운터 3의 출력 비교와 PWM 출력 A
PE4	INT4/OC3B	외부 인터럽트 4/ 타이머/카운터 3의 출력 비교와 PWM 출력 B
PE5	INT5/OC3C	외부인터럽트 5/ 타이머/카운터 3의 출력 비교와 PWM 출력 C
PE6	INT6/T3	외부 인터럽트 6/ 타이머/카운터 3의 클록 입력
PE7	INT7/ICP3	외부 인터럽트 7/ 타이머/카운터 3의 캡쳐 입력 핀

- 포트 F(PF0~PF7)

내부 풀업(20[kΩ]~50[kΩ])되어 있는 8비트의 양방향 입출력 단자이다. 출력 포트로 사용할 때 각 핀은 LED를 직접 구동할 수 있을 정도의 전류를(1핀만을 고려할 때는 최대 40[mA]) 공급한다. 각각의 핀을 프로그램에서 DDRF 레지스터를 이용하여 입력이나 출력으로 설정해 사용할 수 있다. 포트 F는 입출력 단자 외에 표 1-12와 같은 기타 기능도 가지고 있다.

❙표 1-12❙ 포트 F의 기타 기능

포트 핀	기타 기능	설 명
PF0~PF3	ADC0~ADC3	A/D 변환기 입력 채널 0~채널 3
PF4	ADC4/TCK	A/D 변환기 입력 채널 4/ JTAG 테스트 클록
PF5	ADC5/TMS	A/D 변환기 입력 채널 5/ JTAG 테스트 모드 선택
PF6	ADC6/TDO	A/D 변환기 입력 채널 6/ JTAG 테스트 데이터 출력
PF7	ADC7/TDI	A/D 변환기 입력 채널 7/ JTAG 테스트 데이터 입력

■ 포트 G(PG0~PG4)

내부 풀업(20[kΩ]~50[kΩ])되어 있는 5비트의 양방향 입출력 단자이다. 출력 포트로 사용할 때 각 핀은 LED를 직접 구동할 수 있을 정도의 전류를(1핀만을 고려할 때는 최대 40[mA]) 공급한다. 각각의 핀을 프로그램에서 DDRG 레지스터를 이용하여 입력이나 출력으로 설정해 사용할 수 있다. 포트 G는 입출력 단자 외에 표 1-13과 같은 기타 기능도 가지고 있다.

❙ 표 1-13 ❙ 포트 G의 기타 기능

	기타 기능	설 명
PG0	$\overline{\text{WR}}$	외부 메모리 쓰기 스트로브 신호
PG1	$\overline{\text{RD}}$	외부 메모리 읽기 스트로브 신호
PG2	ALE	외부 메모리에 대한 주소 래치 신호
PG3	TOSC2	RTC 오실레이터 타이머/카운터 0
PG4	TOSC1	RTC 오실레이터 타이머/카운터 0

■ 기타 포트의 핀

❙ 표 1-14 ❙ 기타 포트의 핀 기능

핀 이름	설 명
VCC, GND	전원, 접지
$\overline{\text{RESET}}$	리셋 입력 단자, 확실한 리셋 동작을 위해 1.5[μs] 이상의 low 신호를 인가
XTAL1, XTAL2	내부 클록 발생 증폭 회로의 입력, 출력
AVCC	A/D 컨버터 및 포트 F의 전원 핀(단자)
AREF	A/D 컨버터에 대한 아날로그 기준 전압 입력 핀(단자)
$\overline{\text{PEN}}$	SPI 시리얼 프로그램 모드를 위한 프로그램 활성화 핀이며, 내부적으로 high로 풀업. 일반 동작에서는 사용하지 않으므로, 'high' 상태로 놓고 사용한다.

(나) 외부 인터럽트

ATmega128은 리셋과 함께 사용자 정의의 34개 인터럽트로 구성되어 있다. 이들 인터럽트와 리셋은 대개의 마이크로프로세서에서와 마찬가지로 프로그램 메모리 영역의 가장 낮은 메모리 번지부터 리셋과 인터럽트들의 순으로 되어 있다. 이것들은 여러 인터럽트 마스크 레지스터를 통하여 각각 개별적으로 허용 여부를 설정할 수 있으며, 상태 레지스터 SREG의 글로벌 인터럽트 허용 비트를 이용하여 전체적인 허용여부를 설정할 수 있다.

인터럽트 수행절차를 살펴보면, 그림 1-11에서와 같이 main 프로그램을 수행하다가 인터럽트가 발생하면 현재 수행 중이던 main 프로그램의 명령어까지만 처리하고 인터럽트 서비스 프로그램으로 넘어간다. 인터럽트 서비스 프로그램을 모두 처리한 후에, 전에 처리했던 main 프로그램 명령어의 다음 명령어부터 처리를 계속하게 된다.

표 1-15와 같이 ATmega128은 8개의 외부 인터럽트를 가지고 있다. 외부 인터럽트는 외부에서 들어오는 신호의 변화(상승 모서리 또는 하강 모서리)를 감지되거나 low 레벨 상태에서 발생하게 되며, 외부 인터럽트를 사용하기 위해서는 각각의 외부 인터럽트에 대한 신호 감지 방식의 결정, 각각의 인터럽트 활성화, 전체 인터럽트 활성화를 시키면 된다(표 1-15의 '벡터 번호'는 '인터럽트 벡터 번호'를 말하는 것으로, 인터럽트가 발생했을 때 그 인터럽트를 처리할 수 있는 서비스 루틴의 시작 주소가 저장된 공간이다. ATmega128은 4바이트의 공간을 갖고 있다).

ATmega128은 8개의 외부 인터럽트를 갖고 있다. 각각의 외부 인터럽트 활성화는 EIMSK 레지스터, 각각의 외부 인터럽트 감지 방식 선택은 EICRA와 EICRB, 각각의 외부 인터럽트가 발생했을 때의 상태를 나타내는 EIFR 레지스터가 있다.

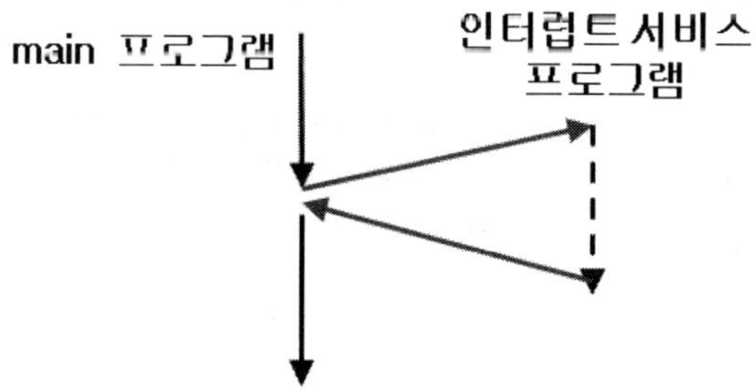

그림 1-11 인터럽트 수행 절차

▌표 1-15▐ ATmega128 외부 인터럽트 소스

벡터 번호	프로그램 주소	인터럽트 소스	인터럽트 발생 조건
2	0x0002	INT0	외부 인터럽트 요청 0
3	0x0004	INT1	외부 인터럽트 요청 1
4	0x0006	INT2	외부 인터럽트 요청 2
5	0x0008	INT3	외부 인터럽트 요청 3
6	0x000A	INT4	외부 인터럽트 요청 4
7	0x000C	INT5	외부 인터럽트 요청 5
8	0x000E	INT6	외부 인터럽트 요청 6
9	0x0010	INT7	외부 인터럽트 요청 7

(다) 타이머/카운터

ATmega128은 4개(8비트 2개, 16비트 2개)의 범용 타이머/카운터를 내장하고 있다. 이들 타이머/카운터들은 모두 ATmega128의 시스템 클록과 동기해서 타이머/카운터의 클록을 공급받도록 되어 있다.

타이머/카운터 0은 다른 타이머/카운터와 달리 32.768[kHz]의 크리스털을 접속하는 TOSC1 및 TOSC2 단자를 가지고 있어서 RTC의 기능을 갖도록 할 수 있으며, 외부의 클록 입력 단자 T0이 없는 대신 TOSC1 단자에 외부 클록을 인가할 수도 있다.

타이머/카운터 1, 2, 3은 내부 클록을 사용하는 타이머에 대해서만 프리스케일러가 동작하는데 비하여, 타이머/카운터 0은 내부 클록을 사용하든 외부클록을 사용하든 모두 프리스케일러의 적용을 받는다는 점이 다르다. 이들 타이머/카운터들은 내부 클록을 이용하여 타이머로 활용할 수도 있고, 외부 신호 입력 핀과 연결하여 외부 신호 트리거(trigger) 카운터로 활용할 수도 있다.

표 1-16은 ATmega128 타이머/카운터의 기능을 요약한 것이다.

표 1-16 ATmega128 타이머/카운터 기능 비교

구분	타이머/카운터 0	타이머/카운터 2	타이머/카운터 1, 3(n : 1, 3)
기본 구조	8비트	8비트	16비트
타이머 프리스케일러	1, 8, 32, 64, 128, 256, 1024	1, 8, 64, 256, 1024	1, 8, 64, 256, 1024
카운터 프리스케일러		–	–
관련 레지스터	TCCR0 TCNT0 OCR0 ASSR SFIOR TIMSK TIFR	TCCR2 TCNT2 OCR2 SFIOR TIMSK TIFR	TCCRnA, TCCRnB, TCCRnC TCNTnH, TCNTnL OCRnAH, OCRnAL OCRnBH, OCRnBL OCRnCH, OCRnCL ICRnH, ICRnL SFIOR TIMSK, ETIMSK, TIFR, ETIFR
동작 모드	일반 모드 CTC Fast PWM Phase Correct PWM	일반 모드 CTC Fast PWM Phase Correct PWM	일반 모드 CTC Fast PWM Phase Correct PWM Phase & Frequency Correct PWM
입력 신호 단자	TOSC1, TOSC2	T2	Tn, ICPn
출력 신호 단자	OC0	OC2	OCnA, OCnB, OCnC
인터럽트	오버플로우 출력비교 일치	오버플로우 출력 비교 일치	오버플로우 출력 비교 일치 A/B/C 입력 캡처
기타 특징	RTC 기능, 타이머/카운터 모두 프리스케일러 사용	OC2 핀(단자)은 OC1C 핀과 서로 같은 핀을 사용함	캡처 기능

(라) 직렬통신

직렬 통신이란 그림 1-12와 같이 여러 방식의 통신 중에서 마이크로프로세서와 마이크로프로세서, 또는 마이크로프로세서와 컴퓨터 간에 송·수신 단자를 통하여 직렬로 데이터를 보내거나 받는 구조를 지닌 통신 방식을 말한다. 송신단에서 보내는 신호는 TXD(송신 데이터)가 되고 이는 수신단에서 보면 RXD(수신 데이터)

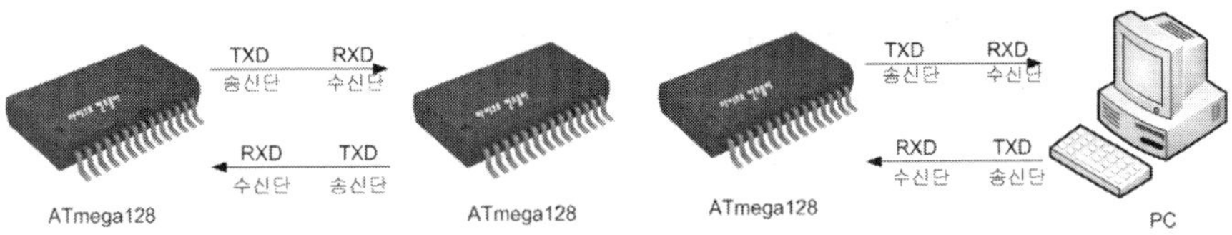

그림 1-12 직렬 통신의 개념도

가 된다.

ATmega128은 동기 및 비동기 전송 모드에서 전이중 통신을 할 수 있는 USART 2개(USART0, USART1)를 갖고 있으며, 높은 정밀도의 보레이트 발생기를 내장하고 있다.

- 송·수신을 동시에 할 수 있는 전이중 방식 지원
- 동기식 또는 비동기식 모드를 지원
- 동기식으로 동작하는 마스터 또는 슬레이브 모드를 지원
- 고 분해능의 보레이트 발진기를 내장
- 다양한 직렬 통신 프레임을 지원(5~9비트의 데이터 비트와 1~2비트의 정지 비트)
- 오류 정정을 위해 짝수 또는 홀수 패리티 발생/검사 기능을 하드웨어로 지원
- 프레임, 데이터 오버런, 패리티 에러 검출 기능을 내장
- 데이터의 신뢰성 향상을 위해 시작 비트 검출과 디지털 저대역 필터 등과 같은 잡음 제거 기능을 내장
- 송신 완료, 송신 데이터 레지스터 비워있음, 수신 완료 3가지 인터럽트를 지원
- 다중 프로세서 통신 모드를 지원
- 비동기 2배속 통신 모드를 지원

USART 직렬 통신 포트에서는 송신 완료(TX complete), 송신 데이터 레지스터 비워있음(TX data register empty), 수신 완료(RX complete) 등 3가지의 인터럽트를 사용할 수 있다.

USART0는 송·수신 겸용의 데이터 레지스터 UDR0과 3개의 제어 레지스터 UCSR0A, UCSR0B, UCSR0C 그리고 보레이트 레지스터 UBRR0H, UBRR0L에 의

해 제어된다. USART1은 UDR1, UCSR1A, UCSR1B, UCSR1C, UBRR1H, UBRR1L을 사용한다. 그림 1-13은 UASRT의 구조를 나타낸 것으로, 클록 발생기(Clock Generator), 송신기(Transmitter), 수신기(Receiver), USART 제어 상태 레지스터 A/B/C(UCSRA, UCSRB, UCSRC)를 포함하고 있다.

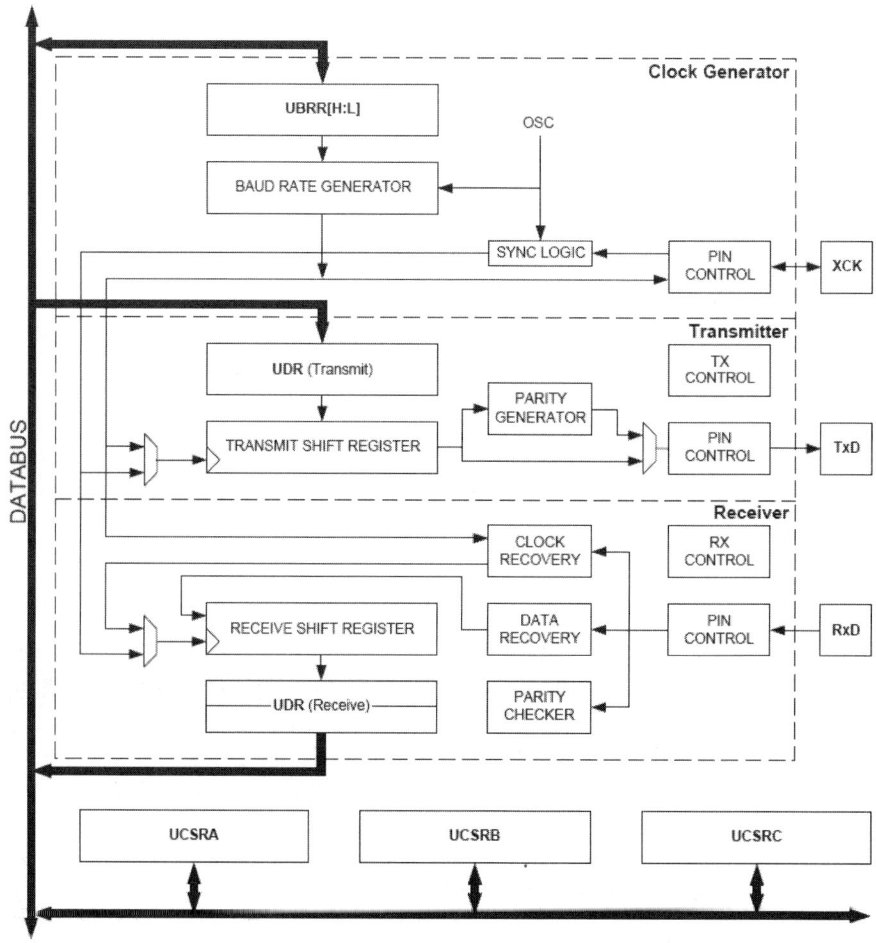

▌그림 1-13▌ ATmega128 직렬 통신 내부 블록도

CHAPTER 02

입출력(I/O) 포트

외부에서 부품의 핀으로 '1'이나 '0'의 신호를 받는 것을 디지털 입력 기능이고, 부품의 핀으로 '1'이나 '0'의 신호를 내보내는 것을 디지털 출력이라고 한다. 마이크로컨트롤러는 디지털 입력과 디지털 출력 기능을 갖고 있다. '1'을 high, '0'을 low 상태라 한다.

ATmega128은 +5[V]로 구동되는 마이크로컨트롤러로서, 디지털 입력과 디지털 출력 기능을 하는 포트가 7개가 있다. 포트 A부터 포트 F까지는 각각 8핀(단자)으로 구성되어 있고 포트 G만 5핀으로 되어 있다. 포트의 각각의 핀마다 디지털 입력과 디지털 출력으로 사용할 수 있고, 입력과 출력 기능으로 사용하기 위해서는 각 포트 핀의 입출력방향을 결정하는 레지스터, 각 포트 핀에 'high(1)'나 'low(0)' 값을 출력시키는 레지스터 및 각 포트 핀으로부터 'high(1)'나 'low(0)' 값을 입력받는 레지스터를 이용하면 된다(ATmega128 키트에서 'high(1)'는 '+5[V]'이고 'low(0)'는 '0[V]'이다).

■ 디지털 출력

포트의 각 핀(단자)에 'high(1)' 또는 'low(0)'을 출력하기 위해서는 포트 핀(단자)의 입출력방향을 결정하는 레지스터와 포트 핀(단자)에 'high(1)'나 'low(0)' 값을 출력시키는 레지스터를 이용하면 된다.

■ 디지털 입력

포트의 각 핀(단자)으로 들어오는 'high(1)' 또는 'low(0)'의 신호를 입력받기 위해서는 포트 핀(단자)의 입출력방향을 결정하는 레지스터와 포트 핀(단자)으로부터 'high(1)'나 'low(0)' 값을 입력받는 레지스터를 이용하면 된다.

2.1 LED 켜기/끄기

(1) ATmega128 키트에서의 "LED 켜기/끄기" 동작 순서도

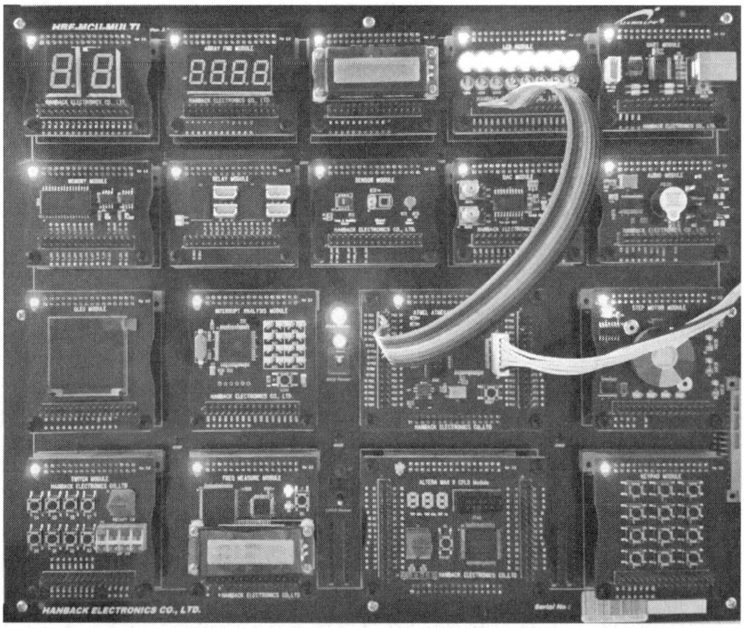

LED 켜기/끄기

① 전원이 켜지면 포트 E에 연결된 LED들이 0.5초 동안 모두 켜져 있게 된다.

② 포트 E에 연결된 LED들이 모두 0.5초 동안 꺼져 있게 된다.

③ '①'와 '②'를 순서대로 반복한다.

(2) CodeVisionAVR으로 C 프로그램(간략형) 작성 및 키트 실습

(가) CodeVisionAVR으로 C 프로그램(간략형, 함수를 헤더파일로 정의한 형식) 작성

① 컴퓨터에서 'CodeVisionAVR Evaluation'을 클릭한다(윈도우7일 경우: 컴퓨터 좌측 하단의 '시작' → '모든 프로그램' → 'HP InfoTech' → 'CodeVisionAVR Evaluation'에 'CodeVisionAVR Evaluation' 있음).

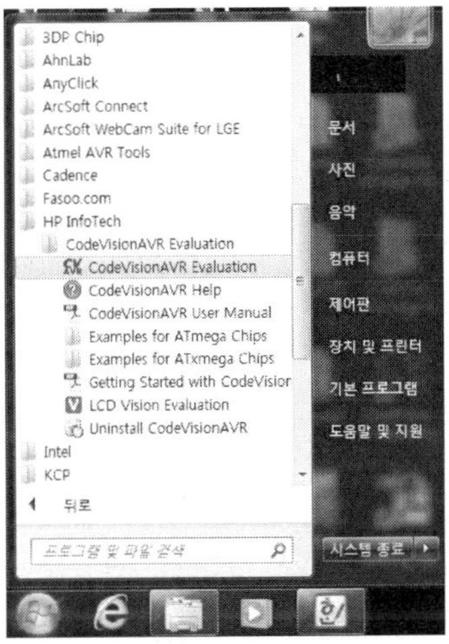

② 'CodeVisionAVR'이 나타나게 된다.

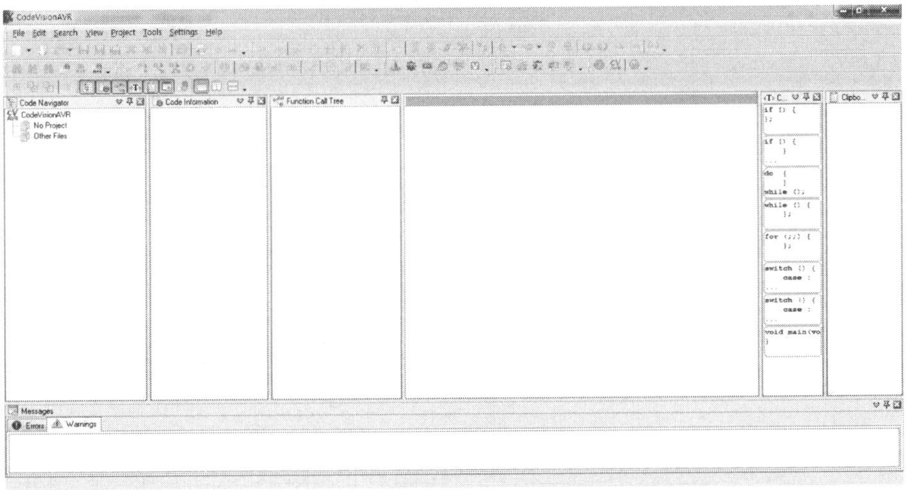

③ 아래 그림과 같이 'Settings' → 'Programmer'를 클릭한다.

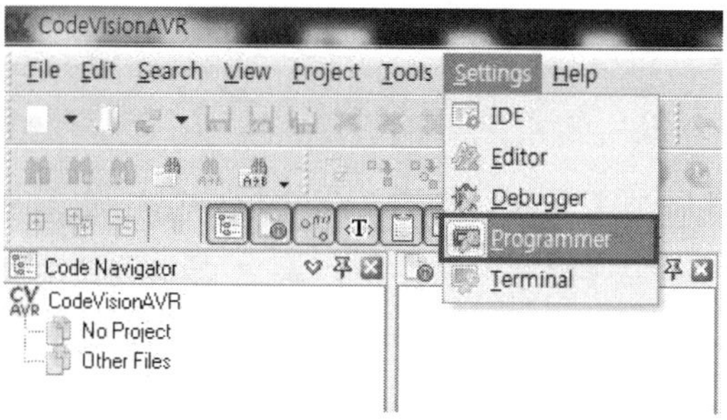

④ 'AVR Chip Program Type:'에서 'Atmel AVRISP MKII[USB]'를 선택한다. 'OK'를 클릭한다.
'AVR Chip Program Type:'에서 'Atmel AVRISP MKII[USB]'임을 확인하고 'OK'를 클릭한다.

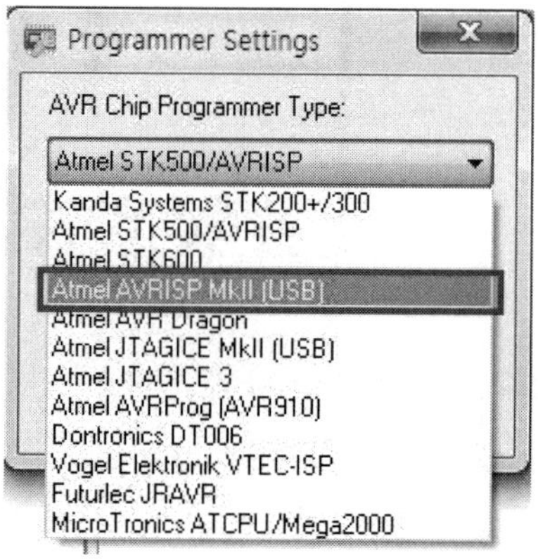

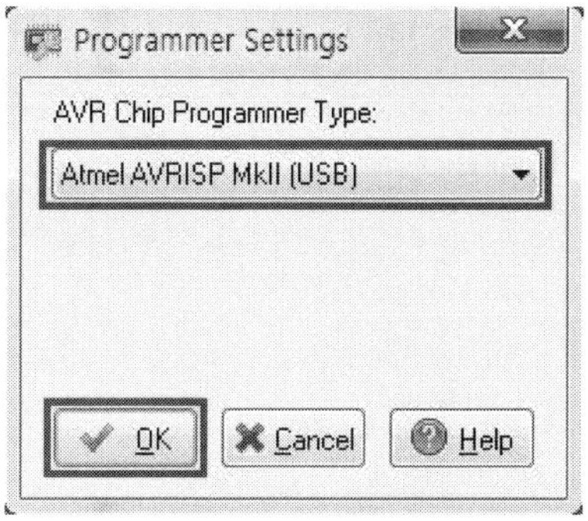

⑤ 아래 그림과 같이 'File' → 'New' → 'Project'를 클릭한다.

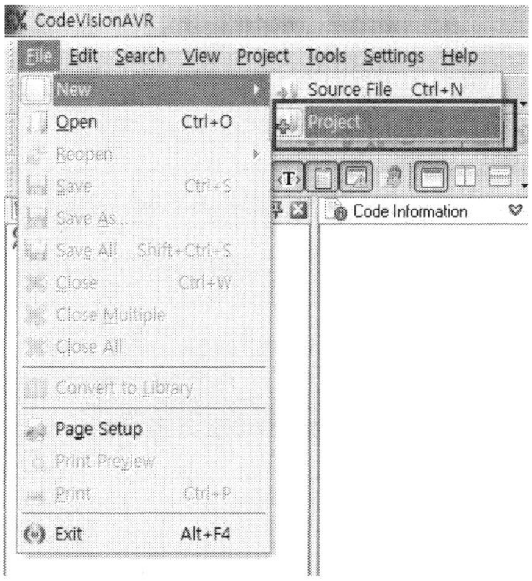

⑥ 'No'를 클릭한다.

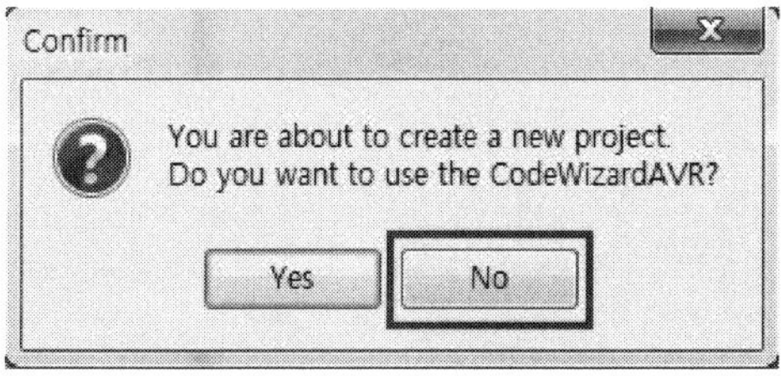

⑦ 컴퓨터에 'output_LED_easy' 폴더(C:\ATmega128\output_LED_easy)를 만든다.
'저장 위치(I):'를 'output_LED_easy' 폴더로 선택한다.
'파일 이름(N):'에 'output_LED_easy'를 써 넣는다.
'저장(S)'을 클릭한다.

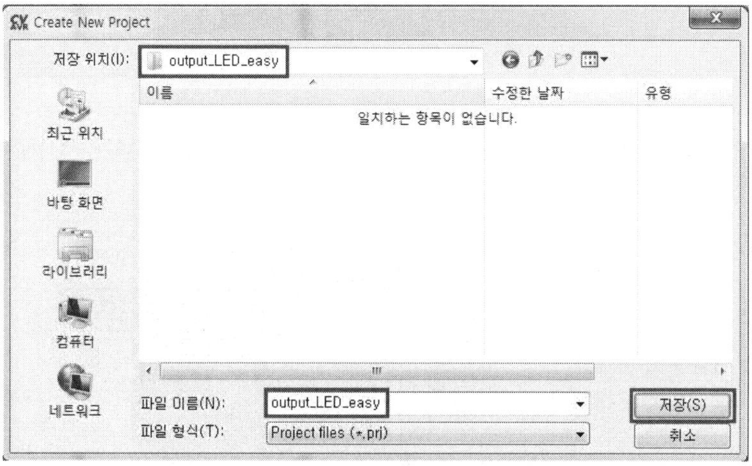

⑧ 'Name:'에서 'ATmega128'를 선택한다.
'OK'를 클릭한다.

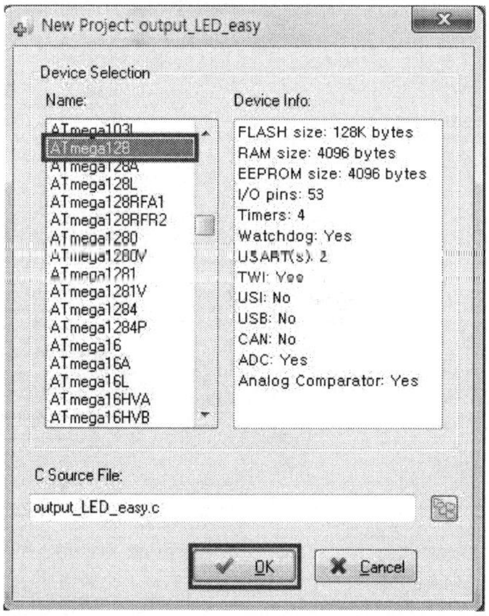

⑨ 'Configure Project output_LED_easy.prj' 화면이 나타난다.
'Input Files'이 'output_LED_easy.c'임을 알 수 있다.
'C Compiler'를 클릭한다.

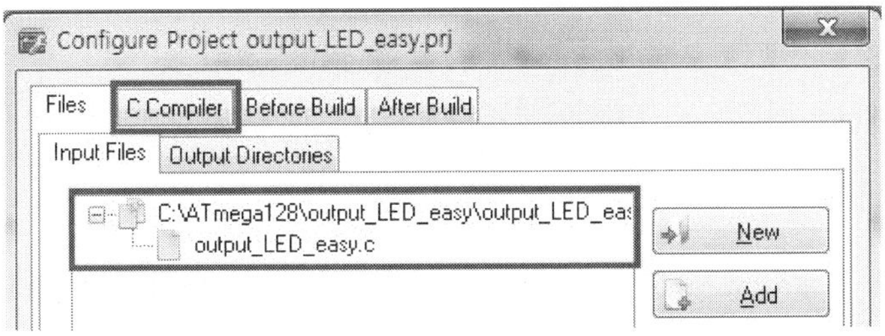

⑩ 'Clock:'에 '7.372800'을 써 넣는다.
'Code Generation' 안의 항목들을 아래 그림과 같이 선택한다.
'After Build'를 클릭한다.

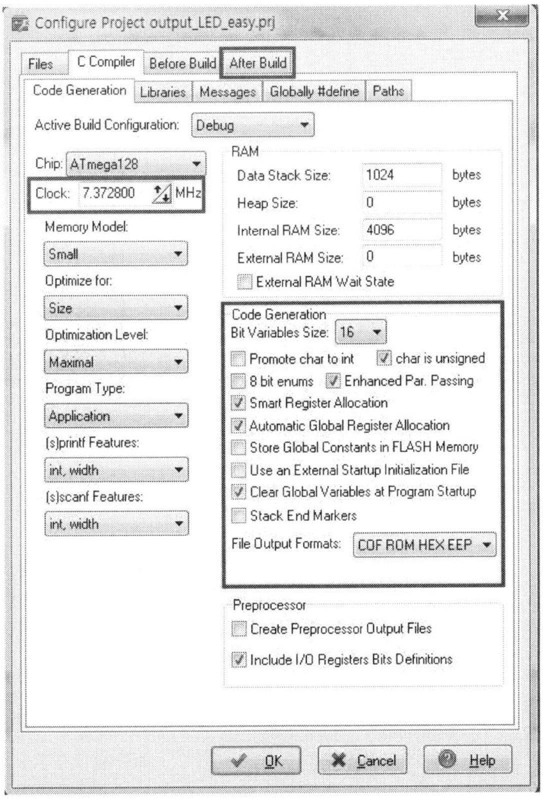

⑪ 'Action:'에서 'Program the Chip'를 선택한다.

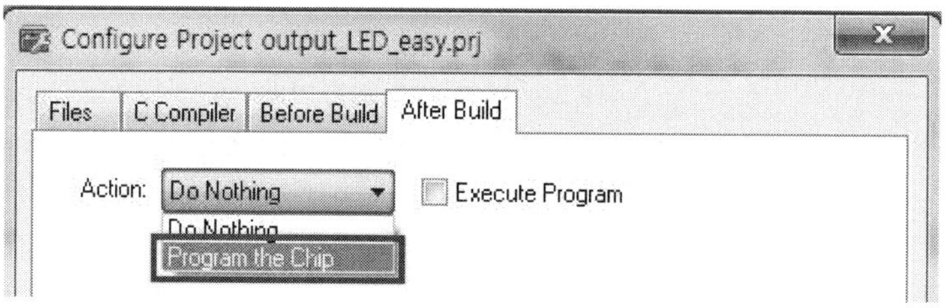

⑫ 'Program Fuse Bits(b):'에서 아무것도 선택하지 않는다(일부 퓨즈 비트들이 변경됨 → 시스템 클록을 1[MHz]의 내부 RC 발진기에서 7.3728[MHz]의 외부 크리스탈로 변경하기 위한 것이다).
'OK'를 클릭한다.

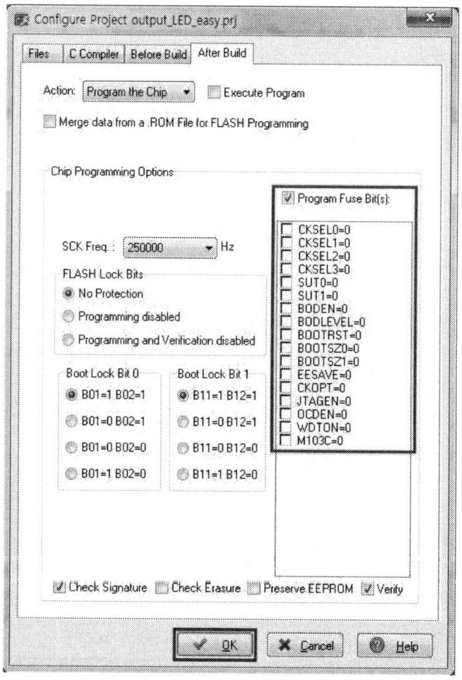

⑬ Project 파일생성이 완료된 화면이 나타난다.

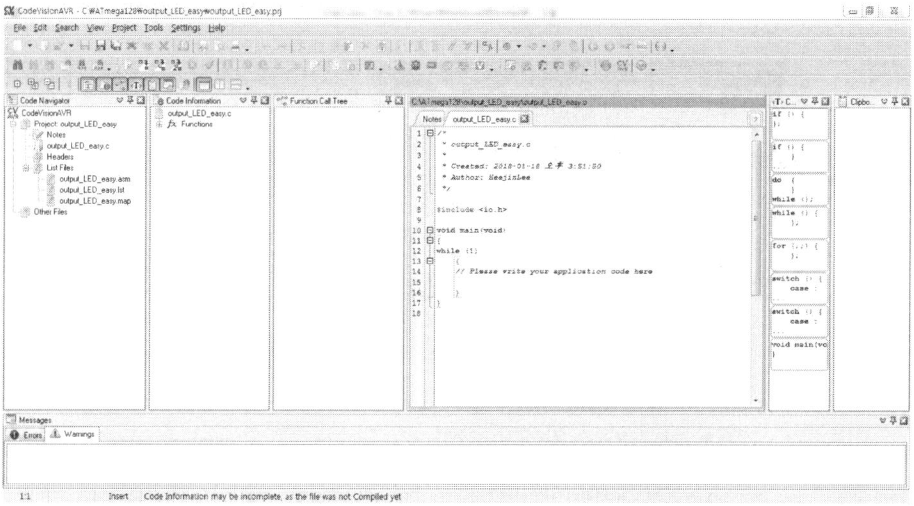

⑭ 'output_LED_easy.c*' 안의 내용을 모두 지운다.

'output_LED_easy.c*' 안에 아래 그림과 같이 프로그램을 작성한다(주석('//...')으로 표시된 부분은 작성하지 않아도 된다. '(라) output_LED_easy.c 프로그램' 참조).

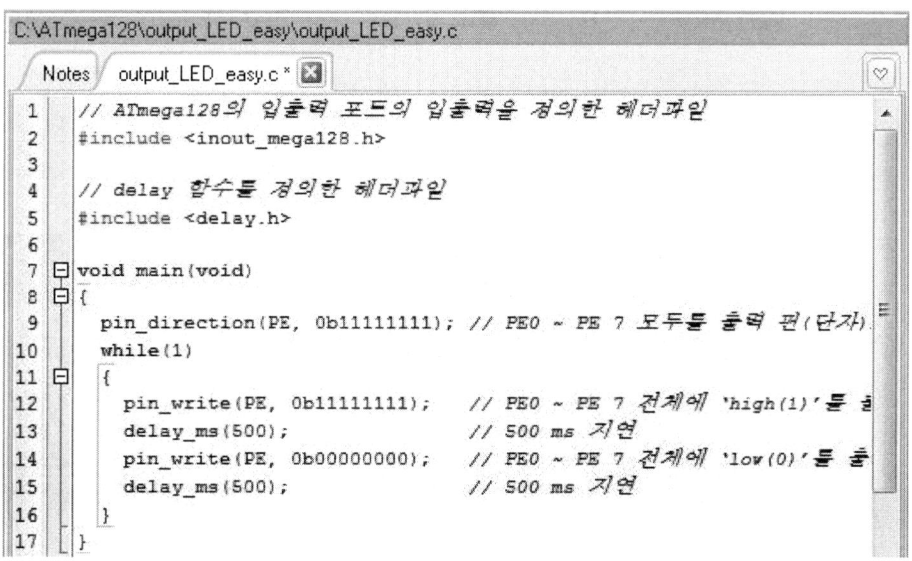

(나) ATmega128 키트 실습(간략형 C 프로그램으로)

① 아래 그림과 같은 'AVR ISP Programmer'를 수납함에서 찾는다.

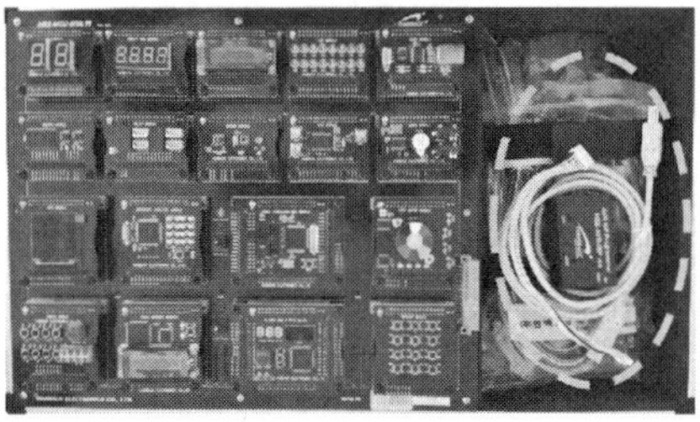

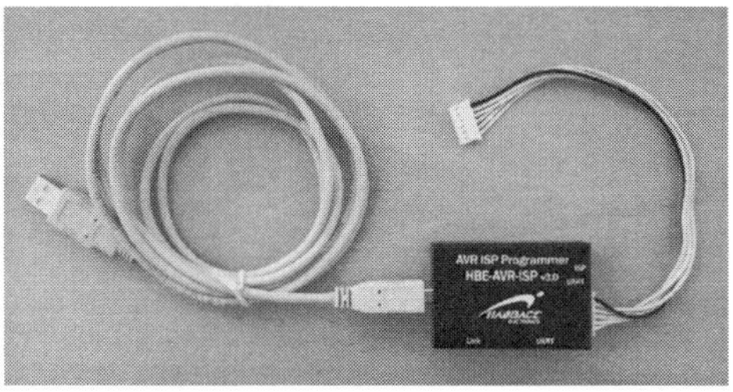

② 'AVR ISP Programmer'의 6핀 케이블을 'ATmega128 MCU MODULE'의 'ISP 커넥터' 위치에 연결한다.
'AVR ISP Programmer'의 USB 케이블을 컴퓨터의 USB 포트에 연결한다.

ISP 커넥터

③ 아래 그림과 같이 'ATmega128 MCU MODULE'의 '포트 E(PE0~PE7)'와 'LED MODULE'의 'LED0~LED7'을 서로 연결한다.

포트 E
(PE0 ~ PE7)

LED0 ~ LED7

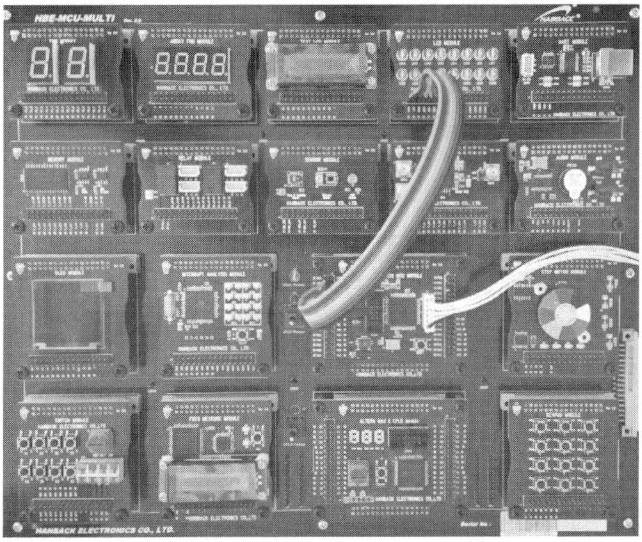

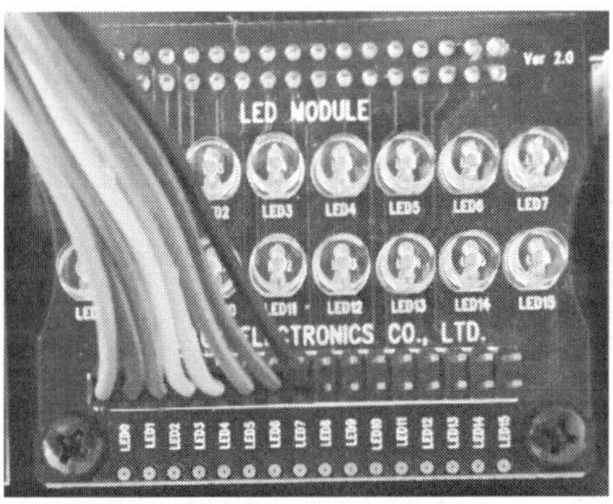

④ 아래 왼쪽 그림과 같이 전원 코드를 꼽니다.

아래 오른쪽 그림과 같이 스위치의 'I'로 표시된 부분을 눌러 전원을 켠다.

⑤ 아래의 그림과 같이 모듈마다 Power LED에 파란 불이 들어오게 된다.
키트 중앙에 ATmega128 MCU 모듈이 장착되어 있다.
모듈 왼쪽의 스위치를 위로 향하게 한다(오른쪽 그림).
전원이 공급되고 MCU 모듈의 Power LED에 파란 불이 들어오게 된다.

⑥ 작성된 C 프로그램('output_LED_easy.c')을 컴파일하기 위하여,
아래 그림과 같이 'Project' → 'Build All'를 클릭한다.

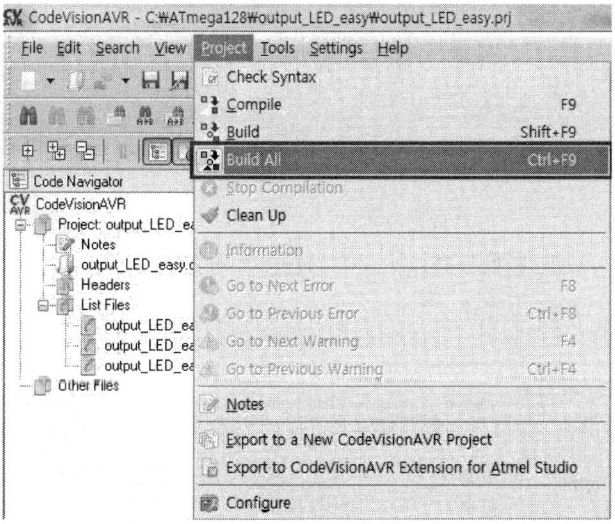

⑦ 'No errors'와 'No warnings'인지 확인한다.
컴파일한 프로그램 파일('output_LED_easy.hex')을 다운로딩하기 위하여, 'Program the chip'을 클릭한다.

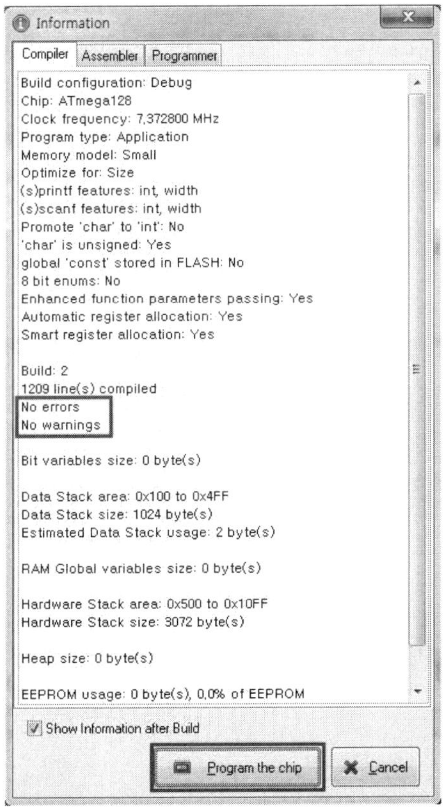

⑧ 아래 그림과 같이 정상적으로 프로그램 파일이 다운로딩된다.

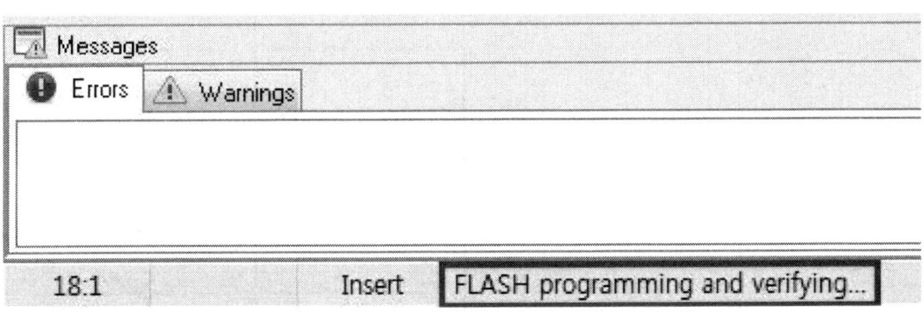

⑨ 아래 그림과 같이 'LED0~LED7'이 0.5초 동안 켜짐과 꺼짐을 반복한다.

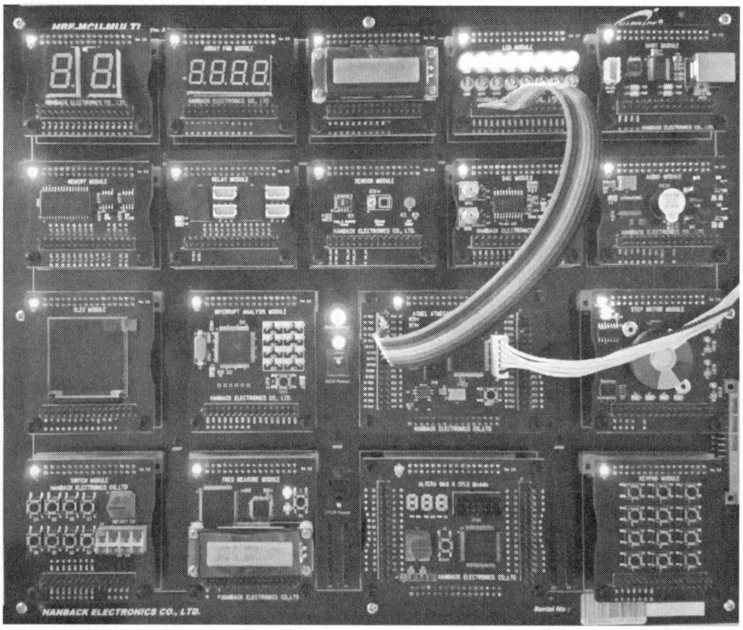

(다) 하드웨어 블록도

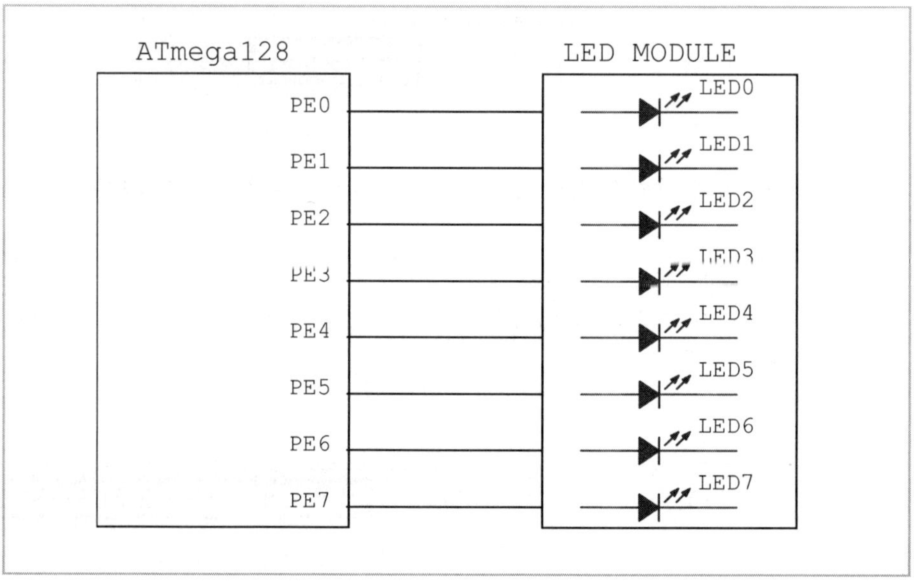

ATmega128 포트 E의 핀(PE0~PE7)에 LED(LED0, LED1, LED2, LED3, LED4, LED5, LED6, LED7)가 각각 연결되어 있다.

① 포트 E의 각 핀(단자)에 'high(1)'가 출력되면(약 +5[V]) LED가 켜지게 된다. 예를 들면, PE3에 'high(1)'가 출력되면(약 +5[V]) LED3이 켜지게 된다.
② 포트 E의 각 핀(단자)에 'low(0)'가 출력되면(약 0[V]) LED가 꺼지게 된다. 예를 들면, PE5에 'low(0)'가 출력되면(약 0[V]) LED5가 꺼지게 된다.

(라) output_LED_easy.c 프로그램

```
// ATmega128의 입출력 포트의 출력을 정의한 헤더파일
#include <inout_mega128.h>

// delay 함수를 정의한 헤더파일
#include <delay.h>

void main(void)
{
  pin_direction(PE, 0b11111111); // PE0~PE 7 모두를 출력 핀(단자)으로 정한다.
  while(1)
  {
     pin_write(PE, 0b11111111);   // PE0~PE 7 전체에 'high(1)'를 출력한다.
     delay_ms(500);               // 500 ms 지연
     pin_write(PE, 0b00000000);   // PE0~PE 7 전체에 'low(0)'를 출력한다.
     delay_ms(500);               // 500 ms 지연
  }
}
```

포트 E에 연결된 8개의 LED(발광다이오드)들을 동시에 켜고 끈다. 즉, 전원이 켜지면 output_LED_easy.c 프로그램이 동작하게 된다. 500[ms] 동안 LED들이 켜지고 다시 500[ms] 동안 LED들이 꺼진다. 이를 반복한다.

① #include 〈inout_mega128.h〉
ATmega128의 입출력 포트를 8비트 단위로 입력과 출력을 할 수 있게 정의한 함수형 헤더파일.

컴퓨터의 'C:\cvavreval\INC' 위치에 'inout_mega128.h' 파일을 넣는다('in-out_mega128.h' 파일을 만드는 방법은 부록을 참조하기 바람).

② #include 〈delay.h〉

delay 함수를 정의한 헤더파일

③ pin_direction(PE, 0b11111111);

포트 E의 모든 핀들(PE0, PE1, PE2, PE3, PE4, PE5, PE6, PE7)을 출력 핀(단자)으로 정한다.

('0b11111111'은 '0b PE7방향 PE6방향 PE5방향 PE4방향 PE3방향 PE2방향 PE1방향 PE0방향'을 의미한다. 예를 들어 '0b10110111'은 'PE7/PE5/PE4/PE2/PE1/PE0'은 방향이 출력이고, 'PE6/PE3'은 방향이 입력이 된다. 즉 '1'이면 방향이 출력이고 '0'이면 입력이 된다.)

④ pin_write(PE, 0b11111111);

포트 E 모든 핀들(PE0~PE7)에 'high(1)'를 출력한다.

('0b11111111'은 '0b PE7 PE6 PE5 PE4 PE3 PE2 PE1 PE0'을 의미한다. 예를 들어 '0b111101111'의 '0'은 'PE4' 핀으로 'low(0)'가 출력됨을 나타낸다.)

⑤ delay_ms(500);

500[ms] 동안 시간 지연(ATmega128은 실질적으로 아무 일도 하지 않음).

⑥ pin_write(PE, 0b00000000);

포트 E 모든 핀들(PE0~PE7)에 'low(0)'를 출력한다.

⑦ delay_ms(500);

500[ms] 동안 시간 지연(ATmega128은 실질적으로 아무 일도 하지 않음).

⑧ while(1){ }

④-⑦ 사이를 무한 반복한다.

(3) CodeVisionAVR으로 C 프로그램(표준형) 작성 및 키트 실습

(가) CodeVisionAVR으로 C 프로그램(표준형, 일반적인 프로그램 형식) 작성

①~⑥ : '(가) CodeVisionAVR으로 C 프로그램(간략형, 함수를 헤더파일로 정의한 형식) 작성'의 ①~⑥을 참조하여 동일하게 진행한다.

⑦ 컴퓨터에 'output_LED' 폴더(C:\ATmega128\output_LED)를 만든다.
'Create New Project' 화면에서 아래와 같이 진행한다.
'저장 위치(I):'를 'output_LED' 폴더로 선택한다.
'파일 이름(N):'에 'output_LED'를 써 넣는다.
'저장(S)'을 클릭한다.

⑧ '(가) CodeVisionAVR으로 C 프로그램(간략형, 함수를 헤더파일로 정의한 형식) 작성'을 참조하여 동일하게 진행한다.

⑨ 'Configure Project output_LED.prj' 화면이 나타난다.
'Input Files'이 'output_LED.c'임을 알 수 있다.
'C Compiler'를 클릭한다.

⑩~⑬ : '(가) CodeVisionAVR으로 C 프로그램(간략형, 함수를 헤더파일로 정의한 형식) 작성'의 ⑩~⑬을 참조하여 동일하게 진행한다.

⑭ 'output_LED.c*' 안에 아래 그림과 같이 프로그램을 작성한다(주석('//...')으로 표시된 부분은 작성하지 않아도 된다. '(라) output_LED.c 프로그램' 참조).

C:\ATmega128\output_LED\output_LED.c

Notes | output_LED.c *

```
// ATmega128의 각 레지스터들을 정의한 헤더파일
#include <mega128.h>

// delay 함수를 정의한 헤더파일
#include <delay.h>

void main(void)
{
  DDRE = 0b11111111;      // PE0 ~ PE 7 모두를 출력 핀(단자)으로 정한
  while(1)
  {
    PORTE = 0b11111111; // PE0 ~ PE 7 전체에 'high(1)'를 출력한다.
    delay_ms(500);      // 500 ms 지연
    PORTE = 0b00000000; // PE0 ~ PE 7 전체에 'low(0)'를 출력한다.
    delay_ms(500);      // 500 ms 지연
  }
}
```

(나) ATmega128 키트 실습(표준형 C 프로그램으로)

①~⑨ : '(나) ATmega128 키트 실습(간략형 C 프로그램으로)'의 ①~⑨를 참조하여 동일하게 진행한다.

(다) 하드웨어 회로도

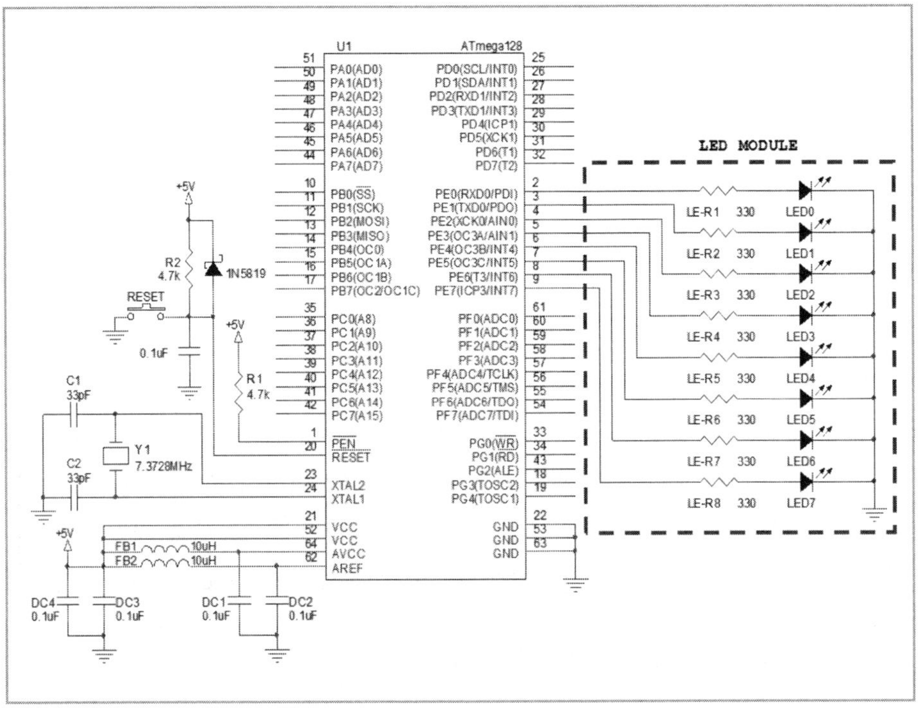

전원이 인가되면 ATmega128은 리셋상태에 들어가게 된다. 리셋상태 동안에는 내부에 있는 레지스터들과 핀들의 상태를 공장에서 처음 만들어졌을 때인 초기 상태로 돌아간다.

리셋상태에 머무는 리셋시간('(6)의 (가)파워 온 리셋' 참조)이 지나면 프로그램 메모리 시작번지(ATmega128은 0번지 : 표 3-1의 벡터 번호 1의 'RESET' 주소)로 점프한 후, 컴파일러에 의해 만들어진 '프로그램의 시작 위치'로 이동하게 된다. 프로그램 메모리 주소 '0'번지에는 "점프, '프로그램의 시작 위치의 주소'"가 들어가 있다. '프로그램의 시작 위치'에서 스택번지 조정을 한 후에 사용자가 만든 main 함수 번지로 가서 실제적인 프로그램이 돌아가게 된다.

① $\overline{\text{RESET}}$ 핀에 연결된 스위치(RESET)가 눌러지면 스위치는 GND와 연결되면서 $\overline{\text{RESET}}$ 핀은 low('0') 신호가 발생된다.

스위치(RESET)가 눌러졌다가 떨어지면 저항(R2)과 커패시터(0.1[uF])에 의하여 $\overline{\text{RESET}}$ 핀은 점차적으로(지수함수적으로) 전원 전압(+5[V])이 된다.

커패시터(0.1[uF])는 예기치 못한 리셋을 발생시킬 수 있는 스파크나 노이즈를 막기 위한 저역통과필터 역할을 하게 된다.

기계식인 스위치에 의한 채터링 현상(아래 그림)은 이들에 의하여(커패시터의 방전과 충전에 의하여) 줄일 수 있게 된다.

ATmega128 내부에는 $\overline{\text{RESET}}$ 핀과 전원단자 사이에 ESD(정전 방전) 보호용 다이오드가 없다. 다이오드(1N5819)는 외부의 과전압(전원전압 보다 높은 전압) 입력으로부터 $\overline{\text{RESET}}$ 핀을 보호하기 위한 것이다. 이러한 용도의 다이오드는 순방향 전압이 낮은 쇼트키 다이오드를 사용하는 것이 좋다.

② 외부 크리스탈 발진자는 XTAL1과 XTAL2 사이에 연결하고 커패시터들을 각각 GND 사이에 연결한다.

커패시터 값을 너무 작거나 크게 연결하면 크리스탈이 정상적으로 동작하지 않는다. ATmega128 매뉴얼에는 12[pF]~22[pF]를 추천하나 33[pF] 정도도 무방하다.

③ 인덕터(FB1, FB2)와 커패시터(DC1~DC4)는 전원에 실리는 고주파 노이즈를 제거하는 역할을 한다. 여기에 사용되는 전원과 GND 사이의 커패시터를 디커플링(decoupling) 커패시터라고 한다.

④ 포트 E의 각 핀(PE0~PE7)에 +5[V](high 상태)가 출력되면 각 LED(LED0~LED7)에 순방향 전압(여기에 사용된 LED는 +2[V])이 소모되고 나머지 전압(약 3[V])는 각 저항(LE-R1~LE-R8)에 걸리게 된다. 각 LED에 흐르는 전류는 $\frac{(5[\mathrm{V}]-2[\mathrm{V}])}{330[\Omega]} \fallingdotseq 9[\mathrm{mA}]$가 되고 각 LED는 켜지게 된다.

LED는 종류(밝기)에 따라 순방향 전압과 전류에 차이가 있다. 순방향 전류가 20[mA]일 때 순방향 전압이 2[V]인 LED를 사용한다면, 저항은 $\mathrm{R} = \frac{(5[\mathrm{V}]-2[\mathrm{V}])}{20[\mathrm{mA}]} = 150[\Omega]$를 사용하면 된다. 그러나 ATmega128의 포트 E에

8개의 LED를 연결하고자 할 때, 포트 E에 흐르는 전체 전류가 100[mA]를 초과하면 안 된다(1.3절 (3)의 (가) 참조). 따라서 각각의 LED에 330[Ω] 저항(LE-R1~LE-R8)을 연결하여 약 9[mA] 전류를 흐르게 만든다.

(라) output_LED.c 프로그램

```
// ATmega128의 각 레지스터들을 정의한 헤더파일
#include <mega128.h>

// delay 함수를 정의한 헤더파일
#include <delay.h>

void main(void)
{
  DDRE = 0b11111111;              // PE0~PE7 모두를 출력 핀(단자)으로 정한다.
  while(1)
  {
    PORTE = 0b11111111;           // PE0~PE7 전체에 'high(1)'를 출력한다.
    delay_ms(500);                // 500 ms 지연
    PORTE = 0b00000000;           // PE0~PE7 전체에 'low(0)'를 출력한다.
    delay_ms(500);                // 500 ms 지연
  }
}
```

포트 E에 연결된 8개의 LED(발광다이오드)들을 동시에 켜고 끈다. 즉, 전원이 켜지면 output_LED.c 프로그램이 동작하게 된다. 500[ms] 동안 LED들이 켜지고 다시 500[ms] 동안 LED들이 꺼진다. 이를 반복한다.

① #include 〈mega128.h〉

ATmega128의 각 레지스터들을 정의한 헤더파일.

② #include 〈delay.h〉

delay 함수를 정의한 헤더파일.

③ DDRE = 0b11111111;

포트 E 모든 핀들(PE0~PE7)의 입출력 방향을 출력으로 설정한다.

('(5) 포트 E의 입출력(I/O) 방향 결정과 출력 기능' 참조)

④ PORTE = 0b11111111;

포트 E 모든 핀들(PE0~PE7)에 'high(1)'를 출력한다.

('(5) 포트 E의 입출력(I/O) 방향 결정과 출력 기능' 참조)

⑤ delay_ms(500);

500[ms] 동안 지연(아무 일도 하지 않음).

⑥ PORTE = 0b00000000;

포트 E 모든 핀들(PE0~PE7)에 'low(0)'를 출력한다.

⑦ delay_ms(500);

500[ms] 동안 지연(아무 일도 하지 않음).

⑧ while(1){ }

④~⑦ 사이를 무한 반복한다.

(4) CodeVisionAVR으로 C 프로그램(확장형) 작성 및 키트 실습

(가) CodeVisionAVR으로 C 프로그램(확장형, 레지스터 주소를 정의한 형식) 작성

①~⑥ : '(가) CodeVisionAVR으로 C 프로그램(간략형, 함수를 헤더파일로 정의한 형식) 작성'의 ①~⑥을 참조하여 동일하게 진행한다.

⑦ 컴퓨터에 'output_LED_extension' 폴더(C:\ATmega128\output_LED_extension)를 만든다.

'Create New Project' 화면에서 아래와 같이 진행한다.

'저장 위치(I):'를 'output_LED_extension' 폴더로 선택한다.

'파일 이름(N):'에 'output_LED_extension'를 써 넣는다.

'저장(S)'을 클릭한다.

⑧ '(가) CodeVisionAVR으로 C 프로그램(간략형, 함수를 헤더파일로 정의한 형식) 작성'을 참조하여 동일하게 진행한다.

⑨ 'Configure Project output_LED_extension.prj' 화면이 나타난다.

'Input Files'이 'output_LED_extension.c'임을 알 수 있다.

'C Compiler'를 클릭한다.

⑩~⑬ : '(가) CodeVisionAVR으로 C 프로그램(간략형, 함수를 헤더파일로 정의한 형식) 작성'의 ⑩~⑬을 참조하여 동일하게 진행한다.

⑭ 'output_LED_extension.c*' 안에 아래 그림과 같이 프로그램을 작성한다(주석('//...')으로 표시된 부분은 작성하지 않아도 된다. '(다) output_LED _extension.c 프로그램' 참조).

```
C:\ATmega128\output_LED_extension\output_LED_extension.c
Notes   output_LED_extension.c *

// ATmega128 입출력 포트의 방향 및 입출력을 정의
#define    DDRA    (*(unsigned int *)0x3a)
#define    DDRB    (*(unsigned int *)0x37)
#define    DDRC    (*(unsigned int *)0x34)
#define    DDRD    (*(unsigned int *)0x31)
#define    DDRE    (*(unsigned int *)0x22)
#define    DDRF    (*(unsigned int *)0x61)
#define    DDRG    (*(unsigned int *)0x64)
#define    PORTA   (*(unsigned int *)0x3b)
#define    PORTB   (*(unsigned int *)0x38)
#define    PORTC   (*(unsigned int *)0x35)
#define    PORTD   (*(unsigned int *)0x32)
#define    PORTE   (*(unsigned int *)0x23)
#define    PORTF   (*(unsigned int *)0x62)
#define    PORTG   (*(unsigned int *)0x65)
#define    PINA    (*(unsigned int *)0x39)
#define    PINB    (*(unsigned int *)0x36)
#define    PINC    (*(unsigned int *)0x33)
#define    PIND    (*(unsigned int *)0x30)
#define    PINE    (*(unsigned int *)0x21)
#define    PINF    (*(unsigned int *)0x20)
#define    PING    (*(unsigned int *)0x63)

// delay 함수를 정의한 헤더파일
#include <delay.h>

void main(void)
{
  DDRE = 0b11111111;     // PE0 ~ PE 7 모두를 출력 핀(단자)으로 정한
  while(1)
  {
    PORTE = 0b11111111; // PE0 ~ PE 7 전체에 'high(1)'를 출력한다.
    delay_ms(500);      // 500 ms 지연
    PORTE = 0b00000000; // PE0 ~ PE 7 전체에 'low(0)'를 출력한다.
    delay_ms(500);      // 500 ms 지연
  }
}
```

(나) ATmega128 키트 실습(확장형 C 프로그램으로)

①~⑨ : '(나) ATmega128 키트 실습(간략형 C 프로그램으로)'의 ①~⑨를 참조하여 동일하게 진행한다.

(다) output_LED_extension.c 프로그램

```
// ATmega128 포트 E 입출력 방향과 출력을 정의
#define   DDRE    (*(unsigned int *)0x22)
#define   PORTE   (*(unsigned int *)0x23)

// delay 함수를 정의한 헤더파일
#include <delay.h>

void main(void)
{
  DDRE = 0b11111111;              // PE0~PE 7 모두를 출력 핀(단자)으로 정한다.
  while(1)
  {
    PORTE = 0b11111111;           / PE0~PE 7 전체에 'high(1)'를 출력한다.
    delay_ms(500);                // 500 ms 지연
    PORTE = 0b00000000;           // PE0~PE 7 전체에 'low(0)'를 출력한다.
    delay_ms(500);                // 500 ms 지연
  }
}
```

포트 E에 연결된 8개의 LED(발광다이오드)들을 동시에 켜고 끈다. 즉, 전원이 켜지면 output_LED_extension.c 프로그램이 동작하게 된다. 500[ms] 동안 LED들이 켜지고 다시 500[ms] 동안 LED들이 꺼진다. 이를 반복한다.

#define문은 입출력 포트 E의 입출력 방향을 결정짓는 레지스터와 출력 기능일 때 각 핀(단자)에 출력 값('high(1)' 또는 'low(0)')을 보내기 위한 레지스터의 SRAM 데이터 메모리 주소를 정의한 것이다.

각각의 레지스터에 어떤 값을 입력하기 위해서는 간접어드레싱으로 접근할 수가 있으며 이는 포인터 기능을 이용하면 된다. 예를 들어, PORTA 레지스터에 '0b11110000'을 입력시키기 위해서는 ATmega128의 데이터 메모리의 주소 '0x3b(2진수로는 0b00111011)' 위치에 '0b11110000'를 포인터를 이용하여 정의하면 되

는 것이다. ATmega128의 레지스터들은 간접 어드레싱으로 접근하게 되며, 이는 범용 레지스터들 중 X, Y, Z 레지스터들을 이용하게 된다. 접근하려는 레지스터의 주소는 X, Y, Z 레지스터 중 한곳에 저장되고(예, 0x3b) 이를 토대로 레지스터에 접근하여 저장하고자 값(예, 0b11110000)이 입력되게 된다. 또한 직접 어드레싱으로 접근하는 방법도 있으며 의미적으로는 동일하다. 즉, STS 명령어를 이용하여 데이터 메모리 번지에 저장하고자 하는 값을 직접 넣을 수 있다.

'output_LED_extension.c' 프로그램의 #define 중 'DDRE'와 'PORTE'를 제외한 나머지 #define문은 삭제하고 사용하여도 된다.

C 프로그램의 나머지 내용은 앞의 'output_LED.c 프로그램'과 동일하다.

(5) 포트 E의 입출력(I/O) 방향 결정과 출력 기능

마이크로컨트롤러 ATmega128은 입출력 기능으로 8비트의 포트 A(PA0~PA7), 포트 B(PB0~PB7), 포트 C(PC0~PC7), 포트 D(PD0~PD7), 포트 E(PE0~PE7), 포트 F(PF0~PF7)와 5비트의 포트 G(PG0~PG4)를 지니고 있다. 이들은 각각의 비트를 입력과 출력으로 선택하여 사용할 수 있다. 포트의 입출력 방향을 결정한 후, 출력 값을 포트를 통해 출력하거나 아니면 입력되는 값을 포트를 통해 받게 된다. 표 2-1은 포트 E를 사용할 때를 예로 든 것이다(포트 A, 포트 B, 포트 C, 포트 D, 포트 F, 포트 G도 동일하게 사용하면 된다). 주소는 특수 기능 레지스터(SFR, Special Function Register)의 주소와 데이터 메모리에서의 주소를 각각 표시하고 있다. 데이터 메모리 주소 '0x20~0x5f'까지는 특수 기능 레지스터(SFR) 주소로 변환되어 사용될 수 있다. 즉, '0x00~0x3f'로 변환된다. 예를 들어, 데이터 메모리 주소 0x22는 특수 기능 레지스터(SFR) 주소 0x02로 변환되어 사용할 수 있다.

| 표 2-1 | 포트 E 관련 레지스터

항 목	레지스터	주소 SFR(데이터 메모리)
포트 E 입출력 방향 결정	DDRE	0x02(0x22)
포트 E에 'high(1)'나 'low(0)' 출력	PORTE	0x03(0x23)
포트 E로부터 'high(1)'나 'low(0)' 입력	PINE	0x01(0x21)

(가) 포트 E 핀들(PE0~PE7)의 입출력 방향 결정

PE0~PE7의 입력과 출력 방향은 DDRE 레지스터로 결정한다. 8비트 DDRE 레지스터의 각각의 비트에 '1' 또는 '0'을 쓰면 포트 E 핀들의 입출력 방향이 결정된다. 즉 '1'이면 출력이 되고 '0'이면 입력이 된다.

- 포트 E의 모든 핀(PE0~PE7)들이 입력이면, DDRE에 '0b00000000(또는 0x00)'을 써 넣는다.
- 포트 E의 모든 핀(PE0~PE7)들이 출력이면, DDRE에 '0b11111111(또는 0xff)'를 써 넣는다.
- 포트 E의 PE1, PE3, PE5, PE6은 출력이고, PE0, PE2, PE4, PE7은 입력이면, DDRE에 '0b01101010(또는 0x6a)'를 써 넣는다.

7	6	5	4	3	2	1	0	비트번호
0	1	1	0	1	0	1	0	DDRE (0x6a)

(나) 포트 E 핀들(PE0~PE7)의 출력 값 결정

PORTE 레지스터의 각각의 비트에 '1'을 써 넣으면 포트 E의 각각의 핀(PE0~PE7)에 'high(1)' 값이 출력되고, '0'을 입력하면 'low(0)' 값이 출력된다. 여기서는 마이크로컨트롤러 ATmega128의 전원으로 +5[V]가 사용되므로 'high(1)'이면 +5[V](실제 회로에서는 +5[V] 보다 약간 작다), 'low(0)'이면 0[V]가 출력된다.

- PORTE에 '0b00000000(또는 0x00)'을 써 넣으면, 포트 E의 핀들(PE0~PE7)은 모두 'low(0)'가 된다.
- PORTE에 '0b11111111(또는 0xff)'를 써 넣으면, 포트 E의 핀들(PE0~PE7)은 모두 'high(1)'가 된다.
- PORTE에 '0b11000101(또는 0xc5)'을 써 넣으면, 포트 E의 PE0, PE2, PE6, PE7은 'high(1)'이고, PE1, PE3, PE4, PE5는 'low(0)'가 된다.

7	6	5	4	3	2	1	0	비트번호
1	1	0	0	0	1	0	1	PORTE (0xc5)

(6) 파워 온 리셋(Power-On Reset) 및 외부 리셋(External Reset)

(가) 파워 온 리셋(Power-On Reset)

파워 온 리셋(POR) 회로는 전원이 켜진 상태(on)로부터 디바이스가 리셋되는 것을 확인하기 위한 회로이다. 이 회로에 사용되는 내부 타이머는 워치도그 타이머로부터 클록 신호를 받는다. 이 타이머는 VCC가 파워 온 임계 전압(V_{POT})에 도달한 이후, 어떤 주기 후(t_{TOUT})까지 시작하지 못하도록 한다. 만들어진 스타트 업 지연 시간(t_{TOUT})이 충분하다면, $\overline{\text{RESET}}$은 VCC에 직접 연결하거나 외부 풀업 저항을 거쳐서 연결될 수 있다.

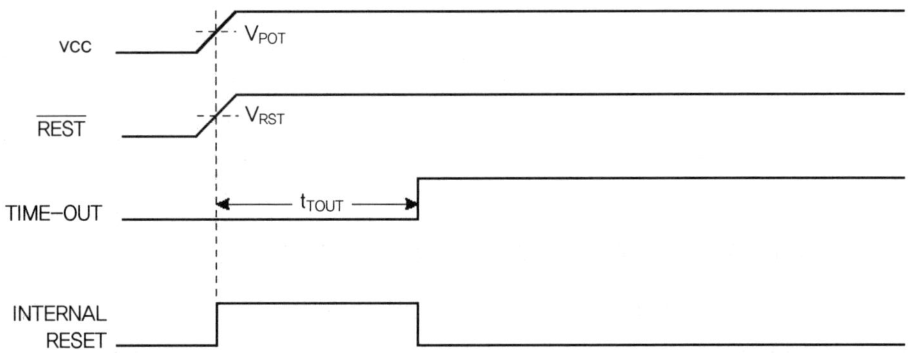

▌그림 2-1▐ ATmega128 스타트 업, $\overline{\text{RESET}}$ 핀은 VCC에 연결

$\overline{\text{RESET}}$은 VCC가 가해진 이후 어떤 주기(t_{EXT}) 동안 $\overline{\text{RESET}}$ 핀이 low 상태를 유지하고 있으면, 파워 온 리셋 주기($t_{EXT} + t_{TOUT}$)는 연장될 수 있다.

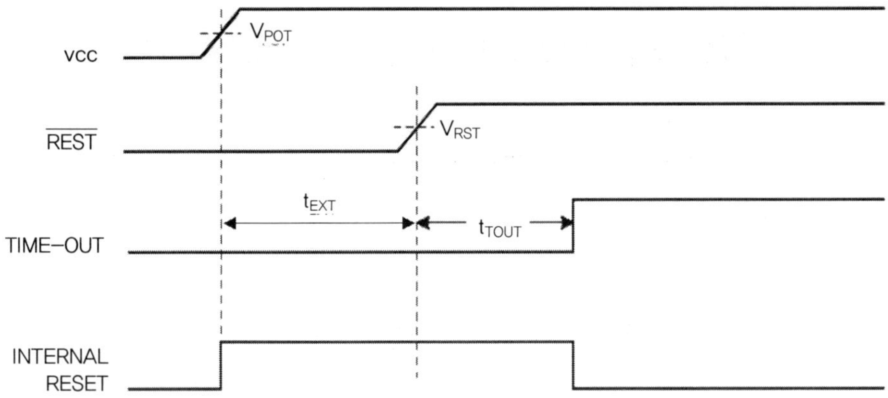

┃그림 2-2┃ ATmega128 스타트 업, $\overline{\text{RESET}}$ 핀을 외부에서 제어시

(나) 외부 리셋(External Reset)

외부 리셋은 $\overline{\text{RESET}}$ 핀에 low 레벨이 주어지면 발생된다. 클록이 구동되지 않더라도 50[ns]보다 더 긴 리셋 펄스가 주어지면 리셋이 발생하게 된다. 그러나 이보다 더 짧은 펄스로는 리셋은 발생되지 않는다. 가해진 신호가 상승모서리(low('0')에서 high('1')로의 변화시점)상의 리셋 임계 전압 V_{RST}에 도달했을 때, 지연 타이머는 타임아웃 주기(t_{TOUT})가 끝난 후 ATmega128을 시동(start)시킨다.

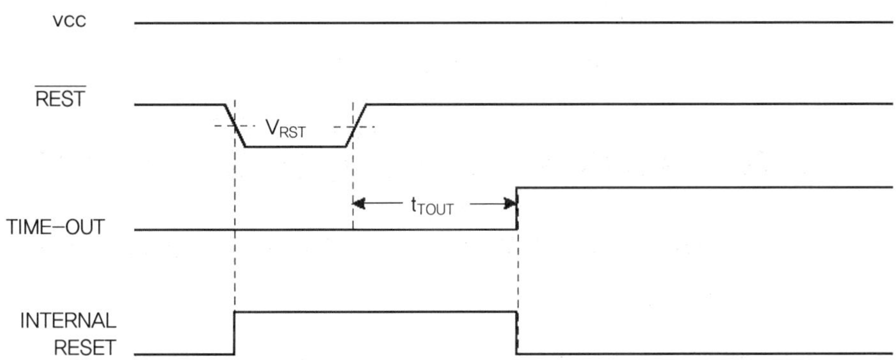

┃그림 2-3┃ 동작 중 외부 리셋

2.2 FND(7 세그먼트)에 숫자/문자 표시하기

(1) ATmega128 키트에서의 "FND에 숫자/문자 표시하기" 동작 순서도

FND에 숫자/문자 표시하기

① 전원이 켜지면 포트 D에 연결된 FND에 숫자 '0'이 표시된다.

② 2초 후에 FND가 숫자 '7'이 바뀐다.

③ 2초 후에 FND에 문자 'd'가 나타난다.

(2) CodeVisionAVR으로 C 프로그램(간략형) 작성 및 키트 실습

(가) CodeVisionAVR으로 C 프로그램(간략형, 함수를 헤더파일로 정의한 형식) 작성

①~⑥ : '2.1의 (가) CodeVisionAVR으로 C 프로그램(간략형, 함수를 헤더파일로 정의한 형식) 작성'의 ①~⑥을 참조하여 동일하게 진행한다.

⑦ 컴퓨터에 'output_FND_easy' 폴더(C:\ATmega128\output_FND_easy)를 만든다.

'Create New Project' 화면에서 아래와 같이 진행한다.

'저장 위치(I):'를 'output_FND_easy' 폴더로 선택한다.

'파일 이름(N):'에 'output_FND_easy'를 써 넣는다.

'저장(S)'을 클릭한다.

⑧ '2.1의 (가) CodeVisionAVR으로 C 프로그램(간략형, 함수를 헤더파일로 정의한 형식) 작성'을 참조하여 동일하게 진행한다.

⑨ 'Configure Project output_FND_easy.prj' 화면이 나타난다.

'Input Files'이 'output_FND_easy.c'임을 알 수 있다.

'C Compiler'를 클릭한다.

⑩~⑬ : '2.1의 (가) CodeVisionAVR으로 C 프로그램(간략형, 함수를 헤더파일로 정의한 형식) 작성'의 ⑩~⑬을 참조하여 동일하게 진행한다.

⑭ 'output_FND_easy.c*' 안의 내용을 모두 지운다.

'output_FND_easy.c*' 안에 아래 그림과 같이 프로그램을 작성한다(주석('//...')으로 표시된 부분은 작성하지 않아도 된다. '(라) output_FND_easy.c 프로그램' 참조).

C:\ATmega128\output_FND_easy\output_FND_easy.c

Notes | output_FND_easy.c *

```
// ATmega128의 입출력 포트의 출력을 정의한 헤더파일
#include <inout_mega128.h>

// delay 함수를 정의한 헤더파일
#include <delay.h>

void main(void)
{
  pin_direction(PD, 0b11111111); // PD0 ~ PD 7을 출력 핀(단자)으로

  // FND에 숫자 '0', '7', 문자'd'를 출력
  pin_write(PD, 0b00111111);      // FND에 숫자 '0'를 출력한다.
  delay_ms(1000);                 // 1초(1000 ms) 지연
  delay_ms(1000);                 // 1초(1000 ms) 지연
  pin_write(PD, 0b00100111);      // FND에 숫자 '7'를 출력한다.
  delay_ms(1000);                 // 1초(1000 ms) 지연
  delay_ms(1000);                 // 1초(1000 ms) 지연
  pin_write(PD, 0b01011110);      // FND에 숫자 'd'를 출력한다.
}
```

(나) ATmega128 키트 실습(간략형 C 프로그램으로)

①~② : '2.1의 (나) ATmega128 키트 실습(간략형 C 프로그램으로)'의 ①~②를 참조하여 동일하게 진행한다.

③ 아래 그림과 같이 'FND MODULE'의 'SA_A~SA_H'와 'ATmega128 MCU MODULE'의 '포트 D(PD0~PD7)'를 서로 연결한다.

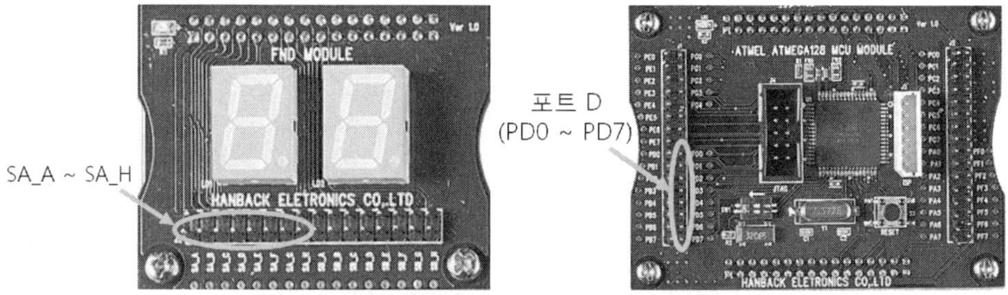

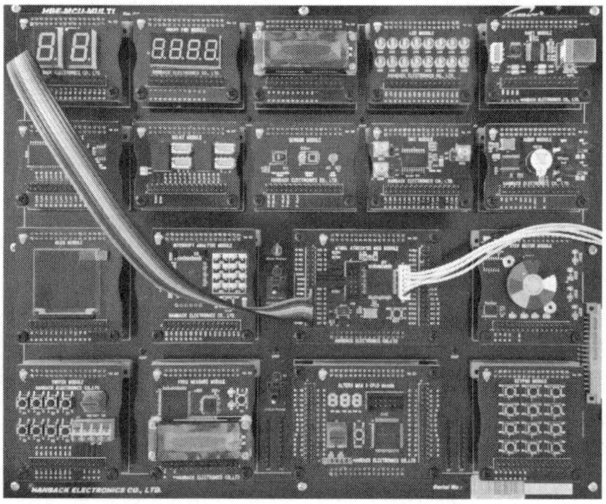

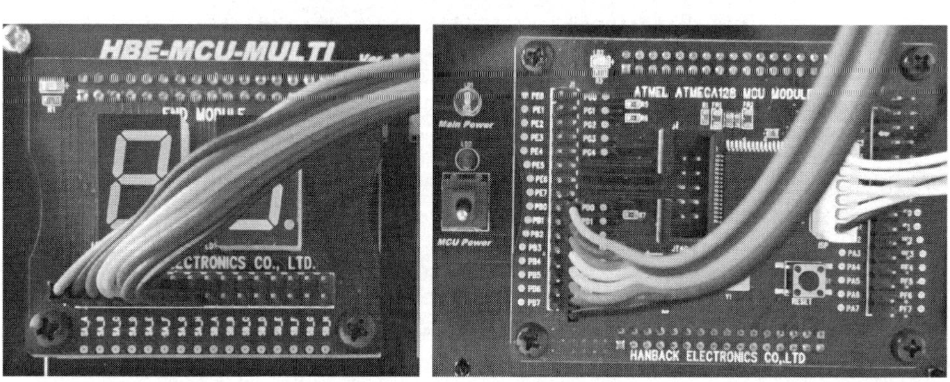

④~⑧ : '2.1의 (나) ATmega128 키트 실습(간략형 C 프로그램으로)'의 ④~⑧을 참조하여 동일하게 진행한다.

⑨ FND에 숫자 '0', '7'이 표시된 후, 아래 그림과 같이 문자 'd'가 나타난다.

(다) 하드웨어 블록도

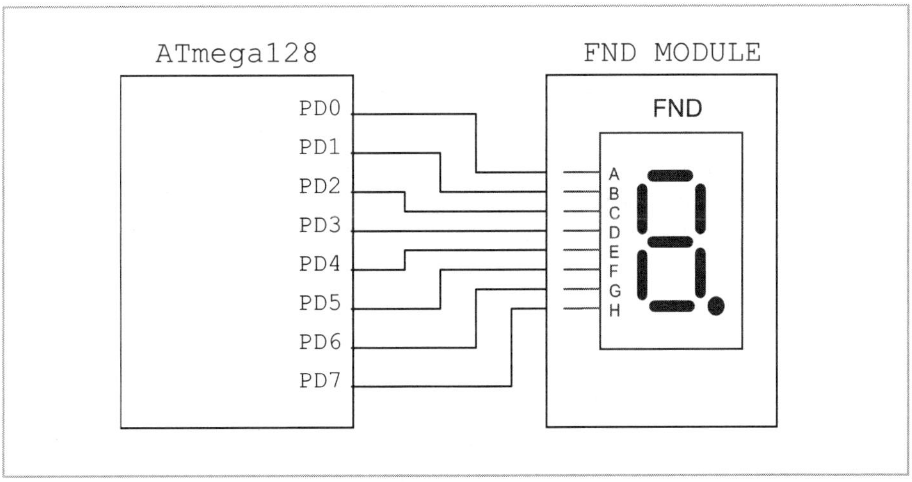

ATmega128 포트 D의 핀(PD0~PD7)에 FND의 LED(A, B, C, D, E, F, G, H)가 각각 연결되어 있다.

① 포트 D의 각 핀(단자)에 'high(1)'가 출력되면(약 +5[V]) FND의 LED가 켜지게 된다. 예를 들면, PD3에 'high(1)'가 출력되면(약 +5[V]) FND의 D LED가 켜지게 된다.

② 포트 D의 각 핀(단자)에 'low(0)'가 출력되면(약 0[V]) FND의 LED가 꺼지게 된다. 예를 들면, PD5에 'low(0)'가 출력되면(약 0[V]) FND의 F LED가 꺼지게 된다.

(라) output_FND_easy.c 프로그램

```
// ATmega128의 입출력 포트의 출력을 정의한 헤더파일
#include <inout_mega128.h>

// delay 함수를 정의한 헤더파일
#include <delay.h>

void main(void)
{
  pin_direction(PD, 0b11111111); // PD0~PD7을 출력 핀(단자)으로 설정한다.

  // FND에 숫자 '0', '7', 문자 'd'를 출력
  pin_write(PD, 0b00111111);      // FND에 숫자 '0'를 출력한다.
  delay_ms(1000);                 // 1초(1000 ms) 지연
  delay_ms(1000);                 // 1초(1000 ms) 지연
  pin_write(PD, 0b00100111);      // FND에 숫자 '7'를 출력한다.
  delay_ms(1000);                 // 1초(1000 ms) 지연
  delay_ms(1000);                 // 1초(1000 ms) 지연
  pin_write(PD, 0b01011110);      // FND에 숫자 'd'를 출력한다.
}
```

포트 D에 연결된 FND에 숫자 '0', '7', 문자 'd'가 순서대로 나타난다. 즉, 전원이 켜지면 output_FND.c 프로그램이 동작하게 된다. 2초 동안 '0'이 표시되고 다시 2초 동안 '7'이 표시된 후에 문자 'd'가 나타난다.

① #include 〈inout_mega128.h〉

'2.1의 (2)의 (라) output_LED_easy.c 프로그램'의 ①을 참조한다.

② #include <delay.h>

delay 함수를 정의한 헤더파일

③ pin_direction(PD, 0b11111111);

포트 E의 모든 핀들(PD0, PD1, PD2, PD3, PD4, PD5, PD6, PD7)을 출력 핀(단자)으로 정한다.

④ pin_write(PD, 0b00111111);

포트 D의 PD5, PD4, PD3, PD2, PD1, PD0에 'high(1)'를 출력하고 PD7, PD6에 'low(0)'를 출력한다.

FND의 A~F의 LED는 켜지고 G와 H의 LED는 꺼져서 '0'이 표시된다.

⑤ delay_ms(1000);

1초(1000[ms]) 동안 지연(아무 일도 하지 않음).

⑥ pin_write(PD, 0b00100111);

포트 D의 PD5, PD4, PD2, PD1, PD0에 'high(1)'를 출력하고 PD7, PD6, PD3에 'low(0)'를 출력한다.

FND의 A, B, C, F의 LED는 켜지고 D, E, G, H의 LED는 꺼져서 '7'이 표시된다.

⑦ delay_ms(1000);

1초(1000[ms]) 동안 지연(아무 일도 하지 않음)

⑧ pin_write(PD, 0b01011110);

포트 D의 PD6, PD4, PD3, PD2, PD1에 'high(1)'를 출력하고 PD7, PD5, PD0에 'low(0)'를 출력한다.

FND의 B, C, D, E, G의 LED는 켜지고 A, F, H의 LED는 꺼져서, 'd'가 표시된다.

(3) CodeVisionAVR으로 C 프로그램(표준형) 작성 및 키트 실습

(가) CodeVisionAVR으로 C 프로그램(표준형, 일반적인 프로그램 형식) 작성

①~⑥ : '2.1의 (가) CodeVisionAVR으로 C 프로그램(간략형, 함수를 헤더파일로 정의한 형식) 작성'의 ①~⑥을 참조하여 동일하게 진행한다.

⑦ 컴퓨터에 'output_FND' 폴더(C:\ATmega128\output_FND)를 만든다.
'Create New Project' 화면에서 아래와 같이 진행한다.
'저장 위치(I):'를 'output_FND' 폴더로 선택한다.
'파일 이름(N):'에 'output_FND'를 써 넣는다.
'저장(S)'을 클릭한다.

⑧ '2.1의 (가) CodeVisionAVR으로 C 프로그램(간략형, 함수를 헤더파일로 정의한 형식) 작성'을 참조하여 동일하게 진행한다.

⑨ 'Configure Project output_FND.prj' 화면이 나타난다.
'Input Files'이 'output_FND.c'임을 알 수 있다.
'C Compiler'를 클릭한다.

⑩~⑬ : '2.1의 (가) CodeVisionAVR으로 C 프로그램(간략형, 함수를 헤더파일로 정의한 형식) 작성'의 ⑩~⑬을 참조하여 동일하게 진행한다.

⑭ 'output_FND.c*' 안의 내용을 모두 지운다.
'output_FND.c*' 안에 아래 그림과 같이 프로그램을 작성한다(주석('//...')으로 표시된 부분은 작성하지 않아도 된다. '(라) output_FND.c 프로그램' 참조).

C:\ATmega128\output_FND\output_FND.c

Notes | output_FND.c *

```
// ATmega128의 각 레지스터들을 정의한 헤더파일
#include <mega128.h>

// delay 함수를 정의한 헤더파일
#include <delay.h>

void main(void)
{
  DDRD = 0b11111111;     // PD0 ~ PD7을 출력 핀으로 설정한다.

  // FND에 숫자 '0', '7', 문자'd'를 출력
  PORTD = 0b00111111;    // FND에 숫자 '0'를 출력한다.
  delay_ms(1000);        // 1초(1000 ms) 지연
  delay_ms(1000);        // 1초(1000 ms) 지연
  PORTD = 0b00100111;    // FND에 숫자 '7'를 출력한다.
  delay_ms(1000);        // 1초(1000 ms) 지연
  delay_ms(1000);        // 1초(1000 ms) 지연
  PORTD = 0b01011110;    // FND에 문자 'd'를 출력한다.
}
```

(나) ATmega128 키트 실습(표준형 C 프로그램으로)

①~⑨ : '(나) ATmega128 키트 실습(간략형 C 프로그램으로)'의 ①~⑨를 참조하여 동일하게 진행한다.

(다) 하드웨어 회로도

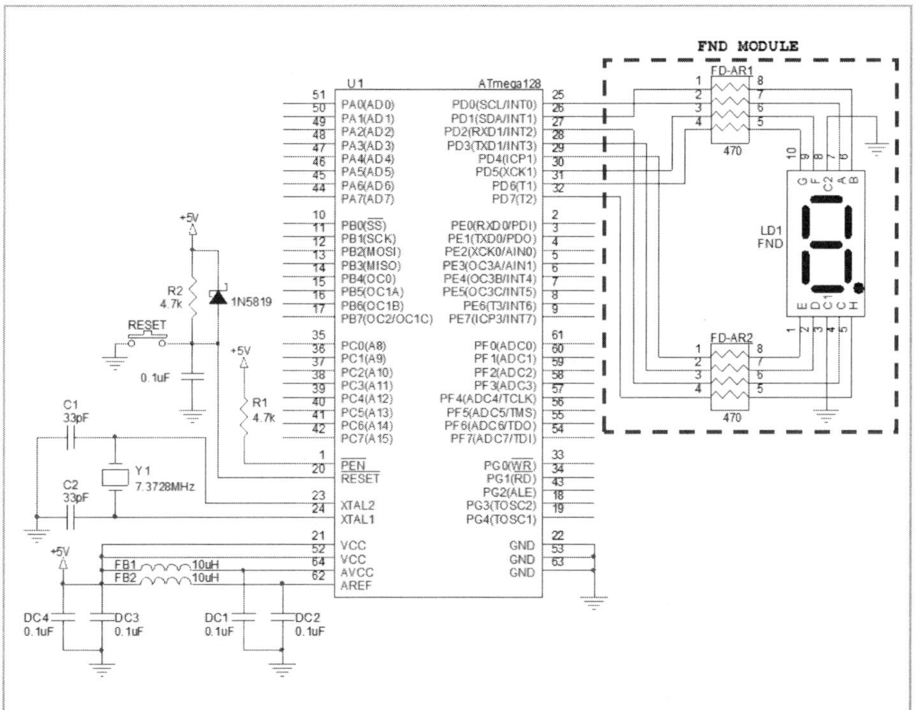

① 포트 D의 각 핀(PD0~PD7)에 +5[V](high 상태)가 출력되면 FND(8개의 LED로 구성되어 있음)의 각 LED에 순방향 전압(여기에 사용된 FND의 LED는 +2[V])이 소모되고 나머지 전압(약 3[V])는 각 저항(FD-AR1(4개의 저항이 1개의 소자로 되어 있는 어레이저항), FD-AR2(어레이 저항))에 걸리게 된다. FND의 각 LED에 흐르는 전류는 $\frac{(5[V]-2[V])}{470[\Omega]} \fallingdotseq 6.4[mA]$가 되고 각 LED는 켜지게 된다.

FND(7 세그먼트)는 8개의 LED(점 표시용 LED 포함)로 구성되어 있다. FND를 구성하고 있는 LED들의 순방향 전압과 전류는 FND의 종류에 따라 차이가 있다. 순방향 전류가 20[mA]일 때 순방향 전압이 2[V]인 LED를 사용한다면, 저항은 $R = \frac{(5[V] - 2[V])}{20[mA]} = 150[\Omega]$를 사용하면 된다. 그러나 ATmega128의 포트 D에 FND(8개의 LED)를 연결하고자 할 때, 포트 D에 흐르는 전체 전류가 100[mA]를 초과하면 안 된다(1.2절 (3)의 (가) 참조). 따라서 FND의 각각의 LED에 470[Ω] 저항(FD-AR1, FD-AR2)을 연결하여 약 6[mA] 전류를 흐르게 하였다. FND의 밝기를 높이기 위해서는 저항을 470[Ω] 보다는 작고 150[Ω] 보다는 큰 값을 사용하면 된다.

(라) output_FND.c 프로그램

```
// ATmega128의 각 레지스터들을 정의한 헤더파일
#include <mega128.h>

// delay 함수를 정의한 헤더파일
#include <delay.h>

void main(void)
{
  DDRD = 0b11111111;              // PD0~PD7을 출력 핀으로 설정한다.

  // FND에 숫자 '0', '7', 문자 'd'를 출력
  PORTD = 0b00111111;             // FND에 숫자 '0'를 출력한다.
  delay_ms(1000);                 // 1초(1000 ms) 지연
  delay_ms(1000);                 // 1초(1000 ms) 지연
  PORTD = 0b00100111;             // FND에 숫자 '7'를 출력한다.
  delay_ms(1000);                 // 1초(1000 ms) 지연
  delay_ms(1000);                 // 1초(1000 ms) 지연
  PORTD = 0b01011110;             // FND에 문자 'd'를 출력한다.
}
```

포트 D에 연결된 FND에 숫자 '0', '7', 문자 'd'가 순서대로 나타난다. 즉, 전원이 켜지면 output_FND.c 프로그램이 동작하게 된다. 2초 동안 '0'이 표시되고 다시 2초 동안 '7'이 표시된 후에 문자 'd'가 나타난다.

① #include 〈mega128.h〉

ATmega128의 각 레지스터들을 정의한 헤더파일.

② #include 〈delay.h〉

delay 함수를 정의한 헤더파일

③ DDRD = 0b11111111;

포트 D 모든 핀들(PE0~PE7)의 입출력 방향을 출력으로 설정한다.

④ PORTD = 0b00111111;

포트 D의 PD5, PD4, PD3, PD2, PD1, PD0에 'high(1)'를 출력하고 PD7, PD6에 'low(0)'를 출력한다.

FND의 A~F의 LED는 켜지고 G와 H의 LED는 꺼져서 '0'이 표시된다.

⑤ delay_ms(1000);

1초(1000[ms]) 동안 지연(아무 일도 하지 않음).

⑥ PORTD = 0b00100111;

포트 D의 PD5, PD4, PD2, PD1, PD0에 'high(1)'를 출력하고 PD7, PD6, PD3에 'low(0)'를 출력한다.

FND의 A, B, C, F의 LED는 켜지고 D, E, G, H의 LED는 꺼져서 '7'이 표시된다.

⑦ delay_ms(1000);

1초(1000[ms]) 동안 지연(아무 일도 하지 않음)

⑧ PORTD = 0b01011110;

포트 D의 PD6, PD4, PD3, PD2, PD1에 'high(1)'를 출력하고 PD7, PD5, PD0에 'low(0)'를 출력한다.

FND의 B, C, D, E, G의 LED는 켜지고 A, F, H의 LED는 꺼져서, 'd'가 표시된다.

(4) CodeVisionAVR으로 C 프로그램(확장형) 작성 및 키트 실습

(가) CodeVisionAVR으로 C 프로그램(확장형, 레지스터 주소를 정의한 형식) 작성

①~⑥ : '2.1의 (가) CodeVisionAVR으로 C 프로그램(간략형, 함수를 헤더파일로 정의한 형식) 작성'의 ①~⑥을 참조하여 동일하게 진행한다.

⑦ 컴퓨터에 'output_FND_extension' 폴더(C:\ATmega128\output_FND_extension)를 만든다.

'Create New Project' 화면에서 아래와 같이 진행한다.

'저장 위치(I):'를 'output_FND_extension' 폴더로 선택한다.

'파일 이름(N):'에 'output_FND_extension'를 써 넣는다.

'저장(S)'을 클릭한다.

⑧ '2.1의 (가) CodeVisionAVR으로 C 프로그램(간략형, 함수를 헤더파일로 정의한 형식) 작성'을 참조하여 동일하게 진행한다.

⑨ 'Configure Project output_FND_extension.prj' 화면이 나타난다.

'Input Files'이 'output_FND_extension.c'임을 알 수 있다.

'C Compiler'를 클릭한다.

⑩~⑬ : '2.1의 (가) CodeVisionAVR으로 C 프로그램(간략형, 함수를 헤더파일로 정의한 형식) 작성'의 ⑩~⑬을 참조하여 동일하게 진행한다.

⑭ 'output_FND_extension.c*' 안의 내용을 모두 지운다.

'output_FND_extension.c*' 안에 아래 그림과 같이 프로그램을 작성한다(주석('//...')으로 표시된 부분은 작성하지 않아도 된다. '(다) output_FND_extension.c 프로그램' 참조).

C:\ATmega128\output_FND_extension\output_FND_extension.c

Notes | output_FND_extension.c *

```
// ATmega128 포트 D의 방향 및 출력을 정의
#define     DDRD     (*(unsigned int *)0x31)
#define     PORTD    (*(unsigned int *)0x32)

// delay 함수를 정의한 헤더파일
#include <delay.h>

void main(void)
{
  DDRD = 0b11111111;      // PD0 ~ PD7을 출력 핀으로 설정한다.

  // FND에 숫자 '0', '7', 문자'd'를 출력
  PORTD = 0b00111111;   // FND에 숫자 '0'를 출력한다.
  delay_ms(1000);          // 1초(1000 ms) 지연
  delay_ms(1000);          // 1초(1000 ms) 지연
  PORTD = 0b00100111;   // FND에 숫자 '7'를 출력한다.
  delay_ms(1000);          // 1초(1000 ms) 지연
  delay_ms(1000);          // 1초(1000 ms) 지연
  PORTD = 0b01011110;   // FND에 문자 'd'를 출력한다.
}
```

(나) ATmega128 키트 실습(확장형 C 프로그램으로)

①~⑨ : '(나) ATmega128 키트 실습(간략형 C 프로그램으로)'의 ①~⑨를 참조하여 동일하게 진행한다.

(다) output_FND_extension.c 프로그램

```
// ATmega128 포트 D의 입출력 방향 및 출력을 정의
#define    DDRD     (*(unsigned int *)0x31)
#define    PORTD    (*(unsigned int *)0x32)

// delay 함수를 정의한 헤더파일
#include <delay.h>

void main(void)
{
  DDRD = 0b11111111;                  // PD0~PD7을 출력 핀으로 설정한다.

  // FND에 숫자 '0', '7', 문자 'd'를 출력
  PORTD = 0b00111111;                 // FND에 숫자 '0'를 출력한다.
  delay_ms(1000);                     // 1초(1000 ms) 지연
  delay_ms(1000);                     // 1초(1000 ms) 지연
  PORTD = 0b00100111;                 // FND에 숫자 '7'를 출력한다.
  delay_ms(1000);                     // 1초(1000 ms) 지연
  delay_ms(1000);                     // 1초(1000 ms) 지연
  PORTD = 0b01011110;                 // FND에 문자 'd'를 출력한다.
}
```

포트 D에 연결된 FND에 숫자 '0', '7', 문자 'd'가 순서대로 나타난다. 즉, 전원이 켜지면 output_FND.c 프로그램이 동작하게 된다. 2초 동안 '0'이 표시되고 다시 2초 동안 '7'이 표시된 후에 문자 'd'가 나타난다.

#define문은 입출력 포트 D의 입출력 방향을 결정짓는 레지스터와 출력 기능에서의 각 핀(단자)에 출력 값('high(1)' 또는 'low(0)')을 보내기 위한 레지스터의 SRAM 데이터 메모리 주소를 정의한 것이다.

C 프로그램의 나머지 내용은 'output_FND.c 프로그램'을 동일하다.

(5) FND(7 세그먼트)

FND는 그림 2-4와 같이 8개의 LED가 모여 이루어진 모듈로서 숫자나 간단한 문자와 기호 표현에 많이 사용된다. 여러 가지 종류가 있으나 먼저 FND는 공통(Common) 단자에 인가되는 전원에 따라서 Common Anode(+공통)과 Common Cathode(-공통)로 분류된다. FND는 공통 단자에 VCC를 연결하고 입력단자(A, B, C, D, E, F, G, H)에 GND(접지)를 인가하였을 때 해당하는 LED가 켜지는 Anode(+) 공통형과 공통단자에 GND(접지)를 연결하고 입력단자(A, B, C, D, E, F, G, H)에 +전원(+5[V] 등)을 인가하였을 때, 해당하는 LED가 켜지는 Cathode(-) 공통형으로 나누어진다. 예를 들어 FND에 '1'을 표시하기 위해서는 B, C의 LED를 켜면 되고, '8'을 표시하려면 A~G까지의 모든 LED를 켜면 된다. 이러한 방법으로 0~9까지의 숫자와 16진수의 A, b, C, d, E, F 등의 문자를 표시할 수 있다.

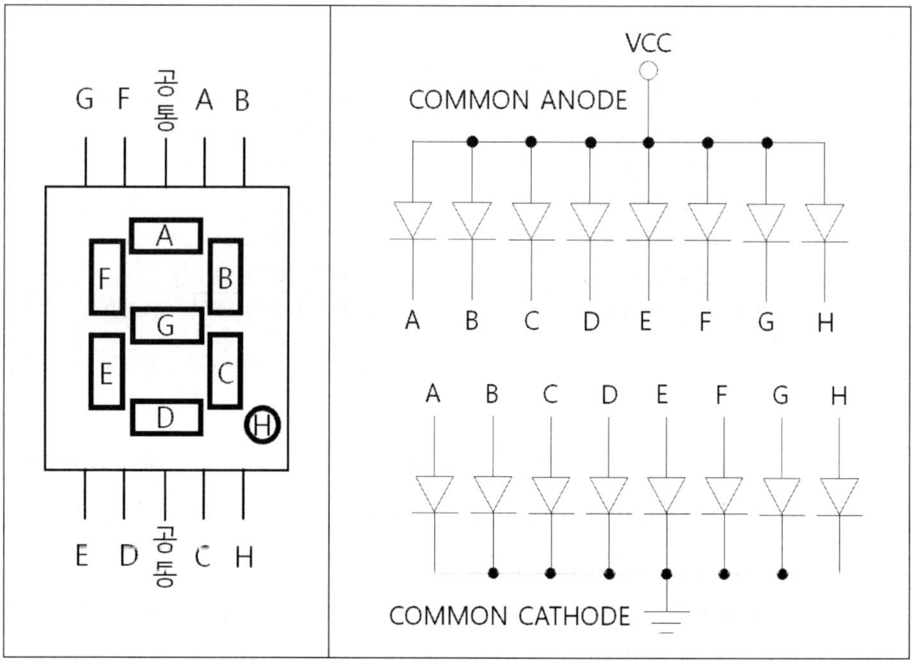

▌그림 2-4▐ FND 핀 배열 및 구조

표 2-2는 FND를 이용하여 16진수를 표현하기 위한 비트 값을 정리한 것이다. 만약 숫자 '7'을 표시하려면 '00100111' 즉 '0x27' 값을, 'd'를 표시하려면 '01011110' 즉 '0x5e'를 FND의 입력단자에 넣어주면 된다.

표 2-2 FND의 16 진수 표현

16진수	FND(7 세그먼트)의 비트 값								데이터 값 (2진수, HEX)
	H	G	F	E	D	C	B	A	
0	0	0	1	1	1	1	1	1	0b00111111, 0x3f
1	0	0	0	0	0	1	1	0	0b00000110, 0x06
2	0	1	0	1	1	0	1	1	0b01011011, 0x5b
3	0	1	0	0	1	1	1	1	0b01001111, 0x4f
4	0	1	1	0	0	1	1	0	0b01100110, 0x66
5	0	1	1	0	1	1	0	1	0b01101101, 0x6d
6	0	1	1	1	1	1	0	1	0b01111101, 0x7d
7	0	0	1	0	0	1	1	1	0b00100111, 0x27
8	0	1	1	1	1	1	1	1	0b01111111, 0x7f
9	0	1	1	0	1	1	1	1	0b01101111, 0x6f
A	0	1	1	1	0	1	1	1	0b01110111, 0x77
b	0	1	1	1	1	1	0	0	0b01111100, 0x7c
C	0	0	1	1	1	0	0	1	0b00111001, 0x39
d	0	1	0	1	1	1	1	0	0b01011110, 0x5e
E	0	1	1	1	1	0	0	1	0b01111001, 0x79
F	0	1	1	1	0	0	0	1	0b01110001, 0x71

2.3 스위치 on/off 상태 LED에 표시하기

(1) ATmega128 키트에서의 "스위치 on/off 상태 LED에 표시하기" 동작 순서도

스위치 on/off 상태 LED에 표시하기

① 전원이 켜지면 LED MODULE의 LED 8개는 모두 꺼져 있다.

② 스위치 1개를 누르면 LED가 1개가 켜진다(예를 들어, SWITCH MODULE의 'S0'가 눌러지면 LED MODULE의 'LED0'가 켜진다.).

③ 눌렀던 스위치를 떼면 LED는 다시 꺼진다.

(2) CodeVisionAVR으로 C 프로그램(간략형) 작성 및 키트 실습

(가) CodeVisionAVR으로 C 프로그램(간략형, 함수를 헤더파일로 정의한 형식) 작성

①~⑥ : '2.1의 (가) CodeVisionAVR으로 C 프로그램(간략형, 함수를 헤더파일로 정의한 형식) 작성'의 ①~⑥을 참조하여 동일하게 진행한다.

⑦ 컴퓨터에 'inout_LED_easy' 폴더(C:\ATmega128\inout_LED_easy)를 만든다.
'Create New Project' 화면에서 아래와 같이 진행한다.
'저장 위치(I):'를 'inout_LED_easy' 폴더로 선택한다.
'파일 이름(N):'에 'inout_LED_easy'를 써 넣는다.
'저장(S)'을 클릭한다.

⑧ '2.1의 (가) CodeVisionAVR으로 C 프로그램(간략형, 함수를 헤더파일로 정의한 형식) 작성'을 참조하여 동일하게 진행한다.

⑨ 'Configure Project inout_LED_easy.prj' 화면이 나타난다.
'Input Files'이 'inout_LED_easy.c'임을 알 수 있다.
'C Compiler'를 클릭한다.

⑩~⑬ : '2.1의 (가) CodeVisionAVR으로 C 프로그램(간략형, 함수를 헤더파일로 정의한 형식) 작성'의 ⑩~⑬을 참조하여 동일하게 진행한다.

⑭ 'inout_LED_easy.c*' 안의 내용을 모두 지운다.
'inout_LED_easy.c*' 안에 아래 그림과 같이 프로그램을 작성한다(주석('//...')으로 표시된 부분은 작성하지 않아도 된다. '(라) inout_LED_easy.c 프로그램' 참조).

C:\ATmega128\inout_LED_easy\inout_LED_easy.c

Notes | inout_LED_easy.c *

```
// ATmega128의 입출력 포트의 출력을 정의한 헤더파일
#include <inout_mega128.h>

void main(void)
{
  unsigned char i;                        // 변수 i를 unsigned char로 선언
  pin_direction(PC, 0b11111111);          // 포트 C(PC0 ~ PC7)을 출력 편으
  pin_direction(PD, 0b00000000);          // 포트 D(PD0 ~ PD7)을 입력 편으

  // 포트 D의 스위치 on/off 상태를 포트 C의 LED에 표시
  while(1)
  {
     i = pin_read(PD);                    // 포트 D로 입력된 값을 변수 i에
     pin_write(PC, i);                    // 변수 i 값을 포트 C로 출력한다
  }
}
```

(나) ATmega128 키트 실습(간략형 C 프로그램으로)

①~② : '2.1의 (나) ATmega128 키트 실습(간략형 C 프로그램으로)'의 ①~②를 참조하여 동일하게 진행한다.

③ 아래 그림과 같이 'SWITCH MODULE'의 'BT0~BT7'과 'LED MODULE'의 'LED0~LED7'을 'ATmega128 MCU MODULE'의 '포트 D(PD0~PD7)'와 '포트 C(PC0~PC7)'에 각각 서로 연결한다.

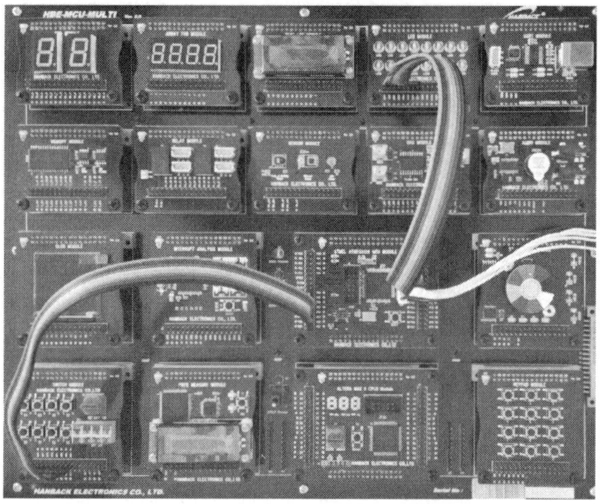

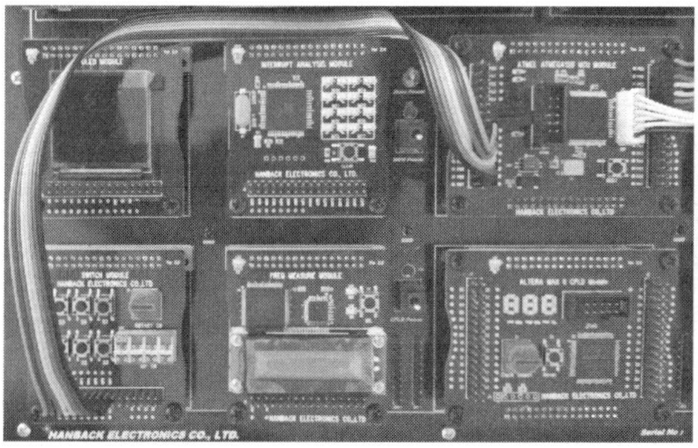

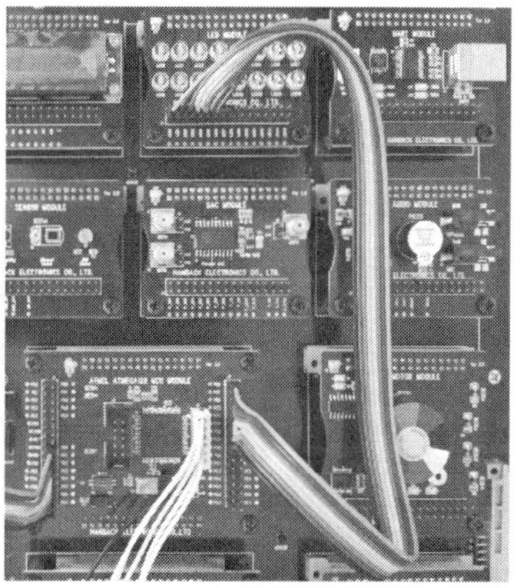

④~⑧ : '2.1의 (나) ATmega128 키트 실습(간략형 C 프로그램으로)'의 ④~⑧을 참조하여 동일하게 진행한다.

⑨ SWITCH MODULE의 'S0'를 누르면 LED MODULE의 'LED0'이 켜진다.

(다) 하드웨어 블록도

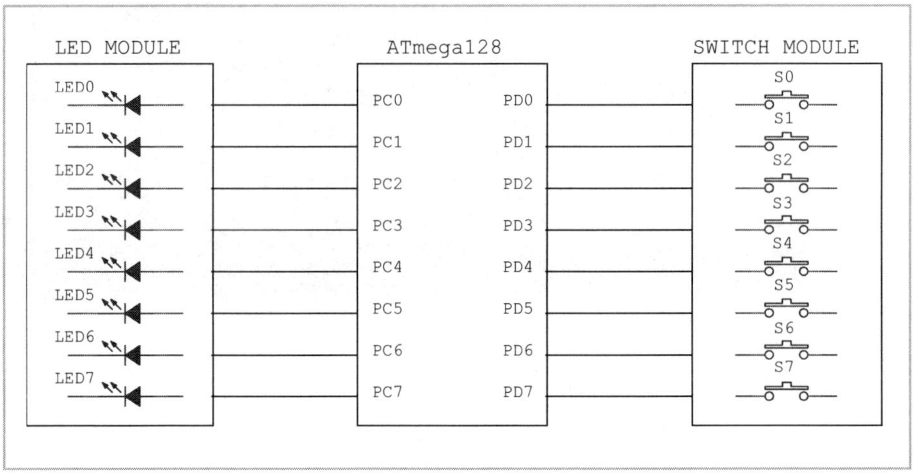

ATmega128 포트 D의 핀(PD0~PD7)에는 스위치(S0, S1, S2, S3, S4, S5, S6, S7)가 각각 연결되어 있다. 포트 C의 핀(PC0~PC7)에는 LED(LED0, LED1, LED2, LED3, LED4, LED5, LED6, LED7)가 각각 연결되어 있다.

① 스위치(S0, S1, S2, S3, S4, S5, S6, S7)가 눌러지면 포트 D의 각 핀(단자)은 'high(1)'가 나타난다(약 +5[V]). 예를 들면, 스위치 S5가 눌러지면 PD5에는

'high(1)'가 나타나게 된다.

② 스위치(S0, S1, S2, S3, S4, S5, S6, S7)가 눌러져 있지 않으면 포트 D의 각 핀(단자)에는 'low(0)'가 나타난다(약 0[V]). 예를 들면, 스위치 S7이 눌러져 있지 않으면 PD7에는 'low(0)'가 나타나게 된다.

③ 포트 C의 각 핀(단자)에 'high(1)'가 출력되면(약 +5[V]) LED가 켜지게 된다. 예를 들면, PC3에 'high(1)'가 출력되면(약 +5[V]) LED3이 켜지게 된다.

④ 포트 C의 각 핀(단자)에 'low(0)'가 출력되면(약 0[V]) LED가 꺼지게 된다. 예를 들면, PC5에 'low(0)'가 출력되면(약 0[V]) LED5가 꺼지게 된다.

(라) inout_LED_easy.c 프로그램

```
// ATmega128의 입출력 포트의 출력을 정의한 헤더파일
#include <inout_mega128.h>

void main(void)
{
  unsigned char i;                  // 변수 i를 unsigned char로 선언한다.
  pin_direction(PC, 0b11111111); // 포트 C(PC0~PC7)을 출력 핀으로 설정한다.
  pin_direction(PD, 0b00000000); // 포트 D(PD0~PD7)을 입력 핀으로 설정한다.

  // 포트 D의 스위치 on/off 상태를 포트 C의 LED에 표시
  while(1)
  {
    i = pin_read(PD);               // 포트 D로 입력된 값을 변수 i에 입력한다.
    pin_write(PC, i);               // 변수 i 값을 포트 C로 출력한다.
  }
}
```

포트 C에 연결된 'LED0~LED7'가 모두 꺼져 있다가 'S0~S7' 스위치가 눌러지면 'LED0~LED7' 중에서 일부가 켜지게 된다. 즉, 전원이 켜지면 inout_LED_easy.c 프로그램이 동작하게 된다.

전원이 켜지면 LED MODULE의 LED 8개(LED0~LED7)는 모두 꺼져 있다가, 'S0~S7' 스위치 중에서 어떤 스위치가 눌러지면 관련 있는('S0 → LED0', 'S1 → LED1', 'S2 → LED2', 'S3 → LED3', 'S4 → LED4', 'S5 → LED5', 'S6 → LED6', 'S7 → LED7') LED가 켜진다. 눌렀던 스위치를 떼면 LED는 다시 꺼진다.

① #include <inout_mega128.h>

'2.1의 (2)의 (라) output_LED_easy.c 프로그램'의 ①을 참조한다.

② unsigned char i;

변수 i를 unsigned char(부호없는 문자형)로 선언한다.

③ pin_direction(PC, 0b11111111);

포트 C의 모든 핀들(PC0, PC1, PC2, PC3, PC4, PC5, PC6, PC7)을 출력 핀(단자)으로 정한다.

④ pin_direction(PD, 0b00000000);

포트 D의 모든 핀들(PD0, PD1, PD2, PD3, PD4, PD5, PD6, PD7)을 입력 핀(단자)으로 정한다.

⑤ i = pin_read(PD);

포트 D의 핀들(PD0, PD1, PD2, PD3, PD4, PD5, PD6, PD7)로부터 입력된 값을 변수 i에 넣는다.

⑥ pin_write(PC, i);

변수 i에 저장된 값을 포트 C의 핀들(PC0, PC1, PC2, PC3, PC4, PC5, PC6, PC7)로 출력한다.

⑤와 ⑥을 통해, 포트 D의 모든 핀들(PD0~PD7)로부터 신호를 입력받아 포트 C의 'PC0~PC7'에 출력하게 된다. 즉, 'PD0'에서 입력된 값이 '0'이면 'PC0'에 출력되는 값도 '0'이고 '1'이면 '1'이 된다. 포트 D와 포트 C의 핀들의 각각의 관련성은 'PD0 → PC0', 'PD1 → PC1', 'PD2 → PC2', 'PD3 → PC3', 'PD4 → PC4', 'PD5 → PC5', 'PD6 → PC6', 'PD7 → PC7'이다.

⑤와 ⑥을 합쳐서, 변수 i 대신에 pin_read(PD)를 직접 사용하여 'pin_write(PC, pin_read(PD));'로 하여도 된다.

⑦ while(1){ }

⑤와 ⑥을 무한 반복한다.

(3) CodeVisionAVR으로 C 프로그램(표준형) 작성 및 키트 실습

(가) CodeVisionAVR으로 C 프로그램(표준형, 일반적인 프로그램 형식) 작성

①~⑥ : '2.1의 (가) CodeVisionAVR으로 C 프로그램(간략형, 함수를 헤더파일

로 정의한 형식) 작성'의 ①~⑥을 참조하여 동일하게 진행한다.

⑦ 컴퓨터에 'inout_LED' 폴더(C:\ATmega128\inout_LED)를 만든다.
'Create New Project' 화면에서 아래와 같이 진행한다.
'저장 위치(I):'를 'inout_LED' 폴더로 선택한다.
'파일 이름(N):'에 'inout_LED'를 써 넣는다.
'저장(S)'을 클릭한다.

⑧ '2.1의 (가) CodeVisionAVR으로 C 프로그램(간략형, 함수를 헤더파일로 정의한 형식) 작성'을 참조하여 동일하게 진행한다.

⑨ 'Configure Project inout_LED.prj' 화면이 나타난다.
'Input Files'이 'inout_LED.c'임을 알 수 있다.
'C Compiler'를 클릭한다.

⑩~⑬ : '2.1의 (가) CodeVisionAVR으로 C 프로그램(간략형, 함수를 헤더파일로 정의한 형식) 작성'의 ⑩~⑬을 참조하여 동일하게 진행한다.

⑭ 'inout_LED.c*' 안의 내용을 모두 지운다.
'inout_LED.c*' 안에 아래 그림과 같이 프로그램을 작성한다(주석('//...')으로 표시된 부분은 작성하지 않아도 된다. '(라) inout_LED.c 프로그램' 참조).

C:\ATmega128\inout_LED\inout_LED.c

Notes | inout_LED.c *

```
// ATmega128의 각 레지스터들을 정의한 헤더파일
#include <mega128.h>

void main(void)
{
  unsigned char i;      // 변수 i를 unsigned char로 선언한다.
  DDRC = 0b11111111;    // 포트 C(PC0 ~ PC7)을 출력 핀으로 설정한다.
  DDRD = 0b00000000;    // 포트 D(PD0 ~ PD7)을 입력 핀으로 설정한다.

  // 포트 D의 스위치 on/off 상태를 포트 C의 LED에 표시
  while(1)
  {
     i = PIND;          // 포트 D로 입력된 값을 변수 i에 넣는다
     PORTC = i;         // 변수 i에 저장된 값을 포트 C로 출력한다.
  }
}
```

(나) ATmega128 키트 실습(표준형 C 프로그램으로)

①~⑨ : '(나) ATmega128 키트 실습(간략형 C 프로그램으로)'의 ①~⑨를 참조하여 동일하게 진행한다.

(다) 하드웨어 회로도

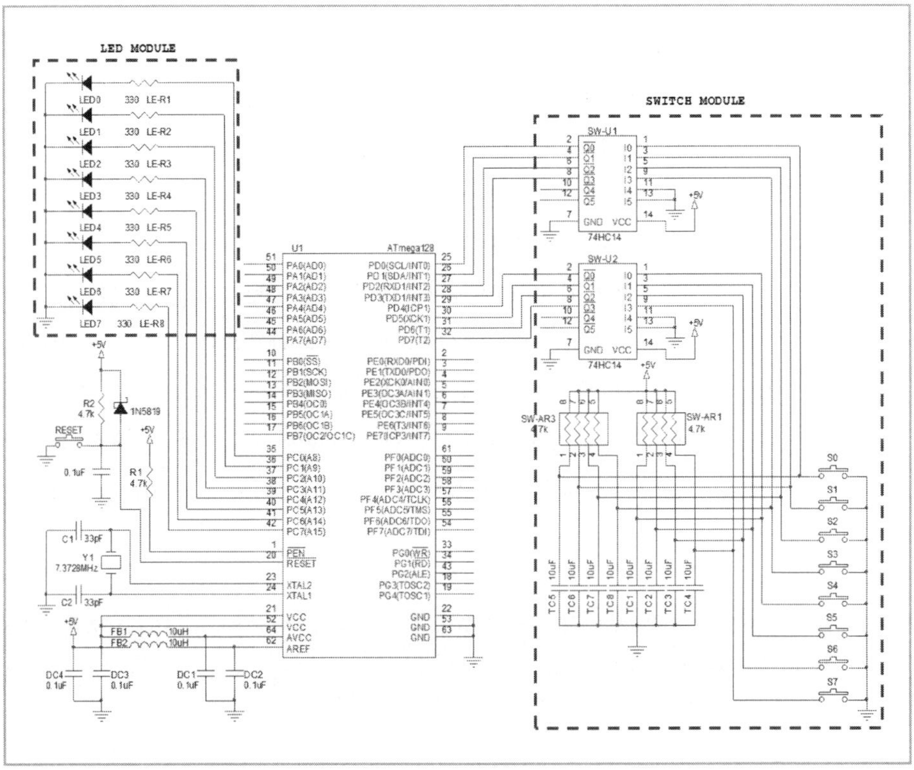

① 스위치(S0~S7)가 눌러지지 않은 상태에서는 74HC14(SW-U1, SW-U2)의 입력 핀의 값은 +5[V](high 상태)에 있게 되어 74HC14(SW-U1, SW-U2)의 출력 핀의 값은 0[V](low 상태)가 된다. 따라서 포트 D(PD0~PD7)으로 입력되는 신호는 0[V](low 상태)가 된다.

스위치(S0~S7)가 눌러지면 스위치의 상태는 0[V](low 상태)가 된다. 눌러진 스위치와 연결된 74HC14(SW-U1, SW-U2)의 입력 핀의 값은 0[V](low 상태)로 바뀌게 되고 74HC14(SW-U1, SW-U2)의 출력 핀의 값은 +5[V](high 상태)가 된다. 따라서 포트 D(PD0~PD7) 중 관련된 핀으로 입력되는 신호는 +5[V](high 상태)가 된다.

② 스위치(S0~S7)가 눌러지면 스위치는 GND와 연결되면서 low('0') 신호가 발생된다.

스위치(S0~S7)가 눌러졌다가 떨어지면 저항(SW-AR3(어레이저항), SW-AR1(어레이저항))과 커패시터(TC5~TC8, TC1~TC4)에 의하여 신호가 점차적으로(지수함수적으로) 전원 전압(+5[V])이 된다.

커패시터(TC5~TC8, TC1~TC4)는 스파크나 노이즈를 막기 위한 저역통과필터 역할을 하게 된다.

기계식인 스위치에 의한 채터링 현상(아래 그림)은 이들에 의하여(커패시터의 방전과 충전에 의하여) 줄일 수 있게 된다.

ATmega128 I/O 핀들은 핀과 +전원단자, 핀과 GND 사이에 ESD(정전 방전) 보호용 다이오드를 내장하고 있어 외부에 다이오드를 연결할 필요가 없다. 이러한 용도의 다이오드들은 외부의 과전압(+전원전압 보다 높은 전압) 또는 저전압(GND 보다 낮은 전압) 입력으로부터 핀을 보호하기 위한 것이다.

③ 74HC14(SW-U1, SW-U2)는 '슈미트트리거 NOT 게이트'이다. 즉, '$\overline{Q0}$~$\overline{Q5}$' 핀에서 출력되는 신호는 '$\overline{I0}$~$\overline{I5}$'핀으로부터 입력되는 신호를 반전하는 NOT 게이트 특성을 갖는다. 또한, 외부 노이즈에 강한 특성을 갖기 위한 슈미트트리거(히스테리시스 특성을 갖는 회로) 역할도 한다.

④ 'LED MODULE'의 'LED7~LED0'의 동작은 '2.1의 (3)의 (다) 하드웨어 회로도'의 ④를 참조한다. 단, 핀(단자) 연결이 'PE0~PE7'에서 'PC0~PC7'로 변경되었다.

(라) inout_LED.c 프로그램

```
// ATmega128의 각 레지스터들을 정의한 헤더파일
#include <mega128.h>

void main(void)
{
  unsigned char i;                    // 변수 i를 unsigned char로 선언한다.
  DDRC = 0b11111111;                  // 포트 C(PC0~PC7)을 출력 핀으로 설정한다.
  DDRD = 0b00000000;                  // 포트 D(PD0~PD7)을 입력 핀으로 설정한다.

  // 포트 D의 스위치 on/off 상태를 포트 C의 LED에 표시
  while(1)
  {
    i = PIND;                         // 포트 D로 입력된 값을 변수 i에 넣는다.
    PORTC = i;                        // 변수 i에 저장된 값을 포트 C로 출력한다.
  }
}
```

전원이 켜지면 LED MODULE의 LED 8개(LED0~LED7)는 모두 꺼져 있다가, 'S0~S7' 스위치 중에서 어떤 스위치가 눌러지면 관련 있는('S0 → LED0', 'S1 → LED1', 'S2 → LED2', 'S3 → LED3', 'S4 → LED4', 'S5 → LED5', 'S6 → LED6', 'S7 → LED7') LED가 켜진다. 눌렀던 스위치를 떼면 LED는 다시 꺼진다.

① #include 〈mega128.h〉

ATmega128의 각 레지스터들을 정의한 헤더파일.

② unsigned char i;

변수 i를 unsigned char(부호없는 문자형)로 선언한다.

③ DDRC = 0bIIIIIIII,

포트 C의 모든 핀들(PC0, PC1, PC2, PC3, PC4, PC5, PC6, PC7)을 출력 핀(단자)으로 정한다.

④ DDRD = 0b00000000;

포트 D의 모든 핀들(PD0, PD1, PD2, PD3, PD4, PD5, PD6, PD7)을 입력 핀(단자)으로 정한다.

⑤ i = PIND;

포트 D의 핀들(PD0, PD1, PD2, PD3, PD4, PD5, PD6, PD7)로부터 입력된 값을 변수 i에 넣는다.

('(5) 포트 C와 포트 D의 입출력(I/O) 방향 결정과 입출력 기능' 참조)

⑥ PORTC = i;

변수 i에 저장된 값을 포트 C의 핀들(PC0, PC1, PC2, PC3, PC4, PC5, PC6, PC7)로 출력한다.

⑤와 ⑥을 통해, 포트 D의 모든 핀들(PD0~PD7)로부터 신호를 입력받아 포트 C의 'PC0~PC7'에 출력하게 된다. 즉, 'PD0'에서 입력된 값이 '0'이면 'PC0'에 출력되는 값도 '0'이고 '1'이면 '1'이 된다. 포트 D와 포트 C의 핀들의 각각의 관련성은 'PD0 → PC0', 'PD1 → PC1', 'PD2 → PC2', 'PD3 → PC3', 'PD4 → PC4', 'PD5 → PC5', 'PD6 → PC6', 'PD7 → PC7'이다.

⑤와 ⑥을 합쳐서, 변수 i 대신에 PIND)를 직접 사용하여 'PORTC = PIND;'로 하여도 된다.

⑦ while(1){ }

⑤와 ⑥을 무한 반복한다.

(4) CodeVisionAVR으로 C 프로그램(확장형) 작성 및 키트 실습

(가) CodeVisionAVR으로 C 프로그램(확장형, 레지스터 주소를 정의한 형식) 작성

①~⑥ : '2.1의 (가) CodeVisionAVR으로 C 프로그램(간략형, 함수를 헤더파일로 정의한 형식) 작성'의 ①~⑥을 참조하여 동일하게 진행한다.

⑦ 컴퓨터에 'inout_LED_extension' 폴더(C:\ATmega128\inout_LED_extension)를 만든다.

'Create New Project' 화면에서 아래와 같이 진행한다.

'저장 위치(I):'를 'inout_LED_extension' 폴더로 선택한다.

'파일 이름(N):'에 'inout_LED_extension'를 써 넣는다.

'저장(S)'을 클릭한다.

⑧ '2.1의 (가) CodeVisionAVR으로 C 프로그램(간략형, 함수를 헤더파일로 정의한 형식) 작성'을 참조하여 동일하게 진행한다.

⑨ 'Configure Project inout_LED_extension.prj' 화면이 나타난다.
'Input Files'이 'inout_LED_extension.c'임을 알 수 있다.
'C Compiler'를 클릭한다.

⑩~⑬ : '2.1의 (가) CodeVisionAVR으로 C 프로그램(간략형, 함수를 헤더파일로 정의한 형식) 작성'의 ⑩~⑬을 참조하여 동일하게 진행한다.

⑭ 'inout_LED_extension.c*' 안의 내용을 모두 지운다.
'inout_LED_extension.c*' 안에 아래 그림과 같이 프로그램을 작성한다(주석('//...')으로 표시된 부분은 작성하지 않아도 된다. '(다) inout_LED_extension.c 프로그램' 참조).

C:\ATmega128\inout_LED_extension\inout_LED_extension.c

Notes | inout_LED_extension.c *

```
// ATmega128 포트 C의 방향 및 출력, 포트 D의 방향 및 입력을 정의
#define     DDRC     (*(unsigned int *)0x34)
#define     DDRD     (*(unsigned int *)0x31)
#define     PORTC    (*(unsigned int *)0x35)
#define     PIND     (*(unsigned int *)0x30)


void main(void)
{
    unsigned char i;          // 변수 i를 unsigned char로 선언한다.
    DDRC = 0b11111111;        // 포트 C(PC0 ~ PC7)을 출력 핀으로 설정한
    DDRD = 0b00000000;        // 포트 D(PD0 ~ PD7)을 입력 핀으로 설정한

    // 포트 D의 스위치 on/off 상태를 포트 C의 LED에 표시
    while(1)
    {
        i = PIND;             // 포트 D로 입력된 값을 변수 i에 넣는다
        PORTC = i;            // 변수 i에 저장된 값을 포트 C로 출력한다.
    }
}

```

(나) ATmega128 키트 실습(확장형 C 프로그램으로)

①~⑨ : '(나) ATmega128 키트 실습(간략형 C 프로그램으로)'의 ①~⑨를 참조하여 동일하게 진행한다.

(다) inout_LED_extension.c 프로그램

```
// ATmega128 포트 C의 입출력 방향 및 출력, 포트 D의 입출력 방향 및 입력을 정의
#define   DDRC     (*(unsigned int *)0x34)
#define   DDRD     (*(unsigned int *)0x31)
#define   PORTC    (*(unsigned int *)0x35)
#define   PIND     (*(unsigned int *)0x30)

void main(void)
{
  unsigned char i;                  // 변수 i를 unsigned char로 선언한다.
  DDRC = 0b11111111;                // 포트 C(PC0~PC7)을 출력 핀으로 설정한다.
  DDRD = 0b00000000;                // 포트 D(PD0~PD7)을 입력 핀으로 설정한다.

  // 포트 D의 스위치 on/off 상태를 포트 C의 LED에 표시
  while(1)
  {
    i = PIND;                       // 포트 D로 입력된 값을 변수 i에 넣는다.
    PORTC = i;                      // 변수 i에 저장된 값을 포트 C로 출력한다.
   }
}
```

전원이 켜지면 LED MODULE의 LED 8개(LED0~LED7)는 모두 꺼져 있다가, 'S0~S7' 스위치 중에서 어떤 스위치가 눌러지면 관련 있는('S0 → LED0', 'S1 → LED1', 'S2 → LED2', 'S3 → LED3', 'S4 → LED4', 'S5 → LED5', 'S6 → LED6', 'S7 → LED7') LED가 켜진다. 눌렀던 스위치를 떼면 LED는 다시 꺼진다.

#define문은 입출력 포트 C와 포트 D의 입출력 방향을 결정짓는 레지스터, 출력 기능일 때 각 핀(단자)에 출력 값('high(1)' 또는 'low(0)')을 보내기 위한 레지스터, 입력 기능일 때 핀(단자)으로부터 입력 값('high(1)' 또는 'low(0)')을 얻기 위한 레지스터의 SRAM 데이터 메모리 주소를 정의한 것이다.

C 프로그램의 나머지 내용은 'inout_LED.c 프로그램'을 동일하다.

(5) 포트 C와 포트 D의 입출력(I/O) 방향 결정과 입출력 기능

마이크로컨트롤러 ATmega128은 입출력 기능으로 8비트의 포트 A, 포트 B, 포트 C, 포트 D, 포트 E, 포트 F와 5비트의 포트 G를 지니고 있다. 포트의 입출력

방향을 결정한 후, 출력 값을 포트를 통해 출력하거나 아니면 입력되는 값을 포트를 통해 받게 된다. 표 2-3은 포트 C와 포트 D를 사용할 때를 예로 든 것이며, 주소는 특수 기능 레지스터(SFR, Special Function Register)의 주소와 데이터 메모리에서의 주소를 각각 표시하고 있다. 데이터 메모리 주소 '0x20~0x5f'까지는 특수 기능 레지스터(SFR) 주소로 변환되어 사용될 수 있다.

| 표 2-3 | 포트 C, 포트 D 관련 레지스터

항 목	레지스터	주소 SFR(데이터 메모리)
포트 C 입출력 방향 결정	DDRC	0x14(0x34)
포트 D 입출력 방향 결정	DDRD	0x11(0x31)
포트 C에 'high(1)'나 'low(0)' 출력	PORTC	0x15(0x35)
포트 D에 'high(1)'나 'low(0)' 출력	PORTD	0x12(0x32)
포트 C로부터 'high(1)'나 'low(0)' 입력	PINC	0x13(0x33)
포트 D로부터 'high(1)'나 'low(0)' 입력	PIND	0x10(0x30)

(가) 포트 C 핀들(PC0~PC7)의 입출력 방향 결정

PC0~PC7의 입력과 출력 방향은 DDRC 레지스터로 결정한다. 8비트 DDRC 레지스터의 각각의 비트에 '1' 또는 '0'을 쓰면 포트 C 핀들의 입출력 방향이 결정된다. 즉 '1'이면 출력이 되고 '0'이면 입력이 된다.

- 포트 C의 모든 핀(PC0~PC7)들이 입력이면, DDRC에 '0b00000000(또는 0x00)'을 써 넣는다.
- 포트 C의 모든 핀(PC0~PC7)들이 출력이면, DDRC에 '0b11111111(또는 0xff)'를 써 넣는다.
- 포트 C의 PC0, PC2, PC7은 출력이고, PC1, PC3, PC4, PC5, PC6은 입력이면, DDRC에 '0b10000101(또는 0x85)'를 써 넣는다.

7	6	5	4	3	2	1	0	비트번호
1	0	0	0	0	1	0	1	DDRC (0x85)

(나) 포트 D 핀들(PD0~PD7)의 입출력 방향 결정

PD0~PD7의 입력과 출력 방향은 DDRD 레지스터로 결정한다. 8비트 DDRD레지스터의 각각의 비트에 '1' 또는 '0'을 쓰면 포트 D 핀들의 입출력 방향이 결정된다. 즉 '1'이면 출력이 되고 '0'이면 입력이 된다.

- 포트 D의 모든 핀(PD0~PD7)들이 입력이면, DDRD에 '0b00000000(또는 0x00)'을 써 넣는다.
- 포트 D의 모든 핀(PD0~PD7)들이 출력이면, DDRD에 '0b11111111(또는 0xff)'를 써 넣는다.
- 포트 D의 PD1, PD2, PD5, PD7는 출력이고, PD0, PD3, PD4, PD6은 입력이면, DDRD에 '0b10100110 또는 0xa6)'을 써 넣는다.

7	6	5	4	3	2	1	0	비트번호
1	0	1	0	0	1	1	0	DDRD (0xa6)

(다) 포트 C 핀들(PC0~PC7)의 출력 값 결정

PORTC 레지스터의 각각의 비트에 '1'을 써 넣으면 포트 C의 각각의 핀(PC0~PC7)에 'high(1)' 값이 출력되고, '0'을 입력하면 'low(0)' 값이 출력된다.

- PORTC에 '0b00000000(또는 0x00)'을 써 넣으면, 포트 C의 핀들(PC0~PC7)은 모두 'low(0)'가 된다.
- PORTC에 '0b11111111(또는 0xff)'를 써 넣으면, 포트 C의 핀들(PC0~PC7)은 모두 'high(1)'가 된다.
- PORTC에 '0b10000110(또는 0x86)'을 써 넣으면, 포트 C의 PC1, PC2, PC7은 'high(1)'이고, PC0, PC3, PC4, PC5, PC6은 'low(0)'가 된다.

7	6	5	4	3	2	1	0	비트번호
1	0	0	0	0	1	1	0	PORTC (0x86)

(라) 포트 D 핀들(PD0~PD7)로부터 신호('high(1)' 또는 'low(0)') 입력

포트 D 핀들(PD0~PD7)로부터 들어오는 'high(1)' 또는 'low(0)' 신호를 PIND

레지스터를 이용하여 입력받을 수 있다. 8비트 PIND 레지스터의 각각의 비트에서 '1'이 들어오면 포트 D의 각각의 핀(PD0~PD7)에 'high(1)' 값이 입력된 것이고, '0'이 들어오면 'low(0)' 값이 입력된 것이다.

- PIND로부터 '0b00000000(또는 0x00)'이 들어왔으면, 현재 포트 D 핀들(PD0~PD7)은 모두 'low(0)' 상태이다.
- PIND로부터 '0b11111111(또는 0xff)'가 들어왔으면, 현재 포트 D 핀들(PD0~PD7)은 모두 'high(1)' 상태이다.
- PIND로부터 '0b10001010(또는 0x8a)'가 들어왔으면, 현재 포트 D의 PD1, PD3, PD7은 'high(1)'이고, PD0, PD2, PD4, PD5, PD6은 'low(0)' 상태이다.

7	6	5	4	3	2	1	0	비트번호
1	0	0	0	1	0	1	0	PIND (0x8a)

2.4 스위치를 이용한 FND에 숫자 표시하기

(1) ATmega128 키트에서의 "스위치를 이용한 FND에 숫자 표시하기" 동작 순서도

스위치를 이용한 FND에 숫자 표시하기

① 전원이 켜지면 FND MODULE의 FND는 꺼져있다.

② 8개의 스위치(S0~S7) 중에서 어떤 스위치가 눌러지면 FND에 숫자가 나타난다(예를 들어, SWITCH MODULE의 'S0'가 눌러지면 FND MODULE에는 숫자 '0'이, 'S5'가 눌러지면 숫자 '5'가 표시된다).

③ 눌렀던 스위치를 떼면 FND에는 아무것도 표시되지 않는다.

(2) CodeVisionAVR으로 C 프로그램(간략형) 작성 및 키트 실습

(가) CodeVisionAVR으로 C 프로그램(간략형, 함수를 헤더파일로 정의한 형식) 작성

①~⑥ : '2.1의 (가) CodeVisionAVR으로 C 프로그램(간략형, 함수를 헤더파일로 정의한 형식) 작성'의 ①~⑥을 참조하여 동일하게 진행한다.

⑦ 컴퓨터에 'inout_FND_easy' 폴더(C:\ATmega128\inout_FND_easy)를 만든다.
'Create New Project' 화면에서 아래와 같이 진행한다.
'저장 위치(I):'를 'inout_FND_easy' 폴더로 선택한다.
'파일 이름(N):'에 'inout_FND_easy'를 써 넣는다.
'저장(S)'을 클릭한다.

⑧ '2.1의 (가) CodeVisionAVR으로 C 프로그램(간략형, 함수를 헤더파일로 정의한 형식) 작성'을 참조하여 동일하게 진행한다.

⑨ 'Configure Project inout_FND_easy.prj' 화면이 나타난다.
'Input Files'이 'inout_FND_easy.c'임을 알 수 있다.
'C Compiler'를 클릭한다.

⑩~⑬ : '2.1의 (가) CodeVisionAVR으로 C 프로그램(간략형, 함수를 헤더파일로 정의한 형식) 작성'의 ⑩~⑬을 참조하여 동일하게 진행한다.

⑭ 'inout_FND_easy.c*' 안의 내용을 모두 지운다.
'inout_FND_easy.c*' 안에 아래 그림과 같이 프로그램을 작성한다(주석('//...')으로 표시된 부분은 작성하지 않아도 된다. '(라) inout_FND_easy.c 프로그램' 참조).

C:\ATmega128\inout_FND_easy\inout_FND_easy.c

Notes | inout_FND_easy.c *

```
// ATmega128의 입출력 포트의 출력을 정의한 헤더파일
#include <inout_mega128.h>

void main(void)
{
  unsigned char i;                          // 변수 i를 unsigned char로 선언히
  pin_direction(PA, 0b00000000);            // 포트 A(PA0 ~ PA7)을 입력 핀으로
  pin_direction(PF, 0b11111111);            // 포트 F(PF0 ~ PF7)을 출력 핀으로

  // 포트 A의 각각의 스위치 on/off 상태에 따라 포트 F의 FND에 숫자
  while(1)
  {
     i = pin_read(PA);                      // 포트 A로 입력된 값을 변수 i에
     switch(i)                              // 포트 A로 입력된 값에 따라 실행
     {
     case 1:                                   // PINA 값이 '00000001'일 때
         pin_write(PF, 0b00111111);            // 포트 F에 연결된 FND에 숫자
         break;
     case 2:                                   // PINA 값이 '00000010'일 때
         pin_write(PF, 0b00000110);            // 포트 F에 연결된 FND에 숫자
         break;
     case 4:                                   // PINA 값이 '00000100'일 때
         pin_write(PF, 0b01011011);            // 포트 F에 연결된 FND에 숫자
         break;
     case 8:                                   // PINA 값이 '00001000'일 때
         pin_write(PF, 0b01001111);            // 포트 F에 연결된 FND에 숫자
         break;
     case 16:                                  // PINA 값이 '00010000'일 때
         pin_write(PF, 0b01100110);            // 포트 F에 연결된 FND에 숫자
         break;
     case 32:                                  // PINA 값이 '00100000'일 때
         pin_write(PF, 0b01101101);            // 포트 F에 연결된 FND에 숫자
         break;
     case 64:                                  // PINA 값이 '01000000'일 때
         pin_write(PF, 0b01111101);            // 포트 F에 연결된 FND에 숫자
         break;
     case 128:                                 // PINA 값이 '10000000'일 때
         pin_write(PF, 0b00000111);            // 포트 F에 연결된 FND에 숫자
         break;
     default:                                // PINA 값이 1, 2, 4, 8, 16, 32
         pin_write(PF, 0b00000000);          // 포트 F에 연결된 FND에 아무
         break;
     }
  }
}
```

(나) ATmega128 키트 실습(간략형 C 프로그램으로)

①~② : '2.1의 (나) ATmega128 키트 실습(간략형 C 프로그램으로)'의 ①~②을 참조하여 동일하게 진행한다.

③ 아래 그림과 같이 'SWITCH MODULE'의 'BT0~BT7'과 'FND MODULE'의 'SA_A~SA_H'를 'ATmega128 MCU MODULE'의 '포트 A(PA0~PA7)'와 '포트 F(PF0~PF7)'에 각각 서로 연결한다.

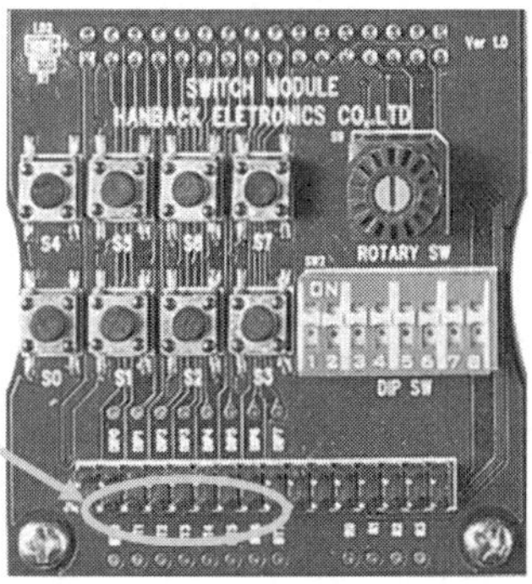

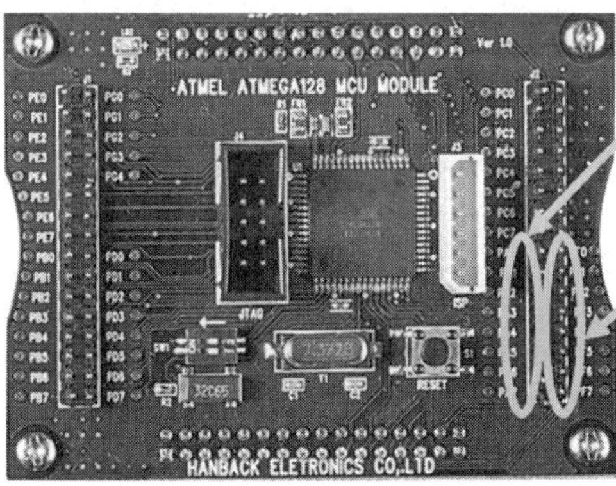

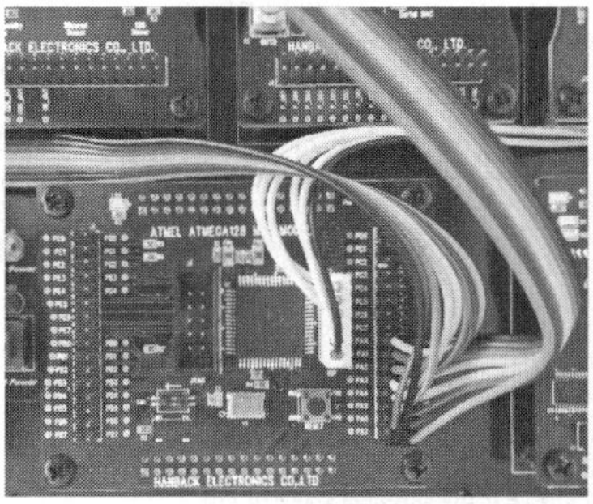

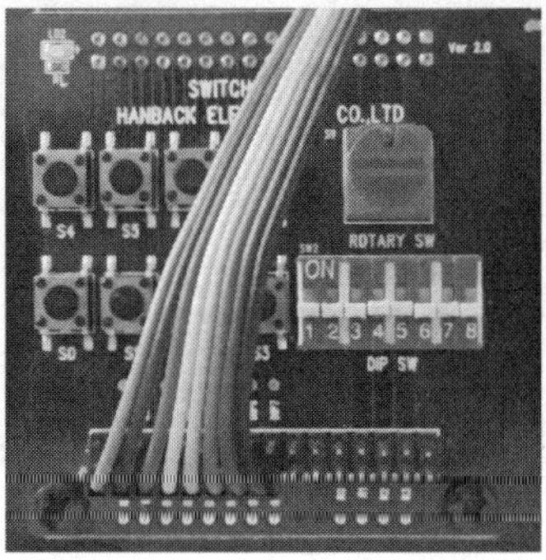

④~⑧ : '2.1의 (나) ATmega128 키트 실습(간략형 C 프로그램으로)'의 ④~⑧을 참조하여 동일하게 진행한다.

⑨ SWITCH MODULE의 'S5'를 누르면 FND MODULE의 FND에 '5'가 표시된다.

(다) 하드웨어 블록도

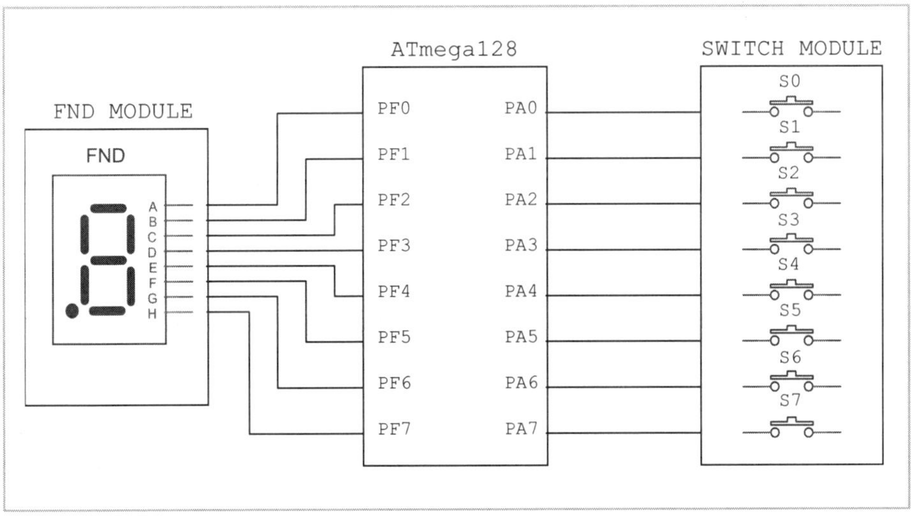

ATmega128 포트 A의 핀(PA0~PA7)에는 스위치(S0, S1, S2, S3, S4, S5, S6, S7)가 각각 연결되어 있다. 포트 F의 핀(PF0~PF7)에는 FND의 LED들(A, B, C, D, E, F, G, H)이 각각 연결되어 있다.

① 스위치(S0, S1, S2, S3, S4, S5, S6, S7)가 눌러지면 포트 A의 각 핀(단자)은 'high(1)'가 나타난다(약 +5[V]). 예를 들면, 스위치 S3가 눌러지면 PA3에는 'high(1)'가 나타나게 된다.

② 스위치(S0, S1, S2, S3, S4, S5, S6, S7)가 눌러져 있지 않으면 포트 A의 각 핀(단자)에는 'low(0)'가 나타난다(약 0[V]). 예를 들면, 스위치 S6이 눌러져 있지 않으면 PA6에는 'low(0)'가 나타나게 된다.

③ 포트 F의 각 핀(단자)에 'high(1)'가 출력되면(약 +5[V]) FND의 LED가 켜지게 된다. 예를 들면, PF4에 'high(1)'가 출력되면(약 +5[V]) FND의 E LED가 켜지게 된다.

④ 포트 F의 각 핀(단자)에 'low(0)'가 출력되면(약 0[V]) FND의 LED가 꺼지게 된다. 예를 들면, PF2에 'low(0)'가 출력되면(약 0[V]) FND의 C LED가 꺼지게 된다.

(라) inout_FND_easy.c 프로그램

```
// ATmega128의 입출력 포트의 출력을 정의한 헤더파일
#include <inout_mega128.h>

void main(void)
{
  unsigned char i;                     // 변수 i를 unsigned char로 선언한다.
  pin_direction(PA, 0b00000000);       // 포트 A(PA0~PA7)을 입력 핀으로 설정한다.
  pin_direction(PF, 0b11111111);       // 포트 F(PF0~PF7)을 출력 핀으로 설정한다.

  // 포트 A의 각각의 스위치 on/off 상태에 따라 포트 F의 FND에 숫자 표시
  while(1)
  {
     i = pin_read(PA);                 // 포트 A로 입력된 값을 변수 i에 넣는다
     switch(i)                         // 포트 A로 입력된 값에 따라 실행 영역 구분
     {
     case 1:                           // PINA 값이 '00000001'일 때
        pin_write(PF, 0b00111111);  // 포트 F에 연결된 FND에 숫자 '0' 표시
        break;
     case 2:                           // PINA 값이 '00000010'일 때
        pin_write(PF, 0b00000110);  // 포트 F에 연결된 FND에 숫자 '1' 표시
        break;
```

```
    case 4:                         // PINA 값이 '00000100'일 때
        pin_write(PF, 0b01011011);  // 포트 F에 연결된 FND에 숫자 '2' 표시
        break;
    case 8:                         // PINA 값이 '00001000'일 때
        pin_write(PF, 0b01001111);  // 포트 F에 연결된 FND에 숫자 '3' 표시
        break;
    case 16:                        // PINA 값이 '00010000'일 때
        pin_write(PF, 0b01100110);  // 포트 F에 연결된 FND에 숫자 '4' 표시
        break;
    case 32:                        // PINA 값이 '00100000'일 때
       pin_write(PF, 0b01101101);   // 포트 F에 연결된 FND에 숫자 '5' 표시
        break;
    case 64:                        // PINA 값이 '01000000'일 때
        pin_write(PF, 0b01111101);  // 포트 F에 연결된 FND에 숫자 '6' 표시
        break;
    case 128:                       // PINA 값이 '10000000'일 때
        pin_write(PF, 0b00000111);  // 포트 F에 연결된 FND에 숫자 '7' 표시
        break;
    default:                        // PINA 값이 1, 2, 4, 8, 16, 32, 64, 128
                                       이 아닐 때
        pin_write(PF, 0b00000000);  // 포트 F에 연결된 FND에 아무 것도 표시 안 됨
        break;
    }
  }
}
```

포트 F에 연결된 FND가 꺼져 있다가 'S0~S7' 스위치가 눌러지면 FND에 숫자 '0~7' 중의 하나가 켜지게 된다. 즉, 전원이 켜지면 inout_FND_easy.c 프로그램이 동작하게 된다.

전원이 켜지면 FND MODULE의 FND가 꺼져 있다가, 'S0~S7' 스위치 중에서 어떤 스위치가 눌러지면 FND에 관련 있는('S0 → 0', 'S1 → 1', 'S2 → 2', 'S3 → 3', 'S4 → 4', 'S5 → 5', 'S6 → 6', 'S7 → 7') 숫자가 켜진다. 눌렀던 스위치를 떼면 FND는 아무 표시도 나타나지 않는다.

① #include 〈inout_mega128.h〉

'2.1의 (2)의 (라) output_LED_easy.c 프로그램'의 ①을 참조한다.

② unsigned char i;

변수 i를 unsigned char(부호없는 문자형)로 선언한다.

③ pin_direction(PA, 0b00000000);

포트 A의 모든 핀들(PA0, PA1, PA2, PA3, PA4, PA5, PA6, PA7)을 입력 핀(단자)으로 정한다.

④ pin_direction(PF, 0b11111111);

포트 F의 모든 핀들(PF0, PF1, PF2, PF3, PF4, PF5, PF6, PF7)을 출력 핀(단자)으로 정한다.

⑤ i = pin_read(PA);

포트 A의 핀들(PA0, PA1, PA2, PA3, PA4, PA5, PA6, PA7)로부터 입력된 값을 변수 i에 넣는다.

⑥ switch(i)

포트 A로 입력된 값(변수 i의 값)에 따라 swich문의 실행 영역(case 문)을 수행한다.

⑤와 ⑥을 합쳐서, 변수 i 대신에 pin_read(PA)를 직접 사용하여 'switch(pin_read(PA));'로 하여도 된다.

⑦ case 1:

변수 i 값이 1(0x01, 0b00000001)이면 다음 문장을 수행한다.

⑧ pin_write(PF, 0b00111111);

포트 F에 '0b00111111'이 출력되어 FND에 숫자 '0'이 표시된다.

⑨ break;

swich문이 종료되어 다시 while문으로 돌아가게 된다.

⑩ case 2: 부터 case 128: 까지

⑦, ⑧, ⑨와 유사함.

즉, 포트 A로 입력된 값(변수 i의 값)이 2, 4, 8, 16, 32, 64, 128이면 다음 문장인

→ 포트 F에 '0b00000110', '0b01011011', '0b01001111', '0b01100110', '0b01101101', '0b01111101', '0b00000111'이 각각 출력되어 FND에 숫자 '1', '2', '3', '4', '5', '6', '7'이 각각 표시되고

→ swich문이 종료되어 다시 while문으로 돌아가게 된다.

⑪ default:

포트 A로 입력된 값(변수 i의 값)이 1, 2, 4, 8, 16, 32, 64, 128이 아니면 다음 문장을 수행한다.

⑫ pin_write(PF, 0b00000000);

포트 F에 '0b00000000'이 출력되어 FND에 아무것도 표시가 안 된다.

⑬ break:

swich문이 종료되어 다시 while문으로 돌아가게 된다.

⑭ while(1){ }

⑤~⑬를 무한 반복한다.

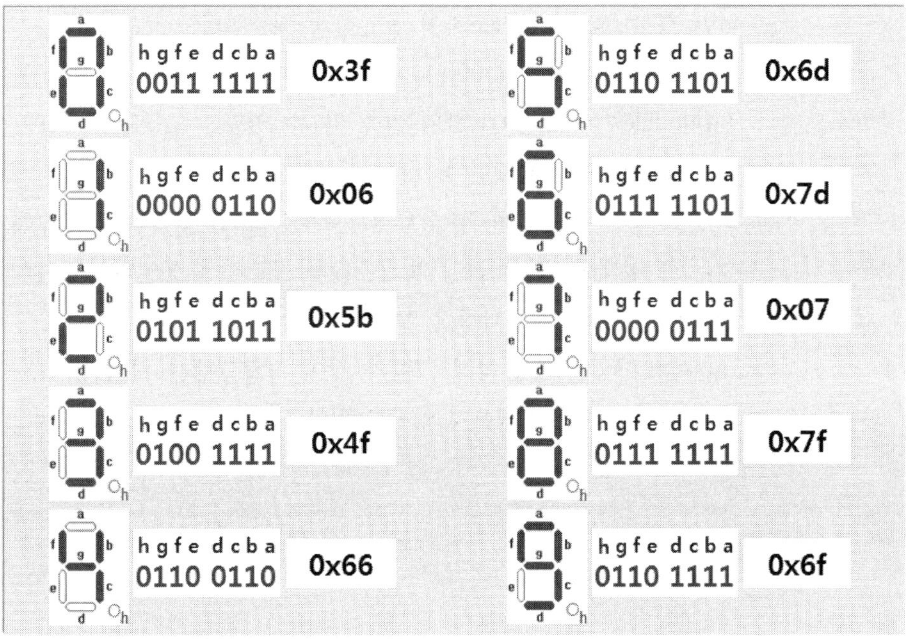

▌그림 2-5▐ FND에 표시할 숫자에 대한 데이터 값

(3) CodeVisionAVR으로 C 프로그램(표준형) 작성 및 키트 실습

(가) CodeVisionAVR으로 C 프로그램(표준형, 일반적인 프로그램 형식) 작성

①~⑥ : '2.1의 (가) CodeVisionAVR으로 C 프로그램(간략형, 함수를 헤더파일로 정의한 형식) 작성'의 ①~⑥을 참조하여 동일하게 진행한다.

⑦ 컴퓨터에 'inout_FND' 폴더(C:\ATmega128\inout_FND)를 만든다.
'Create New Project' 화면에서 아래와 같이 진행한다.
'저장 위치(I):'를 'inout_FND' 폴더로 선택한다.
'파일 이름(N):'에 'inout_FND'를 써 넣는다.
'저장(S)'을 클릭한다.

⑧ '2.1의 (가) CodeVisionAVR으로 C 프로그램(간략형, 함수를 헤더파일로 정의한 형식) 작성'을 참조하여 동일하게 진행한다.

⑨ 'Configure Project inout_FND.prj' 화면이 나타난다.
'Input Files'이 'inout_FND.c'임을 알 수 있다.
'C Compiler'를 클릭한다.

⑩~⑬ : '2.1의 (가) CodeVisionAVR으로 C 프로그램(간략형, 함수를 헤더파일로 정의한 형식) 작성'의 ⑩~⑬을 참조하여 동일하게 진행한다.

⑭ 'inout_FND.c*' 안의 내용을 모두 지운다.
'inout_FND.c*' 안에 아래 그림과 같이 프로그램을 작성한다(주석('//...')으로 표시된 부분은 작성하지 않아도 된다. '(라) inout_FND.c 프로그램' 참조).

C:\ATmega128\inout_FND\inout_FND.c

Notes | inout_FND.c *

```
// ATmega128의 각 레지스터들을 정의한 헤더파일
#include <mega128.h>

void main(void)
{
  unsigned char i;               // 변수 i를 unsigned char로 선언한다
  DDRA = 0b00000000;             // 포트 A(PA0 ~ PA7)을 입력 핀으로 설
  DDRF = 0b11111111;             // 포트 F(PF0 ~ PF7)을 출력 핀으로 설

  // 포트 A의 각각의 스위치 on/off 상태에 따라 포트 F의 FND에 숫자
  while(1)
  {
     i = PINA;                   // 포트 A로 입력된 값을 변수 i에 넣는
     switch(i)                   // 포트 A로 입력된 값에 따라 실행 영
     {
     case 1:                     // PINA 값이 '00000001'일 때
         PORTF = 0b00111111;     // 포트 F에 연결된 FND에 숫자 '0' 표
         break;
     case 2:                     // PINA 값이 '00000010'일 때
         PORTF = 0b00000110;     // 포트 F에 연결된 FND에 숫자 '1' 표
         break;
     case 4:                     // PINA 값이 '00000100'일 때
         PORTF = 0b01011011;     // 포트 F에 연결된 FND에 숫자 '2' 표
         break;
     case 8:                     // PINA 값이 '00001000'일 때
         PORTF = 0b01001111;     // 포트 F에 연결된 FND에 숫자 '3' 표
         break;
     case 16:                    // PINA 값이 '00010000'일 때
         PORTF = 0b01100110;     // 포트 F에 연결된 FND에 숫자 '4' 표
         break;
     case 32:                    // PINA 값이 '00100000'일 때
         PORTF = 0b01101101;     // 포트 F에 연결된 FND에 숫자 '5' 표
         break;
     case 64:                    // PINA 값이 '01000000'일 때
         PORTF = 0b01111101;     // 포트 F에 연결된 FND에 숫자 '6' 표
         break;
     case 128:                   // PINA 값이 '10000000'일 때
         PORTF = 0b00000111;     // 포트 F에 연결된 FND에 숫자 '7' 표
         break;
     default:                    // PINA 값이 1, 2, 4, 8, 16, 32, 64,
         PORTF = 0b00000000;     // 포트 F에 연결된 FND에 아무 것도 표
         break;
     }
  }
}
```

(나) ATmega128 키트 실습(표준형 C 프로그램으로)

①~⑨ : '(나) ATmega128 키트 실습(간략형 C 프로그램으로)'의 ①~⑨를 참조하여 동일하게 진행한다.

(다) 하드웨어 회로도

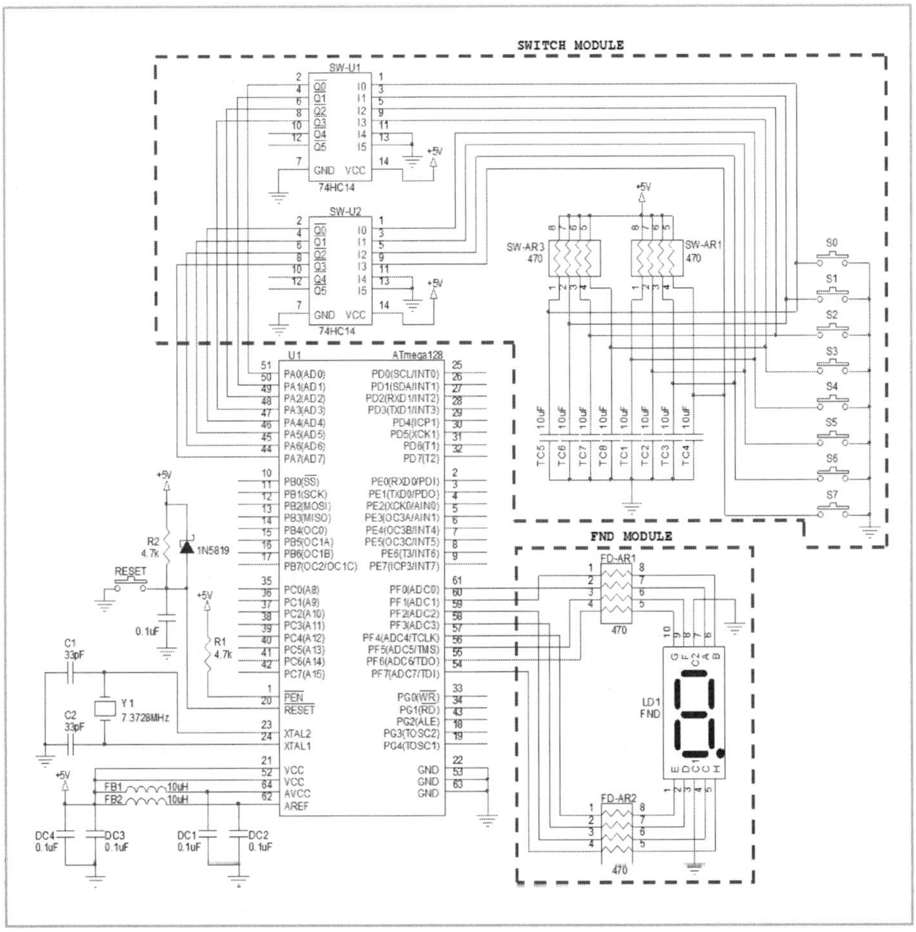

① 'SWITCH MODULE'의 'S0~S7'의 동작은 '2.3의 (3)의 (다) 하드웨어 회로도'의 ①, ②, ③을 참조한다. 단, 핀(단자) 연결이 'PD0~PD7'에서 'PA0~PA7'로 변경되었다.

② 'FND MODULE'의 'FND(LD1)'의 동작은 '2.2의 (3)의 (다) 하드웨어 회로도'의 ①을 참조한다. 단, 핀(단자) 연결이 'PD0~PD7'에서 'PF0~PF7'로 변경되었다.

(라) inout_FND.c 프로그램

```
// ATmega128의 각 레지스터들을 정의한 헤더파일
#include <mega128.h>

void main(void)
{
  unsigned char i;              // 변수 i를 unsigned char로 선언한다.
  DDRA = 0b00000000;            // 포트 A(PA0~PA7)을 입력 핀으로 설정한다.
  DDRF = 0b11111111;            // 포트 F(PF0~PF7)을 출력 핀으로 설정한다.

  // 포트 A의 각각의 스위치 on/off 상태에 따라 포트 F의 FND에 숫자 표시
  while(1)
  {
     i = PINA;                  // 포트 A로 입력된 값을 변수 i에 넣는다
     switch(i)                  // 포트 A로 입력된 값에 따라 실행 영역 구분
     {
     case 1:                    // PINA 값이 '00000001'일 때
        PORTF = 0b00111111;     // 포트 F에 연결된 FND에 숫자 '0' 표시
        break;
     case 2:                    // PINA 값이 '00000010'일 때
        PORTF = 0b00000110;     // 포트 F에 연결된 FND에 숫자 '1' 표시
        break;
     case 4:                    // PINA 값이 '00000100'일 때
        PORTF = 0b01011011;     // 포트 F에 연결된 FND에 숫자 '2' 표시
        break;
     case 8:                    // PINA 값이 '00001000'일 때
        PORTF = 0b01001111;     // 포트 F에 연결된 FND에 숫자 '3' 표시
        break;
     case 16:                   // PINA 값이 '00010000'일 때
        PORTF = 0b01100110;     // 포트 F에 연결된 FND에 숫자 '4' 표시
        break;
     case 32:                   // PINA 값이 '00100000'일 때
        PORTF = 0b01101101;     // 포트 F에 연결된 FND에 숫자 '5' 표시
        break;
```

```
        case 64:                    // PINA 값이 '01000000'일 때
            PORTF = 0b01111101;     // 포트 F에 연결된 FND에 숫자 '6' 표시
            break;
        case 128:                   // PINA 값이 '10000000'일 때
            PORTF = 0b00000111;     // 포트 F에 연결된 FND에 숫자 '7' 표시
            break;
        default:                    // PINA 값이 1, 2, 4, 8, 16, 32, 64, 128이 아닐 때
            PORTF = 0b00000000;     // 포트 F에 연결된 FND에 아무 것도 표시 안 됨
            break;
        }
    }
}
```

포트 F에 연결된 FND가 꺼져 있다가 'S0~S7' 스위치가 눌러지면 FND에 숫자 '0~7' 중의 하나가 켜지게 된다. 즉, 전원이 켜지면 inout_FND.c 프로그램이 동작하게 된다.

전원이 켜지면 FND MODULE의 FND가 꺼져 있다가, 'S0~S7' 스위치 중에서 어떤 스위치가 눌러지면 FND에 관련 있는('S0 → 0', 'S1 → 1', 'S2 → 2', 'S3 → 3', 'S4 → 4', 'S5 → 5', 'S6 → 6', 'S7 → 7') 숫자가 켜진다. 눌렀던 스위치를 떼면 FND는 아무 표시도 나타나지 않는다.

① #include <mega128.h>

ATmega128의 각 레지스터들을 정의한 헤더파일

② unsigned char i;

변수 i를 unsigned char(부호없는 문자형)로 선언한다.

③ DDRA = 0b00000000;

포드 A의 모든 핀들(PA0, PA1, PA2, PA3, PA4, PA5, PA6, PA7)을 입력 핀(단자)으로 정한다.

④ DDRF = 0b11111111;

포트 F의 모든 핀들(PF0, PF1, PF2, PF3, PF4, PF5, PF6, PF7)을 출력 핀(단자)으로 정한다.

⑤ i = PINA;

포트 A의 핀들(PA0, PA1, PA2, PA3, PA4, PA5, PA6, PA7)로부터 입력된 값을 변수 i에 넣는다.

⑥ switch(i)

포트 A로 입력된 값(변수 i의 값)에 따라 swich문의 실행 영역(case 문)을 수행한다.

⑤와 ⑥을 합쳐서, 변수 i 대신에 PINA를 직접 사용하여 'switch(PINA);'로 하여도 된다.

⑦ case 1:

변수 i 값이 1(0x01, 0b00000001)이면 다음 문장을 수행한다.

⑧ DDRF = 0b00111111;

포트 F에 '0b00111111'이 출력되어 FND에 숫자 '0'이 표시된다.

⑨ break:

swich문이 종료되어 다시 while문으로 돌아가게 된다.

⑩ case 2: 부터 case 128: 까지

⑦, ⑧, ⑨와 유사함.

즉, 포트 A로 입력된 값(변수 i의 값)이 2, 4, 8, 16, 32, 64, 128이면 다음 문장인

→ 포트 F에 '0b00000110', '0b01011011', '0b01001111', '0b01100110', '0b01101101', '0b01111101', '0b00000111'이 각각 출력되어 FND에 숫자 '1', '2', '3', '4', '5', '6', '7'이 각각 표시되고

→ swich문이 종료되어 다시 while문으로 돌아가게 된다.

⑪ default:

포트 A로 입력된 값(변수 i의 값)이 1, 2, 4, 8, 16, 32, 64, 128이 아니면 다음 문장을 수행한다.

⑫ DDRF = 0b00000000;

포트 F에 '0b00000000'이 출력되어 FND에 아무것도 표시가 안 된다.

⑬ break:

swich문이 종료되어 다시 while문으로 돌아가게 된다.

⑭ while(1){ }

⑤~⑬를 무한 반복한다.

(4) CodeVisionAVR으로 C 프로그램(확장형) 작성 및 키트 실습

(가) CodeVisionAVR으로 C 프로그램(확장형, 레지스터 주소를 정의한 형식) 작성

①~⑥ : '2.1의 (가) CodeVisionAVR으로 C 프로그램(간략형, 함수를 헤더파일로 정의한 형식) 작성'의 ①~⑥을 참조하여 동일하게 진행한다.

⑦ 컴퓨터에 'inout_FND_extension' 폴더(C:\ATmega128\inout_FND_extension)를 만든다.

'Create New Project' 화면에서 아래와 같이 진행한다.

'저장 위치(I):'를 'inout_FND_extension' 폴더로 선택한다.

'파일 이름(N):'에 'inout_FND_extension'를 써 넣는다.

'저장(S)'을 클릭한다.

⑧ '2.1의 (가) CodeVisionAVR으로 C 프로그램(간략형, 함수를 헤더파일로 정의한 형식) 작성'을 참조하여 동일하게 진행한다.

⑨ 'Configure Project inout_FND_extension.prj' 화면이 나타난다.

'Input Files'이 'inout_FND_extension.c'임을 알 수 있다.

'C Compiler'를 클릭한다.

⑩~⑬ : '2.1의 (가) CodeVisionAVR으로 C 프로그램(간략형, 함수를 헤더파일로 정의한 형식) 작성'의 ⑩~⑬을 참조하여 동일하게 진행한다.

⑭ 'inout_FND_extension.c*' 안의 내용을 모두 지운다.

'inout_FND_extension.c*' 안에 아래 그림과 같이 프로그램을 작성한다(주석('//...')으로 표시된 부분은 작성하지 않아도 된다. '(다) inout_FND_extension.c 프로그램' 참조).

C:\ATmega128\inout_FND_extension\inout_FND_extension.c

Notes | inout_FND_extension.c *

```
// ATmega128 포트 A의 방향 및 입력, 포트 F의 방향 및 출력을 정의
#define     DDRA     (*(unsigned int *)0x3a)
#define     DDRF     (*(unsigned int *)0x61)
#define     PORTF    (*(unsigned int *)0x62)
#define     PINA     (*(unsigned int *)0x39)

void main(void)
{
  unsigned char i;                // 변수 i를 unsigned char로 선언한다.
  DDRA = 0b00000000;              // 포트 A(PA0 ~ PA7)을 입력 핀으로 설정한다.
  DDRF = 0b11111111;              // 포트 F(PF0 ~ PF7)을 출력 핀으로 설정한다.

  // 포트 A의 각각의 스위치 on/off 상태에 따라 포트 F의 FND에 숫자 표시
  while(1)
  {
     i = PINA;                    // 포트 A로 입력된 값을 변수 i에 넣는다
     switch(i)                    // 포트 A로 입력된 값에 따라 실행 영역 구분
     {
     case 1:                      // PINA 값이 '00000001'일 때
         PORTF = 0b00111111;      // 포트 F에 연결된 FND에 숫자 '0' 표시
         break;
     case 2:                      // PINA 값이 '00000010'일 때
         PORTF = 0b00000110;      // 포트 F에 연결된 FND에 숫자 '1' 표시
         break;
     case 4:                      // PINA 값이 '00000100'일 때
         PORTF = 0b01011011;      // 포트 F에 연결된 FND에 숫자 '2' 표시
         break;
     case 8:                      // PINA 값이 '00001000'일 때
         PORTF = 0b01001111;      // 포트 F에 연결된 FND에 숫자 '3' 표시
         break;
     case 16:                     // PINA 값이 '00010000'일 때
         PORTF = 0b01100110;      // 포트 F에 연결된 FND에 숫자 '4' 표시
         break;
     case 32:                     // PINA 값이 '00100000'일 때
         PORTF = 0b01101101;      // 포트 F에 연결된 FND에 숫자 '5' 표시
         break;
     case 64:                     // PINA 값이 '01000000'일 때
         PORTF = 0b01111101;      // 포트 F에 연결된 FND에 숫자 '6' 표시
         break;
     case 128:                    // PINA 값이 '10000000'일 때
         PORTF = 0b00000111;      // 포트 F에 연결된 FND에 숫자 '7' 표시
         break;
     default:                     // PINA 값이 1, 2, 4, 8, 16, 32, 64, 128이 아닐 때
         PORTF = 0b00000000;      // 포트 F에 연결된 FND에 아무 것도 표시 안 됨
         break;
     }
  }
}
```

(나) ATmega128 키트 실습(확장형 C 프로그램으로)

①~⑨ : '(나) ATmega128 키트 실습(간략형 C 프로그램으로)'의 ①~⑨를 참조하여 동일하게 진행한다.

(다) inout_FND_extension.c 프로그램

```
// ATmega128 포트 A의 입출력 방향 및 입력, 포트 F의 입출력 방향 및 출력을 정의
#define   DDRA    (*(unsigned int *)0x3a)
#define   DDRF    (*(unsigned int *)0x61)
#define   PORTF   (*(unsigned int *)0x62)
#define   PINA    (*(unsigned int *)0x39)

void main(void)
{
  unsigned char i;              // 변수 i를 unsigned char로 선언한다.
  DDRA = 0b00000000;            // 포트 A(PA0~PA7)을 입력 핀으로 설정한다.
  DDRF = 0b11111111;            // 포트 F(PF0~PF7)을 출력 핀으로 설정한다.

  // 포트 A의 각각의 스위치 on/off 상태에 따라 포트 F의 FND에 숫자 표시
  while(1)
  {
     i = PINA;                  // 포트 A로 입력된 값을 변수 i에 넣는다
     switch(i)                  // 포트 A로 입력된 값에 따라 실행 영역 구분
     {
     case 1:                    // PINA 값이 '00000001'일 때
         PORTF = 0b00111111;    // 포트 F에 연결된 FND에 숫자 '0' 표시
         break;
     case 2:                    // PINA 값이 '00000010'일 때
         PORTF = 0b00000110;    // 포트 F에 연결된 FND에 숫자 '1' 표시
         break;
     case 4:                    // PINA 값이 '00000100'일 때
         PORTF = 0b01011011;    // 포트 F에 연결된 FND에 숫자 '2' 표시
         break;
     case 8:                    // PINA 값이 '00001000'일 때
         PORTF = 0b01001111;    // 포트 F에 연결된 FND에 숫자 '3' 표시
         break;
     case 16:                   // PINA 값이 '00010000'일 때
         PORTF = 0b01100110;    // 포트 F에 연결된 FND에 숫자 '4' 표시
         break;
     case 32:                   // PINA 값이 '00100000'일 때
         PORTF = 0b01101101;    // 포트 F에 연결된 FND에 숫자 '5' 표시
         break;
     case 64:                   // PINA 값이 '01000000'일 때
         PORTF = 0b01111101;    // 포트 F에 연결된 FND에 숫자 '6' 표시
         break;
```

```
        case 128:                    // PINA 값이 '10000000'일 때
            PORTF = 0b00000111;      // 포트 F에 연결된 FND에 숫자 '7' 표시
            break;
        default:                     // PINA 값이 1, 2, 4, 8, 16, 32, 64, 128이 아닐 때
            PORTF = 0b00000000;      // 포트 F에 연결된 FND에 아무 것도 표시 안 됨
            break;
        }
    }
}
```

전원이 켜지면 FND MODULE의 FND가 꺼져 있다가, 'S0~S7' 스위치 중에서 어떤 스위치가 눌러지면 FND에 관련 있는('S0 → 0', 'S1 → 1', 'S2 → 2', 'S3 → 3', 'S4 → 4', 'S5 → 5', 'S6 → 6', 'S7 → 7') 숫자가 켜진다. 눌렀던 스위치를 떼면 FND는 아무 표시도 나타나지 않는다.

#define문은 입출력 포트 A와 포트 F의 입출력 방향을 결정짓는 레지스터, 출력 기능일 때 각 핀(단자)에 출력 값('high(1)' 또는 'low(0)')을 보내기 위한 레지스터, 입력 기능일 때 핀(단자)으로부터 입력 값('high(1)' 또는 'low(0)')을 얻기 위한 레지스터의 SRAM 데이터 메모리 주소를 정의한 것이다.

C 프로그램의 나머지 내용은 'inout_FND.c 프로그램'을 동일하다.

(5) 포트 A, 포트 B, 포트 F, 포트 G 관련 레지스터

표 2-4는 ATmega128의 7개의 입출력 포트들 중 포트 A, 포트 B, 포트 F, 포트 G를 사용할 때를 예로 든 것이며, 포트의 입출력 방향을 결정한 후, 출력 값을 포트를 통해 출력하거나 아니면 입력되는 값을 포트를 통해 받게 된다. 주소는 특수 기능 레지스터(SFR, Special Function Register)의 주소와 데이터 메모리에서의 주소를 각각 표시하고 있다. 데이터 메모리 주소 '0x20~0x5f'까지는 특수 기능 레지스터(SFR) 주소로 변환되어 사용될 수 있다.

표 2-4 포트 A, 포트 B, 포트 F, 포트 G 관련 레지스터

항 목	레지스터	주소 SFR(데이터 메모리)
포트 A 입출력 방향 결정	DDRA	0x1A(0x3A)
포트 B 입출력 방향 결정	DDRB	0x17(0x37)
포트 F 입출력 방향 결정	DDRF	(0x61)
포트 G 입출력 방향 결정	DDFG	(0x64)
포트 A에 'high(1)'나 'low(0)' 출력	PORTA	0x1B(0x3B)
포트 B에 'high(1)'나 'low(0)' 출력	PORTB	0x18(0x38)
포트 F에 'high(1)'나 'low(0)' 출력	PORTF	(0x62)
포트 G에 'high(1)'나 'low(0)' 출력	PORTG	(0x65)
포트 A로부터 'high(1)'나 'low(0)' 입력	PINA	0x19(0x39)
포트 B로부터 'high(1)'나 'low(0)' 입력	PINB	0x16(0x36)
포트 F로부터 'high(1)'나 'low(0)' 입력	PINF	0x00(0x20)
포트 G로부터 'high(1)'나 'low(0)' 입력	PING	(0x63)

(6) ATmega128 디지털 입출력(I/O) 포트 구동(그림 2-6에서)

(가) 포트 핀(Pxn)으로 '1' 또는 '0'을 출력시킬 때[x : A~F(n : 0~7), x :G (n : 0~4)]

- DDRx의 n번 비트(DDxn)에 '1'을 써 넣으면, n번째 D에는 '1', WDx에는 '0 → 1'이 공급되어 D 플립플롭 Q에 '1'이 출력된다. 따라서 스위치(◁)의 입력 단자와 출력 단자가 서로 연결된다.
- PORTx의 n번 비트(PORTxn)에 '1'을 써 넣으면, n번째 D에는 '1', WDx에는 '0 → 1'이 공급되어 D 플립플롭 Q에 '1'이 출력된다. 따라서 스위치(◁)의 입력단자에 '1'이 공급되므로 스위치를 거쳐 Pxn 핀으로 '1'이 출력되게 된다.
- PORTx의 n번 비트에 '0'을 써 넣으면, n번째 D에는 '0', WDx에는 '0 → 1'이 공급되어 D 플립플롭 Q에 '0'이 출력된다. 따라서 스위치(◁)의 입력단자에 '0'이 공급되므로 스위치를 거쳐 Pxn 핀으로 '0'이 출력되게 된다.

(나) 포트 핀(Pxn)으로부터 '1' 또는 '0'을 입력받을 때.

- DDRx의 n번 비트(DDxn)에 '0'을 써 넣으면, n번째 D에는 '0', WDx에는 '0 → 1'이 공급되어 D 플립플롭 Q에 '0'이 출력된다. 따라서 스위치(◁)의 입력 단자와 출력 단자가 연결되지 않는다.
- PINx를 읽으면 RPx에 '1'이 공급되어 Pxn 핀으로 들어온 '1' 또는 '0'의 값을 읽게 된다.

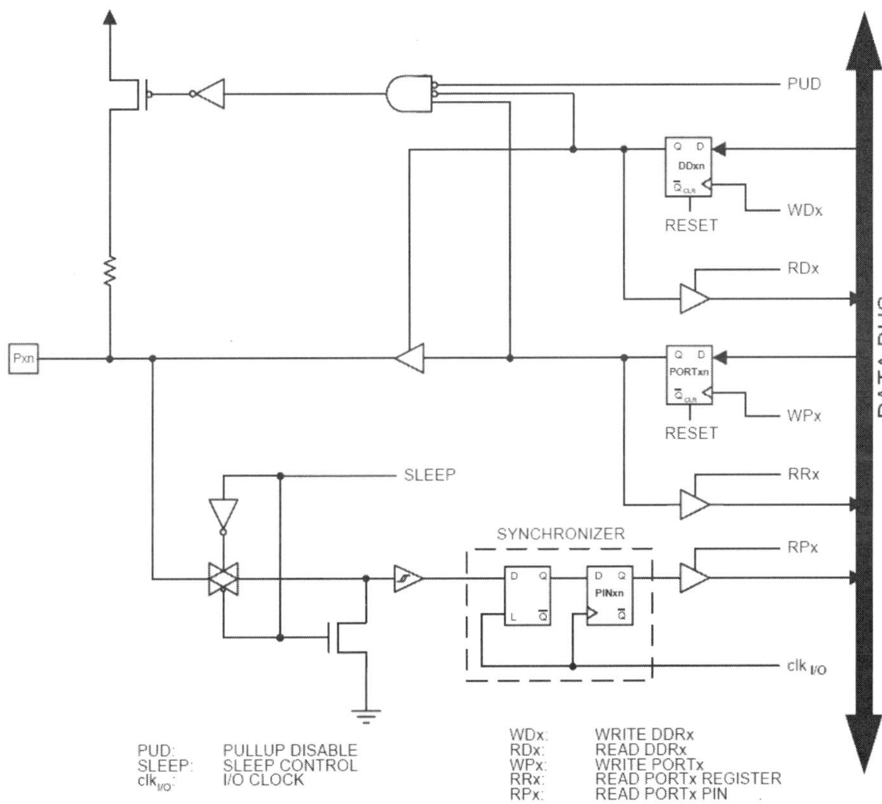

그림 2-6 ATmega128 디지털 입출력(I/O) 핀

CHAPTER 03

외부 인터럽트

마이크로컨트롤러는 여러 가지 일을 순서적으로 하나씩 처리해 나간다. 그러나 현재 수행하고 있는 일보다 급한 일이 생기면 그 일을 먼저 처리해 주고 나서, 하던 일을 계속해야 한다. 그 급한 일이 바로 인터럽트이다. 인터럽트의 활용은 마이크로컨트롤러의 수행 능력을 극대화시키는데 필요한 기능이며, 특히 제시간에 일을 처리해주어야 하는 경우에 큰 도움을 줄 수 있다.

ATmega128은 리셋을 제외한 34가지의 인터럽트를 가지고 있으며, 임의의 인터럽트가 발생하면, 인터럽트 우선순위에 따라 인터럽트를 처리한다. 인터럽트를 수행하는 방법으로는 크게 인터럽트 플래그 비트를 검사하는 방법과 인터럽트 벡터를 이용하는 방법이 있다.

- 외부 인터럽트 플래그를 이용하는 방법(폴링방식)

  외부 인터럽트가 발생하면 해당되는 인터럽트 플래그 비트가 '1'로 변하게 된다. 이를 계속적으로 확인하여 '1'로 변했을 때 관련 프로그램을 수행하면 된다.

- 외부 인터럽트 벡터를 이용하는 방법

  외부 인터럽트를 처리하기 전에, 상태 레지스터 안의 전체 인터럽트 활성화 비트(I)와 해당되는 인터럽트 활성화 비트를 '1'로 만든다. 외부 인터럽트 핀(단자)에서 사건('1'에서 '0'으로의 변화 등)이 발생하면 해당되는 외부 인터럽트 플래그 비트가 '1'로 변하면서 외부 인터럽트 서비스 프로그램이 수행된다.

3.1 인터럽트 플래그(외부 인터럽트 0)를 이용한 비프 음 발생

(1) ATmega128 키트에서의 "인터럽트 플래그(외부 인터럽트 0)를 이용한 비프 음 발생" 동작 순서도

피에조(PIEZO) 부저를 이용한 비프 음 발생

① 전원이 켜진다. 포트 G의 PG0에 연결된 피에조(piezo) 부저는 음을 발생하지 않는다.

② 포트 D의 INT0(PD0)에 스위치 'S0'가 눌러지면 포트 G의 PG0에 연결된 피에조(piezo) 부저가 1초 동안 비프 음을 발생한 후 1초 동안 멈춘다.

③ '②'를 10회 반복한다.

(2) CodeVisionAVR으로 C 프로그램(간략형) 작성 및 키트 실습

(가) CodeVisionAVR으로 C 프로그램(간략형, 함수를 헤더파일로 정의한 형식) 작성

①~⑥ : '2.1의 (가) CodeVisionAVR으로 C 프로그램(간략형, 함수를 헤더파일로 정의한 형식) 작성'의 ①~⑥을 참조하여 동일하게 진행한다.

⑦ 컴퓨터에 'ex_interrupt_BUZZER_easy' 폴더(C:\ATmega128\ex_interrupt_BUZZER_easy)를 만든다.
'Create New Project' 화면에서 아래와 같이 진행한다.
'저장 위치(I):'를 'ex_interrupt_BUZZER_easy' 폴더로 선택한다.
'파일 이름(N):'에 'ex_interrupt_BUZZER_easy'를 써 넣는다.
'저장(S)'을 클릭한다.

⑧ '2.1의 (가) CodeVisionAVR으로 C 프로그램(간략형, 함수를 헤더파일로 정의한 형식) 작성'을 참조하여 동일하게 진행한다.

⑨ 'Configure Project ex_interrupt_BUZZER_easy.prj' 화면이 나타난다.
'Input Files'이 'ex_interrupt_BUZZER_easy.c'임을 알 수 있다.
'C Compiler'를 클릭한다.

⑩~⑬ : '2.1의 (가) CodeVisionAVR으로 C 프로그램(간략형, 함수를 헤더파일로 정의한 형식) 작성'의 ⑩~⑬을 참조하여 동일하게 진행한다.

⑭ 'ex_interrupt_BUZZER_easy.c*' 안의 내용을 모두 지운다.
'ex_interrupt_BUZZER_easy.c*' 안에 아래 그림과 같이 프로그램을 작성한다(주석('//...')으로 표시된 부분은 작성하지 않아도 된다. 프로그램 내용은 '(라) ex_interrupt_BUZZER_easy.c 프로그램' 참조).

C:\ATmega128\ex_interrupt_BUZZER_easy\ex_interrupt_BUZZER_easy.c

Notes | ex_interrupt_BUZZER_easy.c

```
// ATmega128의 입출력 포트의 출력을 정의한 헤더파일
#include <inout_mega128.h>

// ATmega128의 외부인터럽트 관련한 기능을 정의한 헤더파일
#include <ex_interrupt_mega128.h>

// delay 함수를 정의한 헤더파일
#include <delay.h>

void main(void)
{
  unsigned char i;                          // 변수 i를 unsigned char로
  pin_direction(PG, 0b00000001);            // PG0만 출력 핀(단자)으로 설
  pin_write(PG, 0b00000000);                // PG0에 '0'을 출력(부저 off)
  ex_int_polling_setup(0, rising);          // 외부 인터럽트 0의 상승도서

  while(1)
  {
     // 외부 인터럽트 0이 상승도서리일 때 부저 동작
     i = ex_int_polling_read(0);              // 외부 인터럽트 0의 플래
     if(i != 0){
         for(i=0; i<10; i++){                 // 10회 반복한다.
            pin_write(PG, 0b00000001);        // PG0에 'high(1)' 출력(부
            delay_ms(1000);                   // 1초(1000 ms) 지연
            pin_write(PG, 0b00000000);        // PG0에 'low(0)' 출력(부
            delay_ms(1000);                   // 1초(1000 ms) 지연
         }
     }
  }
}
```

(나) ATmega128 키트 실습(간략형 C 프로그램으로)

①~② : '2.1의 (나) ATmega128 키트 실습(간략형 C 프로그램으로)'의 ①~②를 참조하여 동일하게 진행한다.

③ 아래 그림과 같이 'SWITCH MODULE'의 'BT0'와 'AUDIO MODULE'의 'PIEZO'를 'ATmega128 MCU MODULE'의 포트 D의 'PD0'와 포트 G의 'PG0'에 각각 서로 연결한다.

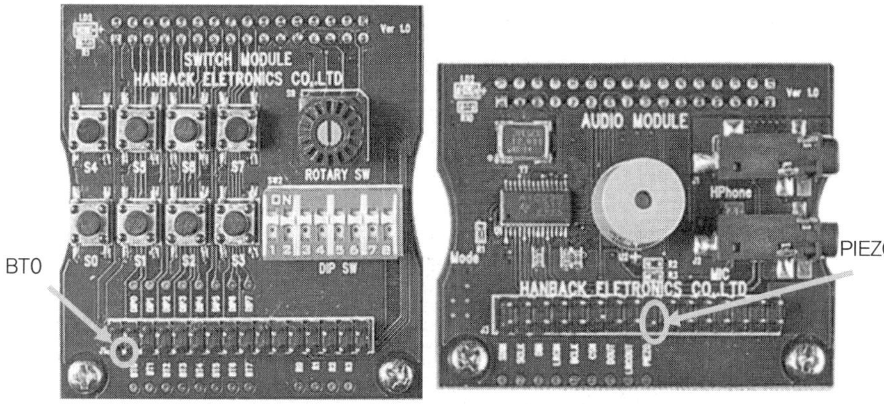
BT0
PIEZO

포트 G
(PG0)
포트 D
(PD0)

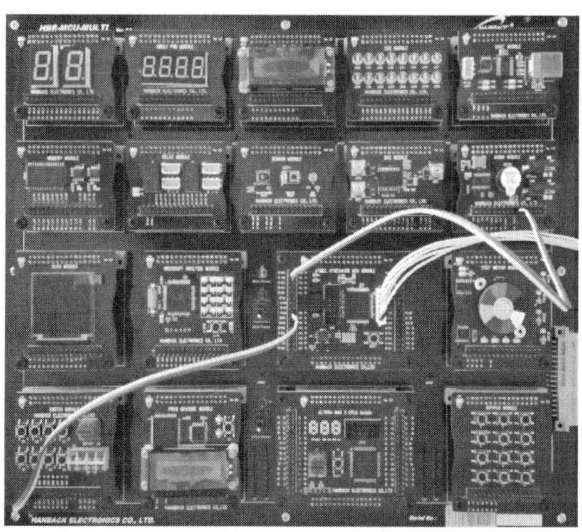

④~⑧ : '2.1의 (나) ATmega128 키트 실습(간략형 C 프로그램으로)'의 ④~⑧을 참조하여 동일하게 진행한다.

⑨ 스위치 'S0'가 눌러지면, 포트 G의 PG0에 연결된 아래 그림의 부저가 1초 동안 비프 음을 발생한 후 1초 동안 멈춘다. 이를 10회 반복한다.

(다) 하드웨어 블록도

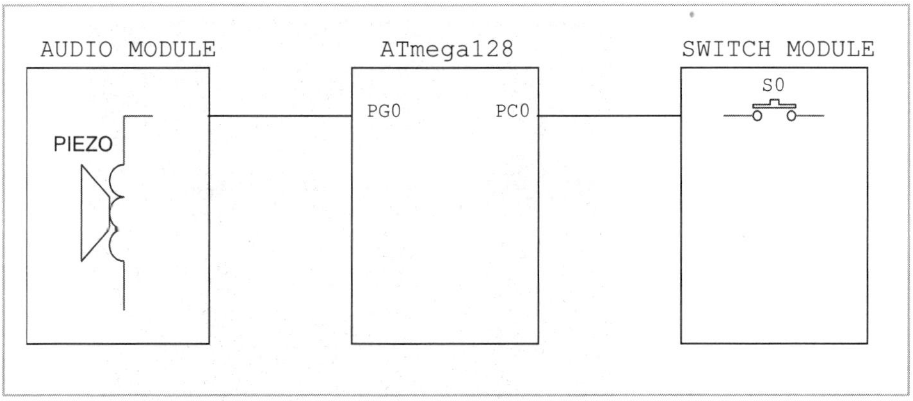

ATmega128 포트 C의 PC0에는 스위치 'S0'이 연결되어 있다. 포트 G의 PG0에는 부저(PIEZO)가 연결되어 있다.

① 스위치 'S0'이 눌러지면 포트 C의 PC0 핀에는 'high(1)'가 나타나고(약 +5[V]), 스위치 'S0'이 눌러 있다가 떨어지게 되면 PC0에는 'low(0)'가 나타나게 된다.

② 포트 G의 PG0에 'low(0)'가 출력되면(약 0[V]) 부저는 전원공급이 되지 않아(전류가 흐르지 않아) 음이 발생하지 않는다(부저의 두 핀(단자) 중, 한쪽은 +5[V], 다른 한쪽은 PG0에 연결되어 있다. PG0과 부저 사이에 NOT 게이트가 있어 부저에는 +5[V]가 연결되게 된다).

③ 포트 G의 PG0에 'high(1)'가 출력되면(약 +5[V]) 부저는 전원을 공급받게 되어(전류가 흐르게 되어) 음을 발생하게 된다(PG0과 부저 사이에 NOT 게이트가 있어 부저에는 약 0[V]가 연결되게 된다).

(라) ex_interrupt_BUZZER_easy.c 프로그램

```
// ATmega128의 입출력 포트의 출력을 정의한 헤더파일
#include <inout_mega128.h>

// ATmega128의 외부인터럽트 관련한 기능을 정의한 헤더파일
#include <ex_interrupt_mega128.h>

// delay 함수를 정의한 헤더파일
#include <delay.h>

void main(void)
{
  unsigned char i;                        // 변수 i를 unsigned char로 선언한다.
  pin_direction(PG, 0b00000001);          // PG0만 출력 핀(단자)으로 설정한다.
  pin_write(PG, 0b00000000);              // PG0에 '0'을 출력(부저 off)한다.
  ex_int_polling_setup(0, rising);        // 외부 인터럽트 0의 상승모서리 선언

  while(1)
  {
     // 외부 인터럽트 0이 상승모서리일 때 부저 동작
```

```
        i = ex_int_polling_read(0);          // 외부 인터럽트 0의 플래그 비트 읽기
        if(i != 0){
            for(i=0; i<10; i++){             // 10회 반복한다.
                pin_write(PG, 0b00000001);   // PG0에 'high(1)' 출력(부저 on)
                delay_ms(1000);              // 1초(1000 ms) 지연
                pin_write(PG, 0b00000000);   // PG0에 'low(0)' 출력(부저 off)
                delay_ms(1000);              // 1초(1000 ms) 지연
            }
        }
    }
}
```

스위치 'S0'이 눌러질 때 포트 G의 PG0에 연결된 부저에 비프 음을 발생하게 한다. 즉, 전원이 켜지면 ex_interrupt_BUZZER_easy.c 프로그램이 동작하게 된다. 스위치 'S0'이 눌러질 때, 1초(1000[ms]) 동안 부저가 동작(비프 음 발생)하고 다시 1초(1000[ms]) 동안 부저 동작이 멈추게 된다. 이를 10회 반복한다.

① #include 〈inout_mega128.h〉

'2.1의 (2)의 (라) output_LED_easy.c 프로그램'의 ①을 참조한다.

② #include 〈avr/ex_interrupt_atmega128.h〉

ATmega128의 외부인터럽트와 관련한 기능(벡터방식의 외부 인터럽트, 폴링방식 외부인터럽트 등)을 정의한 함수형 헤더파일. 'mega128.h'은 'inout_mega128.h'에 포함되어 있음.

컴퓨터의 'C:\cvavreval\INC' 위치에 'ex_interrupt_mega128.h' 파일을 넣는다('ex_interrupt_mega128.h' 파일을 만드는 방법은 부록을 참조하기 바람).

③ #include 〈delay.h〉

delay 함수를 정의한 헤더파일

④ unsigned char i;

변수 i를 unsigned char(부호없는 문자형)로 선언한다.

⑤ pin_direction(PG, 0b00000001);

포트 G의 PG0을 출력 핀(단자)으로 정한다.

⑥ pin_write(PG, 0b00000000);

포트 G의 PG0에 'low(0)'를 출력하여 부저를 off 상태로 둔다.

⑦ ex_int_polling_setup(0, rising);

포트 D의 PD0(INT0)은 입출력 기능의 PD0으로 사용할 수도 있고 INT0의 외부 인터럽트로도 쓸 수 있다. 여기서는 외부 인터럽트 기능으로 사용한다. PD0(INT0)을 입력 핀(단자)으로 설정한다. 외부 인터럽트 기능으로 사용할 경우, PD0(INT0)을 출력으로 설정하여도 동작가능하다(단, PD0 핀으로 어떤 값이 입력되기 전에 출력된 값이 'low(0)'인 경우에는 동작하지 않는다. 즉, 출력이 'low(0)'로 되어 있으면 외부에서 'high(1)'를 입력해도 항상 low(0)가 된다).

외부에서 입력되는 신호가 'low(0)'에서 'high(1)'로 변경될 때(상승모서리) 외부 인터럽트 플래그 비트 0이 '1'이 되도록 설정한다.

⑧ i = ex_int_polling_read(0);

외부 인터럽트 플래그 비트 0의 값을 읽어서 변수 i에 넣는다.

⑨ if(i != 0){ 내용 }

i가 '0'이 아니면(플래그 비트 0의 값이 '1'이면) '내용'을 수행한다.

⑪ for(i=0; i<10; i++){ 내용 }

'내용'을 10번 반복한다.

⑫ pin_write(PG, 0b00000001);

포트 G의 PG0에 'high(1)'을 출력하여 부저를 on시킨다. 비프 음이 발생한다.

⑬ delay_ms(1000);

1초(1000[ms]) 동안 지연(아무 일도 하지 않음)

⑭ pin_write(PG, 0b00000000);

포트 G의 PG0에 'low(0)'을 출력하여 부저를 off시킨다. 비프 음을 멈춘다.

⑮ delay_ms(1000);

1초(1000[ms]) 동안 지연(아무 일도 하지 않음)

⑯ while(1){ }

⑧~⑮를 무한 반복한다.

(3) CodeVisionAVR으로 C 프로그램(표준형) 작성 및 키트 실습

(가) CodeVisionAVR으로 C 프로그램(표준형, 일반적인 프로그램 형식) 작성

①~⑥ : '2.1의 (가) CodeVisionAVR으로 C 프로그램(간략형, 함수를 헤더파일로 정의한 형식) 작성'의 ①~⑥을 참조하여 동일하게 진행한다.

⑦ 컴퓨터에 'ex_interrupt_BUZZER' 폴더(C:\ATmega128\ex_interrupt_BUZZER)를 만든다.
'Create New Project' 화면에서 아래와 같이 진행한다.
'저장 위치(I):'를 'ex_interrupt_BUZZER' 폴더로 선택한다.
'파일 이름(N):'에 'ex_interrupt_BUZZER'를 써 넣는다.
'저장(S)'을 클릭한다.

⑧은 '2.1의 (가) CodeVisionAVR으로 C 프로그램(간략형, 함수를 헤더파일로 정의한 형식) 작성'을 참조하여 동일하게 진행한다.

⑨ 'Configure Project ex_interrupt_BUZZER.prj' 화면이 나타난다.
'Input Files'이 'ex_interrupt_BUZZER.c'임을 알 수 있다.
'C Compiler'를 클릭한다.

⑩~⑬ : '2.1의 (가) CodeVisionAVR으로 C 프로그램(간략형, 함수를 헤더파일로 정의한 형식) 작성'의 ⑩~⑬을 참조하여 동일하게 진행한다.

⑭ 'ex_interrupt_BUZZER.c*' 안의 내용을 모두 지운다.
'iex_interrupt_BUZZER.c*' 안에 아래 그림과 같이 프로그램을 작성한다(주석('//...')으로 표시된 부분은 작성하지 않아도 된다. 프로그램 내용은 '(라) ex_interrupt_BUZZER.c 프로그램' 참조).

C:\ATmega128\ex_interrupt_BUZZER\ex_interrupt_BUZZER.c

Notes ex_interrupt_BUZZER.c

```
// ATmega128의 각 레지스터들을 정의한 헤더파일
#include <mega128.h>

// delay 함수를 정의한 헤더파일
#include <delay.h>

void main(void)
{
   unsigned char i;          // 변수 i를 unsigned char로 선언한다.
   DDRD = 0b00000000;        // INT0(PD0)을 입력 핀으로 설정한다.
   DDRG = 0b00000001;        // PG0만 출력 핀으로 설정한다.
   PORTG = 0b00000000;       // PG0에 '0'을 출력(부저 off)한다.
   EICRA = 0b00000011;       // INT0가 상승모서리일 때 INTF0 비트 '1'

   while(1)
   {
      if(EIFR & 0b00000001){     // INT0 신호를 검사한다.
        EIFR = 0b00000001;       // INTF0 비트를 클리어시킨다.
        for(i=0; i<10; i++){     // 10회 반복한다.
          PORTG = 0b00000001;    // PG0에 '1'을 출력(부저 on)한다.
          delay_ms(1000);        // 1초(1000 ms) 지연
          PORTG = 0b00000000;    // PG0에 '0'을 출력(부저 off)한다.
          delay_ms(1000);        // 1초(1000 ms) 지연
        }
      }
   }
}
```

(나) ATmega128 키트 실습(표준형 C 프로그램으로)

①~⑨ : '(나) ATmega128 키트 실습(간략형 C 프로그램으로)'의 ①~⑨를 참조하여 동일하게 진행한다.

(다) 하드웨어 회로도

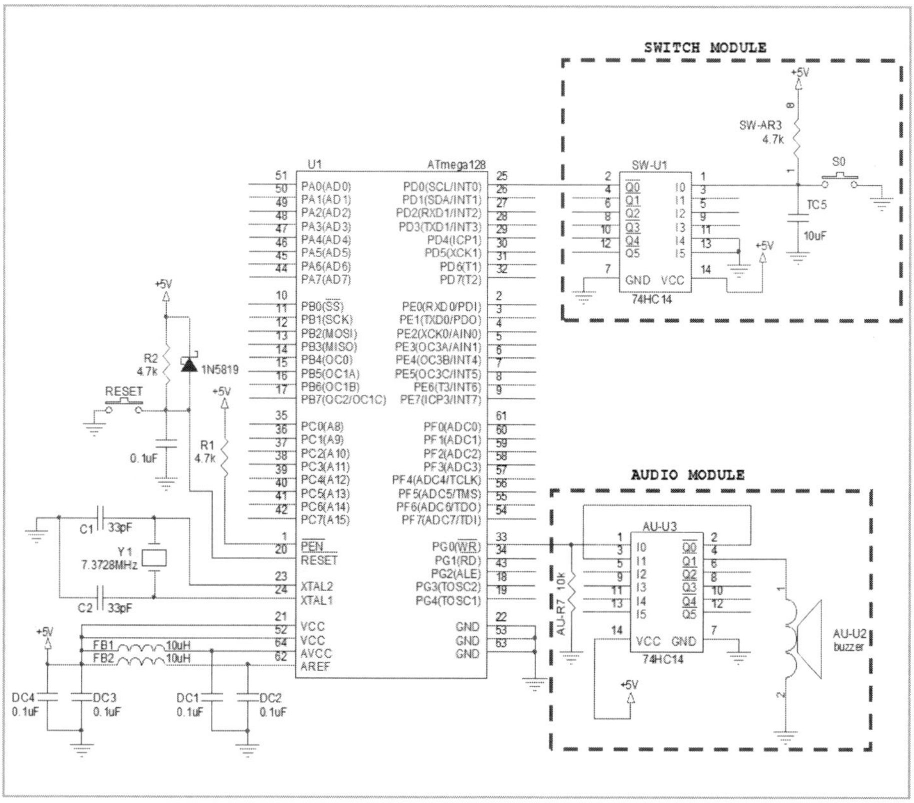

① 스위치(S0)가 눌러지지 않은 상태에서는 포트 D의 PD0은 0[V](low 상태)를 입력받게 된다.

스위치(S0)를 누를 때, 스위치는 하강모서리(+5[V](high 상태)에서 0[V](low 상태)로 변경되는 시점)로 바뀌게 된다. 스위치와 연결된 74HC14(SW-U1)의 입력 핀인 I_0도 하강모서리가 된다. 이 때 $\overline{Q_0}$은 입력과 반대 상태인 상승모서리(0[V](low 상태)에서 +5[V](high 상태)로 변경)를 출력하게 된다.

스위치(S0)가 눌러져 있는 상태에서는 포트 D의 PD0은 +5[V](high 상태)를 입력받게 된다.

스위치(S0)를 누른 상태에서 뗄 때, 스위치는 상승모서리(0[V](low 상태)에서 +5[V](high 상태)로 변경)로 바뀌게 된다. 스위치와 연결된 74HC14(SW-U1)의 입력 핀인 I_0도 상승모서리가 된다. 이 때 $\overline{Q_0}$은 입력과 반대 상태인 하강모서리(+5[V](high 상태)에서 0[V](low 상태)로 변경)를 출력하게 된다.

② 포트 G의 PG0에 0[V](low 상태)가 출력되면 74HC14(AU-U3)의 $\overline{Q_0}$은 +5[V](high 상태)이 되고, 이는 다시 74HC14(AU-U3)의 I_1로 입력되어 $\overline{Q_1}$을 0[V](low 상태)로 출력하게 만든다. 따라서 buzzer(U4)에는 전원이 공급되지 않게 되어 동작하지 않는다.

10[kΩ] 저항(AU-R7)은 풀다운(pull-down) 저항으로 74HC14(AU-U3)의 입력 핀(단자)이 플로팅(하이 임피던스 상태)일 때 노이즈에 의하여 74HC14(AU-U3)의 입력 I_0에 high 상태의 값이 입력되면 $\overline{Q_1}$이 +5[V](high 상태)로 출력하게 되어, 부저(AU-U2)에 +5[V]가 공급됨으로써 비프 음이 발생하게 된다. 따라서 이를 막기 위해서는 저항(AU-R7)을 회로와 같이 연결하면 74HC14 (AU-U3)의 입력 핀(단자)이 플로팅일 때 74HC14(AU-U3)의 입력 I_0가 low 상태를 유지하게 되어 부저에 비프 음이 발생하지 않게 된다.

③ 포트 G의 PG0에 +5[V](high 상태)가 출력되면 74HC14(AU-U3)의 $\overline{Q_1}$은 +5[V](high 상태)를 출력하게 된다. 부저 핀(단자)에 약 +5[V]의 전압이 공급된다. 따라서 능동형 피에조 소자인 buzzer(AU-U2)는 전원을 공급받아 비프 음(고정된 주파수를 갖는 신호)을 발생하게 된다.

키트에서 사용된 피에조 부저는 정격전압과 정격전류가 5[V]와 15[mA](최대)이다. ATmega128에서 직접 구동도 가능하나 파손 등을 고려하여 중간에 버퍼로 74HC14(슈미트트리거 NOT 게이트)를 사용하고 있다. 74HC14는 한 핀(단자)이 공급하는 최대 20[mA]의 전류 공급이 가능하다(모든 핀의 전체 전류는 최대 50[mA]이다).

(라) ex_interrupt_BUZZER.c 프로그램

```
// ATmega128의 각 레지스터들을 정의한 헤더파일
#include <mega128.h>

// delay 함수를 정의한 헤더파일
#include <delay.h>

void main(void)
{
  unsigned char i;                  // 변수 i를 unsigned char로 선언한다.
  DDRD = 0b00000000;                // INT0(PD0)을 입력 핀으로 설정한다.
  DDRG = 0b00000001;                // PG0만 출력 핀으로 설정한다.
  PORTG = 0b00000000;               // PG0에 '0'을 출력(부저 off)한다.
  EICRA = 0b00000011;               // INT0가 상승모서리일 때 INTF0 비트 '1'이 된다.

  while(1)
  {
     if(EIFR & 0b00000001){         // INT0 신호를 검사한다.
       EIFR = 0b00000001;           // INTF0 비트를 클리어시킨다.
       for(i=0; i<10; i++){         // 10회 반복한다.
         PORTG = 0b00000001;        // PG0에 '1'을 출력(부저 on)한다.
         delay_ms(1000);            // 1초(1000 ms) 지연
         PORTG = 0b00000000;        // PG0에 '0'을 출력(부저 off)한다.
         delay_ms(1000);            // 1초(1000 ms) 지연
       }
     }
  }
}
```

스위치 'S0'가 눌러질 때 포트 G의 PG0에 연결된 부저에 비프 음을 발생하게 한다. 즉, 전원이 켜지면 ex_interrupt_BUZZER.c 프로그램이 동작하게 된다. 스위치 'S0'가 눌러질 때, 1초(1000[ms]) 동안 부저가 동작(비프 음 발생)하고 다시 1초(1000[ms]) 동안 부저 동작이 멈추게 된다. 이를 10회 반복한다. EICRA, EIFR 레지스터에 대한 자세한 설명은 '(6) 인터럽트 플래그 비트 확인(폴링 방식)을 이용하는 외부 인터럽트'를 참조한다.

① #include <mega128.h>

ATmega128의 각 레지스터들을 정의한 헤더파일

② #include <delay.h>

delay 함수를 정의한 헤더파일

③ unsigned char i;

SRAM 공간에 부호 없는 문자형 변수 i를 선언한다.

④ DDRD = 0b00000000;

포트 D의 PD0(INT0)은 입출력 기능의 PD0으로 사용할 수도 있고 INT0의 외부 인터럽트로도 쓸 수 있다. 여기서는 외부 인터럽트 기능으로 사용한다.

PD0(INT0)을 입력 핀(단자)으로 설정한다.

리셋 이후, 포트 D의 초기 상태는 입력 상태이므로 설정하지 않아도 무방하다.

⑤ DDRG = 0b00000001;

포트 G의 모든 핀들(PG0~PG5) 중 PG0만 출력 상태로 설정한다.

나머지(PG1~PG5)는 입력 또는 출력 중 어느 것을 사용해도 무방하다.

여기서는 나머지(PG1~PG5)는 입력으로 설정한다.

⑥ PORTG = 0b00000000;

포트 G의 PG0에 '0'을 출력하여 부저를 off 시킨다. 비프 음이 발생하지 않는다.

⑦ EICRA = 0b00000011;

포트 D의 INT0(PD0)로 입력되는 신호가 상승모서리일 때, EIFR 레지스터의 INTF0 비트가 '1'이 되게 한다.

⑧ if(EIFR & 0b00000001){ 내용 }

EIFR 레지스터의 INTF0 비트가 '1'이 되었는지 검사한다.

'1'이 되었다면 '내용'을 수행한다(포트 D의 INT0(PD0)로 상승모서리의 신호가 입력된 것이다).

⑨ EIFR = 0b00000001;

EIFR 레지스터의 INTF0 비트를 '0'으로 만든다.

INTF0 비트를 소프트웨어적으로 '0'을 만들려면, 이 비트에 '1'을 입력하여야 한다('0'을 입력시키면 안 된다).

⑩ for(i=0; i<10; i++){ 내용 }

for문 안의 '내용'을 10회 반복한다.

⑪ PORTG = 0b00000001;

포트 G의 PG0에 '1'을 출력하여 부저를 on 시킨다. 비프 음이 발생한다.

⑫ delay_ms(1000);

1초(1000[ms]) 동안 지연(아무 일도 하지 않음)

⑬ PORTG = 0b00000000;

포트 G의 PG0에 '0'을 출력하여 부저를 off 시킨다. 비프 음이 정지한다.

⑭ delay_ms(1000);

1초(1000[ms]) 동안 지연(아무 일도 하지 않음)

⑮ while(1){ }

⑧~⑭ 사이를 무한 반복

(4) CodeVisionAVR으로 C 프로그램(확장형) 작성 및 키트 실습

(가) CodeVisionAVR으로 C 프로그램(확장형, 레지스터 주소를 정의한 형식) 작성

①~⑥ : '2.1의 (가) CodeVisionAVR으로 C 프로그램(간략형, 함수를 헤더파일로 정의한 형식) 작성'의 ①~⑥을 참조하여 동일하게 진행한다.

⑦ 컴퓨터에 'ex_interrupt_BUZZER_extension' 폴더(C:\ATmega128\ex_interrupt_BUZZER_extension)를 만든다.

'Create New Project' 화면에서 아래와 같이 진행한다.

'저장 위치(I):'를 'ex_interrupt_BUZZER_extension' 폴더로 선택한다.

'파일 이름(N):'에 'ex_interrupt_BUZZER_extension'를 써 넣는다.

'저장(S)'을 클릭한다.

⑧은 '2.1의 (가) CodeVisionAVR으로 C 프로그램(간략형, 함수를 헤더파일로 정의한 형식) 작성'을 참조하여 동일하게 진행한다.

⑨ 'Configure Project ex_interrupt_BUZZER_extension.prj' 화면이 나타난다.

'Input Files'이 'ex_interrupt_BUZZER_extension.c'임을 알 수 있다.

'C Compiler'를 클릭한다.

⑩~⑬ : '2.1의 (가) CodeVisionAVR으로 C 프로그램(간략형, 함수를 헤더파일로 정의한 형식) 작성'의 ⑩~⑬을 참조하여 동일하게 진행한다.

⑭ 'ex_interrupt_BUZZER_extension.c*' 안의 내용을 모두 지운다.

'ex_interrupt_BUZZER_extension.c*' 안에 아래 그림과 같이 프로그램을 작성한다(주석('//...')으로 표시된 부분은 작성하지 않아도 된다. 프로그램 내용은 '(다) ex_interrupt_BUZZER_extension.c 프로그램' 참조).

C:\ATmega128\ex_interrupt_BUZZER_extension\ex_interrupt_BUZZER_extension.c

Notes | ex_interrupt_BUZZER_extension.c *

```
// ATmega128 포트 D의 방향, 포트 G의 방향 및 출력을 정의
#define     DDRD     (*(unsigned int *)0x31)
#define     DDRG     (*(unsigned int *)0x64)
#define     PORTG    (*(unsigned int *)0x65)

// ATmega128 외부인터럽트 관련 플래그 비트 및 제어 레지스터 정의
#define     EIFR     (*(unsigned int *)0x58)
#define     EICRA    (*(unsigned int *)0x6a)

// delay 함수를 정의한 헤더파일
#include <delay.h>

void main(void)
{
  unsigned char i;          // 변수 i를 unsigned char로 선언한다.
  DDRD = 0b00000000;        // INT0(PD0)을 입력 핀으로 설정한다.
  DDRG = 0b00000001;        // PG0만 출력 핀으로 설정한다.
  PORTG = 0b00000000;       // PG0에 '0'을 출력(부저 off)한다.
  EICRA = 0b00000011;       // INT0가 상승모서리일 때 INTF0 비트 '1' c

  while(1)
  {
    if(EIFR & 0b00000001){      // INT0 신호를 검사한다.
      EIFR = 0b00000001;        // INTF0 비트를 클리어시킨다.
      for(i=0; i<10; i++){      // 10회 반복한다.
        PORTG = 0b00000001;     // PG0에 '1'을 출력(부저 on)한다.
        delay_ms(1000);         // 1초(1000 ms) 지연
        PORTG = 0b00000000;     // PG0에 '0'을 출력(부저 off)한다.
        delay_ms(1000);         // 1초(1000 ms) 지연
      }
    }
  }
}
```

(나) ATmega128 키트 실습(확장형 C 프로그램으로)

①~⑨ : '(나) ATmega128 키트 실습(간략형 C 프로그램으로)'의 ①~⑨를 참조하여 동일하게 진행한다.

(다) ex_interrupt_BUZZER_extension.c 프로그램

```
// ATmega128 포트 D의 방향, 포트 G의 방향 및 출력을 정의
#define    DDRD     (*(unsigned int *)0x31)
#define    DDRG     (*(unsigned int *)0x64)
#define    PORTG    (*(unsigned int *)0x65)

// ATmega128 외부인터럽트 관련 플래그 비트 및 제어 레지스터 정의
#define    EIFR     (*(unsigned int *)0x58)
#define    EICRA    (*(unsigned int *)0x6a)

// delay 함수를 정의한 헤더파일
#include <delay.h>

void main(void)
{
  unsigned char i;                    // 변수 i를 unsigned char로 선언한다.
  DDRD = 0b00000000;                  // INT0(PD0)을 입력 핀으로 설정한다.
  DDRG = 0b00000001;                  // PG0만 출력 핀으로 설정한다.
  PORTG = 0b00000000;                 // PG0에 '0'을 출력(부저 off)한다.
  EICRA = 0b00000011;                 // INT0가 상승모서리일 때 INTF0 비트 '1'이 된다.

  while(1)
  {
     if(EIFR & 0b00000001){           // INT0 신호를 검사한다.
       EIFR = 0b00000001;             // INTF0 비트를 클리어시킨다.
       for(i=0; i<10; i++){           // 10회 반복한다.
         PORTG = 0b00000001;          // PG0에 '1'을 출력(부저 on)한다.
         delay_ms(1000);              // 1초(1000 ms) 지연
         PORTG = 0b00000000;          // PG0에 '0'을 출력(부저 off)한다.
         delay_ms(1000);              // 1초(1000 ms) 지연
       }
     }
  }
}
```

전원이 켜지면 ex_interrupt_BUZZER_extension.c 프로그램이 동작하게 된다. 스위치 'S0'가 눌러질 때, 1초(1000[ms]) 동안 부저가 동작(비프 음 발생)하고 다시 1초(1000[ms]) 동안 부저 동작이 멈추게 된다. 이를 10회 반복한다.

#define 문은 ex_interrupt_BUZZER_extension.c 프로그램에서 사용되는 레지스터의 주소를 정의한 것이고, C 프로그램의 나머지 내용은 '3.1의 (3)의 (라) ex_interrupt_FAN.c 프로그램'과 동일하다.

(5) 인터럽트

인터럽트는 CPU가 정해진 명령어들을 처리하다가 하드웨어적인 요청에 의해 하던 일을 잠시 중단하고, 다른 일을 처리하는 것을 말한다. 예를 들어 교수가 강의를 하고 있는 중에 갑자기 출입문에서 노크소리가 나서 강의하고 있는 행위를 중지시키게 하는 것을 인터럽트라고 할 수 있다. 또한, 노크(인터럽트)에 의해 강의를 잠시 중단하고 노크 소리가 나는 문으로 이동하여 용건을 확인하여 처리한 후에 복귀하여 다시 원래 하던 강의로 계속하는 일련의 행위를 인터럽트의 처리라고 한다.

ATmega128은 리셋과 34개의 인터럽트 소스가 있다.

▍그림 3-1▐ 인터럽트란?

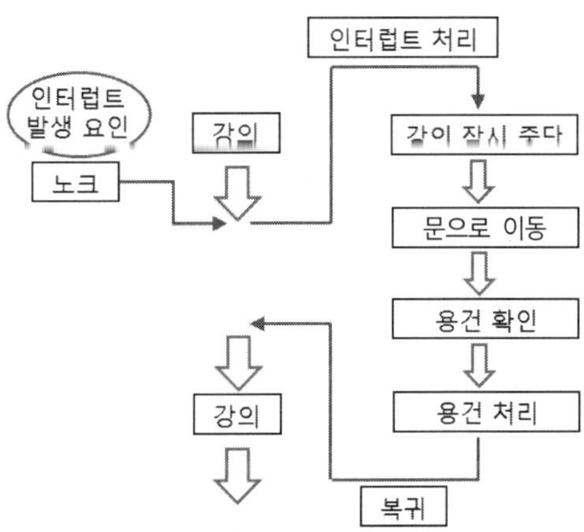

▍그림 3-2▐ 인터럽트 처리 순서

(가) 인터럽트 종류

인터럽트에는 크게 차단 불가능 인터럽트(NMI: Non-Maskable Interrupt)와 차단 가능 인터럽트(Maskable Interrupt)가 있다.

- 차단 가능 인터럽트(Maskable Interrupt)

  인터럽트 요청이 들어오면 인터럽트 요청을 받을 것인지 안 받을 것인지를 소프트웨어로 결정할 수 있는 인터럽트를 차단 가능 인터럽트라고 한다.

- 차단 불가능 인터럽트(NMI: Non-Maskable Interrupt)

  CPU의 긴급한 상황(전원 이상 등)에 사용하기 위해 소프트웨어로 제어할 수 없이 무조건 받아 들여야 하는 인터럽트를 차단 불가능 인터럽트라고 한다.

(나) 인터럽트 벡터

인터럽트가 요청이 되면 CPU는 하던 일을 잠시 중단하고, 인터럽트 요청이 일어난 곳으로 가서 그 일을 먼저 처리를 하게 되는데, 각 인터럽트마다 인터럽트 요청이 일어나면 실행되는 프로그램 메모리의 위치가 정해져 있다. 이를 인터럽트 벡터 테이블(표 3-1)이라 부른다. 즉, 예를 들면 외부 인터럽트 0이 일어나면 CPU는 무조건 프로그램 메모리 2번지(마이크로컨트롤러에 따라 외부 인터럽트 0번지는 다름)로 이동해 명령어들을 실행한다. 이곳에는 외부 인터럽트 0 서비스 루틴 프로그램의 시작번지가 저장되어 있다. 따라서 외부 인터럽트 0이 발생하면 프로그램 메모리 2번지 안의 저장된 외부 인터럽트 0 서비스 루틴 프로그램의 시작번지로 이동하게 된다. 인터럽트 요청에 의해 실행되는 프로그램의 내용들을 인터럽트 서비스 루틴 프로그램이라 부른다. ATmega128은 프로그램을 한 개의 명령어가 16비트로 처리되므로 각각의 프로그램 주소는 16비트 크기이다. 따라서 프로그램 주소 $0004는 헥사코드로 0x0008이다.

(다) 인터럽트 발생 조건

- 전체 인터럽트 발생을 허락하거나 거부하는 '전체 인터럽트 활성화 비트'가 설정('1'로 세트)되어 있어야 한다.

- 각각의 인터럽트 발생을 허락하거나 거부하는(ATmega128은 34개의 인터럽트 있음) '각각의 인터럽트 활성화 비트'가 설정('1'로 세트)되어 있어야 한다.
- 각각의 인터럽트 발생 조건에 따라 인터럽트 요청이 일어나면 '인터럽트 플래그 비트'가 '1'로 세트되면서 '인터럽트 서비스 루틴' 프로그램을 수행한다.

| 표 3-1 | ATmega128 인터럽트 벡터 테이블

벡터 번호 (Vector No.)	프로그램 주소 (Program Address)	소스 (Source)	인터럽트 정의 (Interrupt Definition)
1	$0000	RESET	외부 핀 리셋, 파워-온 리셋, 브라운-아웃 리셋, 워치독 리셋, JTAG AVR 리셋
2	$0002	INT0	외부 인터럽트 요청 0
3	$0004	INT1	외부 인터럽트 요청 1
4	$0006	INT2	외부 인터럽트 요청 2
5	$0008	INT3	외부 인터럽트 요청 3
6	$000A	INT4	외부 인터럽트 요청 4
7	$000C	INT5	외부 인터럽트 요청 5
8	$000E	INT6	외부 인터럽트 요청 6
9	$0010	INT7	외부 인터럽트 요청 7
10	$0012	TIMER2 COMP	타이머/카운터2 비교 매치
11	$0014	TIMER2 OVF	타이머/카운터2 오버플로우
12	$0016	TIMER1 CAPT	타이머/카운터1 캡처 이벤트
13	$0018	TIMER1 COMPA	타이머/카운터1 비교 매치 A
14	$001A	TIMER1 COMPB	타이머/카운터1 비교 매치 B
15	$001C	TIMER1 OVF	타이머/카운터1 오버플로우
16	$001E	TIMER0 COMP	타이머/카운터0 비교 매치
17	$0020	TIMER0 OVF	타이머/카운터0 오버플로우
18	$0022	SPI, STC	SPI 직렬 전송 완료
19	$0024	USART0, RX	USART0 수신 완료
20	$0026	USART0, UDRE	USART0 데이터 레지스터 비워있음
21	$0028	USART0, Tx	USART0 송신 완료

▌표 3-1▐ ATmega128 인터럽트 벡터 테이블(계속)

벡터 번호 (Vector No.)	프로그램 주소 (Program Address)	소스 (Source)	인터럽트 정의 (Interrupt Definition)
22	$002A	ADC	ADC 변환 완료
23	$002C	EE READY	EEPROM 준비
24	$002E	ANALOG COMP	아날로그 비교기
25	$0030	TIMER1 COMPC	타이머/카운터1 비교 매치 C
26	$0032	TIMER3 CAPT	타이머/카운터3 캡처 이벤트
27	$0034	TIMER3 COMPA	타이머/카운터3 비교 매치A
28	$0036	TIMER3 COMPB	타이머/카운터3 비교 매치 B
29	$0038	TIMER3 COMPC	타이머/카운터3 비교 매치 C
30	$003A	TIMER3 OVF	타이머/카운터3 오버플로우
31	$003C	USART1, Rx	USART1 수신 완료
32	$003E	USART1, UDRE	USART1 데이터 레지스터 비워있음
33	$0040	USART1, Tx	TUSART1 송신 완료
34	$0042	TWI	TWI 직렬 인터페이스
35	$0044	SPM READY	프로그램 메모리 저장(SPM) 준비

(6) 인터럽트 플래그 비트 확인(폴링 방식)을 이용하는 외부 인터럽트

인터럽트 벡터 테이블을 이용하는 인터럽트 서비스 프로그램 처리 방식이 아닌, 어떠한 일이 일어나는지를 계속적으로 살펴보다가 일이 발생하면 프로그램을 처리하는 소프트웨어적인 방식에서는 인터럽트 플래그 비트를 확인하여 프로그램을 수행하게 된다.

ATmega128의 외부 인터럽트 0~7에 사용되는 인터럽트 플래그 비트(INTF0~INTF7)가 존재하는 곳은 EIFR 레지스터이다. 또한 외부에서 입력되는 인터럽트 신호의 감지 시점을 결정하는 EICRA와 EICRB 레지스터가 있다. 즉 외부 신호가 상승모서리(low 상태에서 high 상태로 변할 때), 하강모서리(high 상태에서 low 상태로 변할 때), low 상태, 논리적 변화(토글, 상승모서리와 하강모서리)일 때 감지가 가능하도록 하는 것이다.

(가) 외부 인터럽트 플래그 레지스터(EIFR, External Interrupt Flag Register)

ATmega128은 외부 인터럽트가 요청이 되면, 사용자에게 인터럽트가 요청됐다고 알려주는데, 바로 I/O 레지스터 EIFR을 통해 알려 준다. 외부 인터럽트가 발생하면 각각의 비트가 '1'이 되고, 인터럽트가 발생하지 않으면 '0'으로 있게 된다. EIFR은 특수 기능 레지스터 주소(괄호( )는 데이터 메모리 주소) 0x38(0x58)에 위치하고 있으며 기능에 따라 읽기와 쓰기 동작을 할 수 있다.

비트번호	7	6	5	4	3	2	1	0	
	INTF7	INTF6	INTF5	INTF4	INTF3	INTF2	INTF1	INTF0	EIFR
읽기/쓰기	R/W	R/W	R/W	R/W	R/W	R/W	R/W	R/W	
초기값	0	0	0	0	0	0	0	0	

■ 비트 7 – INTF7 : 외부 인터럽트7 플래그 비트

외부 INT7 핀 상에 어떤 사건(상승 모서리 또는 하강 모서리)이 발생하면, INTF7은 '1'로 세트된다. 만일 상태 레지스터(SREG)의 I 비트와 외부 인터럽트 마스크 레지스터(EIMSK)의 INT7 비트가 '1'로 되어 있다면, 마이크로프로세서는 인터럽트 벡터 '$0010'으로 점프할 것이다. INTF7은 인터럽트 루틴이 실행될 때 클리어('0')된다. 또한, 소프트웨어로 INTF7에 '1'을 써서 클리어시킬 수 있다. 레벨 인터럽트에서는 항상 '0'의 값을 갖는다.

■ 비트 6..0 – INTF6..0 : 외부 인터럽트6..0 플래그 비트

INTF7와 동일한 동작을 한다. 단, INTF6의 경우, INT6 핀을 이용하고 인터럽트 벡터 주소는 '$000E'이다. 나머지 INTF5..0도 INTF6과 같이 고려하면 된다.

	비트7	비트6	비트5	비트4	비트3	비트2	비트1	비트0
EIFR	INTF7	INTF6	INTF5	INTF4	INTF3	INTF2	INTF1	INTF0

각 비트의 의미

외부 인터럽트 7번이 요청되면, 이 비트가 '1'이 되어 인터럽트 요청을 알린다.

외부 인터럽트 0번이 요청이 되면, 이 비트가 '1'이 되어 인터럽트 요청을 알린다.

(나) 외부 인터럽트 제어 레지스터(EICRA/EICRB, External Interrupt Control Register A, B)

포트 PD0(INT0), PD1(INT1), PD2(INT2), PD3(INT3), PE4(INT4), PE5(INT5), PE6(INT6), PE7(INT7)번 핀을 통해 외부 인터럽트 요청을 받기 위해서는, 인터럽트 발생을 원하는 핀의 상태를 미리 설정하여야 한다. 이러한 설정을 담당하는 레지스터가 EICRA/EICRB이다. EICRA/EICRB는 특수 기능 레지스터 주소(괄호( )는 데이터 메모리 주소) (0x6A)/0x3A(0x5A)에 각각 위치하고 있으며 기능에 따라 읽기와 쓰기 동작을 할 수 있다. EICRA/EICRB 레지스터의 ISCn1/ISCn0 비트들을 변경할 때 반드시 EIMSK 레지스터 안에 상응하는 인터럽트 활성화 비트(INTn 비트)를 클리어('0')하여 동작 불능 상태로 만들어야 한다. 그렇지 않으면 인터럽트는 비트가 바뀔 때 발생할 수 있다.

비트번호	7	6	5	4	3	2	1	0	
	ISC31	ISC30	ISC21	ISC20	ISC11	ISC10	ISC01	ISC00	EICRA
읽기/쓰기	R/W	R/W	R/W	R/W	R/W	R/W	R/W	R/W	
초기값	0	0	0	0	0	0	0	0	

비트번호	7	6	5	4	3	2	1	0	
	ISC71	ISC70	ISC61	ISC60	ISC51	ISC50	ISC41	ISC40	EICRB
읽기/쓰기	R/W	R/W	R/W	R/W	R/W	R/W	R/W	R/W	
초기값	0	0	0	0	0	0	0	0	

표 3-2 외부 인터럽트 트리거 방식

(n = 0~7)

ISCn1	ISCn0	인터럽트 트리거 방식
0	0	INTn 핀이 '0'일 때 인터럽트 요청
0	1	예비(INT1~INT3), INT4~INT7 핀의 논리적 변화(상승모서리, 하강 모서리)시 인터럽트 요청
1	0	INTn 핀이 '1'에서 '0'으로(하강모서리) 변할 때 요청
1	1	INTn 핀이 '0'에서 '1'로(상승모서리) 변할 때 요청

INT0~INT7 핀의 값은 모서리를 탐지하기 전에 샘플링된다. 만약 상승 또는 하강 모서리 인터럽트가 선택되면, 한 개의 CPU 클록 주기보다 더 긴 지속 시간을 가진 펄스들이 인터럽트를 만들 것이다. 그러나 이보다 더 짧은 펄스는 인터럽트를 발생시키지 못한다. 만일 low 레벨의 인터럽트가 선택되면, low 레벨은 인터럽트를 발생하기 위하여 현재 수행중인 명령이 끝날 때까지 유지되어야만 한다. 만일 인터럽트가 활성화 되어 있다면, 레벨 트리거된 인터럽트는 그 핀이 low 상태를 유지하고 있는 한 계속 인터럽트를 요구할 것이다.

(7) 피에조 부저

부저(buzzer)는 전기적으로 금속판 등을 떨리게 하여 소리를 출력하는 장치이며, 능동 부저(active buzzer)와 수동 부저(passive buzzer)로 나눌 수 있다. 능동 부저는 내장된 회로가 있어 외부에서 전원만 인가해주시면 자동으로 소리가 출력되나, 수동 부저는 내장된 회로가 없이 떨림판과 자석, 혹은 피에조 소자에 연결이 되어있어 자동으로 제어할 수 없으므로 외부에 구동 회로를 구성하여 주파수를 인가하여야 한다. 부저의 종류는 마그네틱 부저, 피에조 부저 등이 있다.

AU-U2에 적용된 부저는 피에조 부저(piezo buzzer)로서 압전효과를 이용하여 소리를 내는 작은 스피커이다. 압전효과란 수정이나 세라믹 같은 결정체의 성질을 이용하는 것으로 압력을 주게 되면 변형이 일어나면서 표면에 전압이 발생하고, 반대로 전압을 걸어주면 응축, 신장을 하는 현상을 말하며 피에조 효과라고도 한다. 여기에 얇은 판을 붙여주면 미세한 떨림으로 소리가 나게 된다.

피에조 부저는 2개의 전극단자로 구성되어 있으며, 각 단자는 극성을 가지고 있다. 커버 윗면을 확인하면, (+)라고 써져 있거나, 옆에 조그만 홈이 파져있는 쪽의 단자에 +전극을 연결하면 된다. 또한, 피에조 부저를 선택하려고 할 때는 정격전압, 정격전류, 공진주파수, 음압 등을 고려하여야 한다. 키트에 사용된 피에조 부저는 ALP1205S이고, 특성은 5[V], 15[mA(max)], 2.3[kHz], 90[dB(min)/10[cm]]이다.

표 3-3은 옥타브 및 음계별 표준 주파수를 나타내는 것이다. 피에조 부저에 주파수에 맞는 신호를 줌으로써 원하는 음계의 소리를 낼 수 있다. 우리에게 익숙한 음계는 4옥타브에 해당된다.

| 표 3-3 | 옥타브 및 음계별 표준 주파수

(단위 : Hz)

음계 \ 옥타브	1	2	3	4	5	6	7	8
C(도)	32.7032	65.4064	130.8128	261.6256	523.2511	1046.502	2093.005	4186.009
C#	34.6478	69.2957	138.5913	277.1826	554.3653	1108.731	2217.461	4434.922
D(레)	36.7081	73.4162	146.8324	293.6648	587.3295	1174.659	2349.318	4698.636
D#	38.8909	77.7817	155.5635	311.1270	622.2540	1244.508	2489.016	4978.032
E(미)	41.2034	82.4069	164.8138	329.6276	659.2551	1318.510	2637.020	5274.041
F(파)	43.6535	87.3071	174.6141	349.2282	698.4565	1396.913	2793.826	5587.652
F#	46.2493	92.4986	184.9972	369.9944	739.9888	1479.978	2959.955	5919.911
G(솔)	48.9994	97.9989	195.9977	391.9954	783.9909	1567.982	3135.963	6271.927
G#	51.9130	103.8262	207.6523	415.3047	830.6094	1661.219	3322.438	6644.875
A(라)	55.0000	110.0000	220.0000	440.0000	880.0000	1760.000	3520.000	7040.000
A#	58.2705	116.5409	233.0819	466.1638	932.3275	1864.655	3729.310	7458.620
B(시)	61.7354	123.4708	246.9417	493.8833	987.7666	1975.533	3951.066	7902.133

3.2 인터럽트 벡터방식(외부 인터럽트0, 외부 인터럽트1)을 이용한 스텝모터 구동

(1) ATmega128 키트에서의 "인터럽트 벡터방식(외부 인터럽트 0, 외부 인터럽트 1)를 이용한 스텝모터 구동" 동작 순서도

스텝모터 구동(1상 제어)

① 전원이 켜진다. 스텝모터는 정지 상태에 있다.

② 포트 D의 PD0(INT0)에 연결되어 있는 스위치 'S0'이 눌러졌다 떨어지는 순간, 포트 C에 연결되어 있는(모터 드라이브용 파워트랜지스터를 거쳐) 스텝모터는 반시계방향으로 360° 움직인다.

③ 포트 D의 PD1(INT1)에 연결되어 있는 스위치 'S1'이 눌러지는 순간, 포트 C에 연결되어 있는(모터 드라이브용 파워트랜지스터를 거쳐) 스텝모터는 시계방향으로 360° 회전한다.

(2) CodeVisionAVR으로 C 프로그램(간략형) 작성 및 키트 실습

(가) CodeVisionAVR으로 C 프로그램(간략형, 함수를 헤더파일로 정의한 형식) 작성

①~⑥ : '2.1의 (가) CodeVisionAVR으로 C 프로그램(간략형, 함수를 헤더파일로 정의한 형식) 작성'의 ①~⑥을 참조하여 동일하게 진행한다.

⑦ 컴퓨터에 'ex_interrupt_STEP_easy' 폴더(C:\ATmega128\ex_interrupt_STEP_easy)를 만든다.
'Create New Project' 화면에서 아래와 같이 진행한다.
'저장 위치(I):'를 'ex_interrupt_STEP_easy' 폴더로 선택한다.
'파일 이름(N):'에 'ex_interrupt_STEP_easy'를 써 넣는다.
'저장(S)'을 클릭한다.

⑧ '2.1의 (가) CodeVisionAVR으로 C 프로그램(간략형, 함수를 헤더파일로 정의한 형식) 작성'을 참조하여 동일하게 진행한다.

⑨ 'Configure Project ex_interrupt_STEP_easy.prj' 화면이 나타난다.
'Input Files'이 'ex_interrupt_STEP_easy.c'임을 알 수 있다.
'C Compiler'를 클릭한다.

⑩~⑬ : '2.1의 (가) CodeVisionAVR으로 C 프로그램(간략형, 함수를 헤더파일로 정의한 형식) 작성'의 ⑩~⑬을 참조하여 동일하게 진행한다.

⑭ 'ex_interrupt_STEP_easy.c*' 안의 내용을 모두 지운다.
'ex_interrupt_STEP_easy.c*' 안에 아래 그림과 같이 프로그램을 작성한다(주석('//...')으로 표시된 부분은 작성하지 않아도 된다. 프로그램 내용은 '(라) ex_interrupt_STEP_easy.c 프로그램' 참조).

```
C:\ATmega128\ex_interrupt_STEP_easy\ex_interrupt_STEP_easy.c
Notes    ex_interrupt_STEP_easy.c *

    motor = 12;                    // 7.5도 x 4 x 12회 = 360도 시계방향 회전
    do{                            // 스텝모터 시계 방향 1상 제어
       pin_write(PC, 0b00001000);  // PC3 ~ PC0에 '1000'을 출력(1 스
       delay_ms(20);               // 20 ms 지연
       pin_write(PC, 0b00000100);  // PC3 ~ PC0에 '0100'을 출력(1 스
       delay_ms(20);               // 20 ms 지연
       pin_write(PC, 0b00000010);  // PC3 ~ PC0에 '0010'을 출력(1 스
       delay_ms(20);               // 20 ms 지연
       pin_write(PC, 0b00000001);  // PC3 ~ PC0에 '0001'을 출력(1 스
       delay_ms(20);               // 20 ms 지연
    }while(--motor);               // 변수 motor 값 &#8211;1 감소
    ex_int_polling_read(1);        // 플래그 비트 1을 클리어(채터링 
}

void main(void)
{
    pin_direction(PC, 0b00001111); // PC3 ~ PC0를 출력 핀으로 설정한다
    pin_write(PC, 0b00000000);     // PC3 ~ PC0에 '0'을 출력한다((모E
    ex_int_vector_setup(0, enable, falling); // 외부인터럽트0 활성화/
    ex_int_vector_setup(1, enable, rising);  // 외부인터럽트1 활성화/

    all_interrupt_enable();        // 전체 인터럽트를 활성화시킨다(I
    while(1);                      // 인터럽트가 발생되기를 기다린다.
}
```

(나) ATmega128 키트 실습(간략형 C 프로그램으로)

①~② : '2.1의 (나) ATmega128 키트 실습(간략형 C 프로그램으로)'의 ①~②를 참조하여 동일하게 진행한다.

③ 아래 그림과 같이 'SWITCH MODULE'의 'BT0, BT1'와 'STEP MOTOR MODULE'의 'D0~D3'를 'ATmega128 MCU MODULE'의 포트 D의 'PD0, PD1'과 포트 C의 'PC0~PC3'에 각각 서로 연결한다.

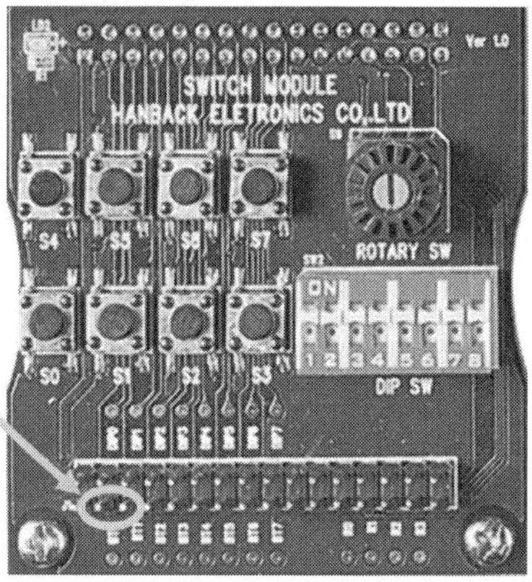

BT0, BT1

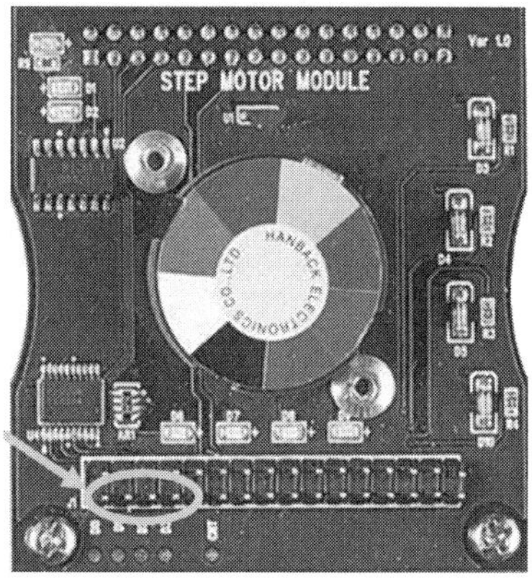

D0~D3

포트 D
(PD0, PD1)

포트 C
(PC0~PC3)

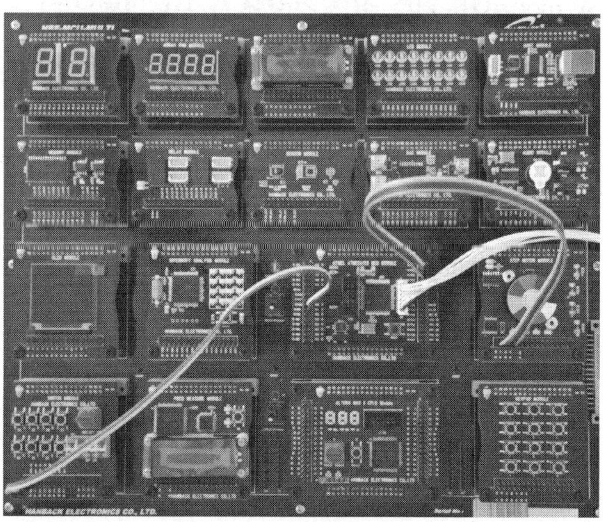

④~⑧ : '2.1의 (나) ATmega128 키트 실습(간략형 C 프로그램으로)'의 ④~⑧을 참조하여 동일하게 진행한다.

⑨ 스위치 'S0'이 눌러졌다가 떨어지면, 스텝모터는 반시계방향으로 360° 회전한다.

스위치 'S1'이 눌러지면, 스텝모터는 시계방향으로 360° 회전한다.

(다) 하드웨어 블록도

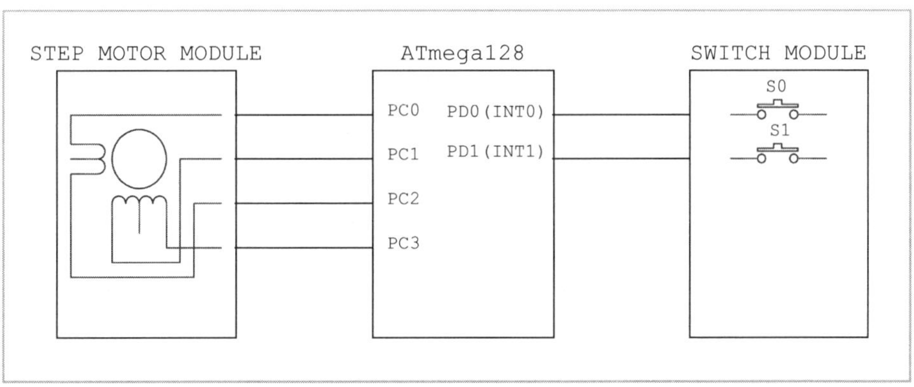

ATmega128 포트 D의 PD0, PD1에는 스위치 'S0'과 'S1'이 각각 연결되어 있다. 포트 C의 PC3~PC0에는 스텝모터가 연결되어 있다.

① 스위치 'S0'을 누르면 포트 D의 PD0 핀에는 'high(1)'가 나타나고(약 +5[V]), 스위치 'S0'을 눌렀다 떼면 PD0에는 'low(0)'가 나타나게 된다. 스위치가 'S1'인 경우에는 PD1에 동일한 변화가 나타난다.

② 스위치 'S0'을 눌렀다 떼면 포트 C의 PC3~PC0에는 '0001 → 0010 → 0100 → 1000'이 순차적으로 12번 출력된다(여기서, '0'은 약 0[V]이고 '1'은 약 +5[V]이다).

③ 스위치 'S1'을 누르면 포트 C의 PC3~PC0에는 '1000' → 0100 → 0010 → 0001'이 순차적으로 12번 출력된다(여기서, '0'은 약 0[V]이고 '1'은 약 +5[V]이다).

(라) ex_interrupt_STEP_easy.c 프로그램

```
// ATmega128의 입출력 포트의 출력을 정의한 헤더파일
#include <inout_mega128.h>

// ATmega128의 외부인터럽트 관련한 기능을 정의한 헤더파일
#include <ex_interrupt_mega128.h>

// delay 함수를 정의한 헤더파일
#include <delay.h>

unsigned char motor;                // 전역변수로 motor를 선언한다.

// 외부 인터럽트 0 서비스 프로그램
interrupt [EXT_INT0] void external_int0(void)
{
  motor = 12;                       // 7.5도 x 4 x 12회 = 360도 반시계방향 회전
  do{                               // 스텝모터 반시계 방향 1상 제어
     pin_write(PC, 0b00000001);     // PC3~PC0에 '0001'을 출력(1 스텝 모터회전)
     delay_ms(20);                  // 20 ms 지연
     pin_write(PC, 0b00000010);     // PC3~PC0에 '0010'을 출력(1 스텝 모터회전)
     delay_ms(20);                  // 20 ms 지연
     pin_write(PC, 0b00000100);     // PC3~PC0에 '0100'을 출력(1 스텝 모터회전)
     delay_ms(20);                  // 20 ms 지연
     pin_write(PC, 0b00001000);     // PC3~PC0에 '1000'을 출력(1 스텝 모터회전)
     delay_ms(20);                  // 20 ms 지연
  }while(--motor);                  // 변수 motor 값 -1 감소
```

```
  ex_int_polling_read(0);          // 플래그 비트 0을 클리어(채터링 방지용)
}

// 외부 인터럽트 1 서비스 프로그램
interrupt [EXT_INT1] void external_int1(void)
{
  motor = 12;                      // 7.5도 x 4 x 12회 = 360도 시계방향 회전
  do{                              // 스텝모터 시계 방향 1상 제어
    pin_write(PC, 0b00001000);     // PC3~PC0에 '1000'을 출력(1 스텝 모터회전)
    delay_ms(20);                  // 20 ms 지연
    pin_write(PC, 0b00000100);     // PC3~PC0에 '0100'을 출력(1 스텝 모터회전)
    delay_ms(20);                  // 20 ms 지연
    pin_write(PC, 0b00000010);     // PC3~PC0에 '0010'을 출력(1 스텝 모터회전)
    delay_ms(20);                  // 20 ms 지연
    pin_write(PC, 0b00000001);     // PC3~PC0에 '0001'을 출력(1 스텝 모터회전)
    delay_ms(20);                  // 20 ms 지연
  }while(--motor);                 // 변수 motor 값 -1 감소
  ex_int_polling_read(1);          // 플래그 비트 1을 클리어(채터링 방지용)
}

void main(void)
{
  pin_direction(PC, 0b00001111); // PC3~PC0를 출력 핀으로 설정한다.
  pin_write(PC, 0b00000000);     // PC3~PC0에 '0'을 출력한다(모터 멈춤).
  ex_int_vector_setup(0, enable, falling); // 외부인터럽트0 활성화/감지 위치
                                             설정
  ex_int_vector_setup(1, enable, rising);  // 외부인터럽트1 활성화/감지 위치
                                             설정

  all_interrupt_enable();          // 전체 인터럽트를 활성화시킨다(I 비트 = 1).
  while(1);                        // 인터럽트가 발생되기를 기다린다.
}
```

전원이 켜진 후, 스위치 'S0'을 눌렀다 떼면 'STEP MOTOR MODULE'의 스텝모터가 반시계방향으로 360° 회전한다. 또한 스위치 'S1'을 누르면 스텝모터가 시계방향으로 360° 회전한다.

즉, 전원이 켜지면 ex_interrupt_STEP_easy.c 프로그램이 동작하게 된다. 스위치 'S0'을 눌렀다 떼면 외부인터럽트 0 서비스 프로그램이 실행되어 스텝모터가

반시계방향으로 360° 회전한다. 또한 스위치 'S1'을 누르면 외부인터럽트 1 서비스 프로그램이 실행되어 스텝모터가 시계방향으로 360° 회전한다.

① #include 〈inout_mega128.h〉
'2.1의 (2)의 (라) output_LED_easy.c 프로그램'의 ①을 참조한다.

② #include 〈ex_interrupt_mega128.h〉
'3.1의 (2)의 (라) ex_interrupt_FAN_easy.c 프로그램'의 ②를 참조한다.

③ #include 〈delay.h〉
delay 함수를 정의한 헤더파일

④ unsigned char motor;
SRAM 공간에 부호없는 문자형 변수 motor를 전역변수로 선언한다.

⑤ interrupt [EXT_INT0] void external_int0(void)
'interrupt [EXT_INT0]'은 인터럽트 벡터 테이블에 외부인터럽트 0이 사용되어짐을 알리는 지시어이며, 실제 외부인터럽트 서비스 프로그램 이름은 'external_int0'이 된다.
'INT0' 벡터 테이블 위치에 'external_int0'이 실행되는 주소가 저장되게 된다. 즉, "jmp 'external_int0' 주소"에 해당되는 명령어가 저장되게 된다.

⑥ motor = 12;
7.5도×4×12회 = 360° 만큼 스텝모터를 회전시킨다.

⑦ do{ 내용 }while(--motor);
'내용'은 스텝모터를 1상 제어하기 위한 것으로, PC3~PC0에 '0001 → 0010 → 0100 → 1000'을 12회 출력시켜서 스텝모터를 반시계방향으로 360° 회전시킨다.

```
pin_write(PC, 0b00000001);   // PC3~PC0에 '0001'을 출력
delay_ms(20);                // 20 ms 지연
      ⋮
```

⑧ ex_int_polling_read(0);
EIFR의 플래그 비트 0에 '1'를 써 넣어 플래그 비트 0을 클리어시킨다.

⑨ interrupt [EXT_INT1] void external_int1(void){ 내용 }
외부 인터럽트 1 서비스 프로그램으로, ⑥~⑧과 유사하다. 단, PC3~PC0에

'1000 → 0100 → 0010 → 0001'을 12회 출력시켜서 스텝모터를 시계방향으로 360° 회전시킨다.

⑩ pin_direction(PC, 0b00001111);
포트 C의 PC7~PC0 중 PC3~PC0만 출력 핀으로 설정한다.
나머지(PC7~PC4)는 입력 또는 출력 중 어느 것을 사용해도 무방하다.
여기서는 나머지(PC7~PC4)는 입력으로 설정한다.

⑪ pin_write(PC, 0b00000000);
스텝모터를 정지 상태로 두기하기 위해서 PC3~PC0에 '0'을 출력시킨다.

⑫ ex_int_vector_setup(0, enable, falling);
포트 D의 PD0(INT0)은 입출력 기능의 PD0으로 사용할 수도 있고 INT0의 외부 인터럽트로도 쓸 수 있다. 여기서는 외부 인터럽트 기능으로 사용한다. PD0(INT0)로부터 입력되는 신호를 하강모서리에서 인식하고, 신호가 발생하면 인터럽트를 발생할 수 있게 한다.

⑬ ex_int_vector_setup(1, enable, rising);
포트 D의 PD1(INT1)은 입출력 기능의 PD1로 사용할 수도 있고 INT1의 외부 인터럽트로도 쓸 수 있다. 여기서는 외부 인터럽트 기능으로 사용한다. PD1(INT1)로부터 입력되는 신호를 상승모서리에서 인식하고, 신호가 발생하면 인터럽트를 발생할 수 있게 한다.

⑭ all_interrupt_enable();
SREG 레지스터의 I 비트를 '1'로 만들어 전체 인터럽트를 활성화시킨다.

⑮ while(1);
무한루프로서, 인터럽트가 발생되기를 기다린다.

(3) CodeVisionAVR으로 C 프로그램(표준형) 작성 및 키트 실습

(가) CodeVisionAVR으로 C 프로그램(표준형, 일반적인 프로그램 형식) 작성

①~⑥ : '2.1의 (가) CodeVisionAVR으로 C 프로그램(간략형, 함수를 헤더파일로 정의한 형식) 작성'의 ①~⑥을 참조하여 동일하게 진행한다.

⑦ 컴퓨터에 'ex_interrupt_STEP' 폴더(C:\ATmega128\ex_interrupt_STEP)를 만든다.

'Create New Project' 화면에서 아래와 같이 진행한다.
'저장 위치(I):'를 'ex_interrupt_STEP' 폴더로 선택한다.
'파일 이름(N):'에 'ex_interrupt_STEP'을 써 넣는다.
'저장(S)'을 클릭한다.

⑧ '2.1의 (가) CodeVisionAVR으로 C 프로그램(간략형, 함수를 헤더파일로 정의한 형식) 작성'을 참조하여 동일하게 진행한다.

⑨ 'Configure Project ex_interrupt_STEP.prj' 화면이 나타난다.
'Input Files'이 'ex_interrupt_STEP.c'임을 알 수 있다.
'C Compiler'를 클릭한다.

⑩~⑬ : '2.1의 (가) CodeVisionAVR으로 C 프로그램(간략형, 함수를 헤더파일로 정의한 형식) 작성'의 ⑩~⑬을 참조하여 동일하게 진행한다.

⑭ 'ex_interrupt_STEP.c*' 안의 내용을 모두 지운다.
'iex_interrupt_STEP.c*' 안에 아래 그림과 같이 프로그램을 작성한다(주석('//...')으로 표시된 부분은 작성하지 않아도 된다. 프로그램 내용은 '(라) ex_interrupt_ STEP.c 프로그램' 참조).

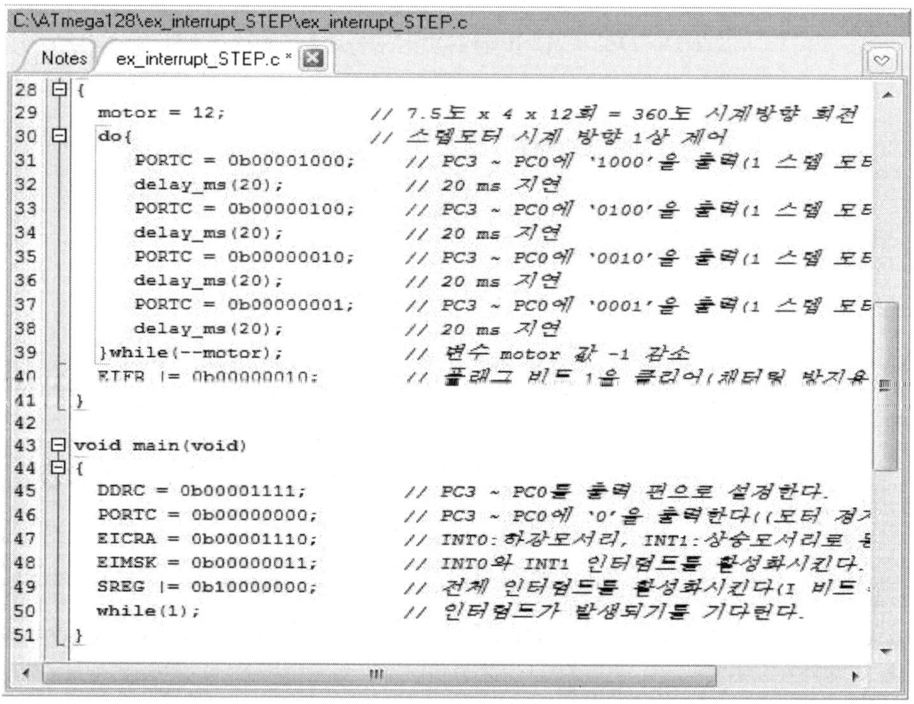

(나) ATmega128 키트 실습(표준형 C 프로그램으로)

①~⑨ : '(나) ATmega128 키트 실습(간략형 C 프로그램으로)'의 ①~⑨를 참조하여 동일하게 진행한다.

(다) 하드웨어 회로도

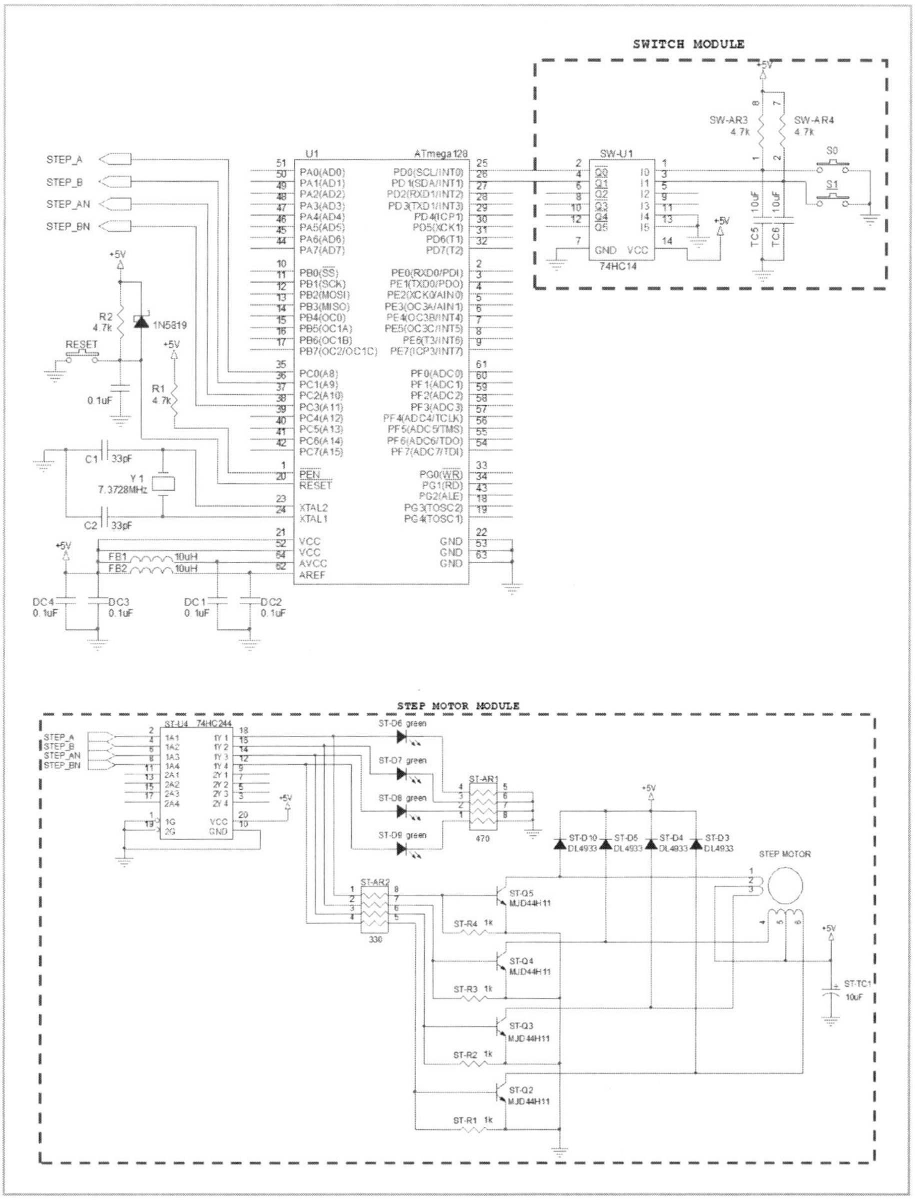

① 포트 C의 PC0~PC3에 +5[V](high 상태)가 출력되면 74HC244(ST-U4)의 1Y1~1Y4은 +5[V](high 상태)를 출력하게 된다. 따라서 ST-D6~ST-D9의 LED(green)는 약 +5[V] 전압을 공급받게 되어 켜지게 된다. 여기서 사용된 LED의 순방향 전압은 +2[V])이므로 나머지 전압(약 3[V])은 어레이 저항(ST-AR1, 470[Ω])에 걸리게 된다. LED에 흐르는 전류(LED에 흐르는 전류가 작으면 LED 밝기가 줄어들거나 켜지지 않게 된다)는 $\frac{(5[V]-2[V])}{470[\Omega]} \fallingdotseq 6.4[mA]$가 되고 LED는 켜지게 된다. ST-AR1과 ST-AR2 어레이 저항은 동일한 저항을 4개 묶어 놓은 것으로 PCB 공간을 줄일 수가 있다.

포트 C의 PC0~PC3에 0[V](low 상태)가 출력되면 74HC244(ST-U4)의 1Y1~1Y4은 0[V](low 상태)가 된다. 따라서 ST-D6~ST-D9의 LED(green)는 전압을 공급받지 못하여 꺼지게 된다.

② 74HC244(ST-U4)의 1Y1~1Y4가 +5[V](high 상태)를 출력하게 되면, 어레이 저항(ST-AR2, 330[Ω])을 거쳐 파워트랜지스터(ST-Q5~ST-Q2)에 전압 0.8[V](사용된 파워트랜지스터의 컬렉터 전류 I_C가 1[A]일 때 $V_{BE(sat)}$전압)이 걸리게 된다. 트랜지스터의 베이스 단자에 흐르는 전류는 $\frac{(5[V]-0.8[V])}{330[\Omega]} \fallingdotseq 12[mA]$가 되고, 이 때 트랜지스터의 h_{FE}를 100정도로 계산하면 컬렉터 전류 I_C는 약 1.2[A]가 되므로 모터에 1[A] 전류 공급이 가능하게 된다.

다이오드 ST-D10, ST-D5~ST-D3은 모터가 정지할 때 발생하는 고전압의 펄스(역기전력)를 전원쪽으로 흡수시키기 위한 것으로, 파워트랜스터의 파괴를 막고 전원 공급 중단 시 모터 코일에 남아있는 에너지를 전원 쪽으로 순환시키게 한다.

③ 'SWITCH MODULE'의 'S0'와 'S1'의 동작은 '2.3의 (3)의 (다) 하드웨어 회로도'의 ①, ②, ③을 참조한다. 단, 스위치 'S2~S7'은 삭제되었다.

(라) ex_interrupt_STEP.c 프로그램

```
// ATmega128의 각 레지스터들을 정의한 헤더파일
#include <mega128.h>

// delay 함수를 정의한 헤더파일
```

```
#include <delay.h>

unsigned char motor;              // 전역변수로 motor를 선언한다.

// 외부 인터럽트 0 서비스 프로그램
interrupt [EXT_INT0] void external_int0(void)
{
  motor = 12;                     // 7.5도 x 4 x 12회 = 360도 반시계방향 회전
  do{                             // 스텝모터 반시계 방향 1상 제어
     PORTC = 0b00000001;          // PC3~PC0에 '0001'을 출력(1 스텝 모터회전)
     delay_ms(20);                // 20 ms 지연
     PORTC = 0b00000010;          // PC3~PC0에 '0010'을 출력(1 스텝 모터회전)
     delay_ms(20);                // 20 ms 지연
     PORTC = 0b00000100;          // PC3~PC0에 '0100'을 출력(1 스텝 모터회전)
     delay_ms(20);                // 20 ms 지연
     PORTC = 0b00001000;          // PC3~PC0에 '1000'을 출력(1 스텝 모터회전)
     delay_ms(20);                // 20 ms 지연
  }while(--motor);                // 변수 motor 값 -1 감소
  EIFR |= 0b00000001;             // 플래그 비트 0을 클리어(채터링 방지용)
}

// 외부 인터럽트 1 서비스 프로그램
interrupt [EXT_INT1] void external_int1(void)
{
  motor = 12;                     // 7.5도 x 4 x 12회 = 360도 시계방향 회전
  do{                             // 스텝모터 시계 방향 1상 제어
     PORTC = 0b00001000;          // PC3~PC0에 '1000'을 출력(1 스텝 모터회전)
     delay_ms(20);                // 20 ms 지연
     PORTC = 0b00000100;          // PC3~PC0에 '0100'을 출력(1 스텝 모터회전)
     delay_ms(20);                // 20 ms 지연
     PORTC = 0b00000010;          // PC3~PC0에 '0010'을 출력(1 스텝 모터회전)
     delay_ms(20);                // 20 ms 지연
     PORTC = 0b00000001;          // PC3~PC0에 '0001'을 출력(1 스텝 모터회전)
     delay_ms(20);                // 20 ms 지연
  }while(--motor);                // 변수 motor 값 -1 감소
  EIFR |= 0b00000010;             // 플래그 비트 1을 클리어(채터링 방지용)
}

void main(void)
{
  DDRC = 0b00001111;              // PC3~PC0를 출력 핀으로 설정한다.
```

```
    PORTC = 0b00000000;               // PC3~PC0에 '0'을 출력한다((모터 정지).
    EICRA = 0b00001110;               // INT0:하강모서리, INT1:상승모서리로 동작시킨다.
    EIMSK = 0b00000011                // INT0와 INT1 인터럽트를 활성화시킨다.
    SREG |= 0b10000000;               // 전체 인터럽트를 활성화시킨다(I 비트 = 1).
    while(1);                         // 인터럽트가 발생되기를 기다린다.
}
```

스위치 'S0'와 'S1'을 누르거나 또는 눌렀다 떼면 포트 C의 PC3~PC0에 연결된 스텝모터가 시계방향 또는 반시계방향으로 회전한다. 즉, 전원이 켜지면 ex_interrupt_STEP.c 프로그램이 동작하게 된다. 스위치 'S0'을 눌렀다 떼면 외부인터럽트 0 서비스 프로그램이 실행되어 스텝모터가 반시계방향으로 360° 회전한다. 또한 스위치 'S1'을 누르면 외부인터럽트 1 서비스 프로그램이 실행되어 스텝모터가 시계방향으로 360° 회전한다.

EIMSK 레지스터의 'INT7~INT0' 비트를 '1'로 설정하게 되면, 포트 D의 'INT7~INT0' 핀이 출력으로 되어 있어도 이 핀들로부터 입력되는 신호를 인식하게 되어 EIFR 레지스터의 'INTF7~INTF0' 비트가 '1'이 된다. 따라서 'INT7~INT0' 핀을 입력으로 선언하지 않아도 된다. 이 프로그램에서는 INT0(PD0)와 INT1(PD1)의 입출력 방향을 선언하지 않았다. EIMSK, SREG 레지스터에 대한 자세한 설명은 '(5) 외부 인터럽트'와 '(6) 전체 인터럽트 허가 비트'를 참조한다.

① #include 〈mega128.h〉

ATmega128의 각 레지스터들을 정의한 헤더파일이다.
인터럽트 벡터 테이블도 정의하고 있다.

② #include 〈delay.h〉

delay 함수를 정의한 헤더피일

③ unsigned char motor;

SRAM 공간에 부호없는 문자형 변수 motor를 전역변수로 선언한다.

④ interrupt [EXT_INT0] void external_int0(void)

외부인터럽트 0 서비스 프로그램이다.

⑤ motor = 12;

7.5°×4×12회 = 360° 만큼 스텝모터를 회전시킨다.

⑥ do{ 내용 }while(--motor);

'내용'은 스텝모터를 1상 제어하기 위한 것으로, PC3~PC0에 '0001 → 0010 → 0100 → 1000'을 12회 출력시켜서 스텝모터를 반시계방향으로 360° 회전시킨다.

```
PORTC = 0b00000001;        // PC3~PC0에 '0001'을 출력
delay_ms(20);              // 20 ms 지연
    ⋮
```

〈1상 여자방식의 스텝모터 구동을 위한 포트 C(PC3~PC0) 값〉

단계	1	2	3	4	5	6	7	8
PC0(A상)	1	0	0	0	1	0	0	0
PC1(B상)	0	1	0	0	0	1	0	0
PC2($\overline{A}$상)	0	0	1	0	0	0	1	0
PC3($\overline{B}$상)	0	0	0	1	0	0	0	1

스텝모터는 각 단계 값을 줄 때마다 스텝각(여기서는 7.5°)만큼 회전하게 된다. 스텝모터의 구동을 위한 프로그램 처리 방법에는 1상 여자방식, 2상 여자방식, 1-2상 여자방식 등이 있으며, 스텝 각은 1상과 2상 여자방식은 동일하나 1-2상은 1상과 2상 여자방식에 비하여 1/2 스텝 각을 갖는다.

스텝모터를 구동하기 위한 회로 구성 방법에 따라 유니폴라와 바이폴라 방식이 있으며 여기서는 모터코일 전류방향이 단방향인 유니폴라 방식을 사용하고 있다.

지연시간 20[ms]는 모터에 전원이 공급된 후, 1 스텝을 움직이는데 필요한 시간이다(구동주파수). 이 시간은 스텝모터마다 다르나, 너무 짧으면 회전이 안 되고 너무 길면 회전속도가 느려지게 된다. 키트에 사용된 스텝모터의 구동주파수는 최대 약 200 pps[pulse per second], 즉 스텝마다 5[ms] 이상의 시간 간격이 필요하다.

⑦ EIFR |= 0b00000001;

EIFR의 플래그 비트 0에 '1'를 써 넣어 플래그 비트 0을 클리어시킨다.

⑧ interrupt [EXT_INT1] void external_int1(void){ 내용 }

외부 인터럽트 1 서비스 프로그램으로, ⑤~⑦과 유사하다. 단, PC3~PC0에

'1000 → 0100 → 0010 → 0001'을 12회 출력시켜서 스텝모터를 시계방향으로 360° 회전시킨다.

⑨ DDRC = 0b00001111;

포트 C의 PC7~PC0 중 PC3~PC0만 출력 핀으로 설정한다.

⑩ PORTC = 0b00000000;

스텝모터를 정지 상태로 두기하기 위해서 PC3~PC0에 '0'을 출력시킨다.

⑪ EICRA = 0b00001110;

외부인터럽트 0(INT0)은 하강모서리에서 인터럽트를 인식한다.

외부인터럽트 1(INT1)은 상승모서리에서 인터럽트를 인식한다.

⑫ EIMSK = 0b00000011;

PD0(INT0)과 PD1(INT1)을 입출력 기능의 PD0과 PD1이 아닌 INT0과 INT1의 외부 인터럽트로 사용한다. 외부인터럽트 0(INT0)과 외부인터럽트 1(INT1)을 활성화시킨다.

외부인터럽트 0과 1이 발생하면 INTF0, INTF1 비트가 각각 '1'이 된다.

⑬ SREG |= 0b10000000;

SREG 레지스터의 I 비트를 '1'로 만들어 전체 인터럽트를 활성화시킨다.

⑭ while(1);

무한루프로서, 인터럽트가 발생되기를 기다린다.

(4) CodeVisionAVR으로 C 프로그램(확장형) 작성 및 키트 실습

(가) CodeVisionAVR으로 C 프로그램(확장형, 레지스터 주소를 정의한 형식) 작성

⑴~⑹ : '2.1의 (가) CodeVisionAVR으로 C 프로그램(간략형, 함수를 헤더파일로 정의한 형식) 작성'의 ①~⑥을 참조하여 동일하게 진행한다.

⑦ 컴퓨터에 'ex_interrupt_STEP_extension' 폴더(C:\ATmega128\ex_interrupt_STEP_extension)를 만든다.

'Create New Project' 화면에서 아래와 같이 진행한다.

'저장 위치(I):'를 'ex_interrupt_STEP_extension' 폴더로 선택한다.

'파일 이름(N):'에 'ex_interrupt_STEP_extension'를 써 넣는다.

'저장(S)'을 클릭한다.

⑧은 '2.1의 (가) CodeVisionAVR으로 C 프로그램(간략형, 함수를 헤더파일로 정의한 형식) 작성'을 참조하여 동일하게 진행한다.

⑨ 'Configure Project ex_interrupt_STEP_extension.prj' 화면이 나타난다. 'Input Files'이 'ex_interrupt_STEP_extension.c'임을 알 수 있다. 'C Compiler'를 클릭한다.

⑩~⑬ : '2.1의 (가) CodeVisionAVR으로 C 프로그램(간략형, 함수를 헤더파일로 정의한 형식) 작성'의 ⑩~⑬을 참조하여 동일하게 진행한다.

⑭ 'ex_interrupt_STEP_extension.c*' 안의 내용을 모두 지운다. 'ex_interrupt_STEP_extension.c*' 안에 아래 그림과 같이 프로그램을 작성한다(주석('//...')으로 표시된 부분은 작성하지 않아도 된다. 프로그램 내용은 '(다) ex_interrupt_STEP_extension.c 프로그램' 참조).

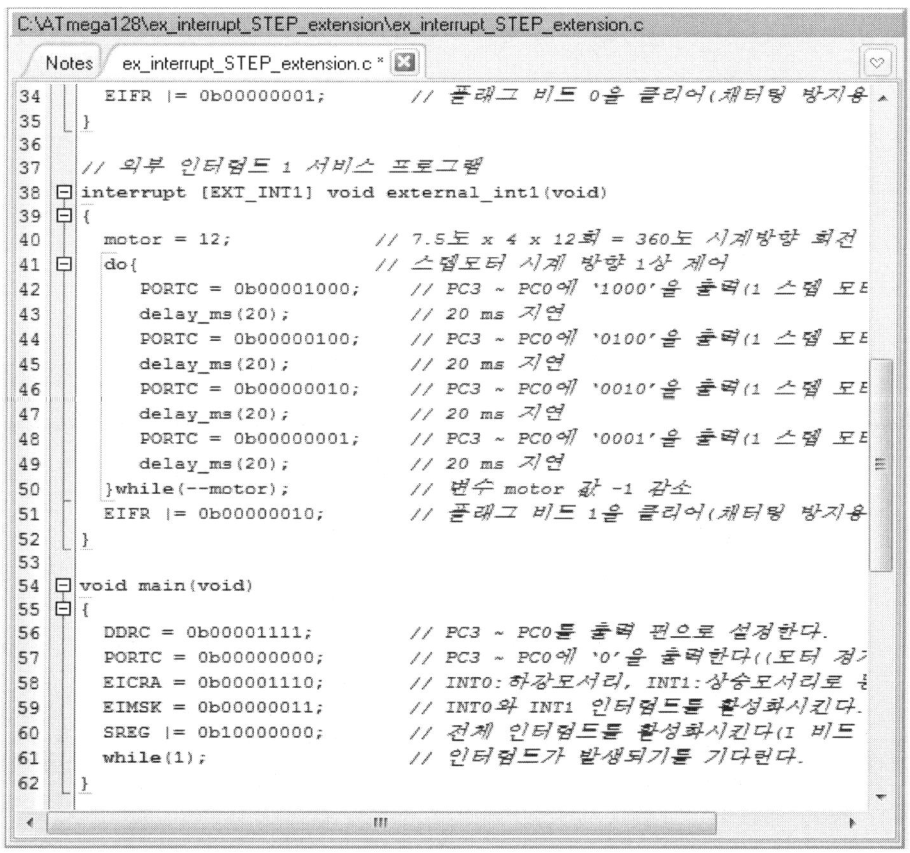

(나) ATmega128 키트 실습(확장형 C 프로그램으로)

①~⑨ : '(나) ATmega128 키트 실습(간략형 C 프로그램으로)'의 ①~⑨를 참조하여 동일하게 진행한다.

(다) ex_interrupt_STEP_extension.c 프로그램

```
// ATmega128 포트 D의 방향, 포트 G의 방향 및 출력을 정의
#define   DDRC     (*(unsigned int *)0x34)
#define   PORTC    (*(unsigned int *)0x35)

// ATmega128 외부인터럽트 관련 레지스터 정의
#define   EIFR     (*(unsigned int *)0x58)
#define   EIMSK    (*(unsigned int *)0x59)
#define   EICRA    (*(unsigned int *)0x6a)
#define   SREG     (*(unsigned int *)0x5f) // 전체인터럽트 활성화 관련 레지스터

// 외부인터럽트 0, 1의 벡터 주소
#define   EXT_INT0  2              // 외부 인터럽트 0의 벡터 주소
#define   EXT_INT1  3              // 외부 인터럽트 1의 벡터 주소

// delay 함수를 정의한 헤더파일
#include <delay.h>

unsigned char motor;               // 전역변수로 motor를 선언한다.

// 외부 인터럽트 0 서비스 프로그램
interrupt [EXT_INT0] void external_int0(void)
{
  motor = 12;                      // 7.5도 x 4 x 12회 = 360도 반시계방향 회전
  do{                              // 스텝모터 반시계 방향 1상 제어
     PORTC = 0b00000001;           // PC3~PC0에 '0001'을 출력(1 스텝 모터회전)
     delay_ms(20);                 // 20 ms 지연
     PORTC = 0b00000010;           // PC3~PC0에 '0010'을 출력(1 스텝 모터회전)
     delay_ms(20);                 // 20 ms 지연
     PORTC = 0b00000100;           // PC3~PC0에 '0100'을 출력(1 스텝 모터회전)
     delay_ms(20);                 // 20 ms 지연
     PORTC = 0b00001000;           // PC3~PC0에 '1000'을 출력(1 스텝 모터회전)
     delay_ms(20);                 // 20 ms 지연
  }while(--motor);                 // 변수 motor 값 -1 감소
```

```
  EIFR |= 0b00000001;              // 플래그 비트 0을 클리어(채터링 방지용)
}

// 외부 인터럽트 1 서비스 프로그램
interrupt [EXT_INT1] void external_int1(void)
{
  motor = 12;                      // 7.5도 x 4 x 12회 = 360도 시계방향 회전
  do{                              // 스텝모터 시계 방향 1상 제어
    PORTC = 0b00001000;            // PC3~PC0에 '1000'을 출력(1 스텝 모터회전)
    delay_ms(20);                  // 20 ms 지연
    PORTC = 0b00000100;            // PC3~PC0에 '0100'을 출력(1 스텝 모터회전)
    delay_ms(20);                  // 20 ms 지연
    PORTC = 0b00000010;            // PC3~PC0에 '0010'을 출력(1 스텝 모터회전)
    delay_ms(20);                  // 20 ms 지연
    PORTC = 0b00000001;            // PC3~PC0에 '0001'을 출력(1 스텝 모터회전)
    delay_ms(20);                  // 20 ms 지연
  }while(--motor);                 // 변수 motor 값 -1 감소
  EIFR |= 0b00000010;              // 플래그 비트 1을 클리어(채터링 방지용)
}

void main(void)
{
  DDRC = 0b00001111;        // PC3~PC0를 출력 핀으로 설정한다.
  PORTC = 0b00000000;       // PC3~PC0에 ‘0’을 출력한다((모터 정지).
  EICRA = 0b00001110;        // INT0:하강모서리, INT1:상승모서리로 동작시킨다.
  EIMSK = 0b00000011;        // INT0와 INT1 인터럽트를 활성화시킨다.
  SREG |= 0b10000000;        // 전체 인터럽트를 활성화시킨다(I 비트 = 1).
  while(1);                    // 인터럽트가 발생되기를 기다린다.
}
```

스위치 'S0'와 'S1'을 누르거나 또는 눌렀다 떼면 포트 C의 PC3~PC0에 연결된 스텝모터가 시계방향 또는 반시계방향으로 회전한다. 즉, 전원이 켜지면 ex_interrupt_STEP_extension.c 프로그램이 동작하게 된다. 스위치 'S0'을 눌렀다 때면 외부인터럽트 0 서비스 프로그램이 실행되어 스텝모터가 반시계방향으로 360° 회전한다. 또한 스위치 'S1'을 누르면 외부인터럽트 1 서비스 프로그램이 실행되어 스텝모터가 시계방향으로 360° 회전한다.

'#define EXT_INT0 2'와 '#define EXT_INT0 3'은 ATmega128의 34개

인터럽트들의 벡터 번호 중 외부 인터럽트 0과 1의 벡터 번호를 컴파일러에게 알려주는 내용이다. 외부 인터럽트 0(EXT_INT0)은 벡터 번호 2이고 외부 인터럽트 1(EXT_INT1)은 벡터 번호 3을 지시하는 것이다. 이렇게 설정해 두면 컴파일러가 'EXT_INT0'으로 정해둔 외부인터럽트 0의 서비스 프로그램의 시작번지를 벡터 주소 안에 넣어두게 된다. 프로그램이 시작되고 인터럽트가 발생하면 벡터 주소 안의 인터럽트 서비스 프로그램 주소로 점프하여 서비스 프로그램을 수행하게 된다.

C 프로그램의 나머지 내용은 '3.2의 (3)의 (라) ex_interrupt_STEP.c 프로그램'과 동일하다.

(5) 외부 인터럽트

ATmega128은 리셋을 제외하고 모두 34개의 인터럽트 소스가 있다. 그 중 외부 인터럽트는 ATmega128에 모두 8개가 존재한다. 외부 인터럽트란 외부로부터 어떤 상태가 검출될 때 요청되는 인터럽트다. 즉, ATmega128의 포트 PD0, PD1, PD2, PD3, PE4, PE5, PE6, PE7 핀에 논리적 변화(상승모서리(low 상태에서 high 상태로 변할 때), 하강모서리(high 상태에서 low 상태로 변할 때)) 또는 '0'(low level) 상태가 검출되었을 때 요청되는 인터럽트다. 예를 들면, PD0 핀의 상태에 의해 요청되는 인터럽트를 외부 인터럽트 0번이라 부르고 INT0로 표시한다. 또한 PE7 핀의 상태에 의해 요청되는 인터럽트를 외부 인터럽트 7번(INT7)이라 부른다.

인터럽트 이름	INT7	INT6	INT5	INT4	INT3	INT2	INT1	INT0
포트 번호	PE7	PE6	PE5	PE4	PD3	PD2	PD1	PD0

그림 3-3 외부 인터럽트 이름과 포트번호

(가) 외부 인터럽트에 사용되는 레지스터

벡터 테이블 방식의 외부 인터럽트 0~7을 사용하기 위해서는 그림 3-4의 레지스터들(EIMSK, EICRA, EICRB, SREG)안의 비트들을 설정하여야 한다. EIFR(외부 인터럽트 플래그 레지스터)은 인터럽트를 사용하기 위하여 프로그래머가 설정하는 것이 아니고, 외부에서 신호가 입력되면 해당하는 비트가 '0'에서 '1'로 자동 변경되며 인터럽트 서비스 프로그램이 실행되면 자동으로 클리어('0') 된다. 강제적으로 플래그 비트를 클리어 시키려면 해당하는 비트에 '1'을('0'이 아님) 넣으면 된다.

레지스터	BIT7	BIT6	BIT5	BIT4	BIT3	BIT2	BIT1	BIT0
EIMSK	INT7	INT6	INT5	INT4	INT3	INT2	INT1	INT0
EIFR	INTF7	INTF6	INTF5	INTF4	INTF3	INTF2	INTF1	INTF0
EICRB	ISC71	ISC70	ISC61	ISC60	ISC51	ISC50	ISC41	ISC40
EICRA	ISC31	ISC30	ISC21	ISC20	ISC11	ISC10	ISC01	ISC00
SREG	I	-	-	-	-	-	-	-

| 그림 3-4 | 외부 인터럽트 관련 레지스터

(나) 외부 인터럽트 마스크 레지스터(EIMSK, External Interrupt Mask Register)

외부 인터럽트를 사용할 것인지를 소프트웨어로 결정하기 위한 레지스터이다. 프로그래머는 8개의 외부 인터럽트 중 사용하고자 하는 외부 인터럽트를 EIMSK 레지스터를 통해 CPU에 알려준다. 예를 들면, 외부 인터럽트 0번을 사용하고 싶다면(PD0(INT0) 핀의 변화 및 low(0) 상태) EIMSK 레지스터 중 INT0 비트를 '1'로 만들어 주어 외부 인터럽트 0번을 사용하겠다고 CPU에 알려주면 된다. 이 경우 PD0(INT0) 핀의 논리적인 변화 또는 '0'이 검출되면 인터럽트가 요청되는 것이다. EIMSK는 특수 기능 레지스터 주소(괄호( )는 데이터 메모리 주소) 0x39(0x59)에 위치하고 있으며 기능에 따라 읽기와 쓰기 동작을 할 수 있다.

비트번호	7	6	5	4	3	2	1	0	
	INT7	INT6	INT5	INT4	INT3	INT2	INT1	INT0	EIMSK
읽기/쓰기	R/W	R/W	R/W	R/W	R/W	R/W	R/W	R/W	
초기값	0	0	0	0	0	0	0	0	

■ 비트 7..0 – INT7..0 : 외부 인터럽트 요청 7..0 활성화 (n: 7~0)

INTn 비트와 상태 레지스터(SREG)의 I 비트가 '1'이 될 때, 외부의 INTn 핀의 인터럽트는 활성화 된다. EICRA/EICRB 레지스터 내에 있는 인터럽트 감지 제어 비트들(ISCn1과 ISCn0)은 외부 인터럽트가 INTn의 상승모서리나 하강모서리 또는 감지된 low 레벨에서 활성화하는지를 정의한다. INTn 핀이 활성화되면 INTn 핀이 출력(high 상태일 때만 가능)으로 되어 있어도 인터럽트를 요청하게 된다. 외부의 인터럽트 요청 n에 상응하는 인터럽트는 프로그램 메모리 번지 '$0002× (n+1)'로부터 실행된다.

■ 외부 인터럽트 0번을 사용하고 싶다면…

EIMSK = 0x01;   // 0000 0001(즉, 0번 비트만 1이고 나머지는 모두 0)

EIMSK의 INT0 비트를 '1'로 만들었으므로 외부 인터럽트 0 번 사용가능.

	비트7	비트6	비트5	비트4	비트3	비트2	비트1	비트0
EIMSK	INT7	INT6	INT5	INT4	INT3	INT2	INT1	INT0

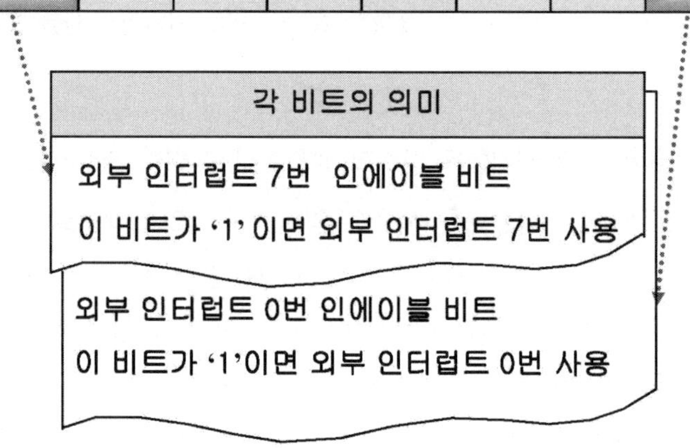

(7) 전체 인터럽트 허가 비트

인터럽트 요청이 발생하면 각 인터럽트마다 지정된 특정한 프로그램 메모리 번지, 즉 인터럽트 벡터 테이블 안에 저장되어 있는 인터럽트 서비스 프로그램 시작 번지로 이동하여 인터럽트 서비스 프로그램이 실행하여야 된다. 그러기 위해서는 상태 레지스터(SREG, Status Register)의 최상위 비트인 전체 인터럽트 허가 비트(Global Interrupt Enable Bit) 'I'를 '1'로 만들어 ATmega128로 하여금 인터럽트가 요청이 되면 각 인터럽트의 벡터 테이블로 이동하도록 명령을 내려 주어야 한다. 즉, SREG의 I 비트가 '1'이면 인터럽트 벡터 테이블로 이동하여 인터럽트 서비스 프로그램을 실행하고, '0'이면 인터럽트 벡터 테이블로 이동을 하지 않는다. SREG는 특수 기능 레지스터 주소(괄호( )는 데이터 메모리 주소) 0x3F(0x5F)에 위치하고 있으며 기능에 따라 읽기와 쓰기 동작을 할 수 있다.

비트번호	7	6	5	4	3	2	1	0	
	I	T	H	S	V	N	Z	C	SREG
읽기/쓰기	R/W	R/W	R/W	R/W	R/W	R/W	R/W	R/W	
초기값	0	0	0	0	0	0	0	0	

(8) 스텝 모터(Step Motor)

스텝모터는 디지털 펄스를 기계적인 축 운동으로 변화시키는 기기로서 그림 3-5와 같은 구조를 갖고 있다. 스텝모터가 갖고 있는 특징을 살펴보면 다음과 같다.

▎그림 3-5 ▎ 스텝모터 구조

- 구동회로에 가해지는 입력 펄스 수에 의해서 회전각이 결정된다.
- 구동회로에 가해지는 입력 펄스 주파수에 의해서 회전속도가 결정된다.

- 디지털 신호로 직접 개루프 제어를 할 수 있고 시스템 구현이 간단해진다.
- 정지시에 홀딩 토오크가 커서 제 위치를 유지할 수 있다.
- 기동, 정지, 정회전, 역회전, 변속이 용이하여 응답특성이 우수하다.
- 회전각도의 오차가 적고 오차는 누적되지 않는다.
- 기계적으로 견고하고 유지비가 들지 않는다.

(가) 스텝모터 구조에 따른 종류

스텝모터는 모터의 구조에 따라 영구자석형(PM형, Permanent Magnet Type), 가변 리덕턴스형(VR형, Variable Reluctance Type), 하이브리드형(HB형, Hybrid Type)가 있다.

■ 영구자석형(PM형, Permanent Magnet Type)

영구자석형은 회전자를 영구자석으로 사용하고 고정자 권선에서 만들어지는 전자력으로 당겨 붙여서 회전한다. 영구자석을 사용하고 있기 때문에 무여자 시에도 유지토크가 크다는 장점을 갖는다. 영구자석의 종류에 따라 스텝 각이 1.8°, 7.5°, 15°, 30°, 34°, 90°로 나타낸다.

■ 가변 리덕턴스형(VR형, Variable Reluctance Type)

연철 또는 성층강판으로 회전자를 만들고 톱니바퀴형의 회전자와 고정자 권선에서 만들어지는 전자력으로 끌어 붙여 회전한다. 무여자일 때는 자력이 어느 곳에도 발생하지 않으므로 유지 토크는 제로가 된다. 회전자의 관성이 적고 고속 응답에 용이하며 비교적 큰 토크를 필요로 하는 공작기계 등에 사용된다. 스텝 각은 7.5°, 15°를 갖는다.

■ 하이브리드형(HB형, Hybrid Type)

영구자석형과 가변 리덕턴스형을 복합한 타입으로 여자극 및 이것에 대향한 로이터(rotor)의 주변에 다수의 톱니모양의 이빨이 있고 여기에 축방향으로 자화된 영구자석이 넣어져 있다. 일반적으로 고정밀도와 큰 토크 및 미소 스텝각 등 우수한 특징을 가지고 있어 OA나 FA 분야에서 널리 사용되고 있다. 스텝 각은 0.8°, 1.8°를 갖는다.

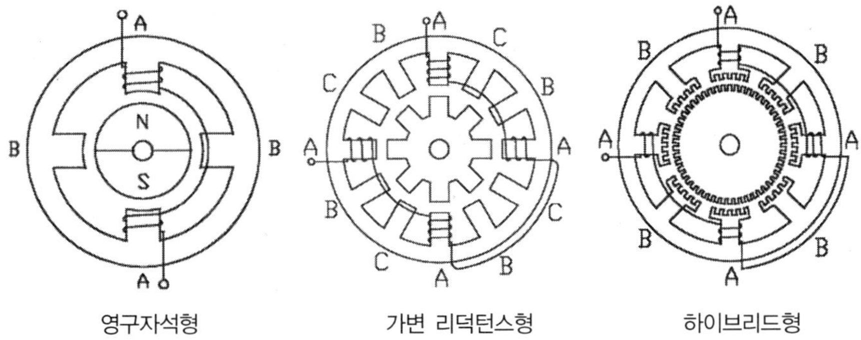

【그림 3-6】 스텝모터 구조에 따른 종류

(나) 스텝모터를 구동하기 위한 회로 구성 방법

스텝모터를 구동하기 위한 회로 구성방법은 유니폴라 방식과 바이폴라 방식이 있다. 그림 3-7과 그림 3-8은 유니폴라 방식과 바이폴라 방식의 회로를 각각 2상 여자방식으로 구동할 때를 나타낸 것이다.

■ 유니폴라

모터권선에 흐르는 전류가 항상 한쪽 방향으로만 흐르는 구동 방식

- ▸ **장점** : 고속 구동 시 토크가 높아 탈조될 위험이 적어서 고속회전에 용이하고 구동 회로가 간단하다.
- ▸ **단점** : 모터 코일에 저장된 전류가 회생하지 않으므로 효율이 좋지 않고, 저속 구동 시에 토크가 바이폴라 방식에 비해 적다.

■ 바이폴라

모터권선에 흐르는 전류의 방향이 바뀌는 구동 방식

- ▸ **장점** : 모터 코일에 저장된 전류가 회생되므로 효율이 좋고, 저속 구동 시에 토크가 유니폴라 방식에 비해 높다.
- ▸ **단점** : 고속 구동 시 토크가 급격하게 저하되어 탈조가 발생할 우려가 있고 구동 회로 구성이 다소 복합하다.

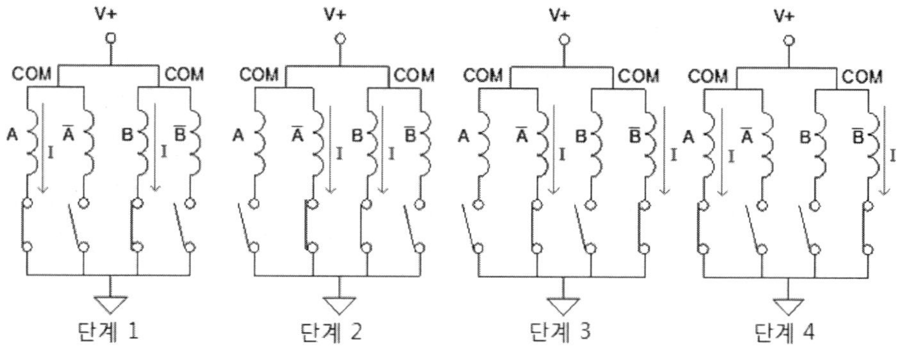

▌그림 3-7▐ 2상 여자방식일 때의 유니폴라 구동 방식

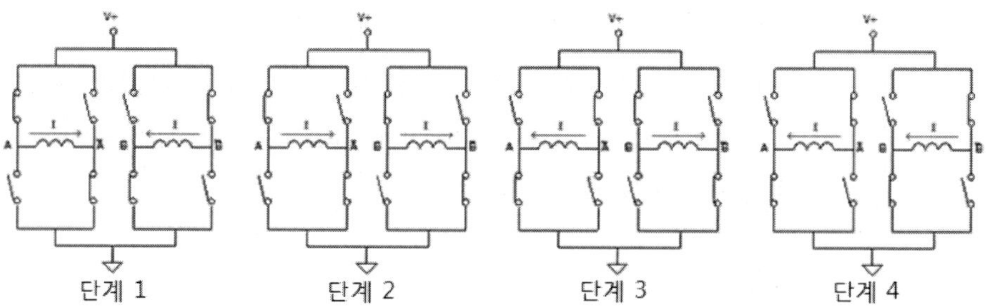

▌그림 3-8▐ 2상 여자방식일 때의 바이폴라 구동 방식

(다) 스텝모터의 구동(상여자) 방식

스텝모터는 펄스를 줄 때마다 한 스텝씩 주어진 방향에 따라 회전한다. 스텝모터를 구동하는 방식은 펄스를 주는 방법에 따라 1상 여자방식, 2상 여자방식, 1-2상 여자방식 등으로 구분한다.

- 1상 여자방식

1개의 코일만을 차례로 여자하는 방식으로 소비 전력이 낮고 1 스텝 당 각 정밀도와 출력 토크는 좋지만 감쇠 진동이 크고 탈조하기 쉽다.

표 3-4 1상 여자방식일 때의 상별(A, B, $\overline{A}$, $\overline{B}$) 활성화 상태('1'일 때 활성화)

단계	1	2	3	4	5	6	7	8
A상	1	0	0	0	1	0	0	0
B상	0	1	0	0	1	1	0	0
$\overline{A}$상	0	0	1	0	0	0	1	0
$\overline{B}$상	0	0	0	1	0	0	0	1

	단계 1	단계 2	단계 3	단계 4
회전자 위치				

그림 3-9 스텝 각 90도일 때, 1상 여자방식에서의 단계별 모터 회전

- 2상 여자방식

2개의 코일을 동시에 여자하는 방식으로 1상 여자방식에 비해 2배의 전류가 필요하지만 토크가 크고 감쇠진동이 적다. 또한 주파수 특성(damping)이 양호하여 가장 널리 이용되는 방법이다.

표 3-5 2상 여자방식일 때의 상별(A, B, $\overline{A}$, $\overline{B}$) 활성화 상태('1'일 때 활성화)

단계	1	2	3	4	5	6	7	8
A상	1	0	0	1	1	0	0	1
B상	1	1	0	0	1	1	0	0
$\overline{A}$상	0	1	1	0	0	1	1	0
$\overline{B}$상	0	0	1	1	0	0	1	1

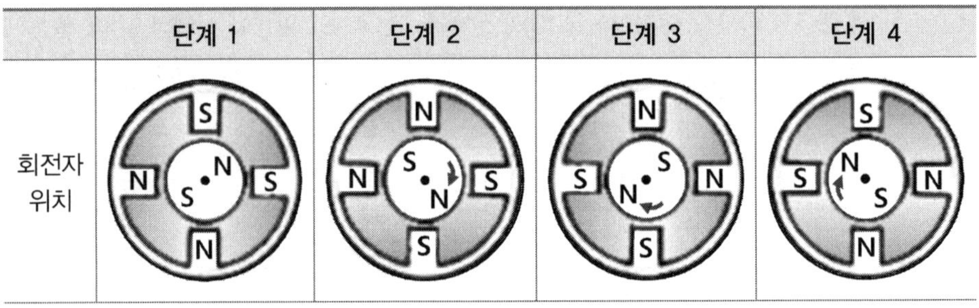

▌그림 3-10▐ 스텝 각 90도일 때, 2상 여자방식에서의 단계별 모터 회전

■ 1–2상 여자방식

1상 여자방식과 2상 여자방식을 교대로 구동하는 방식으로 1상 여자구동에 비해 1.5배의 전류가 필요하다. 1 펄스에 대한 스텝 각은 1상 여자방식과 2상 여자방식에 의한 스텝 각의 1/2이며 각도를 정밀하게 제어하는 경우에 사용한다.

▌표 3-6▐ 1–2상 여자방식일 때의 상별(A, B, $\overline{A}$, $\overline{B}$) 활성화 상태('1'일 때 활성화)

단계	1	2	3	4	5	6	7	8
A상	1	1	0	0	0	0	0	1
B상	0	1	1	1	0	0	0	0
$\overline{A}$상	0	0	0	1	1	1	0	0
$\overline{B}$상	0	0	0	0	0	1	1	1

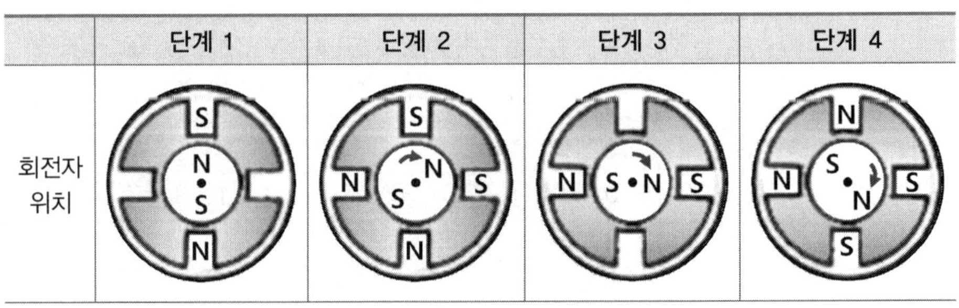

▌그림 3-11▐ 스텝 각 90도일 때, 1–2상 여자방식에서의 단계별 모터 회전

04 CHAPTER

타이머/카운터 기본기능

모든 마이크로컨트롤러는 내부 또는 외부에서 발진하는 클록에 맞추어 사용자 프로그램을 가지고 와서 해석하고 실행한다. 이러한 클록을 이용하여 마이크로컨트롤러가 할 수 있는 기능 중 하나가 타이머와 카운터 기능이다. ATmega128은 4개의 타이머/카운터가 있고 타이머, 카운터, PWM, 비교출력, 캡처, RTC 기능을 가지고 있다. 이 중 타이머와 카운터 기능은 오버플로우를 이용하는 기본 기능이다. 타이머 기능은 ATmega128의 내부 클록을 이용하여 일정한 시간을 측정하는 것이며, 카운터는 ATmega128의 카운터 핀을 이용하여 외부에서 입력되는 이벤트(펄스)의 수를 측정하는 기능이다. 타이머/카운터 기능은 타이머/카운터 레지스터에 임의의 값을 입력시키면 그 값부터 하나씩 증가한다. 타이머/카운터 레지스터 안의 값이 증가하여 오버플로우 되면 인터럽트 플래그 비트가 '1'이 되어 인터럽트를 발생시킬 수 있다.

- 오버플로우 인터럽트 플래그를 이용하는 방법(폴링방식)

  타이머/카운터 레지스터 값이 오버플로우 되면 플래그 비트가 '1'로 변하게 된다. 이를 계속적으로 확인하여 '1'로 변했을 때 관련 프로그램을 수행하면 된다.

- 타이머/카운터 인터럽트 벡터를 이용하는 방법

  전체 인터럽트 활성화 비트(I)와 해당되는 인터럽트 활성화 비트가 '1'인 상태에서, 타이머/카운터 레지스터가 오버플로우 되면 해당하는 인터럽트 플래그 비트가 '1'로 변하고 인터럽트가 발생하여 인터럽트 서비스 프로그램이 수행된다.

4.1 타이머/카운터 0 오버플로우 인터럽트 플래그를 이용한 스텝모터 1-2상 제어

(1) ATmega128 키트에서의 "타이머/카운터 0 오버플로우 인터럽트 플래그를 이용한 스텝모터 1-2상 제어" 동작 순서도

스텝모터 구동(1–2상 제어)

① 전원이 켜진다. 스텝모터는 정지 상태에 있다.

② 포드 D의 PD4에 연결되이 있는 스위치 'S0'이 눌러지면, 포트 A의 PA3~PA0에 연결되어 있는(모터 드라이브용 파워 트랜지스터를 거쳐) 스텝모터는 반시계방향으로 360° 움직인다.

(2) CodeVisionAVR으로 C 프로그램(간략형) 작성 및 키트 실습

(가) CodeVisionAVR으로 C 프로그램(간략형, 함수를 헤더파일로 정의한 형식) 작성

①~⑥ : '2.1의 (가) CodeVisionAVR으로 C 프로그램(간략형, 함수를 헤더파일로 정의한 형식) 작성'의 ①~⑥을 참조하여 동일하게 진행한다.

⑦ 컴퓨터에 'timer_STEP_12_easy' 폴더(C:\ATmega128\timer_STEP_12_easy)를 만든다.
'Create New Project' 화면에서 아래와 같이 진행한다.
'저장 위치(I):'를 'timer_STEP_12_easy' 폴더로 선택한다.
'파일 이름(N):'에 'timer_STEP_12_easy'를 써 넣는다.
'저장(S)'을 클릭한다.

⑧ '2.1의 (가) CodeVisionAVR으로 C 프로그램(간략형, 함수를 헤더파일로 정의한 형식) 작성'을 참조하여 동일하게 진행한다.

⑨ 'Configure Project timer_STEP_12_easy.prj' 화면이 나타난다.
'Input Files'이 'timer_STEP_12_easy.c'임을 알 수 있다.
'C Compiler'를 클릭한다.

⑩~⑬ : '2.1의 (가) CodeVisionAVR으로 C 프로그램(간략형, 함수를 헤더파일로 정의한 형식) 작성'의 ⑩~⑬을 참조하여 동일하게 진행한다.

⑭ 'timer_STEP_12_easy.c*' 안의 내용을 모두 지운다.
'timer_STEP_12_easy.c*' 안에 아래 그림과 같이 프로그램을 작성한다(주석('//...')으로 표시된 부분은 작성하지 않아도 된다. 프로그램 내용은 '(라) timer_STEP_12_easy.c 프로그램' 참조).

C:\ATmega128\timer_STEP_12_easy\timer_STEP_12_easy.c

Notes | timer_STEP_12_easy.c *

```c
            timer_counter_value(0, 112);            // (1024/7372800)x144 = 20
            while(!timer_int_polling_read(0));      // 타이머0 오버플로 플래그
            timer_int_polling_clear(0);             // 타이머0 오버플로 플래그
            // 스텝모터 1상 제어(20ms)
            pin_write(PA, 0b00001000);              // PA3 ~ PA0에 '1000'을 출
            timer_counter_value(0, 112);            // (1024/7372800)x144 = 20
            while(!timer_int_polling_read(0));      // 타이머0 오버플로 플래그
            timer_int_polling_clear(0);             // 타이머0 오버플로 플래그
            // 스텝모터 1-2상 제어(20ms)
            pin_write(PA, 0b00001001);              // PA3 ~ PA0에 '1001'을 출
            timer_counter_value(0, 112);            // (1024/7372800)x144 = 20
            while(!timer_int_polling_read(0));      // 타이머0 오버플로 플래그
            timer_int_polling_clear(0);             // 타이머0 오버플로 플래그
        }while(--motor);                            // 변수 motor 값 -1 감소
}

void main(void)
{
    pin_direction(PA, 0b00001111);        // PA3 ~ PA0을 출력 핀으로 설정
    pin_direction(PD, 0b00000000);        // PD4를 입력 핀으로 설정
    pin_write(PA, 0b00000000);            // PA3 ~ PA0에 '0'을 출력((STE
    timer_int_polling_setup(0, 1024);     // 타이머/카운터 번호, 분주비(

    do{
        if((pin_read(PD) & 0b00010000) == 0b00010000){     // PD4가 '1'
            step_12_phase();                                 // 스텝모터 1
        }
    }while(1);
}
```

(나) ATmega128 키트 실습(간략형 C 프로그램으로)

①~② : '2.1의 (나) ATmega128 키트 실습(간략형 C 프로그램으로)'의 ①~②를 참조하여 동일하게 진행한다.

③ 아래 그림과 같이 'SWITCH MODULE'의 'BT0'와 'STEP MOTOR MODULE'의 'D0~D3'를 'ATmega128 MCU MODULE'의 포트 D의 'PD4'와 포트 A의 'PA0~PA3'에 각각 서로 연결한다.

SWITCH MODULE
HANBACK ELETRONICS CO.,LTD
ROTARY SW
DIP SW
BT0

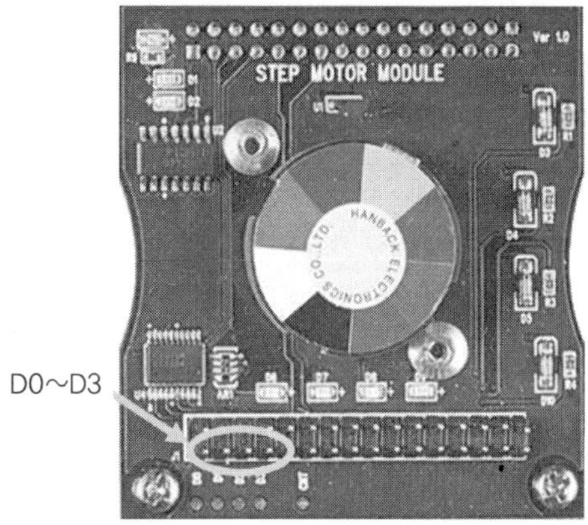
STEP MOTOR MODULE
D0~D3

ATMEL ATMEGA128 MCU MODULE
HANBACK ELETRONICS CO.,LTD
포트 D
(PD4)
포트 A
(PA0~PA3)

④~⑧ : '2.1의 (나) ATmega128 키트 실습(간략형 C 프로그램으로)'의 ④~⑧을 참조하여 동일하게 진행한다.

⑨ 스위치 'S0'이 눌러지면, 스텝모터는 반시계방향으로 360° 회전한다.

스텝모터 구동(1-2상 제어)

(다) 하드웨어 블록도

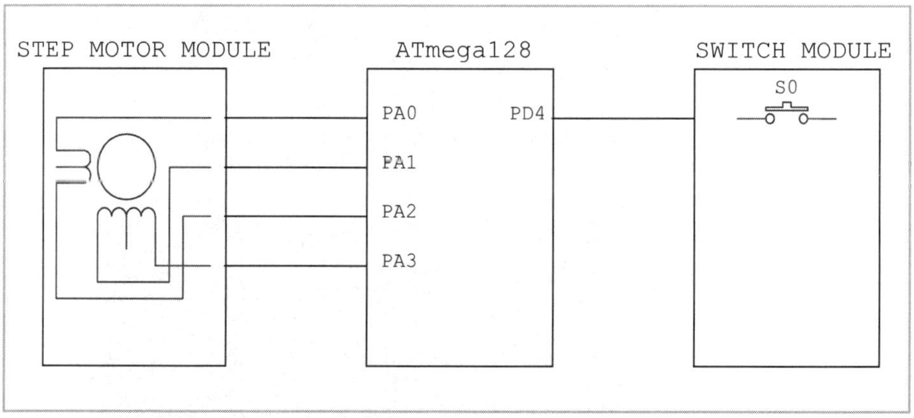

ATmega128 포트 D의 PD4에는 스위치 'S0'이 연결되어 있다. 포트 A의 PA3~PA0에는 스텝모터가 연결되어 있다.

① 스위치 'S0'을 누르면 포트 D의 PD4 핀에는 'high(1)'가 나타나고(약 +5[V]), 스위치 'S0'을 눌렀다 떼면 PD0에는 'low(0)'가 나타나게 된다.

② 스위치 'S0'을 누르면 스텝모터는 1-2상 제어 방식으로 동작한다. 포트 A의 PA3~PA0에는 '0001 → 0011 → 0010 → 0110→ 0100 → 1100 → 1000 → 1001'이 순차적으로 12번 출력된다(여기서, '0'은 약 0[V]이고 '1'은 약 +5[V]이다).

③ 포트 A의 PA3~PA0에 입력시키는 값 사이(예, '0001 → 0011')의 시간은 타이머/카운터 0 오버플로우를 이용하여 20[ms]를 만든다.

(라) timer_STEP_12_easy.c 프로그램

```
// ATmega128의 입출력 포트의 입출력을 정의한 헤더파일
#include <inout_mega128.h>

// ATmega128의 타이머/카운터 인터럽트 관련한 기능을 정의한 헤더파일
#include <timer_interrupt_mega128.h>

// 스텝 모터 1-2상 제어
void step_12_phase(void)
{
  unsigned char motor;
  motor = 12;                        // (7.5도/2) x 8 x 12회 = 360도 반시계방향 회전
  do{
    // 스텝모터 1상 제어(20ms)
    pin_write(PA, 0b00000001);           // PA3~PA0에 '0001'을 출력(1 스텝모
                                           터 회전)
    timer_counter_value(0, 112);         // (1024/7372800)x144 = 20[ms]의
                                         // 타이머0 시정수 값(256-144) 저장
    while(!timer_int_polling_read(0)); // 타이머0 오버플로 플래그 비트 검사
    timer_int_polling_clear(0);          // 타이머0 오버플로 플래그 비트 클리어
    // 스텝모터 1-2상 제어(20ms)
    pin_write(PA, 0b00000011);           // PA3~PA0에 '0011'을 출력(1-2 스텝
                                           모터회전)
```

```
timer_counter_value(0, 112);          // (1024/7372800)x144 = 20[ms]의
                                      // 타이머0 시정수 값(256-144) 저장
while(!timer_int_polling_read(0)); // 타이머0 오버플로 플래그 비트 검사
timer_int_polling_clear(0);           // 타이머0 오버플로 플래그 비트 클리어
// 스텝모터 1상 제어(20ms)
pin_write(PA, 0b00000010);            // PA3~PA0에 '0010'을 출력(1 스텝모
                                         터 회전)
timer_counter_value(0, 112);          // (1024/7372800)x144 = 20[ms]의
                                      // 타이머0 시정수 값(256-144) 저장
while(!timer_int_polling_read(0)); // 타이머0 오버플로 플래그 비트 검사
timer_int_polling_clear(0);           // 타이머0 오버플로 플래그 비트 클리어
// 스텝모터 1-2상 제어(20ms)
pin_write(PA, 0b00000110);            // PC3~PC0에 '0110'을 출력(1-2 스텝
                                         모터회전)
timer_counter_value(0, 112);          // (1024/7372800)x144 = 20[ms]의
                                      // 타이머0 시정수 값(256-144) 저장
while(!timer_int_polling_read(0)); // 타이머0 오버플로 플래그 비트 검사
timer_int_polling_clear(0);           // 타이머0 오버플로 플래그 비트 클리어
// 스텝모터 1상 제어(20ms)
pin_write(PA, 0b00000100);            // PA3~PA0에 '0100'을 출력(1 스텝모
                                         터 회전)
timer_counter_value(0, 112);          // (1024/7372800)x144 = 20[ms]의
                                      // 타이머0 시정수 값(256-144) 저장
while(!timer_int_polling_read(0)); // 타이머0 오버플로 플래그 비트 검사
timer_int_polling_clear(0);           // 타이머0 오버플로 플래그 비트 클리어
// 스텝모터 1-2상 제어(20ms)
pin_write(PA, 0b00001100);            // PA3~PA0에 '0110'을 출력(1-2 스텝
                                         모터회전)
timer_counter_value(0, 112);          // (1024/7372800)x144 = 20[ms]의
                                      // 타이머0 시정수 값(256-144) 저장
while(!timer_int_polling_read(0)); // 타이머0 오버플로 플래그 비트 검사
timer_int_polling_clear(0);           // 타이머0 오버플로 플래그 비트 클리어
// 스텝모터 1상 제어(20ms)
pin_write(PA, 0b00001000);            // PA3~PA0에 '1000'을 출력(1 스텝모
                                         터 회전)
timer_counter_value(0, 112);          // (1024/7372800)x144 = 20[ms]의
                                      // 타이머0 시정수 값(256-144) 저장
while(!timer_int_polling_read(0)); // 타이머0 오버플로 플래그 비트 검사
timer_int_polling_clear(0);           // 타이머0 오버플로 플래그 비트 클리어
// 스텝모터 1-2상 제어(20ms)
```

```
    pin_write(PA, 0b00001001);          // PA3~PA0에 '1001'을 출력(1-2 스텝
                                           모터회전)
    timer_counter_value(0, 112);        // ((1024/7372800)x144 = 20[ms]의
                                        // 타이머0 시정수 값(256-144) 저장
    while(!timer_int_polling_read(0)); // 타이머0 오버플로 플래그 비트 검사
    timer_int_polling_clear(0);         // 타이머0 오버플로 플래그 비트 클리어
  }while(--motor);                      // 변수 motor 값 -1 감소
}

void main(void)
{
  pin_direction(PA, 0b00001111);      // PA3~PA0을 출력 핀으로 설정
  pin_direction(PD, 0b00000000);      // PD4를 입력 핀으로 설정
  pin_write(PA, 0b00000000);          // PA3~PA0에 '0'을 출력((STEP 모터 멈춤)
  timer_int_polling_setup(0, 1024); // 타이머/카운터 번호, 분주비(1024)

  do{
    if((pin_read(PD) & 0b00010000) == 0b00010000){  // PD4가 '1'인가?
       step_12_phase();                              // 스텝모터 1-2상 제어
    }
  }while(1);
}
```

전원이 켜진 후, 스위치 'S0'을 누르면 'STEP MOTOR MODULE'의 스텝모터가 반시계방향으로 360° 회전한다. 즉, 전원이 켜지면 timer_STEP_12_easy.c 프로그램이 동작하게 된다. 스위치 'S0'을 누르면 타이머/카운터 0 폴링방식(플래그 비트 검사방식) 프로그램이 실행되어 스텝모터가 반시계방향으로 360° 회전한다(1-2상 제어 방식으로 동작한다). 신호를 인가하는 각 상(phase) 사이의 시간 간격 20[ms]는 타이머/카운터 0 오버플로우 기능을 이용한다.

① #include 〈inout_mega128.h〉

'2.1의 (2)의 (라) output_LED_easy.c 프로그램'의 ①을 참조한다.

② #include 〈timer_interrupt_mega128.h〉

ATmega128의 타이머/카운터 오버플로우 인터럽트와 관련한 기능(벡터방식, 폴링방식)을 정의한 함수형 헤더파일. 'mega128.h'은 'inout_mega128.h'에

포함되어 있음.

컴퓨터의 'C:\cvavreval\INC' 위치에 'timer_interrupt_mega128.h' 파일을 넣는다('timer_interrupt_mega128.h' 파일을 만드는 방법은 부록을 참조하기 바람).

③ unsigned char motor;

motor를 부호없는 문자형 변수로 선언한다.

④ motor = 12;

7.5도×4×12회 = 360° 만큼 스텝모터를 반시계 방향으로 회전시킨다.

⑤ do{ 내용 }while(--motor);

'내용'은 스텝모터를 1-2상 제어하기 위한 것으로, 포트 A의 PA3~PA0에 '0001 → 0011 → 0010 → 0110 → 0100 → 1100 → 1000 → 1001'을 순차적으로 12번 출력시켜서 스텝모터를 반시계방향으로 360° 회전시킨다.

// 스텝모터 1상 제어(20ms)

pin_write(PA, 0b00000001); // PA3~PA0에 '0001'을 출력

→ 스텝모터에 4개의 상(phase) 중 한 개의 상(phase)에만 신호를 인가.

timer_counter_value(0, 112); // (1024/7372800)x144 = 20[ms]의

// 타이머 0 시정수 값(256-144) 저장

→ 상(phase)과 상(phase) 사이의 시간 간격을 20[ms]으로 설정(키트에 사용한 스텝모터는 최소 5[ms] 필요)

→ 1024(분주비), 7372800(시스템 클록 주파수), 144번 카운팅(계수) 횟수

→ 타이머/카운터 레지스터 0(타이머 레지스터 0)에는 112를 입력한다. 시스템 클록을 1024 분주한 클록에 따라 타이머/카운터 레지스터 0 값이 144번 증가하여 오버플로우 되어 '0'이(112 → 113 → … → 255 → 0) 되면 타이머/카운터 0(타이머 0) 오버플로우 플래그 비트가 '1'이 된다.

while(!timer_int_polling_read(0)); // 타이머 0 오버플로 플래그 비트 검사

→ 타이머/카운터 레지스터 0(타이머 레지스터 0)가 오버플로우 될 때까지 기다린다(타이머/카운터 0(타이머 0) 오버플로우 플래그 비트가 '1'이 될 때까지).

timer_int_polling_clear(0); // 타이머0 오버플로 플래그 비트 클리어

→ 폴링방식에서는 자동으로 타이머/카운터 오버플로우 플래그 비트가 '0'이 되지 못하므로, 타이머/카운터 0(타이머 0) 오버플로우 플래그 비트에 '1'을 인가하여 플래그 비트를 클리어시킨다('0'을 인가시키는 것이 아님. 리셋시켜 출력을 '0'으로 만든다고 생각하기 바람).

// 스텝모터 1-2상 제어(20ms)

pin_write(PA, 0b00000011);   // PA3~PA0에 '0011'을 출력

→ 스텝모터에 4개의 상(phase) 중 두 개의 상(phase)에 신호를 인가.

⋮

⑥ pin_direction(PA, 0b00001111);

포트 A의 PA7~PA0 중 PA3~PA0만 출력 핀으로 설정한다.

나머지(PA7~PA4)는 입력 또는 출력 중 어느 것을 사용해도 무방하다.

여기서는 나머지(PA7~PA4)는 입력으로 설정한다.

⑦ pin_direction(PD, 0b00000000);

포트 D의 PD4를 출력 핀으로 설정한다.

나머지(PD7~PD5, PD3~PD0)는 입력 또는 출력 중 어느 것을 사용해도 무방하다. 여기서, 나머지는 입력으로 설정한다.

⑧ pin_write(PA, 0b00000000);

스텝모터를 정지 상태로 두기하기 위해서 PA3~PA0에 '0'을 출력시킨다.

⑨ timer_int_polling_setup(0, 1024);

'0'은 타이머/카운터 0, 1, 2, 3 중 '타이머/카운터 0'을, 1024는 분주비 중 '1024'를 나타낸다.

⑩ do{   내용 1   }while(1);

'내용 1'은 아래 ⑪과 ⑫를 무한 반복한다.

⑪ if((pin_read(PD) & 0b00010000) == 0b00010000){ 내용 2 }

PD4 핀(단자)이 '1'인지를 계속적으로 검사하여, '1'이면 '내용 2'를 수행한다.

⑫ step_12_phase();

스텝모터를 1-2상 제어 방식으로 구동시키는 'step_12_phase()' 함수를 수행한다.

(3) CodeVisionAVR으로 C 프로그램(표준형) 작성 및 키트 실습

(가) CodeVisionAVR으로 C 프로그램(표준형, 일반적인 프로그램 형식) 작성

①~⑥ : '2.1의 (가) CodeVisionAVR으로 C 프로그램(간략형, 함수를 헤더파일로 정의한 형식) 작성'의 ①~⑥을 참조하여 동일하게 진행한다.

⑦ 컴퓨터에 'timer_STEP_12' 폴더(C:\ATmega128\timer_STEP_12)를 만든다.
'Create New Project' 화면에서 아래와 같이 진행한다.
'저장 위치(I):'를 'timer_STEP_12' 폴더로 선택한다.
'파일 이름(N):'에 'timer_STEP_12'을 써 넣는다.
'저장(S)'을 클릭한다.

⑧ '2.1의 (가) CodeVisionAVR으로 C 프로그램(간략형, 함수를 헤더파일로 정의한 형식) 작성'을 참조하여 동일하게 진행한다.

⑨ 'Configure Project timer_STEP_12.prj' 화면이 나타난다.
'Input Files'이 'timer_STEP_12.c'임을 알 수 있다.
'C Compiler'를 클릭한다.

⑩~⑬ : '2.1의 (가) CodeVisionAVR으로 C 프로그램(간략형, 함수를 헤더파일로 정의한 형식) 작성'의 ⑩~⑬을 참조하여 동일하게 진행한다.

⑭ 'timer_STEP_12.c*' 안의 내용을 모두 지운다.
'timer_STEP_12c*' 안에 아래 그림과 같이 프로그램을 작성한다(주석('//...')으로 표시된 부분은 작성하지 않아도 된다. 프로그램 내용은 '(라) timer_STEP_12.c 프로그램' 참조).

C:\ATmega128\timer_STEP_12\timer_STEP_12.c

Notes | timer_STEP_12.c *

```
            TCNT0 = 0b01110000;             // (1024/7372800)x144 = 20[ms] E
            while(!(TIFR & 0b00000001));    // 타이머0 오버플로 플래그 비트
            TIFR |= 0b00000001;             // 타이머0 오버플로 플래그 비트
            // 스텝모터 1상 제어(20ms)
            PORTA = 0b00001000;             // PA3 ~ PA0에 '1000'을 출력(1
            TCNT0 = 0b01110000;             // (1024/7372800)x144 = 20[ms] E
            while(!(TIFR & 0b00000001));    // 타이머0 오버플로 플래그 비트
            TIFR |= 0b00000001;             // 타이머0 오버플로 플래그 비트
            // 스텝모터 1-2상 제어(20ms)
            PORTA = 0b00001001;             // PA3 ~ PA0에 '1001'을 출력(1-2
            TCNT0 = 0b01110000;             // (1024/7372800)x144 = 20[ms] E
            while(!(TIFR & 0b00000001));    // 타이머0 오버플로 플래그 비트
            TIFR |= 0b00000001;             // 타이머0 오버플로 플래그 비트
        }while(--motor);                    // 변수 motor 값 -1 감소
}

void main(void)
{
    DDRA = 0b00001111;      // PA3 ~ PA0을 출력 핀으로 설정
    DDRD = 0b00000000;      // PD4을 입력 핀으로 설정
    PORTA = 0b00000000;     // PA3 ~ PA0에 '0'을 출력((STEP 모터 멈춤)
    TCCR0 = 0b00000111;     // 타이머/카운터 0 분주비(1024)

    do{
        if((PIND & 0b00010000) == 0b00010000){     // PD4이 '1'인가?
            step_12_phase();                        // 스텝모터 1-2상제어
        }
    }while(1);
}
```

(나) ATmega128 키트 실습(표준형 C 프로그램으로)

①~⑨ : '(나) ATmega128 키트 실습(간략형 C 프로그램으로)'의 ①~⑨를 참조하여 동일하게 진행한다.

(다) 하드웨어 회로도

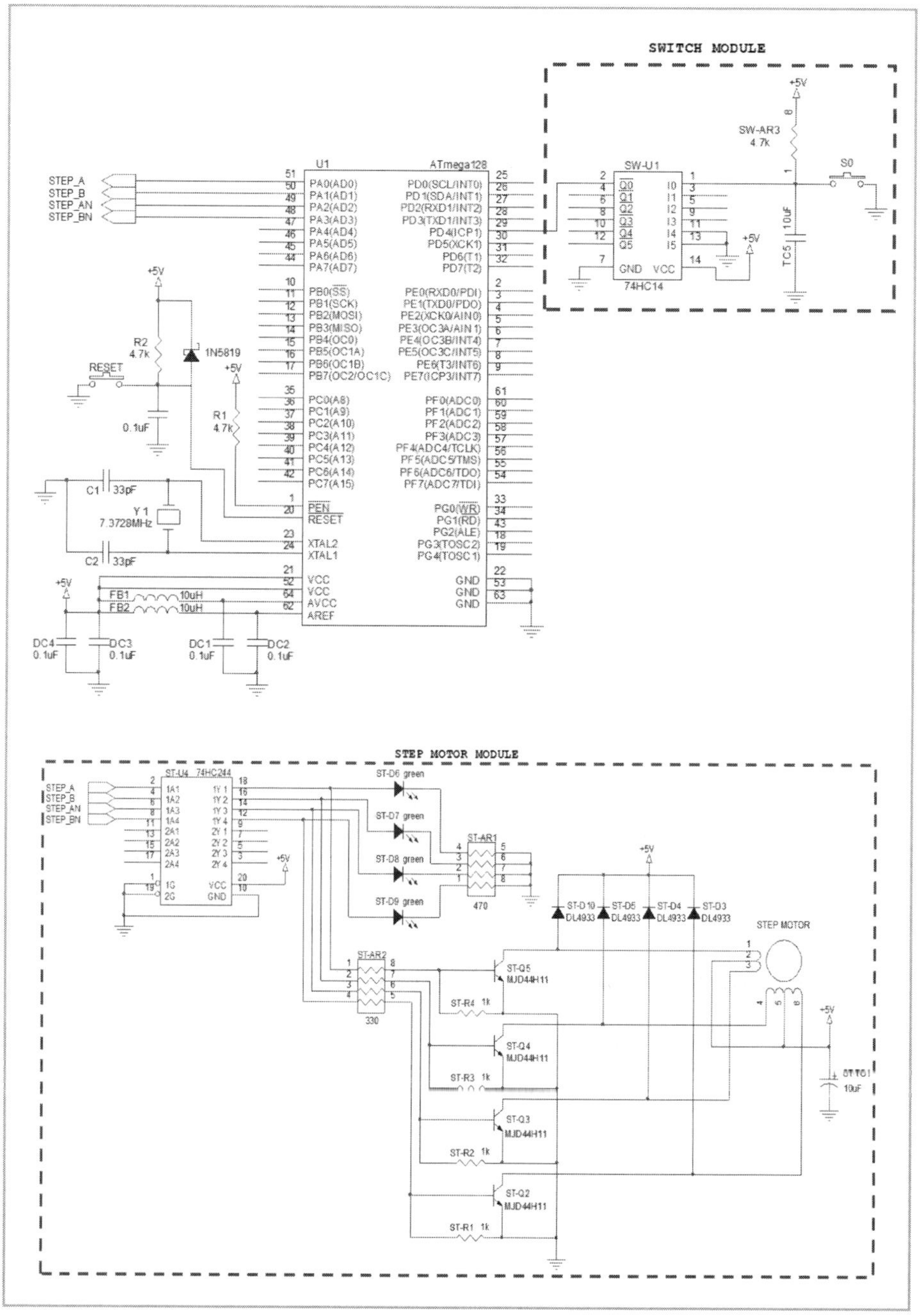
SWITCH MODULE
+5V
SW-AR3
4.7k
SW-U1
74HC14
S0
TC5
10uF
U1
ATmega128
STEP_A
STEP_B
STEP_AN
STEP_BN
PA0(AD0)
PA1(AD1)
PA2(AD2)
PA3(AD3)
PA4(AD4)
PA5(AD5)
PA6(AD6)
PA7(AD7)
PD0(SCL/INT0)
PD1(SDA/INT1)
PD2(RXD1/INT2)
PD3(TXD1/INT3)
PD4(ICP1)
PD5(XCK1)
PD6(T1)
PD7(T2)
R2
4.7k
1N5819
RESET
0.1uF
R1
4.7k
C1
33pF
Y1
7.3728MHz
C2
33pF
FB1
10uH
FB2
10uH
DC4
DC3
DC1
DC2
0.1uF
VCC
AVCC
AREF
GND
XTAL2
XTAL1
PEN
STEP MOTOR MODULE
ST-U4
74HC244
ST-D6 green
ST-D7 green
ST-D8 green
ST-D9 green
ST-AR1
470
ST-AR2
330
ST-D10
ST-D5
ST-D4
ST-D3
DL4933
STEP MOTOR
ST-Q5
ST-Q4
ST-Q3
ST-Q2
MJD44H11
ST-R4 1k
ST-R3 1k
ST-R2 1k
ST-R1 1k
10uF

① 'STEP MOTOR MODULE'의 'STEP MOTOR' 동작은 '3.2의 (3)의 (다) 하드웨어 회로도'의 ①과 '②를 참조한다. 단, 핀(단자) 연결이 'PC0~PC3'에서 'PA0~PA3'로 변경되었다.

② 'SWITCH MODULE'의 'S0'의 동작은 '3.1의 (3)의 (다) 하드웨어 회로도'의 ①을 참조한다. 단, 핀(단자) 연결이 'PD0'에서 'PD4'로 바뀌었다.

(라) timer_STEP_12.c 프로그램

```
// ATmega128의 각 레지스터들을 정의한 헤더파일
#include <mega128.h>

// 스텝 모터 1-2상 제어
void step_12_phase(void)
{
  unsigned char motor;
  motor = 12;                    // (7.5도/2) x 8 x 12회 = 360도 반시계방향 회전
  do{
    // 스텝모터 1상 제어(20ms)
    PORTA = 0b00000001;               // PA3~PA0에 '0001'을 출력(1 스텝모
                                         터 회전)
    TCNT0 = 0b01110000;               // (1024/7372800)x144 = 20[ms]의
                                      // 타이머0 시정수 값(256-144) 저장
    while(!(TIFR & 0b00000001));      // 타이머0 오버플로 플래그 비트 검사
    TIFR |= 0b00000001;               // 타이머0 오버플로 플래그 비트 클리어
    // 스텝모터 1-2상 제어(20ms)
    PORTA = 0b00000011;               // PA3~PA0에 '0011'을 출력(1-2 스텝
                                         모터 회전)
    TCNT0 = 0b01110000;               // (1024/7372800)x144 = 20[ms]의
                                      // 타이머0 시정수 값(256-144) 저장
    while(!(TIFR & 0b00000001));      // 타이머0 오버플로 플래그 비트 검사
    TIFR |= 0b00000001;               // 타이머0 오버플로 플래그 비트 클리어
    // 스텝모터 1상 제어(20ms)
    PORTA = 0b00000010;               // PA3~PA0에 '0010'을 출력(1 스텝모
                                         터 회전)
    TCNT0 = 0b01110000;               // (1024/7372800)x144 = 20[ms]의
                                      // 타이머0 시정수 값(256-144) 저장
    while(!(TIFR & 0b00000001));      // 타이머0 오버플로 플래그 비트 검사
    TIFR |= 0b00000001;               // 타이머0 오버플로 플래그 비트 클리어
```

```
    // 스텝모터 1-2상 제어(20ms)
    PORTA = 0b00000110;                 // PC3~PC0에 '0110'을 출력(1-2 스텝
                                           모터 회전)
    TCNT0 = 0b01110000;                 // (1024/7372800)x144 = 20[ms]의
                                        // 타이머0 시정수 값(256-144) 저장
    while(!(TIFR & 0b00000001));        // 타이머0 오버플로 플래그 비트 검사
    TIFR |= 0b00000001;                 // 타이머0 오버플로 플래그 비트 클리어
    // 스텝모터 1상 제어(20ms)
    PORTA = 0b00000100;                 // PA3~PA0에 '0100'을 출력(1 스텝모
                                           터 회전)
    TCNT0 = 0b01110000;                 // (1024/7372800)x144 = 20[ms]의
                                        // 타이머0 시정수 값(256-144) 저장
    while(!(TIFR & 0b00000001));        // 타이머0 오버플로 플래그 비트 검사
    TIFR |= 0b00000001;                 // 타이머0 오버플로 플래그 비트 클리어
    // 스텝모터 1-2상 제어(20ms)
    PORTA = 0b00001100;                 // PA3~PA0에 '0110'을 출력(1-2 스텝
                                           모터 회전)
    TCNT0 = 0b01110000;                 // (1024/7372800)x144 = 20[ms]의
                                        // 타이머0 시정수 값(256-144) 저장
    while(!(TIFR & 0b00000001));        // 타이머0 오버플로 플래그 비트 검사
    TIFR |= 0b00000001;                 // 타이머0 오버플로 플래그 비트 클리어
    // 스텝모터 1상 제어(20ms)
    PORTA = 0b00001000;                 // PA3~PA0에 '1000'을 출력(1 스텝모
                                           터 회전)
    TCNT0 = 0b01110000;                 // (1024/7372800)x144 = 20[ms]의
                                        // 타이머0 시정수 값(256-144) 저장
    while(!(TIFR & 0b00000001));        // 타이머0 오버플로 플래그 비트 검사
    TIFR |= 0b00000001;                 // 타이머0 오버플로 플래그 비트 클리어
    // 스텝모터 1-2상 제어(20ms)
    PORTA = 0b00001001;                 // PA3~PA0에 '1001'을 출력(1-2 스텝
                                           모터 회전)
    TCNT0 = 0b01110000;                 // (1024/7372800)x144 = 20[ms]의
                                        // 타이머0 시정수 값(256-144) 저장
    while(!(TIFR & 0b00000001));        // 타이머0 오버플로 플래그 비트 검사
    TIFR |= 0b00000001;                 // 타이머0 오버플로 플래그 비트 클리어
  }while(--motor);                      // 변수 motor 값 -1 감소
}

void main(void)
{
```

```
  DDRA = 0b00001111;                        // PA3~PA0을 출력 핀으로 설정
  DDRD = 0b00000000;                        // PD4을 입력 핀으로 설정
  PORTA = 0b00000000;                       // PA3~PA0에 '0'을 출력((STEP 모터 멈춤).
  TCCR0 = 0b00000111;                       // 타이머/카운터 0 분주비(1024)

  do{
    if((PIND & 0b00010000) == 0b00010000){ // PD4이 '1'인가?
      step_12_phase();                      // 스텝모터 1-2상 제어
    }
  }while(1);
}
```

스위치 'S0'을 누르면 포트 A의 PA3~PA0에 연결된 스텝모터가 반시계방향으로 회전한다. 즉, 전원이 켜지면 timer_STEP_12.c 프로그램이 동작하게 되고 스위치 'S0'을 누르면 타이머/카운터 0 폴링방식(플래그 비트 검사방식) 프로그램이 실행되어 스텝모터가 반시계방향으로 360° 회전한다(1-2상 제어 방식으로 동작한다). 신호를 인가하는 각 상(phase) 사이의 시간 간격 20[ms]는 타이머/카운터 0 오버플로우 기능을 이용한다. 폴링방식에서는 TIFR(타이머/카운터 인터럽트 플래그 레지스터)의 타이머/카운터 0 오버플로우 플래그 비트(TOV0)를 검사하는 방법을 이용한다. TCCR0, TCNT0, TIFR 레지스터에 대한 자세한 내용은 '(5) 타이머/카운터'를 참조한다.

① #include 〈mega128.h〉

ATmega128의 각 레지스터들과 인터럽트 벡터 테이블을 정의한 헤더파일이다.

② unsigned char motor;

motor를 부호없는 문자형 변수로 선언한다.

③ motor = 12;

7.5도×4×12회 = 360° 만큼 스텝모터를 반시계 방향으로 회전시킨다.

④ do{ 내용 }while(--motor);

'내용'은 스텝모터를 1-2상 제어하기 위한 것으로, 포트 A의 PA3~PA0에 '0001 → 0011 → 0010 → 0110 → 0100 → 1100 → 1000 → 1001'을 순차

적으로 12번 출력시켜서 스텝모터를 반시계방향으로 360° 회전시킨다.

// 스텝모터 1상 제어(20ms)

PORTA = 0b00000001;　　　　// PA3~PA0에 '0001'을 출력

→ 스텝모터에 4개의 상(phase) 중 한 개의 상(phase)에만 신호를 인가.

TCNT0 = 0b01110000;　　　　// (1024/7372800)x144 = 20[ms]의

　　　　　　　　　　　　　　// 타이머 0 시정수 값(256-144) 저장

→ 상(phase)과 상(phase) 사이의 시간 간격을 20[ms]으로 설정(키트에 사용한 스텝모터는 최소 5[ms] 필요)

→ 1024(분주비), 7372800(시스템 클록 주파수), 144번 카운팅(계수) 횟수

→ 타이머/카운터 레지스터 0(타이머 레지스터 0)에는 112를 입력한다. 시스템 클록을 1024 분주한 클록에 따라 타이머/카운터 레지스터 0 값이 증가하여 오버플로우 되어 '0'이(112 → 113 → … → 255 → 0) 되면 타이머/카운터 0(타이머 0) 오버플로우 플래그 비트가 '1'이 된다.

→ 0b01110000 = 0×70 = $1\times2^6+1\times2^5+1\times2^4$ = 64+32+16 = 112

〈1-2상 여자방식의 스텝모터 구동을 위한 포트 A(PA3~PA0) 값〉

단계	1	2	3	4	5	6	7	8
PA0(A상)	1	1	0	0	0	0	0	1
PA1(B상)	0	1	1	1	0	0	0	0
PA2($\overline{A}$상)	0	0	0	1	1	1	0	0
PA3($\overline{B}$상)	0	0	0	0	0	1	1	1

스텝모터는 각 단계 값을 줄 때마다 스텝각(여기서는 7.5°)만큼 회전하게 된다. 스텝모터 구동 방식은 1상 여자방식, 2상 여자방식, 1-2상 여자방식 등이 있으며, 스텝 각은 1상과 2상 여자방식은 동일하나 1-2상은 1상과 2상 여자방식에 비하여 1/2 스텝 각을 갖는다.

모터의 상(phase)에 전원이 공급된 후, 타이머 0 오버플로우 기능을 이용하여 20[ms]의 구동 시간(구동주파수, 1 스텝을 움직이는데 필요한 시간)을 인가하고 있다.

while(!(TIFR & 0b00000001));　　// 타이머 0 오버플로 플래그 비트 검사

→ 타이머/카운터 0 레지스터(타이머 0 레지스터)가 오버플로우 될 때까지 기다린다(TIFR(타이머/카운터 인터럽트 플래그 레지스터)의 타이머/카운터 0 오버플로우 플래그 비트(TOV0)가 '1'이 될 때까지).

TIFR |= 0b00000001; // 타이머0 오버플로 플래그 비트 클리어

→ 폴링방식에서는 자동으로 타이머/카운터 오버플로우 플래그 비트(TOV0)가 '0'이 되지 못하므로, (TIFR(타이머/카운터 인터럽트 플래그 레지스터)의 타이머/카운터 0 오버플로우 플래그 비트(TOV0)에 '1'을 인가하여 플래그 비트를 클리어시킨다('0'을 인가시키는 것이 아님).

// 스텝모터 1-2상 제어(20ms)

PORTA = 0b00000011; //PA3~PA0에 '0011'을 출력

→ 스텝모터에 4개의 상(phase) 중 두 개의 상(phase)에 신호를 인가.

⋮

⑤ DDRA = 0b00001111;

포트 A의 PA7~PA0 중 PA3~PA0만 출력 핀으로 설정한다.

나머지(PA7~PA4)는 입력 또는 출력 중 어느 것을 사용해도 무방하다.

여기서는 나머지(PA7~PA4)는 입력으로 설정한다.

⑥ DDRD = 0b00000000;

포트 D의 PD4를 출력 핀으로 설정한다.

나머지(PD7~PD5, PD3~PD0)는 입력 또는 출력 중 어느 것을 사용해도 무방하다. 여기서, 나머지는 입력으로 설정한다.

⑦ PORTA = 0b00000000;

스텝모터를 정지 상태로 두기하기 위해서 PA3~PA0에 '0'을 출력시킨다.

⑧ TCCR0 = 0b00000111;

타이머 기능을 사용하므로 'FOC2 = 0, WGM21/20 = 00, COM21/20 = 00'이며, 'CS02/01/00 = 111'은 분주비 중 1024 분주(타이머 0의 주파수는 시스템 클록을 1024 분주한 주파수, 7372800/1024 = 7200[Hz]이다)를 나타낸다.

⑨ do{ 내용 1 }while(1);

'내용 1'은 아래 ⑩과 ⑪을 무한 반복한다.

⑩ if((PIND & 0b00010000) == 0b00010000){ 내용 2 }

PIND 레지스터를 이용하여 PD4 핀(단자)이 '1'인지를 계속적으로 검사한다.

'1'이면 '내용 2'를 수행한다.

⑪ step_12_phase();

스텝모터를 1-2상 제어 방식으로 구동시키는 'step_12_phase()' 함수를 수행한다.

(4) CodeVisionAVR으로 C 프로그램(확장형) 작성 및 키트 실습

(가) CodeVisionAVR으로 C 프로그램(확장형, 레지스터 주소를 정의한 형식) 작성

①~⑥ : '2.1의 (가) CodeVisionAVR으로 C 프로그램(간략형, 함수를 헤더파일로 정의한 형식) 작성'의 ①~⑥을 참조하여 동일하게 진행한다.

⑦ 컴퓨터에 'timer_STEP_12_extension' 폴더(C:\ATmega128\timer_STEP_12_extension)를 만든다.

'Create New Project' 화면에서 아래와 같이 진행한다.

'저장 위치(I):'를 'timer_STEP_12_extension' 폴더로 선택한다.

'파일 이름(N):'에 'timer_STEP_12_extension'를 써 넣는다.

'저장(S)'을 클릭한다.

⑧은 '2.1의 (가) CodeVisionAVR으로 C 프로그램(간략형, 함수를 헤더파일로 정의한 형식) 작성'을 참조하여 동일하게 진행한다.

⑨ 'Configure Project timer_STEP_12_extension.prj' 화면이 나타난다.

'Input Files'이 'timer_STEP_12_extension.c'임을 알 수 있다.

'C Compiler'를 클릭한다.

⑩~⑬ : '2.1의 (가) CodeVisionAVR으로 C 프로그램(간략형, 함수를 헤더파일로 정의한 형식) 작성'의 ⑩~⑬을 참조하여 동일하게 진행한다.

⑭ 'timer_STEP_12_extension.c*' 안의 내용을 모두 지운다.

'timer_STEP_12_extension.c*' 안에 아래 그림과 같이 프로그램을 작성한다(주석('//...')으로 표시된 부분은 작성하지 않아도 된다. 프로그램 내용은 '(다) timer_STEP_12_extensionc 프로그램' 참조).

C:\ATmega128\timer_STEP_12_extension\timer_STEP_12_extension.c

Notes | timer_STEP_12_extension.c *

```
        TCNT0 = 0b01110000;              // (1024/7372800)x144 = 20[ms] E
        while(!(TIFR & 0b00000001));     // 타이머0 오버플로 플래그 비트
        TIFR |= 0b00000001;              // 타이머0 오버플로 플래그 비트
        // 스텝모터 1상 제어(20ms)
        PORTA = 0b00001000;              // PA3 ~ PA0에 '1000'을 출력(1 스
        TCNT0 = 0b01110000;              // (1024/7372800)x144 = 20[ms] E
        while(!(TIFR & 0b00000001));     // 타이머0 오버플로 플래그 비트
        TIFR |= 0b00000001;              // 타이머0 오버플로 플래그 비트
        // 스텝모터 1-2상 제어(20ms)
        PORTA = 0b00001001;              // PA3 ~ PA0에 '1001'을 출력(1-2
        TCNT0 = 0b01110000;              // (1024/7372800)x144 = 20[ms] E
        while(!(TIFR & 0b00000001));     // 타이머0 오버플로 플래그 비트
        TIFR |= 0b00000001;              // 타이머0 오버플로 플래그 비트
    }while(--motor);                     // 변수 motor 값 -1 감소
}

void main(void)
{
    DDRA = 0b00001111;      // PA3 ~ PA0을 출력 핀으로 설정
    DDRD = 0b00000000;      // PD4을 입력 핀으로 설정
    PORTA = 0b00000000;     // PA3 ~ PA0에 '0'을 출력((STEP 모터 멈춤)
    TCCR0 = 0b00000111;     // 타이머/카운터 0 분주비(1024)

    do{
        if((PIND & 0b00010000) == 0b00010000){    // PD4가 '1'인가?
            step_12_phase();                       // 스텝모터 1-2상제어
        }
    }while(1);
}
```

(나) ATmega128 키트 실습(확장형 C 프로그램으로)

①~⑨ : '(나) ATmega128 키트 실습(간략형 C 프로그램으로)'의 ①~⑨를 참조하여 동일하게 진행한다.

(다) timer_STEP_12_extension.c 프로그램

```
// ATmega128 포트 A의 방향과 출력, 포트 D의 방향과 입력을 정의
sfrb PIND=0x10;
sfrb DDRD=0x11;
sfrb DDRA=0x1a;
sfrb PORTA=0x1b;

// ATmega128 타이머 0 소프트웨어(폴링방식) 인터럽트 관련 레지스터 정의
sfrb TCNT0=0x32;
sfrb TCCR0=0x33;
sfrb TIFR=0x36;

// 스텝 모터 1-2상 제어
void step_12_phase(void)
{
  unsigned char motor;
  motor = 12;                    // (7.5도/2) x 8 x 12회 = 360도 반시계방향 회전
  do{
    // 스텝모터 1상 제어(20ms)
    PORTA = 0b00000001;                 // PA3~PA0에 '0001'을 출력(1 스텝모
                                           터 회전)
    TCNT0 = 0b01110000;                 // (1024/7372800)x144= 20[ms]의
                                        // 타이머0 시정수 값(256-144) 저장
    while(!(TIFR & 0b00000001));        // 타이머0 오버플로 플래그 비트 검사
    TIFR |= 0b00000001;                 // 타이머0 오버플로 플래그 비트 클리어
    // 스텝모터 1-2상 제어(20ms)
    PORTA = 0b00000011;                 // PA3~PA0에 '0011'을 출력(1-2 스텝
                                           모터 회전)
    TCNT0 = 0b01110000;                 // (1024/7372800)x144 = 20[ms]의
                                        // 타이머0 시정수 값(256-144) 저장
    while(!(TIFR & 0b00000001));        // 타이머0 오버플로 플래그 비트 검사
    TIFR |= 0b00000001;                 // 타이머0 오버플로 플래그 비트 클리어
    // 스텝모터 1상 제어(20ms)
    PORTA = 0b00000010;                 // PA3~PA0에 '0010'을 출력(1 스텝모
                                           터 회전)
    TCNT0 = 0b01110000;                 // (1024/7372800)x144= 20[ms]의
                                        // 타이머0 시정수 값(256-144) 저장
    while(!(TIFR & 0b00000001));        // 타이머0 오버플로 플래그 비트 검사
    TIFR |= 0b00000001;                 // 타이머0 오버플로 플래그 비트 클리어
    // 스텝모터 1-2상 제어(20ms)
```

```
    PORTA = 0b00000110;                // PC3~PC0에 '0110'을 출력(1-2 스텝
                                          모터 회전)
    TCNT0 = 0b01110000;                // (1024/7372800)x144 = 20[ms]의
                                       // 타이머0 시정수 값(256-144) 저장
    while(!(TIFR & 0b00000001));       // 타이머0 오버플로 플래그 비트 검사
    TIFR |= 0b00000001;                // 타이머0 오버플로 플래그 비트 클리어
    // 스텝모터 1상 제어(20ms)
    PORTA = 0b00000100;                // PA3~PA0에 '0100'을 출력(1 스텝모
                                          터 회전)
    TCNT0 = 0b01110000;                // (1024/7372800)x144 = 20[ms]의
                                       // 타이머0 시정수 값(256-144) 저장
    while(!(TIFR & 0b00000001));       // 타이머0 오버플로 플래그 비트 검사
    TIFR |= 0b00000001;                // 타이머0 오버플로 플래그 비트 클리어
    // 스텝모터 1-2상 제어(20ms)
    PORTA = 0b00001100;                // PA3~PA0에 '0110'을 출력(1-2 스텝
                                          모터 회전)
    TCNT0 = 0b01110000;                // (1024/7372800)x144 = 20[ms]의
                                       // 타이머0 시정수 값(256-144) 저장
    while(!(TIFR & 0b00000001));       // 타이머0 오버플로 플래그 비트 검사
    TIFR |= 0b00000001;                // 타이머0 오버플로 플래그 비트 클리어
    // 스텝모터 1상 제어(20ms)
    PORTA = 0b00001000;                // PA3~PA0에 '1000'을 출력(1 스텝모
                                          터 회전)
    TCNT0 = 0b01110000;                // (1024/7372800)x144 = 20[ms]의
                                       // 타이머0 시정수 값(256-144) 저장
    while(!(TIFR & 0b00000001));       // 타이머0 오버플로 플래그 비트 검사
    TIFR |= 0b00000001;                // 타이머0 오버플로 플래그 비트 클리어
    // 스텝모터 1-2상 제어(20ms)
    PORTA = 0b00001001;                // PA3~PA0에 '1001'을 출력(1-2 스텝
                                          모터 회전)
    TCNT0 = 0b01110000;                // (1024/7372800)x144 = 20[ms]의
                                       // 타이머0 시정수 값(256-144) 저장
    while(!(TIFR & 0b00000001));       // 타이머0 오버플로 플래그 비트 검사
    TIFR |= 0b00000001;                // 타이머0 오버플로 플래그 비트 클리어
  }while(--motor);                     // 변수 motor 값 -1 감소
}

void main(void)
{
  DDRA = 0b00001111;                // PA3~PA0을 출력 핀으로 설정
  DDRD = 0b00000000;                // PD4을 입력 핀으로 설정
```

```
  PORTA = 0b00000000;                    // PA3~PA0에 '0'을 출력((STEP 모터 멈춤).
  TCCR0 = 0b00000111;                    // 타이머/카운터 0 분주비(1024)

  do{
    if((PIND & 0b00010000) == 0b00010000){    // PD4가 '1'인가?
      step_12_phase();                        // 스텝모터 1-2상 제어
    }
  }while(1);
}
```

스위치 'S0'을 누르면 포트 A의 PA3~PA0에 연결된 스텝모터가 반시계방향으로 회전한다. 즉, 전원이 켜지면 timer_STEP_12_extension.c 프로그램이 동작하게 되고 스위치 'S0'을 누르면 타이머/카운터 0 폴링방식(플래그 비트 검사방식) 프로그램이 실행되어 스텝모터가 반시계방향으로 360° 회전한다(1-2상 제어 방식으로 동작한다).

ATmega128의 데이터 메모리 영역을 접근할 때, 64 I/O 레지스터(special function register) 영역은 'IN' 또는 'OUT' 명령어(2바이트 크기를 가지고 있어 1개의 시스템 클록으로 실행)를 이용하여 접근 가능하다. 이때 64 I/O 레지스터의 주소는 0x00~0x3f이다. 예를 들어, 'sfrb TCNT0=0x32;'는 64 I/O 레지스터의 주소 '0x32'에 있는 레지스터를 'TCNT0'으로 정의한 것이다. 64 I/O 레지스터 영역(0x00~0x3f)은 데이터 메모리 주소로는 '0x20~0x5f'이다. 또한 160 확장 I/O 레지스터 영역은 'IN' 또는 'OUT' 명령어를 사용할 수 없다(적용되는 명령어들(ST/STS/STD, LD/LDS/LDD)은 4바이트 크기를 가지고 있어 2개의 시스템 클록으로 실행된다). 따라서 'sfrb DDRF=0x41;'은 사용할 수 없으며, 이때는 '#define DDRF (*(unsigned int *)0x61)'로 정의하여야 한다.

64 I/O 레지스터 영역도 #define 문을 사용할 수 있다. 예를 들어, 'sfrb PORTA =0x1b;'를 '#define PORTA (*(unsigned int *)0x3b)'로 사용하여도 된다. 그러나 CodeVisionAVR이 컴파일할 때 #define 문의 주소와 그 상위 주소도 함께 사용되므로, 경우에 따라서는 컴파일에 문제가 발생하여 오동작을 나타낼 수 있다. 예를 들면, 'sfrb TCNT0=0x32;' 대신에 '#define TCNT0 (*(unsigned int *)0x52)'를 사용하면 CodeVisionAVR은 '0x53 번지의 'TCCR0'에도 영향을 주어 프

로그램이 정상적으로 동작하지 않게 된다('TCCR0'에 '0x00'이 입력되어 TCNT0에 클록이 공급되지 않으므로 타이머/카운터 0은 동작하지 않게 된다). 이를 해결하는 또 다른 방법은 TCNT0에 값을 먼저 입력한 후에 그 다음에 TCCR0를 다시 입력하면 된다. 즉, timer_STEP_12_extension.c 프로그램에서 'TCNT0 = 0b01110000;' 다음에 추가로 'TCCR0 = 0b00000111;'를 입력시키면 프로그램은 정상적으로 동작한다.

C 프로그램의 나머지 내용은 '4.1의 (3)의 (라) timer_STEP.c 프로그램'과 동일하다.

(5) 타이머/카운터

타이머/카운터란 시간 또는 숫자를 세는 것을 말한다. 마이크로컨트롤러에는 시간을 세는 기능과 숫자를 세는 기능을 가진 인터럽트가 있는데, 이를 타이머/카운터 인터럽트라 부른다. 타이머/카운터 인터럽트에는 크게 타이머 모드와 카운터 모드가 있다.

- 타이머 모드란 일정한 간격의 시간을 세는 것이다. 우리가 100[m] 달리기를 하면 스톱워치를 이용하여 시간을 측정한다. 스톱워치란 100분의 1초라는 일정한 간격의 시간을 측정하여 액정에 카운트된 시간을 표시한다. 스톱워치는 일종의 타이머 모드라 할 수 있다. 따라서 타이머 모드는 마이크로컨트롤러에 사용되는 시스템 클록을 이용하게 된다.

- 카운터 모드란 일정한 간격과 관계없이 숫자만을 세는 것을 말한다. 계수기가 바로 카운터 모드의 예라 할 수 있다. 놀이 공원에서 입장객들을 셀 때 바로 계수기를 사용한다. 입장객이 10초에 한 사람씩 입장할 수도 있고, 때로는 10분에 한 사람이 입장을 할 수가 있을 것이다. 입장객들은 일정한 시간 간격을 두고 입장하는 것이 아니라 불규칙적인 시간 간격으로 입장을 하게 된다. 이것을 카운터 모드라 할 수 있다. 따라서 카운터 모드는 외부의 신호(ATmega128은 PD6(T1), PD7(T2), PE6(T3)로부터 입력되는 신호)를 이용하여 계수하게 된다.

(가) 타이머/카운터 레지스터

ATmega128은 모두 4개의 타이머가 있고 이 중 3개는 카운터 기능도 가능하다. 타이머 기능은 타이머/카운터 0, 타이머/카운터 1, 타이머/카운터 2, 타이머/카운터 3이고, 이중 카운터 기능은 타이머/카운터 1, 타이머/카운터 2, 타이머/카운터 3만 가능하다. 타이머/카운터 0은 명칭과 달리 카운터 기능이 없다. 타이머와 카운터 기능에서 계수한 값은 계수가 증가할 때마다 타이머/카운터 레지스터(TCNT)에 저장된다.

- 타이머/카운터 0의 경우 계수된 숫자를 TCNT0 레지스터에 저장하고,
- 타이머/카운터 1의 경우 계수된 숫자를 TCNT1H와 TCNT1L 레지스터에 저장하고,
- 타이머/카운터 2의 경우 계수된 숫자를 TCNT2 레지스터에 저장하고,
- 타이머/카운터 3의 경우 계수된 숫자를 TCNT3H와 TCNT3L 레지스터에 저장한다.

■ 8비트/16비트 타이머/카운터

타이머/카운터 0와 타이머/카운터 2는 각각 TCNT0와 TCNT2에 저장이 되고, 타이머/카운터 1과 타이머/카운터 3은 TCNT1H:TCNT1L과 TCNT3H:TCNT3L 레지스터에 저장된다. 이는 계수하는 양의 차이 때문이다. 즉 타이머/카운터 0와 타이머/카운터 2는 8비트 타이머/카운터이다. 이는 계수된 수를 보관하는 장소가 8비트 크기라는 것으로, 10진수로 하면 256(0~255)개까지 보관을 할 수 있는 반면, 타이머/카운터 1과 타이머/카운터 3은 16비트 타이머/카운터로서 16비트 크기의 저장 공간을 갖고 있다. 그러나 ATmega128의 모든 I/O 레지스터는 8비트로 이루어져 있으므로, 8비트 레지스터 2개를 이용하여(TCNT1H:TCNT1L 또는 TCNT3H:TCNT3L) 16비트 크기의 타이머/카운터로 사용된다.

■ 8비트 타이머/카운터

그림 4-1은 8비트 타이머/카운터 0의 구조이다. 내부 클록(시스템 클록)으로부터 입력된 신호 또는 외부 발진자(크리스탈 등)로부터 입력된 신호가 프리스케일러(Prescaler, 분주기)를 거쳐 분주된 후, 제어 논리 회로를 거쳐 'count'

신호로 TCNTn(n은 0) 레지스터에 입력된다. 이 신호는 TCNTn 레지스터의 값을 '+1'씩 증가시킨다. TCNTn은 8비트 최대값 '255'가 된 후에 다시 '0'으로 바뀌면서 오버플로우를 발생하게 된다. 즉, TOVn(n은 0)에 '1'이 발생하게 된다.

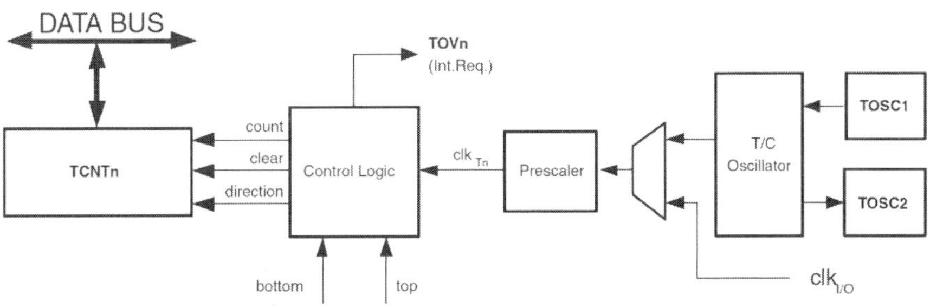

▌그림 4-1▐ 타이머/카운터 0 계수 부분 구조

(나) 8비트 타이머 오버플로우

타이머/카운터 0을 기준으로 8비트 타이머 오버플로우를 설명(타이머/카운터 2도 동일)하면 그림 4-2와 같다. 타이머 모드의 경우, 0.1356[us](7.3728[MHz]의 경우)마다 하나씩 계수하여 타이머/카운터 레지스터인 TCNT0에 계수된 값을 보관한다.

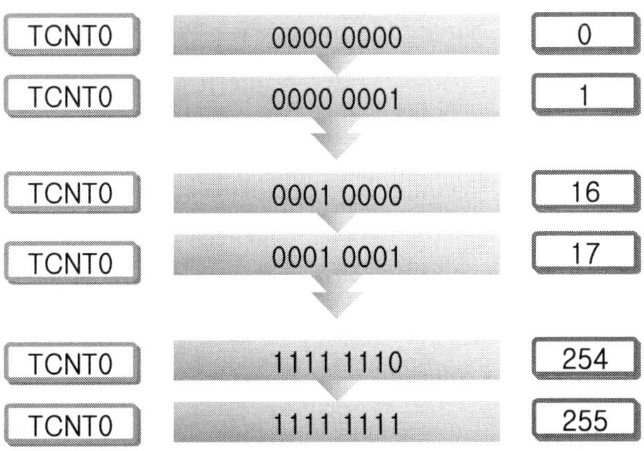

▌그림 4-2▐ 타이머/카운터 0 계수 변화

그림 4-2와 같이 TCNT0 레지스터가 0부터 계수되기 시작했다면 255번 계수가 됐을 때 TCNT0 레지스터는 모두 '1'로 채워질 것이고, 이 상태에서 하나를 더 계수하면 최상위 비트에서 자리 올림수가 발생(그림 4-3)한다. 이 상태를 오버플로우라 하고, 이때 타이머/카운터 0 오버플로우 플래그 비트가 '1'이 된다. 이 비트를 검사하여 소프트웨어적으로 프로그램을 처리하는 폴링방식과 이 비트로부터 하드웨어적으로 자동 요청되는 벡터방식의 타이머/카운터 0 오버플로우 인터럽트가 있다.

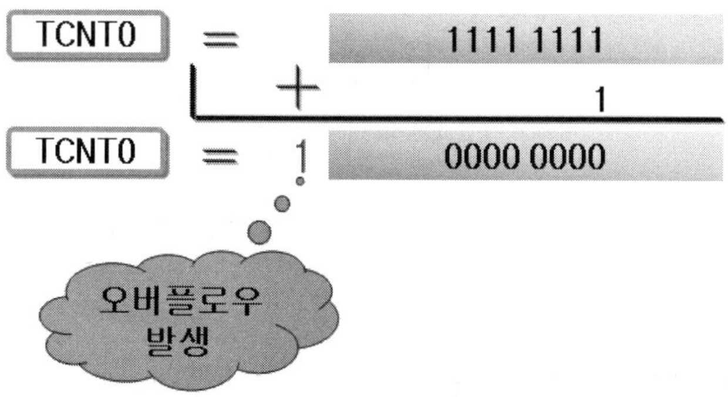

▌그림 4-3▐ 타이머/카운터 0 오버플로우 발생

(다) 타이머/카운터 0 오버플로우 관련 레지스터

타이머/카운터 0 관련 레지스터는 타이머/카운터 인터럽트 마스크 레지스터(TIMSK, Timer/Counter Interrupt Mask Register), 타이머/카운터 인터럽트 플래그 레지스터(TIFR, Timer/Counter Interrupt Flag Register), 타이머/카운터 제어 레지스터 0(TCCR0, Timer/Counter Control Register 0), 타이머/카운터 레지스터 0(TCNT0, Timer/Counter Register 0)이다

- 타이머/카운터 인터럽트 마스터 레지스터, TIMSK

  타이머/카운터와 관련된 인터럽트의 사용 유무를 나타내는 레지스터이다. TIMSK의 0번 비트인 TOIE0 비트를 '1'로 하면 타이머/카운터 0 오버플로 인터럽트를 사용하겠다는 의미이고, '0'이면 사용하지 않겠다는 의미이다.

TIMSK는 특수 기능 레지스터 주소(괄호( )는 데이터 메모리 주소) 0x37 (0x57)에 위치하고 있으며 기능에 따라 읽기와 쓰기 동작을 할 수 있다.

비트번호	7	6	5	4	3	2	1	0	
	OCIE2	TOIE2	TICIE1	OCIE1A	OCIE1B	TOIE1	OCIE0	TOIE0	TIMSK
읽기/쓰기	R/W	R/W	R/W	R/W	R/W	R/W	R/W	R/W	
초기값	0	0	0	0	0	0	0	0	

■ 타이머/카운터 인터럽트 플래그 레지스터, TIFR

타이머/카운터와 관련된 인터럽트의 발생 유무를 나타내는 레지스터이다. 타이머/카운터 0 오버플로 인터럽트가 발생되면 TIFR의 0번 비트인 TOV0 비트가 '1'이 되어 인터럽트 요청신호가 발생된다. 인터럽트(벡터방식) 서비스 프로그램으로 이동하면 이 비트는 '0'이 된다. 이 비트를 강제적으로 클리어시키기 위해서는 이 비트에 '1'을 써 넣어야 한다. TIFR은 특수 기능 레지스터 주소(괄호( )는 데이터 메모리 주소) 0x36(0x56)에 위치하고 있으며 기능에 따라 읽기와 쓰기 동작을 할 수 있다.

비트번호	7	6	5	4	3	2	1	0	
	OCF2	TOV2	ICF1	OCF1A	OCF1B	TOV1	OCF0	TOV0	TIFR
읽기/쓰기	R/W	R/W	R/W	R/W	R/W	R/W	R/W	R/W	
초기값	0	0	0	0	0	0	0	0	

■ 타이머/카운터 제어 레지스터 0, TCCR0

타이머/카운터 기능을 제어하기 위한 레지스터이다. TCCR0은 특수 기능 레지스터 주소(괄호( )는 데이터 메모리 주소) 0x33(0x53)에 위치하고 있으며 기능에 따라 읽기와 쓰기 동작을 할 수 있다.

비트번호	7	6	5	4	3	2	1	0	
	FOC0	WGM00	COM01	COM00	WGM01	CS02	CS01	CS00	TCCR0
읽기/쓰기	W	R/W	R/W	R/W	R/W	R/W	R/W	R/W	
초기값	0	0	0	0	0	0	0	0	

- 비트 3, 6 - WGM01, WGM00 : 파형 발생 모드(Waveform Generation Mode)
  타이머/카운터 0이 발생할 수 있는 동작 모드를 선택한다. 타이머/카운터 기능일 때는 일반(범용) 모드(Normal mode)를 적용한다. 즉 'WGM01 = 0, WGM00 = 0'을 설정하면 된다.
- 비트 2..0 - CS02..00 : 클록 선택(Clock Select)
  타이머/카운터에 입력될 주파수를 분주하기 위한 것으로, 시스템 주파수가 'CS02..00'에 의하여 분주된 후에 타이머/카운터 레지스터의 클록이 된다.

▌표 4-1▐ 타이머/카운터 0 클록 선택

WGM01, WGM00	CS02	CS01	CS00	기능
00 8비트 타이머/카운터 모드	0	0	0	타이머 정지
	0	0	1	시스템 클록($clk_{I/O}$)
	0	1	0	$clk_{I/O}$를 8 분주하는 프리스케일러
	0	1	1	$clk_{I/O}$를 32 분주하는 프리스케일러
	1	0	0	$clk_{I/O}$를 64 분주하는 프리스케일러
	1	0	1	$clk_{I/O}$를 128 분주하는 프리스케일러
	1	1	0	$clk_{I/O}$를 256 분주하는 프리스케일러
	1	1	1	$clk_{I/O}$를 1024 분주하는 프리스케일러

* 프리스케일러란 클록의 속도를 조절하는 분주기를 말한다. 분주, 즉 클록을 쪼갠다는 뜻으로 속도를 느리게 하는 것을 의미한다. 예를 들어 7.3728[MHz]의 클록을 2분주하면 즉, 반으로 쪼개면 3.6864[MHz]가 되고, 1024분주하면 7.2[kHz]가 된다. 즉, 프리스케일러에 따라 계수되는 시간 간격을 조절할 수 있다.

10비트 프리스케일 선택은 입력 클록(CK, $clk_{I/O}$, 시스템 클록)을 어떻게 분주하여 사용하느냐에 따라서 결정된다. 즉 CK/8, CK/32, CK/64, CK/128, CK/256, CK/1024을 선택하여 사용한다. 타이머/카운터 0은 내부 클록(시스템 클록)이나 외부 발진기의 클록을 사용하여도 동일한 프리스케일러를 적용하고 있다. 'CS02/CS01/CS00'이 모두 '0'인 타이머 정지일 때에는 타이머/카운터 0의 클록은 0[V]에 연결되어 계수가 일어나지 않는다(그림 4-4).

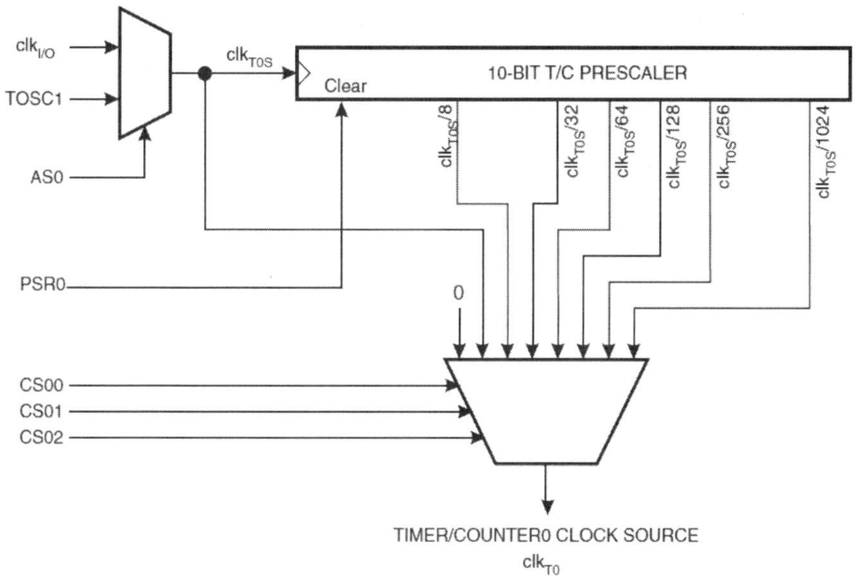

▌그림 4-4▐ 타이머/카운터 0 프리스케일러

■ 특수 기능 입출력 레지스터, SFIOR(Special Function IO Register)

타이머/카운터에 사용되는 프리스케일러를 리셋시키는 기능이 있다. SFIOR은 특수 기능 레지스터 주소(괄호( )는 데이터 메모리 주소) 0x20(0x40)에 위치하고 있으며 기능에 따라 읽기와 쓰기 동작을 할 수 있다.

비트번호	7	6	5	4	3	2	1	0	
	TSM	–	–	–	ACME	PUD	PSR0	PSR321	SFIOR
읽기/쓰기	R/W	R	R	R	R/W	R/W	R/W	R/W	
초기값	0	0	0	0	0	0	0	0	

▸ 비트 1 - PSR0 : 타이머/카운터 0의 프리스케일러 리셋

타이머/카운터 모드(시스템 주파수 사용시)에서 이 비트에 '1'을 쓰면 타이머/카운터 0의 프리스케일러가 리셋된다.

▸ 비트 0 - PSR321 : 타이머/카운터 1, 2, 3의 프리스케일러 리셋

이 비트에 '1'을 쓰면 타이머/카운터 1, 2, 3의 공통 프리스케일러가 리셋된다.

■ 타이머/카운터 레지스터 0, TCNT0

계수되는 8비트 크기의 값을 TCNT0에 저장한다. TCNT0은 특수 기능 레지스터 주소(괄호( )는 데이터 메모리 주소) 0x32(0x52)에 위치하고 있으며 기능에 따라 읽기와 쓰기 동작을 할 수 있다.

비트번호	7	6	5	4	3	2	1	0	
	TCNT0[7:0]								TCNT0
읽기/쓰기	R/W	R/W	R/W	R/W	R/W	R/W	R/W	R/W	
초기값	0	0	0	0	0	0	0	0	

(라) 타이머/카운터 0 시정수 설정

TCNT0 레지스터의 초기 값이 0이라면 오버플로우가 발생하게 하기 위해서는 모두 256번을 계수하여야 한다. 만약 프리스케일러를 사용하지 않는다면(7.3728[MHz]의 경우) 약 0.1356[us]마다 한 번씩 계수되므로 0.1356[us] × 256 ≒ 34.71[us] 마다 한 번씩 오버플로우가 발생을 하고, 1024 분주비로 프리스케일러를 사용하면 0.1356[us] × 1024 ≒ 138.85[us]마다 한 번씩 계수되므로 138.85[us] × 256 ≒ 35546[us](35.546[ms])마다 오버플로우가 발생을 하게 된다.

예를 들어, TCNT0 레지스터에 '0'이 아닌 다른 값을 저장하고 오버플로우가 발생할 조건을 조절하면 정확히 20[ms] 타이머를 만들 수 있을 것이다. 1024 분주비로 계수된다면 138.85[us]마다 계수되는 것이므로 144번 계수한 후 오버플로우가 발생한다면 정확히 20[ms]를 만들 수 있을 것이다. 144 × 138.85[us] = 20[ms] ((1024/7372800) × 144 = 20[ms]), 이를 위해 TCNT0 레지스터에 112(256 - 144 = 112)를 저장한 후, 이때부터 계수를 시작하면 144번 계수한 후 오버플로우가 발행하므로 정확히 20[ms] 후에 타이머 0 오버플로우가 일어나게 된다.

4.2 타이머/카운터 1 오버플로우 인터럽트를 이용한 초·분 시계 표시

(1) ATmega128 키트에서의 "타이머 1 오버플로우 인터럽트를 이용한 초·분 시계 표시" 동작 순서도

FND에 초·분 시계 표시

① 전원이 켜지면 ARRAY FND MODULE의 FND는 00.00을 표시한다.

② 1초 마다 FND의 숫자가 증가한다.

즉, 00.00 → 00.01 → 00.02 → … → 00.59 → 01.00 → 01.01 → 01.02 → … → 59.59 → 00.00 → 00.01 → … 으로 FND의 숫자가 계속적으로 변경된다.

(2) CodeVisionAVR으로 C 프로그램(간략형) 작성 및 키트 실습

(가) CodeVisionAVR으로 C 프로그램(간략형, 함수를 헤더파일로 정의한 형식) 작성

①~⑥ : '2.1의 (가) CodeVisionAVR으로 C 프로그램(간략형, 함수를 헤더파일로 정의한 형식) 작성'의 ①~⑥을 참조하여 동일하게 진행한다.

⑦ 컴퓨터에 'timer_WATCH_easy' 폴더(C:\ATmega128\timer_WATCH_easy)를 만든다.
'Create New Project' 화면에서 아래와 같이 진행한다.
'저장 위치(I):'를 'timer_WATCH_easy' 폴더로 선택한다.
'파일 이름(N):'에 'timer_WATCH_easy'를 써 넣는다.
'저장(S)'을 클릭한다.

⑧ '2.1의 (가) CodeVisionAVR으로 C 프로그램(간략형, 함수를 헤더파일로 정의한 형식) 작성'을 참조하여 동일하게 진행한다.

⑨ 'Configure Project timer_WATCH_easy.prj' 화면이 나타난다.
'Input Files'이 'timer_WATCH_easy.c'임을 알 수 있다.
'C Compiler'를 클릭한다.

⑩~⑬ : '2.1의 (가) CodeVisionAVR으로 C 프로그램(간략형, 함수를 헤더파일로 정의한 형식) 작성'의 ⑩~⑬을 참조하여 동일하게 진행한다.

⑭ 'timer_WATCH_easy.c*' 안의 내용을 모두 지운다.
'timer_WATCH_easy.c*' 안에 아래 그림과 같이 프로그램을 작성한다(주석('//...')으로 표시된 부분은 작성하지 않아도 된다. 프로그램 내용은 '(라) timer_WATCH_easy.c 프로그램' 참조).

C:\ATmega128\timer_WATCH_easy\timer_WATCH_easy.c

Notes / timer_WATCH_easy.c *

```
    sec = min = 0;                          // 초 저장 변수, 분 저장 변수

    do {
      // 1의 자리 초 디스플레이
      F_index=sec % 10;   //sec의 값을 10으로 나눈 나머지 값을 F_inde
      pin_write(PG, 0b00000111);        // FND용 C3 전원 ON
      pin_write(PB, FND[F_index]);      // FND용 C3 데이터(초의 1의 자
      delay_ms(1);                      // 일정 시간 디스플레이

      // 10의 자리 초 디스플레이
      F_index = sec / 10; // sec의 값을 10으로 나눠서 몫 값을 F_index
      pin_write(PG, 0b00001011);        // FND용 C2 전원 ON
      pin_write(PB, FND[F_index]);      // FND용 C2 데이터(초의 10의 자
      delay_ms(1);                      // 일정 시간 디스플레이

      // 1의 자리 분 디스플레이
      F_index=min % 10;   //min의 값을 10으로 나눈 나머지 값을 F_inde
      pin_write(PG, 0b00001101);        // FND용 C1 전원 ON
      pin_write(PB, FND[F_index] | 0b10000000); // FND용 C1 데이터(분
      delay_ms(1);                      // 일정 시간 디스플레이

      // 10의 자리 분 디스플레이
      F_index = min / 10; // min의 값을 10으로 나눠서 몫 값을 F_index
      pin_write(PG, 0b00001110);        // FND용 C0 전원 ON
      pin_write(PB, FND[F_index]);      // FND용 C0 데이터(분의 10의 자
      delay_ms(1);                      // 일정 시간 디스플레이
    }while(1);                          // 인터럽트 대기, 무한루프
}
```

(나) ATmega128 키트 실습(간략형 C 프로그램으로)

①~② : '2.1의 (나) ATmega128 키트 실습(간략형 C 프로그램으로)'의 ①~②를 참조하여 동일하게 진행한다.

③ 아래 그림과 같이 'ARRAY FND MODULE'의 'A~H'와 'C0~C3'를 'ATmega128 MCU MODULE'의 포트 B의 'PB0~PB7'과 포트 G의 'PG0~PG3'에 각각 서로 연결한다.

ARRAY FND MODULE
HANBACK ELETRONICS CO.,LTD
A~H
C0~C3

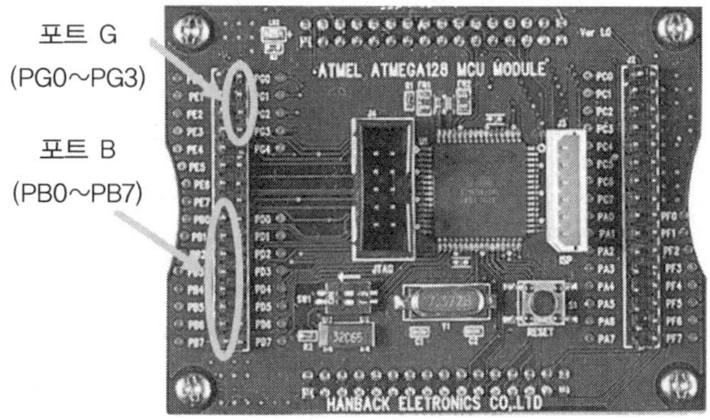
포트 G
(PG0~PG3)
포트 B
(PB0~PB7)
ATMEL ATMEGA128 MCU MODULE
HANBACK ELETRONICS CO.,LTD

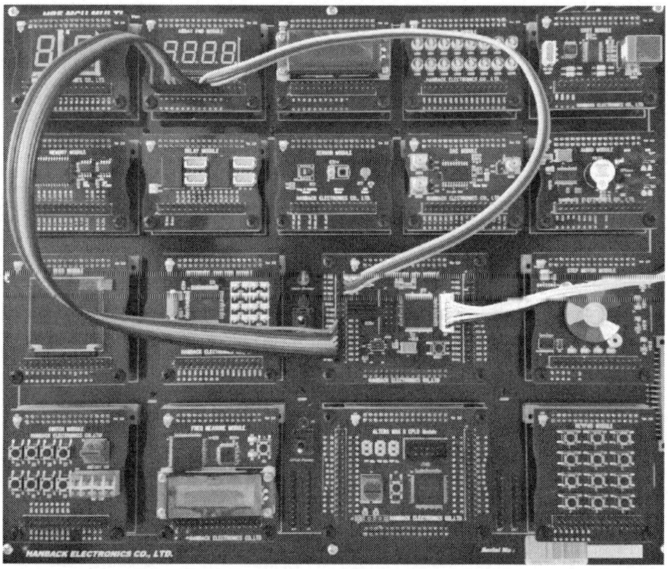

④~⑧ : '2.1의 (나) ATmega128 키트 실습(간략형 C 프로그램으로)'의 ④~⑧을 참조하여 동일하게 진행한다.

⑨ FND의 숫자가 1초씩 증가하여,

00.00 → 00.01 → 00.02 → … → 00.59 → 01.00 → 01.01 → 01.02 → … → 59.59 → 00.00 → 00.01 → … 이 표시된다.

(다) 하드웨어 블록도

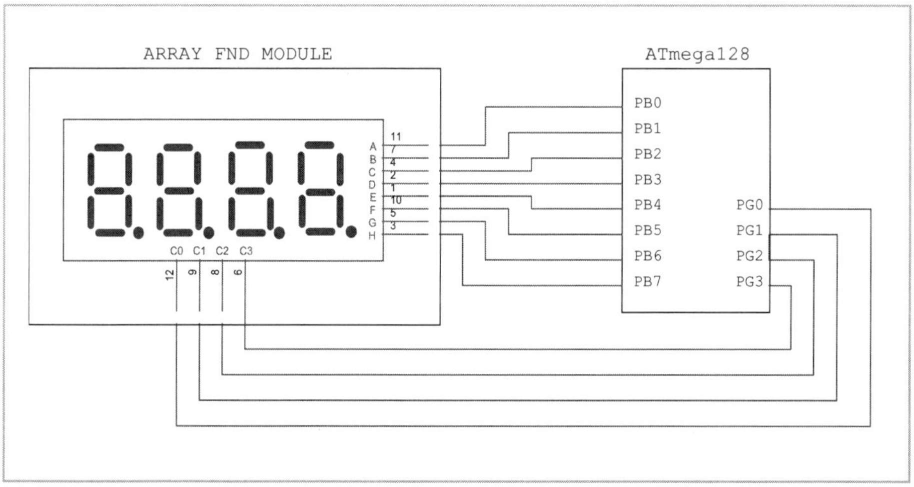

ATmega128 포트 B의 핀(PB0~PB7)에는 4개의 FND의 LED들(A, B, C, D, E, F, G, H)이 공통적으로 각각 연결되어 있다. 포트 G의 핀(PG0~PG3)에는 각 FND에 전원이 공급되게 하기 위한 Cathode(-) 공통형 단자 C0, C1, C2, C3가 각각 연결되어 있다.

① 포트 B의 각 핀(단자)에 'high(1)'가 출력되면(약 +5[V]) 핀과 연결되어 있는 4개의 FND의 LED에 약 +5[V] 전압이 연결된다. 그러나 각 FND의 Cathode(-) 공통형 단자 C0, C1, C2, C3에 약 0[V](ATmega128 출력은 high(약 +5[V])와 low(약 0[V])만 있음)를 주지 않으면 FND의 LED에 전류가 흐르지 않아서 FND의 LED들이 켜지게 않게 된다.

② 왼쪽부터 첫 번째 FND, 두 번째 FND, 세 번째 FND, 네 번째 FND를 각각 동작시키기 위해서는, C0, C1, C2, C3에 0[V]를 각각 입력하면 된다. 4개의 FND의 LED들(A, B, C, D, E, F, G, H)이 공통적으로 묶여있으므로 C0, C1, C2, C3에 0[V]를 모두 주면 4개의 FND가 동일하게 표시된다. 따라서 4개의 FND가 다른 표시를 갖고 동시에 모두 켜진 것처럼 보이게 하기 위해서는 C0, C1, C2, C3에 순차적으로 0[V]를 초당 30번 정도(또는 그 이상) 주면 된다(교재에서는 약 4[ms]로 되어 있다).

③ 왼쪽부터 2개의 FND는 분, 다음 2개의 FND는 초를 나타낸다. 따라서 두 번째 FND의 LED H에 'high(1)'를 입력시켜서(켜지게 하여) 분과 초를 구분하게 한다.

(라) timer_WATCH_easy.c 프로그램

```
// ATmega128의 입출력 포트의 출력을 정의한 헤더파일
#include <inout_mega128.h>

// ATmega128의 타이머/카운터 인터럽트 관련한 기능을 정의한 헤더파일
#include <timer_interrupt_mega128.h>

// delay 함수를 정의한 헤더파일
#include <delay.h>

unsigned char FND[10]= {0x3f,0x06,0x5b,0x4f,0x66,0x6d,0x7d,0x07,0x7f,0x6f};
```

```
                         // 숫자 '0'~'9'
volatile unsigned char min, sec; // 초와 분을 저장하는 min, sec을 전역변수로 선언

// 타이머/카운터 1 오버플로우 인터럽트 서비스 프로그램
interrupt [TIM1_OVF] void timer1_overflow(void)
{
  timer_counter_value(1, 58336);         // 타이머 1 시정수 1초 초기화
  sec++;                                 // 초 증가
  if( sec == 60 ) {                      // 60초이면 분을 +1
    sec = 0;                             // 초 = 0
    min++;                               // 분 증가
    if( min == 60 )    min = 0;          // 60분이면 분 = 0
  }
}

void main(void)
{
  unsigned char F_index;
  pin_direction(PB, 0b11111111);         // PB7~PB0을 출력으로 설정
  pin_direction(PG, 0b00001111);         // PG3~PG0을 출력으로 설정
  timer_int_vector_setup(1, enable, 1024); // 타이머/카운터 1 활성화,
                                         // 1024 분주
  timer_counter_value(1, 58336);         // 타이머 1 시정수 1초 초기화
  all_interrupt_enable();                // 전체 인터럽트 인에이블
  sec = min = 0;                         // 초 저장 변수, 분 저장 변수 초기 값

  do {
    // 1의 자리 초 디스플레이
    F_index = sec % 10;                  // sec의 값을 10으로 나눈 나머지 값을
                                            F_index에 저장
    pin_write(PG, 0b00000111);           // FND용 C3 전원 ON
    pin_write(PB, FND[F_index]);         // FND용 C3 데이터(초의 1의 자리)
    delay_ms(1);                         // 일정 시간 디스플레이

    // 10의 자리 초 디스플레이
    F_index = sec / 10;                  // sec의 값을 10으로 나눠서 몫 값을
                                            F_index에 저장
    pin_write(PG, 0b00001011);           // FND용 C2 전원 ON
    pin_write(PB, FND[F_index]);         // FND용 C2 데이터(초의 10의 자리)
    delay_ms(1);                         // 일정 시간 디스플레이
```

```
    // 1의 자리 분 디스플레이
    F_index = min % 10;                          // min의 값을 10으로 나눈 나머지 값을
                                                    F_index에 저장
    pin_write(PG, 0b00001101);                   // FND용 C1 전원 ON
    pin_write(PB, FND[F_index] | 0b10000000);  // FND용 C1 데이터(분의
                                                 // 1의 자리와 point)
    delay_ms(1);                                 // 일정 시간 디스플레이

    // 10의 자리 분 디스플레이
    F_index = min / 10;                          // min의 값을 10으로 나눠서 몫 값을
                                                    F_index에 저장
    pin_write(PG, 0b00001110);                   // FND용 C0 전원 ON
    pin_write(PB, FND[F_index]);                 // FND용 C0 데이터(분의 10의 자리)
    delay_ms(1);                                 // 일정 시간 디스플레이
  }while(1);                                     // 인터럽트 대기, 무한루프
}
```

전원이 켜지면 ARRAY FND MODULE의 FND는 00.00을 표시한 후, 숫자가 1초 마다 증가한다. 즉, 전원이 켜지면 timer_WATCH_easy.c 프로그램이 동작하게 되어 FND가 00.00 → 00.01 → 00.02 → … → 00.59 → 01.00 → 01.01 → 01.02 → … → 59.59 → 00.00 → 00.01 → … 으로 1초마다 숫자가 계속적으로 변경된다.

① #include 〈inout_mega128.h〉

'2.1의 (2)의 (라) output_LED_easy.c 프로그램'의 ①을 참조한다.

② #include 〈timer_interrupt_mega128.h〉

'3.1의 (2)의 (라) timer_STEP_12_easy.c 프로그램'의 ②를 참조한다.

③ #include 〈delay.h〉

delay 함수를 정의한 헤더파일

④ unsigned char FND[10]= {0x3f,0x06,0x5b,0x4f,0x66,0x6d,0x7d,0x07,0x7f,0x6f};

SRAM 공간에 부호없는 문자형 배열 FND[]를 선언한다.

0x3f~0x6f는 FND에 표시할 숫자 '0'~'9'에 해당하는 데이터를 나타낸다.

⑤ volatile unsigned char min, sec;

초와 분을 저장하는 min, sec을 휘발성 부호없는 문자형 전역변수로 선언한다.

⑥ interrupt [TIM1_OVF] void timer1_overflow(void)

'interrupt [TIM1_OVF]'은 인터럽트 벡터 테이블에 타이머/카운터 1 오버플로우 인터럽트가 사용되어짐을 알리는 지시어이며, 실제 타이머/카운터 1 오버플로우 인터럽트 서비스 프로그램 이름은 'timer1_overflow'이 된다.

'TIMER1 OVF' 벡터 테이블 위치에 'timer1_overflow'이 실행되는 주소가 저장되게 된다. 즉, "jmp 'timer1_overflow' 주소"에 해당되는 명령어가 저장되게 된다.

⑦ timer_counter_value(1, 58336);

1초에 해당하는 시정수 값 58336을 타이머/카운터1 레지스터에 입력한다.

→ (1024/7372800)x7200(시스템 클록 주파수), 7200번 카운팅(계수) 횟수

→ 타이머/카운터 1 레지스터에는 58336(= 65536-7200)을 입력한다. 시스템 클록을 1024 분주한 클록에 따라 타이머/카운터 1 레지스터 값이 14400번 증가하여 오버플로우 되어 '0'이(58336 → 58337 → … → 65536 → 0) 되면 타이머/카운터 1 오버플로우 플래그 비트가 '1'이 된다.

⑧ sec++;

초를 +1 증가시킨다.

⑨ if(sec == 60) { 내용 }

'내용'은 sec가 '0'일 때, sec를 '0'으로 변경하고 min을 +1 증가시킨다.

'min = 60'이면 min을 '0'으로 변경시킨다(시계가 59분 59초까지 표시되므로 60분이 되면 00분 00초로 만들기 위한 것이다)

⑩ unsigned char F_index;

F_index를 부호없는 8비트 정수형 변수로 선언한다.

⑪ pin_direction(PB, 0b11111111);

포트 B의 PB7~PB0을 출력 핀으로 설정한다.

⑫ pin_direction(PG 0b00001111);

포트 G의 PG4~PG0 중 PG3~PG0만 출력 핀으로 설정한다.

나머지 PG4는 입력 또는 출력 중 어느 것을 사용해도 무방하다.

여기서는 PG4를 입력으로 설정한다.

⑬ timer_int_vector_setup(1, enable, 1024);

타이머/카운터1 오버플로우 인터럽트 활성화 및 타이머/카운터1의 클록 주파수을 위하여 1024 분주비를 설정한다.

타이머/카운터 1의 클록 주파수 = 7372800/1024 = 7200[Hz]

⑭ all_interrupt_enable();

SREG 레지스터의 I 비트를 '1'로 만들어 전체 인터럽트를 활성화시킨다.

⑮ do{ 내용 }while(1);

'내용'은 4개의 FND에 분과 초를 나타내기 위한 것으로, 00.00 → 00.01 → 00.02 → … → 00.59 → 01.00 → 01.01 → 01.02 → … → 59.59 → 00.00 → 00.01 → … 으로 1초마다 숫자가 계속적으로 변경된다.

// 1의 자리 초 디스플레이

F_index = sec % 10;

→ sec의 값을 10으로 나눈 나머지 값을 F_index에 저장한다.

pin_write(PG, 0b00000111);

→ 네 번째 FND에 전원이 공급될 수(전류가 흐를 수) 있도록 C3에 '0'(약 0[V])을 입력한다.

pin_write(PB, FND[F_index]);

→ 초의 1의 자리 숫자를 네 번째 FND에 표시하기 위하여 FND의 'A~G'의 값을 포트 B를 통하여 입력한다.

delay_ms(1);

→ 일정 시간(약 1[ms]) 동안 네 번째 FND에 숫자가 디스플레이 된다.

⋮

pin_write(PB, FND[F_index] | 0b10000000);

→ 분의 1의 자리 숫자를 두 번째 FND에 표시하기 위하여 FND의 'A~G'의 값을 포트 B를 통하여 입력한다.

→ 분과 초를 분리하기 위하여 두 번째 FND의 'H'를 켜지게 한다(점으로 표시되는 부분).

⋮

(3) CodeVisionAVR으로 C 프로그램(표준형) 작성 및 키트 실습

(가) CodeVisionAVR으로 C 프로그램(표준형, 일반적인 프로그램 형식) 작성

①~⑥ : '2.1의 (가) CodeVisionAVR으로 C 프로그램(간략형, 함수를 헤더파일로 정의한 형식) 작성'의 ①~⑥을 참조하여 동일하게 진행한다.

⑦ 컴퓨터에 'timer_WATCH' 폴더(C:\ATmega128\timer_WATCH)를 만든다.
'Create New Project' 화면에서 아래와 같이 진행한다.
'저장 위치(I):'를 'timer_WATCH' 폴더로 선택한다.
'파일 이름(N):'에 'timer_WATCH'을 써 넣는다.
'저장(S)'을 클릭한다.

⑧ '2.1의 (가) CodeVisionAVR으로 C 프로그램(간략형, 함수를 헤더파일로 정의한 형식) 작성'을 참조하여 동일하게 진행한다.

⑨ 'Configure Project timer_WATCH.prj' 화면이 나타난다.
'Input Files'이 'timer_WATCH.c'임을 알 수 있다.
'C Compiler'를 클릭한다.

⑩~⑬ : '2.1의 (가) CodeVisionAVR으로 C 프로그램(간략형, 함수를 헤더파일로 정의한 형식) 작성'의 ⑩~⑬을 참조하여 동일하게 진행한다.

⑭ 'timer_WATCH.c*' 안의 내용을 모두 지운다.
'timer_WATCH.c*' 안에 아래 그림과 같이 프로그램을 작성한다(주석('//...')으로 표시된 부분은 작성하지 않아도 된다. 프로그램 내용은 '(라) timer_WATCH.c 프로그램' 참조).

C:\ATmega128\timer_WATCH\timer_WATCH.c

Notes | timer_WATCH.c *

```
    sec = min = 0;              // 초 저장 변수, 분 저장 변수 초기 값

    do {
      // 1의 자리 초 디스플레이
      F_index=sec % 10;         //sec의 값을 10으로 나눈 나머지 값을 F_
      PORTG = 0b00000111;       // FND용 C3 전원 ON
      PORTB = FND[F_index];     // FND용 C3 데이터(초의 1의 자리)
      delay_ms(1);              // 일정 시간 디스플레이

      // 10의 자리 초 디스플레이
      F_index = sec / 10;       // sec의 값을 10으로 나눠서 몫 값을 F_i
      PORTG = 0b00001011;       // FND용 C2 전원 ON
      PORTB = FND[F_index];     // FND용 C2 데이터(초의 10의 자리)
      delay_ms(1);              // 일정 시간 디스플레이

      // 1의 자리 분 디스플레이
      F_index=min % 10;         //min의 값을 10으로 나눈 나머지 값을 F_
      PORTG = 0b00001101;       // FND용 C1 전원 ON
      PORTB = FND[F_index] | 0b10000000; // FND용 C1 데이터(분의 1의
      delay_ms(1);              // 일정 시간 디스플레이

      // 10의 자리 분 디스플레이
      F_index = min / 10;       // min의 값을 10으로 나눠서 몫 값을 F_i
      PORTG = 0b00001110;       // FND용 C0 전원 ON
      PORTB = FND[F_index];     // FND용 C0 데이터(분의 10의 자리)
      delay_ms(1);              // 일정 시간 디스플레이
    }while(1);                  // 인터럽트 대기, 무한루프
}
```

(나) ATmega128 키트 실습(표준형 C 프로그램으로)

①~⑨ : '(나) ATmega128 키트 실습(간략형 C 프로그램으로)'의 ①~⑨를 참조하여 동일하게 진행한다.

(다) 하드웨어 회로도

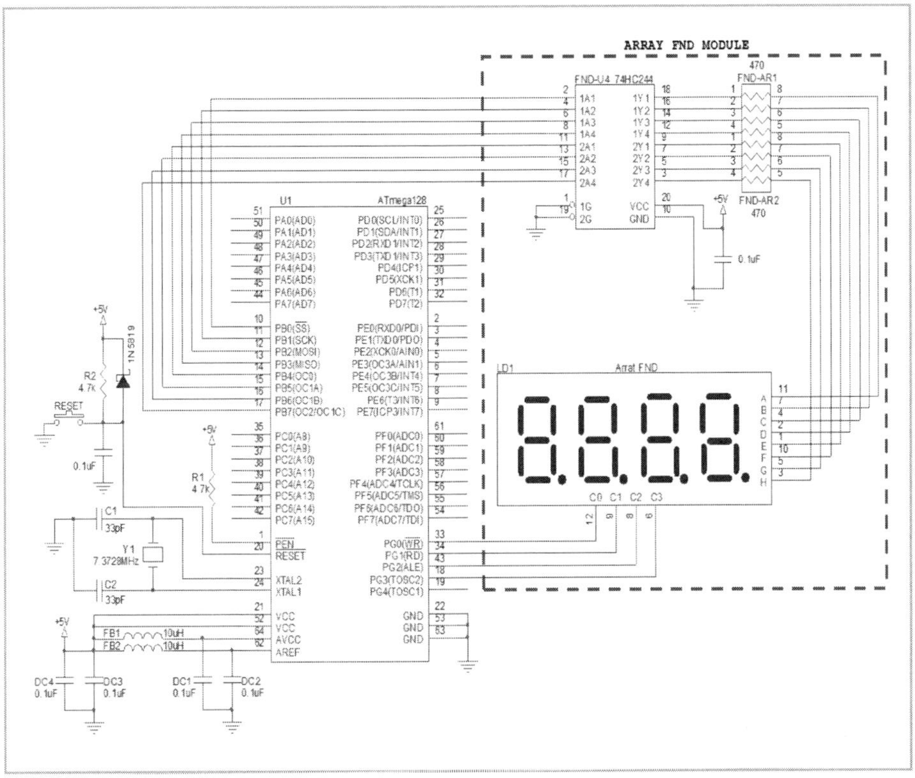

① 포트 B의 PB0~PB7에 +5[V](high 상태)가 출력되면 74HC244(FND-U4)의 1Y1~1Y4, 2Y1~2Y4는 +5[V](high 상태)를 출력하게 된다. 따라서 Array FND(LD1)의 A~H는 약 +5[V] 전압을 공급받게 된다. 이 때 Cathode(-) 공통형 핀(단자) C0~C3에 약 0[V]가 입력되게 되면 FND의 각 LED들에 전압이 형성되고 전류가 흘러서 켜지게 된다. 여기서 사용된 FND의 각 LED의 순방향 전압은 +2[V])이므로 나머지 전압(약 3[V])은 어레이 저항(FND-AR1, FND-AR2, 470[Ω])에 걸리게 된다. LED에 흐르는 전류(LED에 흐르는 전류가 작으면 LED 밝기가 줄어들거나 켜지지 않게 된다)는 $\frac{(5[V]-2[V])}{470[\Omega]}$ $\fallingdotseq 6.4[mA]$가 되고 LED는 켜지게 된다. FND-AR1과 FND-AR2 어레이 저항은 동일한 저항을 4개씩 묶어 놓은 것으로 PCB 공간을 줄일 수가 있다.

포트 B의 PB0~PB7에 0[V](high 상태)가 출력되면 74HC244(FND-U4)의 1Y1~1Y4, 2Y1~2Y4는 0[V](high 상태)가 된다. 따라서 Array FND(LD1)의 A~H는 약 +0[V] 전압을 공급받게 되므로 FND의 LED들은 꺼지게 된다.

② Array FND의 왼쪽 첫 번째 FND에 숫자가 표시되려면 포트 B의 PB0~PB7에 '1' 또는 '0'이 출력되고 포트 G의 PG0에 '0'이 출력되어야 한다. 예를 들어, 첫 번째 FND에 숫자 '5'가 표시되려면 'PB7~PB0'에 '01101101'이 출력되고 PG0에 '0'이 출력되면 된다. 두 번째 FND를 표시할 때는 PG1에 '0'을, 세 번째 FND를 표시할 때는 PG2에 '0'을, 네 번째 FND를 표시할 때는 PG3에 '0'을 출력시키면 된다.

(라) timer_WATCH.c 프로그램

```
// ATmega128의 각 레지스터들을 정의한 헤더파일
#include <mega128.h>

// delay 함수를 정의한 헤더파일
#include <delay.h>

unsigned char FND[10]= {0x3f,0x06,0x5b,0x4f,0x66,0x6d,0x7d,0x07,0x7f,0x6f};
                                            // 숫자 '0'~'9'
volatile unsigned char min, sec; // 초와 분을 저장하는 min, sec을 전역변수로 선언

// 타이머/카운터 1 오버플로우 인터럽트 서비스 프로그램
interrupt [TIM1_OVF] void timer1_overflow(void)
{
  TCNT1H = 0b11100011;                  // 타이머 1 시정수 1초 초기화
  TCNT1L = 0b11100000;                  // 0xe3e0
  sec++;                                // 초 증가
  if( sec == 60 ) {                     // 60초이면 분을 +1
    sec = 0;                            // 초 = 0
    min++;                              // 분 증가
    if( min == 60 )    min = 0;         // 60분이면 분 = 0
  }
  #asm("WDR");                          // 워치독 타이머 리셋
}

void main(void)
```

```
{
  unsigned char F_index;
  DDRB = 0b11111111;                   // PB7~PB0을 출력으로 설정
  DDRG = 0b00001111;                   // PG3~PG0을 출력으로 설정
  TCCR1A = 0b00000000;                 // 타이머 모드
  TCCR1B = 0b00000101;                 // 1024 분주
  TCNT1H = 0b11100011;                 // 타이머 1 시정수 1초 초기화
  TCNT1L = 0b11100000;                 // 0xe3e0
  TIMSK = 0b00000100;                  // 타이머 1 오버플로 인터럽트 활성화
  SREG |= 0b10000000;                  // 전체 인터럽트 활성화

  // 워치독 타이머 동작 on(1.8초)
  #asm("WDR")                          // 워치독 타이머 리셋
  WDTCR = 0b00011000                   // WDCE와 WDE 비트에 동시에 '1' 쓰기
  WDTCR = 0b00001111;                  // WDP2, WDP1, WDP0 값 변경(WDE 비
                                          트도 '1')

  sec = min = 0;                       // 초 저장 변수, 분 저장 변수 초기 값

  do {
    // 1의 자리 초 디스플레이
    F_index=sec % 10;                  // sec의 값을 10으로 나눈 나머지 값을
                                          F_index에 저장
    PORTG = 0b00000111;                // FND용 C3 전원 ON
    PORTB = FND[F_index];              // FND용 C3 데이터(초의 1의 자리)
    delay_ms(1);                       // 일정 시간 디스플레이

    // 10의 자리 초 디스플레이
    F_index = sec / 10;                // sec의 값을 10으로 나눠서 몫 값을
                                          F_index에 저장
    PORTG = 0b00001011;                // FND용 C2 전원 ON
    PORTB = FND[F_index];              // FND용 C2 데이터(초의 10의 자리)
    delay_ms(1);                       // 일정 시간 디스플레이

    // 1의 자리 분 디스플레이
    F_index=min % 10;                  // min의 값을 10으로 나눈 나머지 값을
                                          F_index에 저장
    PORTG = 0b00001101;                // FND용 C1 전원 ON
    PORTB = FND[F_index] | 0b10000000; // FND용 C1 데이터(분의 1의
                                       // 자리와 point)
    delay_ms(1);                       // 일정 시간 디스플레이
```

```
    // 10의 자리 분 디스플레이
    F_index = min / 10;                    // min의 값을 10으로 나눠서 몫 값을
                                              F_index에 저장
    PORTG = 0b00001110;                    // FND용 C0 전원 ON
    PORTB = FND[F_index];                  // FND용 C0 데이터(분의 10의 자리)
    delay_ms(1);                           // 일정 시간 디스플레이
  }while(1);                               // 인터럽트 대기, 무한루프
}
```

전원이 켜지면 ARRAY FND MODULE의 FND는 00.00을 표시한 후, 숫자가 1초 마다 증가한다. 즉, 전원이 켜지면 timer_WATCH.c 프로그램이 동작하게 되어 FND가 00.00 → 00.01 → 00.02 → … → 00.59 → 01.00 → 01.01 → 01.02 → … → 59.59 → 00.00 → 00.01 → … 으로 1초마다 숫자가 계속적으로 변경된다. TCCR1A, TCCR1B, TCNT1H, TCNT1L, TIMSK, WDTCR 레지스터에 대한 자세한 내용은 '(5) 16비트 타이머/카운터'와 '(6) 워치독 타이머'를 참조한다.

① #include 〈mega128.h〉
ATmega128의 각 레지스터들과 인터럽트 벡터 테이블을 정의한 헤더파일이다.

② #include 〈delay.h〉
delay 함수를 정의한 헤더파일

③ unsigned char FND[10]= {0x3f,0x06,0x5b,0x4f,0x66,0x6d,0x7d,0x07,0x7f,0x6f};
'4.1의 (2)의 (라) timer_WATCH_easy.c 프로그램'의 ④를 참조한다.

④ volatile unsigned char min, sec;
min, sec을 휘발성 부호없는 문자형 전역변수로 선언한다.

⑤ interrupt [TIM1_OVF] void timer1_overflow(void)
'4.1의 (2)의 (라) timer_WATCH_easy.c 프로그램'의 ⑥을 참조한다.

⑥ TCNT1H = 0b11100011;   // 0xe3
TCNT1L = 0b11100000;   // 0xe0
1초에 해당하는 시정수 값 0xe3e0 = 58336을 타이머/카운터1 레지스터에 입력한다.

→ (1024/7372800)x7200 = 1[s]

1024(분주비), 7372800(시스템 클록 주파수), 7200번 카운팅(계수) 횟수

→ 타이머/카운터 1 레지스터에는 0xe3e0(= 58336 = 65536-7200)을 입력한다. 시스템 클록을 1024 분주한 클록에 따라 타이머/카운터 1 레지스터 값이 7200번 증가하여 오버플로우 되어 '0'이(58336 → 58337 → … → 65536 → 0) 되면 타이머/카운터 1 오버플로우 플래그 비트가 '1'이 된다.

⑦ sec++;

초를 +1 증가시킨다.

⑧ if(sec == 60) { 내용 }

'4.1의 (2)의 (라) timer_WATCH_easy.c 프로그램'의 ⑨를 참조한다.

⑨ #asm("WDR");

어셈블리어로 명령어 WDR을 선언한 것이다.

WDR은 워치독 리셋(WatchDog Reset)이다. 워치독 기능을 계속해서 수행하기 위해서는 일정시간마다 워치독 타이머를 리셋시켜야 한다.

⑩ unsigned char F_index;

F_index를 부호없는 8비트 정수형 변수로 선언한다.

⑪ DDRB = 0b11111111;

포트 B의 PB7~PB0을 출력 핀으로 설정한다.

⑫ DDRG = 0b00001111;

포트 G의 PG4~PG0 중 PG3~PG0만 출력 핀으로 설정한다.

나머지 PG4는 입력 또는 출력 중 어느 것을 사용해도 무방하다.

여기서는 PG4를 입력으로 설정한다.

⑬ TCCR1A = 0b00000000;

타이머/카운터 1을 타이머/카운터 모드(보통 모드)로 설정한다.

TCCR1A의 WGM11/WGM10와 TCCR1B의 WGM13/WGM12이 모두 '0'이어야 타이머/카운터 모드(보통 모드, Normal Mode)가 된다.

⑭ TCCR1B = 0b00000101;

타이머/카운터 1의 클록 주파수을 구하기 위해 '101'(1024 분주비)을 설정한다.

타이머/카운터 1의 클록 주파수 = 7372800/1024 = 7200[Hz]

⑮ TIMSK = 0b00000100;

타이머/카운터1 오버플로우 인터럽트를 활성화(인에이블)시킨다.

⑯ SREG |= 0b10000000;

SREG 레지스터의 I 비트를 '1'로 만들어 전체 인터럽트를 활성화시킨다.

⑰ WDTCR = 0b00011000;

WDTCR 레지스터의 WDCE와 WDE 비트에 '1'은 입력한다.

⑱ WDTCR = 0b00001111;

WDTCR 레지스터의 WDP2, WDP1, WDP0 값을 변경시키고 워치독 타이머를 동작시키기 위하여 WDE 비트에 '1'을 입력한다.

워치독 타이머는 초기에 WDP2, WDP1, WDP0 가 '000'으로 되어 있어 워치독 타이머 시간을 변경하여야 워치독 기능을 동작시킬 수 있다. 워치독 타이머 변경 순서는 '#asm("WDR")(워치독 타이머 리셋) → ⑰ → ⑱'이다.

⑲ do{ 내용 }while(1);

'내용'은 4개의 FND에 분과 초를 나타내기 위한 것으로, 00.00 → 00.01 → 00.02 → … → 00.59 → 01.00 → 01.01 → 01.02 → … → 59.59 → 00.00 → 00.01 → … 으로 1초마다 숫자가 계속적으로 변경된다.

// 1의 자리 초 디스플레이

F_index = sec % 10;

→ sec의 값을 10으로 나눈 나머지 값을 F_index에 저장한다.

PORTG = 0b00000111;

→ 네 번째 FND에 전원이 공급될 수(전류가 흐를 수) 있도록 C3에 '0'(약 0[V])을 입력한다.

PORTB = FND[F_index];

→ 초의 1의 자리 숫자를 네 번째 FND에 표시하기 위하여 FND의 'A~G'의 값을 포트 B를 통하여 입력한다.

delay_ms(1);

→ 일정 시간(약 1[ms]) 동안 네 번째 FND에 숫자가 디스플레이 된다.

⋮

PORTB = FND[F_index] | 0b10000000;

→ 분의 1의 자리 숫자를 두 번째 FND에 표시하기 위하여 FND의 'A~G'의 값을 포트 B를 통하여 입력한다.

→ 분과 초를 분리하기 위하여 두 번째 FND의 'H'를 켜지게 한다(점으로 표시되는 부분).

⋮

(4) CodeVisionAVR으로 C 프로그램(확장형) 작성 및 키트 실습

(가) CodeVisionAVR으로 C 프로그램(확장형, 레지스터 주소를 정의한 형식) 작성

①~⑥ : '2.1의 (가) CodeVisionAVR으로 C 프로그램(간략형, 함수를 헤더파일로 정의한 형식) 작성'의 ①~⑥을 참조하여 동일하게 진행한다.

⑦ 컴퓨터에 'timer_WATCH_extension' 폴더(C:\ATmega128\timer_WATCH_extension)를 만든다.
'Create New Project' 화면에서 아래와 같이 진행한다.
'저장 위치(I):'를 'timer_WATCH_extension' 폴더로 선택한다.
'파일 이름(N):'에 'timer_WATCH_extension'를 써 넣는다.
'저장(S)'을 클릭한다.

⑧은 '2.1의 (가) CodeVisionAVR으로 C 프로그램(간략형, 함수를 헤더파일로 정의한 형식) 작성'을 참조하여 동일하게 진행한다.

⑨ 'Configure Project timer_WATCH_extension.prj' 화면이 나타난다.
'Input Files'이 'timer_WATCH_extension.c'임을 알 수 있다.
'C Compiler'를 클릭한다.

⑩~⑬ : '2.1의 (가) CodeVisionAVR으로 C 프로그램(간략형, 함수를 헤더파일로 정의한 형식) 작성'의 ⑩~⑬을 참조하여 동일하게 진행한다.

⑭ 'timer_WATCH_extension.c*' 안의 내용을 모두 지운다.
'timer_WATCH_extension.c*' 안에 아래 그림과 같이 프로그램을 작성한다(주석('//...')으로 표시된 부분은 작성하지 않아도 된다. 프로그램 내용은 '(다) timer_WATCH_extension.c 프로그램' 참조).

C:\ATmega128\timer_WATCH_extension\timer_WATCH_extension.c

Notes | timer_WATCH_extension.c

```
    sec = min = 0;                  // 초 저장 변수, 분 저장 변수 초기 값

    do {
      // 1의 자리 초 디스플레이
      F_index=sec % 10;           // sec의 값을 10으로 나눈 나머지 값을 F_
      PORTG = 0b00000111;         // FND용 C3 전원 ON
      PORTB = FND[F_index];       // FND용 C3 데이터(초의 1의 자리)
      delay_ms(1);                // 일정 시간 디스플레이

      // 10의 자리 초 디스플레이
      F_index = sec / 10;         // sec의 값을 10으로 나눠서 몫 값을 F_i
      PORTG = 0b00001011;         // FND용 C2 전원 ON
      PORTB = FND[F_index];       // FND용 C2 데이터(초의 10의 자리)
      delay_ms(1);                // 일정 시간 디스플레이

      // 1의 자리 분 디스플레이
      F_index=min % 10;           // min의 값을 10으로 나눈 나머지 값을 F_
      PORTG = 0b00001101;         // FND용 C1 전원 ON
      PORTB = FND[F_index] | 0b10000000; // FND용 C1 데이터(분의 1의
      delay_ms(1);                // 일정 시간 디스플레이

      // 10의 자리 분 디스플레이
      F_index = min / 10;         // min의 값을 10으로 나눠서 몫 값을 F_i
      PORTG = 0b00001110;         // FND용 C0 전원 ON
      PORTB = FND[F_index];       // FND용 C0 데이터(분의 10의 자리)
      delay_ms(1);                // 일정 시간 디스플레이
    }while(1);                      // 인터럽트 대기, 무한루프
}
```

(나) ATmega128 키트 실습(확장형 C 프로그램으로)

①~⑨ : '(나) ATmega128 키트 실습(간략형 C 프로그램으로)'의 ①~⑨를 참조하여 동일하게 진행한다.

(다) timer_WATCH_extension.c 프로그램

```
// ATmega128 포트 B와 포트 G의 방향과 출력을 정의
sfrb      DDRB=0x17;
sfrb      PORTB=0x18;
#define   DDRG       (*(unsigned int *)0x64)
#define   PORTG      (*(unsigned int *)0x65)

// ATmega128 타이머/카운터 1 인터럽트 관련 레지스터 정의
sfrb      TCNT1L=0x2c;
sfrb      TCNT1H=0x2d;
sfrb      TCCR1B=0x2e;
sfrb      TCCR1A=0x2f;
sfrb      TIFR=0x36;
sfrb      TIMSK=0x37;

sfrb      WDTCR=0x21;           // 워치독 레지스터
sfrb      SREG=0x3f;            // 전체인터럽트 활성화 관련 레지스터

#define   TIM1_OVF    15        // 타이머/카운터1 오버플로우 인터럽트 벡터 주소

// delay 함수를 정의한 헤더파일
#include <delay.h>

unsigned char FND[10]= {0x3f,0x06,0x5b,0x4f,0x66,0x6d,0x7d,0x07,0x7f,0x6f};
                                 // 숫자 '0'~ '9'
volatile unsigned char min, sec; // 초와 분을 저장하는 min, sec을 전역변수로 선언

// 타이머/카운터 1 오버플로우 인터럽트 서비스 프로그램
interrupt [TIM1_OVF] void timer1_overflow(void)
{
  TCNT1H = 0b11100011;                 // 타이머 1 시정수 1초 초기화
  TCNT1L = 0b11100000;                 // 0xe3e0
  sec++; // 초 증가
  if( sec == 60 ) {                    // 60초이면 분을 +1
    sec = 0;                           // 초 = 0
    min++;                             // 분 증가
    if( min == 60 )    min = 0;        // 60분이면 분 = 0
  }
  #asm("WDR");                         // 워치독 타이머 리셋
}
```

```
void main(void)
{
  unsigned char F_index;
  DDRB = 0b11111111;                    // PB7~PB0을 출력으로 설정
  DDRG = 0b00001111;                    // PG3~PG0을 출력으로 설정
  TCCR1A = 0b00000000;                  // 타이머 모드
  TCCR1B = 0b00000101;                  // 1024 분주
  TCNT1H = 0b11100011;                  // 타이머 1 시정수 1초 초기화
  TCNT1L = 0b11100000;                  // 0xe3e0
  TIMSK = 0b00000100;                   // 타이머 1 오버플로 인터럽트 활성화
  SREG |= 0b10000000;                   // 전체 인터럽트 활성화

  // 워치독 타이머 동작 on(1.8초)
  #asm("WDR")                           // 워치독 타이머 리셋
  WDTCR = 0b00011000;                   // WDCE와 WDE 비트에 동시에 '1' 쓰기
  WDTCR = 0b00001111;                   // WDP2, WDP1, WDP0 값 변경(WDE 비
                                           트도 '1')

  sec = min = 0;                        // 초 저장 변수, 분 저장 변수 초기 값

  do {
    // 1의 자리 초 디스플레이
    F_index=sec % 10;                   // sec의 값을 10으로 나눈 나머지 값을
                                           F_index에 저장
    PORTG = 0b00000111;                 // FND용 C3 전원 ON
    PORTB = FND[F_index];               // FND용 C3 데이터(초의 1의 자리)
    delay_ms(1);                        // 일정 시간 디스플레이

    // 10의 자리 초 디스플레이
    F_index = sec / 10                  // sec의 값을 10으로 나눠서 몫 값을
                                           F_index에 저장
    PORTG = 0b00001011;                 // FND용 C2 전원 ON
    PORTB = FND[F_index];               // FND용 C2 데이터(초의 10의 자리)
    delay_ms(1);                        // 일정 시간 디스플레이

    // 1의 자리 분 디스플레이
    F_index=min % 10;                   // min의 값을 10으로 나눈 나머지 값을
                                           F_index에 저장
    PORTG = 0b00001101;                 // FND용 C1 전원 ON
    PORTB = FND[F_index] | 0b10000000;  // FND용 C1 데이터(분의 1의
```

```
                                              // 자리와 point)
    delay_ms(1);                              // 일정 시간 디스플레이

    // 10의 자리 분 디스플레이
    F_index = min / 10;                       // min의 값을 10으로 나눠서 몫 값을
                                                 F_index에 저장
    PORTG = 0b00001110;                       // FND용 C0 전원 ON
    PORTB = FND[F_index];                     // FND용 C0 데이터(분의 10의 자리)
    delay_ms(1);                              // 일정 시간 디스플레이
  }while(1);                                  // 인터럽트 대기, 무한루프
}
```

전원이 켜지면 ARRAY FND MODULE의 FND는 00.00을 표시한 후, 숫자가 1초 마다 증가한다. 즉, 전원이 켜지면 timer_WATCH_extension.c 프로그램이 동작하게 되어 FND가 00.00 → 00.01 → 00.02 → … → 00.59 → 01.00 → 01.01 → 01.02 → … → 59.59 → 00.00 → 00.01 → … 으로 1초마다 숫자가 계속적으로 변경된다.

'#define TIM1_OVF 15'는 ATmega128 인터럽트들의 벡터 번호 중 타이머/카운터 1 오버플로우 인터럽트의 벡터 번호를 컴파일러에게 알려주는 내용이다. 타이머/카운터 1 오버플로우 인터럽트(TIM1_OVF)는 벡터 번호 15를 지시하는 것이다. 이렇게 설정해 두면 컴파일러가 'TIM1_OVF'으로 정해둔 타이머/카운터 1 오버플로우 인터럽트의 서비스 프로그램의 시작번지를 벡터 주소 안에 넣어두게 된다. 프로그램이 시작되고 인터럽트가 발생하면 벡터 주소 안의 인터럽트 서비스 프로그램 주소로 점프하여 서비스 프로그램을 수행하게 된다.

64 I/O 레지스터 영역과 160 확장 I/O 레지스터 영역에 적용한 'sfrb'와 '#define'에 대한 설명은 '4.1의 (4)의 (다) timer_STEP_12_extension.c 프로그램'을 참조한다.

C 프로그램의 나머지 내용은 '4.2의 (3)의 (라) timer_WATCH.c 프로그램'과 동일하다.

(5) 16비트 타이머/카운터

ATmega128은 2개의 16 비트 타이머/카운터인 타이머/카운터 1과 타이머/카운터 3을 내장하고 있다. ATmega128의 모든 I/O 레지스터는 8비트로 이루어져 있으므로, 8비트 레지스터 2개를 이용하여(TCNT1H:TCNT1L 또는 TCNT3H:TCNT3L) 16비트 크기의 타이머/카운터로 사용된다. 타이머/카운터1과 타이머/카운터3은 동일한 기능을 지니고 있으나 이를 사용하기 위한 레지스터들은 각각 독립적인 공간으로 되어 있다.

그림 4-5로부터 타이머/카운터 구조를 살펴보면 타이머 기능인 경우에는 내부 클록(시스템 클록)으로부터 입력된 신호(프리스케일러(prescaler)를 거쳐 분주된 클록 신호) 또는 카운터 기능인 경우에는 외부 핀으로부터 입력된 신호(상승모서리 또는 하강모서리 마다 1개의 클록으로 인식)가 제어 논리 회로를 거쳐 'Count' 신호로 TCNTn(n은 1 또는 3) 레지스터에 입력된다. 이 신호는 TCNTn 레지스터의 값을 '+1'씩 증가시킨다. TCNTn은 16비트 최대값 '65535'이 된 후에 다시 '0'으로 바뀌면서 오버플로우를 발생하게 된다. 즉, TOVn(n은 1 또는 3)에 '1'이 발생하게 된다.

16비트 TCNTn 레지스터에 값을 입력시킬 때는 TCNTnH부터 쓰고 그 다음에 TCNTnL을 입력시켜야 한다. TCNTnH 값은 TEMP 레지스터에 입력된 후에 TCNTnL을 입력시킬 때 16비트 TCNTn 레지스터에 입력되게 된다. 16비트 TCNTn 레지스터에 값을 읽을 때는 TCNTnL부터 읽고 그 다음에 TCNTnH를 읽어야 한

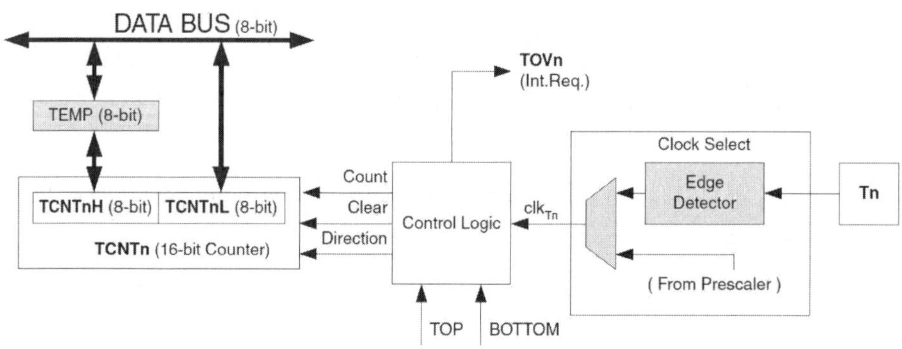

▌그림 4-5▌ 타이머/카운터 1, 3 계수 부분 구조

다. TCNTnL을 읽을 때 TCNTnH 값은 TEMP 레지스터에 입력되며, TCNTnH를 읽으면 TEMP 레지스터에 있는 값이 읽히게 된다.

Tn(n은 1 또는 3) 상에서의 신호 변화는 그 핀이 출력으로 설정되어 있더라도 카운터에 계속 클록 신호를 주게 된다.

(가) 16비트 타이머 오버플로우

타이머/카운터 1을 기준으로 16비트 타이머 오버플로우를 설명(타이머/카운터 3도 동일)하면 그림 4-6과 같다. 타이머 모드의 경우, 0.1356[us](7.3728[MHz]의 경우)마다 하나씩 계수하여 타이머/카운터 레지스터인 TCNT1(TCNT1H:TCNT1L)에 계수된 값을 보관한다.

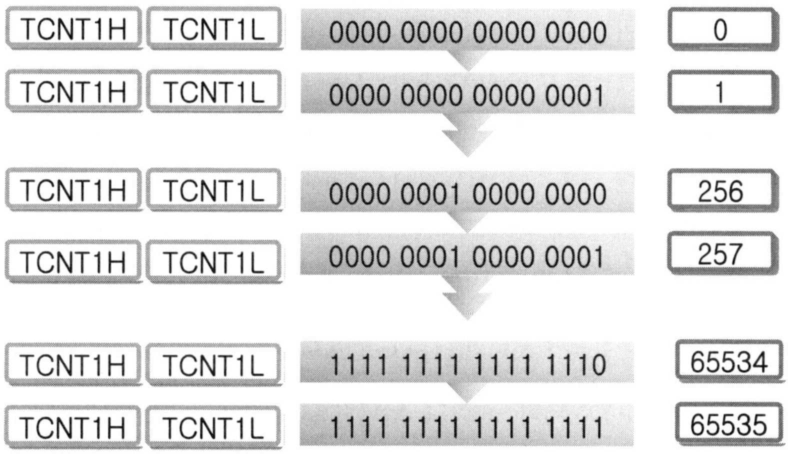

▌그림 4-6▐ 타이머/카운터 1 계수 변화

그림 4-6과 같이 TCNT1 레지스터가 0부터 계수되기 시작했다면 65535번 계수가 됐을 때 TCNT1 레지스터는 모두 '1'로 채워질 것이고, 이 상태에서 하나를 더 계수하면 최상위 비트에서 자리 올림수가 발생(그림 4-7)한다. 이 상태를 오버플로우라 하고, 이때 타이머/카운터 1 오버플로우 플래그 비트가 '1'이 된다. 이 비트를 검사하여 소프트웨어적으로 프로그램을 처리하는 폴링방식과 이 비트로부터 하드웨어적으로 자동 요청되는 벡터방식의 타이머/카운터 1 오버플로우 인터럽트가 있다.

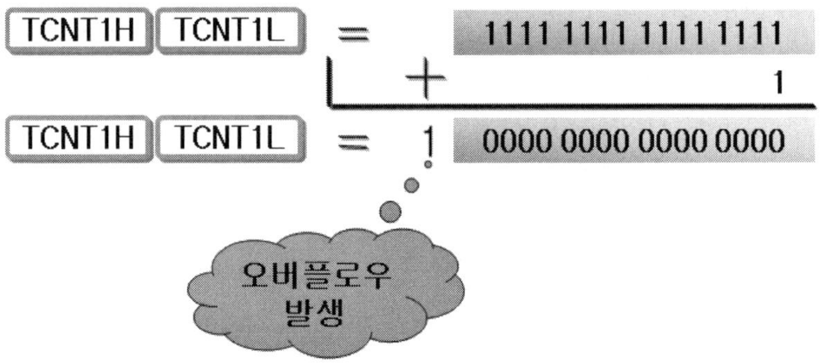

▌그림 4-7▐ 타이머/카운터 1 오버플로우 발생

(나) 타이머/카운터 1 오버플로우 관련 레지스터

타이머/카운터 1 오버플로우 관련 레지스터는 타이머/카운터 인터럽트 마스크 레지스터(TIMSK, Timer/Counter Interrupt Mask Register), 타이머/카운터 인터럽트 플래그 레지스터(TIFR, Timer/Counter Interrupt Flag Register), 타이머/카운터 1 제어 레지스터 A(TCCR1A, Timer/Counter1 Control Register A), 타이머/카운터 1 제어 레지스터 B(TCCR1B, Timer/Counter1 Control Register B), 타이머/카운터 레지스터 1(TCNT1H:TCNT1L, Timer/Counter Register 1)이다.

- 타이머/카운터 인터럽트 마스터 레지스터, TIMSK

  타이머/카운터와 관련된 인터럽트의 사용 유무를 나타내는 레지스터이다. TIMSK의 2번 비트인 TOIE1 비트를 '1'로 하면 타이머/카운터 1 오버플로 인터럽트를 사용하겠다는 의미이고, '0'이면 사용하지 않겠다는 의미이다.

비트번호	7	6	5	4	3	2	1	0	
	OCIE2	TOIE2	TICIE1	OCIE1A	OCIE1B	TOIE1	OCIE0	TOIE0	TIMSK
읽기/쓰기	R/W	R/W	R/W	R/W	R/W	R/W	R/W	R/W	
초기값	0	0	0	0	0	0	0	0	

- 타이머/카운터 인터럽트 플래그 레지스터, TIFR

  타이머/카운터와 관련된 인터럽트의 발생 유무를 나타내는 레지스터이다. 타이머/카운터 1 오버플로 인터럽트가 발생되면 TIFR의 2번 비트인 TOV1 비트가 '1'이 되어 인터럽트 요청신호가 발생된다. 인터럽트(벡터방식) 서비스 프로그램으로 이동하면 이 비트는 '0'이 된다. 이 비츠를 강제적으로 클리어시키기 위해서는 이 비트에 '1'을 써 넣어야 한다.

비트번호	7	6	5	4	3	2	1	0	
	OCF2	TOV2	ICF1	OCF1A	OCF1B	TOV1	OCF0	TOV0	TIFR
읽기/쓰기	R/W	R/W	R/W	R/W	R/W	R/W	R/W	R/W	
초기값	0	0	0	0	0	0	0	0	

■ 타이머/카운터 1 제어 레지스터 A, TCCR1A

타이머/카운터 1 기능을 제어하기 위한 레지스터 3개 중 하나이며, 타이머/카운터 기능에서는 TCCR1A와 TCCR1B만 사용된다. TCCR1A에서는 비트 1, 0만 사용된다(타이머/카운터 기능 적용시). TCCR1A는 특수 기능 레지스터 주소(괄호( )는 데이터 메모리 주소) 0x2F(0x4F)에 위치하고 있으며 기능에 따라 읽기와 쓰기 동작을 할 수 있다.

비트번호	7	6	5	4	3	2	1	0	
	COM1A1	COM1A0	COM1B1	COM1B0	COM1C1	COM1C0	WGM11	WGM10	TCCR1A
읽기/쓰기	R/W	R/W	R/W	R/W	R/W	R/W	R/W	R/W	
초기값	0	0	0	0	0	0	0	0	

▸ 비트 1, 0 - WGM11, WGM10 : 파형 발생 모드(Waveform Generation Mode)
TCCR1B의 WGM13, WGM12와 함께 타이머/카운터 1이 발생할 수 있는 동작 모드를 선택하는데 사용된다. 타이머/카운터 기능일 때는 일반(범용) 모드(Normal)를 적용한다. 즉 'WGM13 = 0, WGM12 = 0, WGM11 = 0, WGM10 = 0'을 설정하면 된다.

■ 타이머/카운터 1 제어 레지스터 B, TCCR1B

타이머/카운터 1 기능을 제어하기 위한 레지스터 3개 중 하나이다. 타이머/카운터 기능에서는 비트 4~0만 사용된다. TCCR1B는 특수 기능 레지스터 주소(괄호( )는 데이터 메모리 주소) 0x2E(0x4E)에 위치하고 있으며 기능에 따라 읽기와 쓰기 동작을 할 수 있다.

비트번호	7	6	5	4	3	2	1	0	
	ICNC1	ICES1	–	WGM13	WGM12	CS12	CS11	CS10	TCCR1B
읽기/쓰기	R/W	R/W	R	R/W	R/W	R/W	R/W	R/W	
초기값	0	0	0	0	0	0	0	0	

- 비트 4, 3 - WGM13, WGM12 : 파형 발생 모드(Waveform Generation Mode)
  TCCR1A의 WGM11, WGM10와 함께 타이머/카운터 1이 발생할 수 있는 동작 모드를 선택하는데 사용된다. 타이머/카운터 기능일 때는 일반(범용) 모드(Normal)를 적용한다. 즉 'WGM13 = 0, WGM12 = 0, WGM11 = 0, WGM10 = 0'을 설정하면 된다.
- 비트 2..0 - CS12..10 : 클록 선택(Clock Select)
  타이머/카운터에 입력될 주파수를 분주하기 위한 것으로, 시스템 주파수가 'CS12..10'에 의하여 분주된 후에 타이머/카운터 레지스터의 클록이 된다.

┃표 4-2┃ 타이머/카운터 1 클록 선택

WGM13~WGM10	CS12	CS11	CS10	기능
0000 16비트 타이머/카운터 모드	0	0	0	타이머 정지
	0	0	1	시스템 클록($clk_{I/O}$)
	0	1	0	$clk_{I/O}$를 8 분주하는 프리스케일러
	0	1	1	$clk_{I/O}$를 64 분주하는 프리스케일러
	1	0	0	$clk_{I/O}$를 256 분주하는 프리스케일러
	1	0	1	$clk_{I/O}$를 1024 분주하는 프리스케일러
	1	1	0	외부클록 핀, 하강모서리(카운터 모드)
	1	1	1	외부클록 핀, 상승모서리(카운터 모드)

10비트 프리스케일 선택은 입력 클록(CK)을 어떻게 분주하여 사용하느냐에 따라서 결정된다. 즉 CK/8, CK/64, CK/256, CK/1024 등이며, 외부에서 들어오는 클록(상승모서리, 하강모서리)도 선택하여 사용할 수 있다. 'CSn2/CSn1/CSn0' n:1, 2, 3)이 모두 '0'인 타이머 정지일 때에는 타이머/카운터 1, 2, 3의 클록은 0[V]에 연결되어 계수가 일어나지 않는다(그림 4-8).

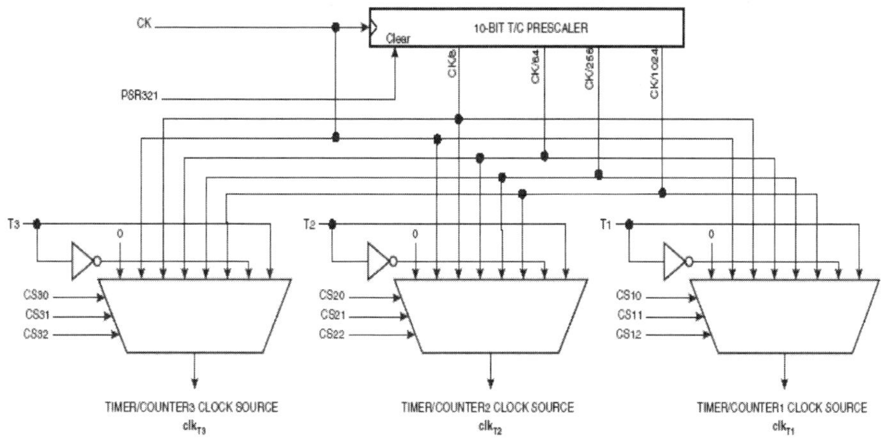

▌그림 4-8▐ 타이머/카운터 1, 2, 3 프리스케일러

- 타이머/카운터 레지스터 1, TCNT1H:TCNT1L

  계수되는 16비트 크기의 값을 TCNT1H:TCNT1L에 저장한다. TCNT1H:TCNT1L은 특수 기능 레지스터 주소(괄호( )는 데이터 메모리 주소) 0x2D(0x4D):0x2C(0x4C)에 위치하고 있으며 기능에 따라 읽기와 쓰기 동작을 할 수 있다.

비트번호	7	6	5	4	3	2	1	0	
	TCNT1[15:8]								TCNT1H
	TCNT1[7:0]								TCNT1L
읽기/쓰기	R/W	R/W	R/W	R/W	R/W	R/W	R/W	R/W	
초기값	0	0	0	0	0	0	0	0	

(다) 타이머/카운터 1 시정수 설정

TCNT1 레지스터(TCNT1H:TCNT1L)의 초기 값이 0이라면 오버플로우가 발생하게 하기 위해서는 모두 65536번을 계수하여야 한다. 만약 프리스케일러를 사용하지 않는다면(7.3728[MHz]의 경우) 약 0.1356[us]마다 한 번씩 계수되므로 0.1356[us] × 65536 ≒ 8886.68[us] 마다 한 번씩 오버플로우가 발생을 하고, 1024 분주비로 프리스케일러를 사용하면 0.1356[us] × 1024 ≒ 138.85[us]마다 한 번씩 계수되므로 138.85[us] × 65536 ≒ 9.1[s])마다 오버플로우가 발생을 하게 된다.

예를 들어, TCNT1 레지스터(TCNT1H:TCNT1L)에 '0'이 아닌 다른 값을 저장하고 오버플로우가 발생할 조건을 조절하면 정확히 1[s] 타이머를 만들 수 있을 것이다. 1024 분주비로 계수된다면 138.85[us]마다 계수되는 것이므로 7200번 계수한 후 오버플로우가 발생한다면 정확히 1[s]를 만들 수 있을 것이다. 7200 × 138.85 [us] = 1[s] ((1024/7372800) × 7200 = 1[s]), 이를 위해 TCNT1 레지스터(TCNT1H:TCNT1L)에 58336(65536 - 7200 = 58336)를 저장한 후, 이때부터 계수를 시작하면 7200번 계수한 후 오버플로우가 발행하므로 정확히 1[s] 후에 타이머/카운터 1 오버플로우가 일어나게 된다.

(라) 타이머/카운터 3 관련 레지스터

타이머/카운터 3 관련 레지스터는 확장 타이머/카운터 인터럽트 마스크 레지스터(ETIMSK, Extended Timer/Counter Interrupt Mask Register), 확장 타이머/카운터 인터럽트 플래그 레지스터(ETIFR, Extended Timer/Counter Interrupt Flag Register), 타이머/카운터 3 제어 레지스터 A(TCCR3A, Timer/Counter3 Control Register A), 타이머/카운터 3 제어 레지스터 B(TCCR3B, Timer/Counter3 Control Register B), 타이머/카운터 레지스터 3(TCNT3H:TCNT3L, Timer/Counter Register 3)이다. 타이머/카운터 3 오버플로우 사용방법은 타이머/카운터 1 오버플로우와 동일하다.

- 확장 타이머/카운터 인터럽트 마스터 레지스터, ETIMSK

  타이머/카운터와 관련된 인터럽트의 사용 유무를 나타내는 레지스터이다. ETIMSK의 2번 비트인 TOIE3 비트를 '1'로 하면 타이머/카운터 3 오버플로 인터럽트를 사용하겠다는 의미이고, '0'이면 사용하지 않겠다는 의미이다. ETIMSK는 데이터 메모리 수소 0x7D에 위치하고 있으나 기능에 따라 읽기와 쓰기 동작을 할 수 있다.

비트번호	7	6	5	4	3	2	1	0	
	–	–	TICIE3	OCIE3A	OCIE3B	TOIE3	OCIE3C	OCIE1C	ETIMSK
읽기/쓰기	R	R	R/W	R/W	R/W	R/W	R/W	R/W	
초기값	0	0	0	0	0	0	0	0	

■ 확장 타이머/카운터 인터럽트 플래그 레지스터, ETIFR

타이머/카운터와 관련된 인터럽트의 발생 유무를 나타내는 레지스터이다. 타이머/카운터 3 오버플로 인터럽트가 발생되면 ETIFR의 2번 비트인 TOV3 비트가 '1'이 되어 인터럽트 요청신호가 발생된다. 인터럽트(벡터방식) 서비스 프로그램으로 이동하면 이 비트는 '0'이 된다. 이 비트를 강제적으로 클리어시키기 위해서는 이 비트에 '1'을 써 넣어야 한다. ETIFR은 데이터 메모리 주소 0x7C에 위치하고 있으며 기능에 따라 읽기와 쓰기 동작을 할 수 있다.

비트번호	7	6	5	4	3	2	1	0	
	–	–	ICF3	OCF3A	OCF3B	TOV3	OCF3C	OCF1C	ETIFR
읽기/쓰기	R/W	R/W	R/W	R/W	R/W	R/W	R/W	R/W	
초기값	0	0	0	0	0	0	0	0	

■ 타이머/카운터 3 제어 레지스터 A, TCCR3A

타이머/카운터 3 기능을 제어하기 위한 레지스터 3개 중 하나이며, 타이머/카운터 기능에서는 TCCR3A와 TCCR3B만 사용된다. TCCR3A에서는 비트 1, 0만 사용된다(타이머/카운터 기능 적용시). TCCR3A는 데이터 메모리 주소 0x8B에 위치하고 있으며 기능에 따라 읽기와 쓰기 동작을 할 수 있다.

비트번호	7	6	5	4	3	2	1	0	
	COM3A1	COM3A0	COM3B1	COM3B0	COM3C1	COM3C0	WGM31	WGM30	TCCR3A
읽기/쓰기	R/W	R/W	R/W	R/W	R/W	R/W	R/W	R/W	
초기값	0	0	0	0	0	0	0	0	

▸ 비트 1, 0 - WGM31, WGM30 : 파형 발생 모드(Waveform Generation Mode)
TCCR3B의 WGM33, WGM32와 함께 타이머/카운터 3이 발생할 수 있는 동작 모드를 선택하는데 사용된다. 타이머/카운터 기능일 때는 일반(범용) 모드(Normal)를 적용한다. 즉 'WGM33 = 0, WGM32 = 0, WGM31 = 0, WGM30 = 0'을 설정하면 된다.

■ 타이머/카운터 3 제어 레지스터 B, TCCR3B

타이머/카운터 3 기능을 제어하기 위한 레지스터 3개 중 하나이다. 타이머/카운터 기능에서는 비트 4~0만 사용된다. TCCR3B는 데이터 메모리 주소 0x8A에 위치하고 있으며 기능에 따라 읽기와 쓰기 동작을 할 수 있다.

비트번호	7	6	5	4	3	2	1	0	
	ICNC3	ICES3	–	WGM33	WGM32	CS32	CS31	CS30	TCCR3B
읽기/쓰기	R/W	R/W	R	R/W	R/W	R/W	R/W	R/W	
초기값	0	0	0	0	0	0	0	0	

- 비트 4, 3 - WGM33, WGM32 : 파형 발생 모드(Waveform Generation Mode)
  TCCR3A의 WGM31, WGM30와 함께 타이머/카운터 3이 발생할 수 있는 동작 모드를 선택하는데 사용된다. 타이머/카운터 기능일 때는 일반(범용) 모드(Normal mode)를 적용한다. 즉 'WGM33 = 0, WGM32 = 0, WGM31 = 0, WGM30 = 0'을 설정하면 된다.
- 비트 2..0 - CS32..30 : 클록 선택(Clock Select)
  타이머/카운터에 입력될 주파수를 분주하기 위한 것으로, 시스템 주파수가 'CS32..30'에 의하여 분주된 후에 타이머/카운터 레지스터의 클록이 된다.

❙표 4-3❙ 타이머/카운터 3 클록 선택

WGM33~WGM30	CS32	CS31	CS30	기능
0000 16비트 타이머/카운터 모드	0	0	0	타이머 정지
	0	0	1	시스템 클록($clk_{I/O}$)
	0	1	0	$clk_{I/O}$를 8 분주하는 프리스케일러
	0	1	1	$clk_{I/O}$를 64 분주하는 프리스케일러
	1	0	0	$clk_{I/O}$를 256 분주하는 프리스케일러
	1	0	1	$clk_{I/O}$를 1024 분주하는 프리스케일러
	1	1	0	외부클록 핀, 하강모서리(카운터 모드)
	1	1	1	외부클록 핀, 상승모서리(카운터 모드)

■ 타이머/카운터 레지스터 3, TCNT3H:TCNT3L

계수되는 16비트 크기의 값을 TCNT3H:TCNT3L에 저장한다. TCNT3H:TCNT3L은 데이터 메모리 주소 0x89:0x88에 위치하고 있으며 기능에 따라 읽기와 쓰기 동작을 할 수 있다.

비트번호	7	6	5	4	3	2	1	0	
	TCNT3[15:8]								TCNT3H
	TCNT3[7:0]								TCNT3L
읽기/쓰기	R/W	R/W	R/W	R/W	R/W	R/W	R/W	R/W	
초기값	0	0	0	0	0	0	0	0	

(6) 워치독 타이머

워치독 타이머는 마이크로프로세서의 오동작 발생시 이를 인식하고 마이크로프로세서를 리셋시키는 기능이다. 마이크로프로세서는 정상적으로 동작되고 있음을 일정한 시간마다 워치독 타이머에게 알려주어야 한다. 즉, 워치독 타이머가 오버플로우 되기 전에 계수되는 값을 클리어시킨다. 만일 오버플로우가 발생하면 워치독 타이머는 마이크로프로세서가 오동작을 일으키고 있다고 판단하여 마이크로프로세서를 리셋시키게 된다. 이 기능은 컴퓨터 시스템이 오랜 시간 오동작 상태에 머물지 못하게 함으로써 화재나 보안 등의 분야에 유용하게 활용될 수 있다. 그림 4-9는 워치독 발진자(1 [MHz] 오실레이터), 워치독 분주기(프리스케일러), 워치독 제어 비트들로 구성된 워치독 타이머의 구조를 나타내고 있다.

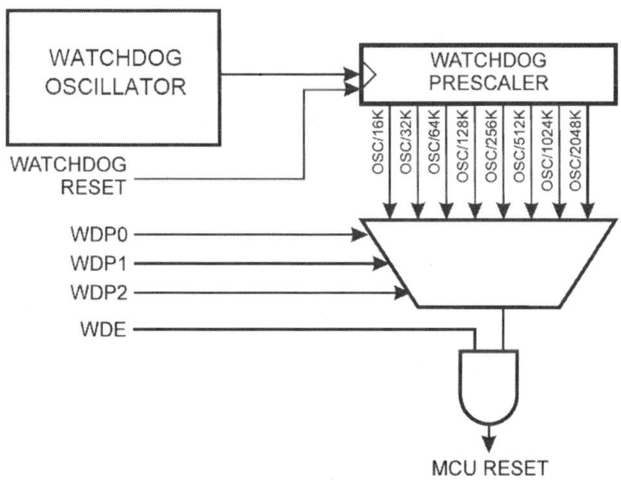

[그림 4-9] 워치독 타이머 구조

(가) 워치독 타이머 특징

- 독립적인 1[MHz]의 내부 발진기를 사용한다.
- 칩 리셋 또는 워치독을 동작 불가능(disable)으로 설정하면 워치독 타이머는 리셋된다.
- 8개의 다른 클록 주기를 선택할 수 있다.
- 의도되지 않게 워치독 동작을 불가능하게 하거나, 의도되지 않게 워치독 시간 변경을 방지하기 위하여 확장 휴즈 바이트(M103C, WDTON)를 사용할 수 있다.

(나) 워치독 타이머 제어 레지스터, WDTCR(Watchdog Timer Control Register)

WDTCR은 특수 기능 레지스터 주소(괄호( )는 데이터 메모리 주소) 0x21 (0x4C)에 위치하고 있으며 기능에 따라 읽기와 쓰기 동작을 할 수 있다.

비트번호	7	6	5	4	3	2	1	0	
	–	–	–	WDCE	WDE	WDP2	WDP1	WDP0	WDTCR
읽기/쓰기	R	R	R	R/W	R/W	R/W	R/W	R/W	
초기값	0	0	0	0	0	0	0	0	

■ 워치독 변화 활성화, WDCE(Watchdog Change Enable)

워치독 동작 불가능 또는 시간 변경을 위해서는 이 비트에 '1'을 써 넣어야 한다. 4 클록 후에 자동으로 '0'이 된다.

■ 워치독 활성화, WDE(Watchdog Enable)

'1'을 써 넣으면 워치독 기능이 동작한다. 'WDCE = 1'이면 WDE가 '0'이 될 수 있다.

▸ 워치독 타이머 동작 불가능 절차는 ②와 ③을 순서대로 실행하면 되고 시간 변경 절차는 안전 기준 1(safety Level 1)을 사용할 경우(가장 일반적임) ①과 ② 및 ④를 차례대로 실행하면 된다.

① 워치독 타이머를 리셋시킨다.

② WDCE와 WDE 비트에 '1'을 동시에 써 넣는다.

③ 다음 4 사이클 안에, WDE 비트에 '0'을 써 넣는다.

④ 다음 4 사이틀 안에 WDP2, WDP1, WDP0 값을 변경한다(워치독 타이머를 동작시키려면 WDE 비트가 '1'이어야 한다).

■ 워치독 타이머 분주기, WDP2..0(Watchdog Timer Prescaler 2, 1, 0)

워치독 타이머가 계수하는 시간 간격을 선택할 수 있다. 마이크로프로세서는 이 시간 간격 안에 워치독 타이머를 클리어(리셋)시켜야 한다.

| 표 4-4 | 워치독 타이머 시간 선택

WDP02	WDP01	WDP00	WDT 발진기 사이클 수	VCC=3[V]에서 타임-아웃	VCC=5[V]에서 타임-아웃
0	0	0	16k(16,384)	14.8 [ms]	14.0 [ms]
0	0	1	32k(32,768)	29.6 [ms]	28.1 [ms]
0	1	0	64k(65,536)	59.1 [ms]	56.2 [ms]
0	1	1	128k(131,072)	0.12 [s]	0.11 [s]
1	0	0	256k(262,144)	0.24 [s]	0.22 [s]
1	0	1	512k(524,288)	0.47 [s]	0.45 [s]
1	1	0	1024k(1,048,576)	0.95 [s]	0.9 [s]
1	1	1	2048k(2,097,152)	1.9 [s]	1.8 [s]

(7) 어레이 FND

어레이 형태의 FND(7 세그먼트)는 FND가 1개인 경우와 달리 각 FND의 신호선(A~H)들이 상호 연결되어 있는 구조이다. 그림 4-10은 4개의 FND로 구성된 어레이 FND의 한 예이다. 각 신호선(A~H)이 상호 연결되어 있고 각 FND의 공통단자(여기서는 Cathode(-) 공통)가 선으로 나와 있다. 따라서 어레이 FND 중 원하는 FND에 숫자 또는 문자를 표시할 경우에는 신호선(A~H)에 원하는 숫자나 문자의 데이터를 보내고 원하는 FND의 공통단자에 전원을 공급하면 된다(그림 4-10에서는 Cathode(-) 공통이므로 원하는 FND의 공통단자에 0[V]를 주면 된다).

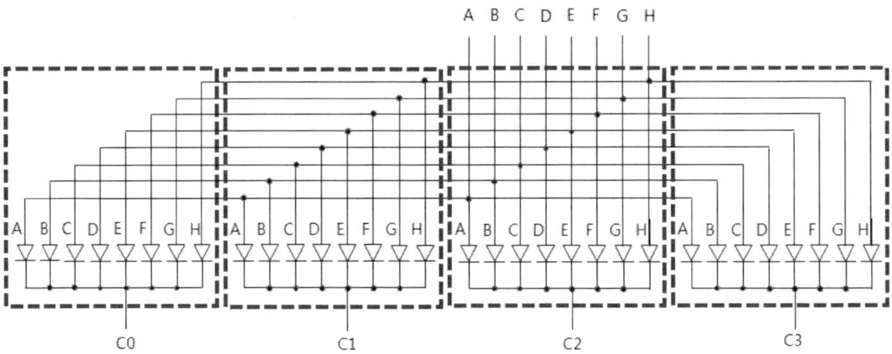

▌그림 4-10▐ 4개의 FND로 구성된 어레이 FND 구조

4.3 타이머/카운터 2의 카운터 모드를 활용한 부저 비프 음 발생 및 LED 표시

(1) ATmega128 키트에서의 "타이머/카운터 2의 카운터 모드를 활용한 부저 비프 음 발생 및 LED 표시" 동작 순서도

비프 음 발생 및 LED 표시

① 전원을 켠다. 포트 F에 연결된 LED들은 꺼져있고 포트 A의 PA0에 연결된 피에조(piezo) 부저는 음을 발생하지 않는다.

② 포트 D의 T2(PD7)에 스위치 'S0'가 10회 눌러지면,
포트 F의 연결된 LED0, LED2, LED4, LED6이 0.5초 동안 켜짐. → LED1, LED3, LED5, LED7이 0.5초 동안 켜짐. 5회 반복한다.
포트 A의 PA0에 연결된 피에조(piezo) 부저가 5초 동안 비프 음을 발생한다.

③ '②' 이후부터는 포트 D의 T2(PD7)에 스위치 'S0'가 20회 눌러지면,
포트 F의 연결된 LED0, LED2, LED4, LED6이 0.5초 동안 켜짐. → LED1, LED3, LED5, LED7이 0.5초 동안 켜짐. 5회 반복한다.
포트 A의 PA0에 연결된 피에조(piezo) 부저가 5초 동안 비프 음을 발생한다.

(2) CodeVisionAVR으로 C 프로그램(간략형) 작성 및 키트 실습

(가) CodeVisionAVR으로 C 프로그램(간략형, 함수를 헤더파일로 정의한 형식) 작성

①~⑥ : '2.1의 (가) CodeVisionAVR으로 C 프로그램(간략형, 함수를 헤더파일로 정의한 형식) 작성'의 ①~⑥을 참조하여 동일하게 진행한다.

⑦ 컴퓨터에 'counter_BUZZER_easy' 폴더(C:\ATmega128\counter_BUZZER_easy)를 만든다.
'Create New Project' 화면에서 아래와 같이 진행한다.
'저장 위치(I):'를 'counter_BUZZER_easy' 폴더로 선택한다.
'파일 이름(N):'에 'counter_BUZZER_easy'를 써 넣는다.
'저장(S)'을 클릭한다.

⑧ '2.1의 (가) CodeVisionAVR으로 C 프로그램(간략형, 함수를 헤더파일로 정의한 형식) 작성'을 참조하여 동일하게 진행한다.

⑨ 'Configure Project counter_BUZZER_easy.prj' 화면이 나타난다.
'Input Files'이 'counter_BUZZER_easy.c'임을 알 수 있다.
'C Compiler'를 클릭한다.

⑩~⑬ : '2.1의 (가) CodeVisionAVR으로 C 프로그램(간략형, 함수를 헤더파일로 정의한 형식) 작성'의 ⑩~⑬을 참조하여 동일하게 진행한다.

⑭ 'counter_BUZZER_easy.c*' 안의 내용을 모두 지운다.

'counter_BUZZER_easy.c*' 안에 아래 그림과 같이 프로그램을 작성한다(주석('//...')으로 표시된 부분은 작성하지 않아도 된다. 프로그램 내용은 '(라) counter_BUZZER_easy.c 프로그램' 참조).

C:\ATmega128\counter_BUZZER_easy\counter_BUZZER_easy.c

Notes　counter_BUZZER_easy.c *

```

// 타이머/카운터 2 오버플로우 인터럽트 서비스 프로그램
// 5초 동안 부저 동작, LED 5회 on/off
interrupt [TIM2_OVF] void timer2_overflow(void)
{
  unsigned char i;
  pin_write(PA, 0b00000001);        // 부저 on
  for(i=0; i < 5; i++){
     pin_write(PF, 0b01010101);     // LED 0, 2, 4, 6 on
     delay_ms(500);                 // 500[ms] 지연
     pin_write(PF, 0b10101010);     // LED 1, 3, 5, 7 on
     delay_ms(500);                 // 500[ms] 지연
  }
  pin_write(PA, 0b00000000);        // 부저 off
  timer_counter_value(2, 236);      // 스위치 S0 20회 동작(on/off)
}

void main(void)
{
  pin_direction(PA, 0b00000001);    // PA0을 출력으로 설정(부저)
  pin_direction(PF, 0b11111111);    // PF7 ~ PF0를 출력으로 설정(LE
  pin_direction(PD, 0b00000000);    // PD7(T2)을 입력으로 설정
  pin_write(PA, 0b00000000);        // 부저 off
  pin_write(PF, 0b00000000);        // LED7 ~ LED0 모두 off
  timer_int_vector_setup(2, enable, falling); // 타이머/카운터 2 활
  timer_counter_value(2, 246);      // 스위치 S0 10회 동작(on/off)
  all_interrupt_enable();           // 전체 인터럽트 활성화
  while(1);                         // 무한루프
}

```

(나) ATmega128 키트 실습(간략형 C 프로그램으로)

①~② : '2.1의 (나) ATmega128 키트 실습(간략형 C 프로그램으로)'의 ①~②를 참조하여 동일하게 진행한다.

③ 아래 그림과 같이 'SWITCH MODULE'의 'BT0', 'AUDIO MODULE'의 'PIEZO',

'LED MODULE'의 'LED0~LED7'을 'ATmega128 MCU MODULE'의 포트 D의 'PD7', 포트 A의 'PA0', 포트 F의 'PF0~PF7'에 각각 서로 연결한다.

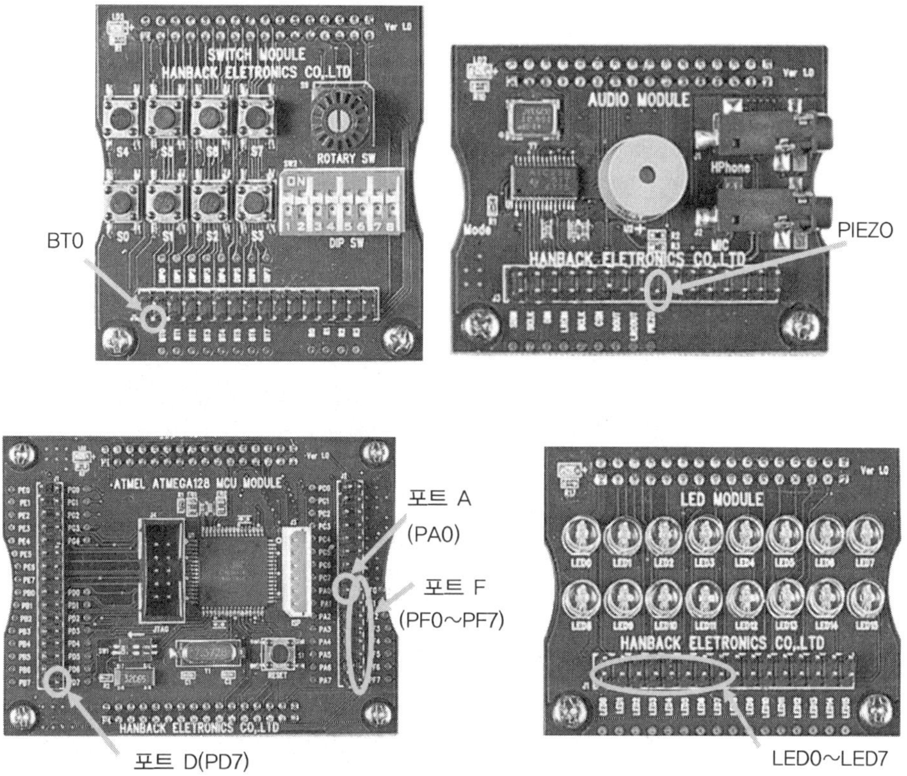

④~⑧ : '2.1의 (나) ATmega128 키트 실습(간략형 C 프로그램으로)'의 ④~⑧을 참조하여 동일하게 진행한다.

⑨ 스위치 'S0'가 10회 눌러지면, LED0, LED2, LED4, LED6이 0.5초 동안 켜진 후 LED1, LED3, LED5, LED7이 0.5초 동안 켜진다. 이를 5회 반복한다. 이 시간동안 피에조(piezo) 부저가 비프 음을 발생한다.

⑩ 스위치 'S0'가 20회 눌러지면, LED0, LED2, LED4, LED6이 0.5초 동안 켜진 후 LED1, LED3, LED5, LED7이 0.5초 동안 켜진다. 이를 5회 반복한다. 이 시간동안 피에조(piezo) 부저가 비프 음을 발생한다.

(다) 하드웨어 블록도

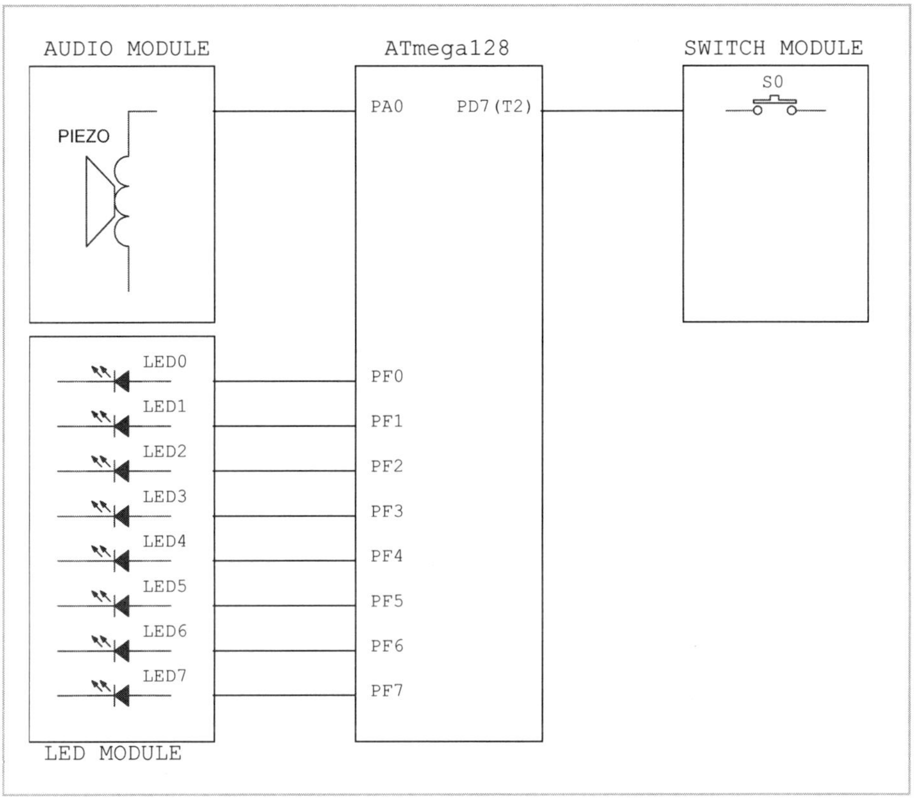

ATmega128 포트 D의 PD7(T2)에는 스위치 'S0'이 연결되어 있다. 포트 F의 PF7~PF0에는 'LED7~LED0'이 연결되어 있고, 포트 A의 PA0에는 부저(PIEZO)가 연결되어 있다.

① 스위치 'S0'을 누르면 포트 D의 PD7(T2) 핀(단자)에는 'high(1)'가 나타나고(약 +5[V]), 눌러있는 스위치 'S0'을 떼면 PD7(T2)에는 'low(0)'가 나타나게 된다.

② 포트 A의 PA0에 'low(0)'가 출력되면(약 0[V]) 부저(PIEZO)는 전원공급이 되지 않아(전류가 흐르지 않아) 음이 발생하지 않는다. PA0에 'high(1)'가 출력되면(약 +5[V]) 부저는 전원을 공급받게 되어(전류가 흐르게 되어) 음을 발생하게 된다.

③ 포트 F의 각 핀(단자)에 'high(1)'가 출력되면(약 +5[V]) 'high(1)'에 연결된 LED는 켜지게 된다. 포트 F의 각 핀(단자)에 'low(0)'가 출력되면(약 0[V]) 'low(0)'에 연결된 LED는 꺼지게 된다.

(라) counter_BUZZER_easy.c 프로그램

```
// ATmega128의 입출력 포트의 출력을 정의한 헤더파일
#include <inout_mega128.h>

// ATmega128의 타이머/카운터 인터럽트 관련한 기능을 정의한 헤더파일
#include <timer_interrupt_mega128.h>

// delay 함수를 정의한 헤더파일
#include <delay.h>

// 타이머/카운터 2 오버플로우 인터럽트 서비스 프로그램
// 5초 동안 부저 동작, LED 5회 on/off
interrupt [TIM2_OVF] void timer2_overflow(void)
{
  unsigned char i;
  pin_write(PA, 0b00000001);      // 부저 on
  for(i=0; i < 5; i++){
    pin_write(PF, 0b01010101);   // LED 0, 2, 4, 6 on
    delay_ms(500);               // 500[ms] 지연
    pin_write(PF, 0b10101010);   // LED 1, 3, 5, 7 on
    delay_ms(500);               // 500[ms] 지연
  }
  pin_write(PA, 0b00000000);      // 부저 off
  timer_counter_value(2, 236);    // 스위치 S0 20회 동작(on/off) -> 246 = 256-20
}

void main(void)
{
  pin_direction(PA, 0b00000001); // PA0을 출력으로 설정(부저)
  pin_direction(PF, 0b11111111); // PF7~PF0를 출력으로 설정(LED)
  pin_direction(PD, 0b00000000); // PD7(T2)을 입력으로 설정
  pin_write(PA, 0b00000000);      // 부저 off
  pin_write(PF, 0b00000000);      // LED7~LED0 모두 off
  timer_int_vector_setup(2, enable, falling); // 타이머/카운터 2  활성화,
```

```
                                 // 하강 에지 카운터 모드
  timer_counter_value(2, 246);   // 스위치 S0 10회 동작(on/off) -> 246 = 256-10
  all_interrupt_enable();        // 전체 인터럽트 활성화
  while(1);                      // 무한루프
}
```

전원이 켜지면 timer_BUZZER_easy.c 프로그램이 동작하게 된다. 스위치 'S0'가 10회 눌러지면, 'LED MODULE'의 LED0, LED2, LED4, LED6이 0.5초 동안 켜진 후 LED1, LED3, LED5, LED7이 0.5초 동안 켜진다. 이를 5회 반복한다. 이 시간 동안 'AUDIO MODULE'의 피에조(PIEZO) 부저가 비프 음을 발생한다.

이후부터는 스위치 'S0'가 20회 눌러질 때, LED0, LED2, LED4, LED6이 0.5초 동안 켜진 후 LED1, LED3, LED5, LED7이 0.5초 동안 켜진다. 이를 5회 반복한다. 이 시간동안 피에조(PIEZO) 부저가 비프 음을 발생한다.

① #include 〈inout_mega128.h〉

'2.1의 (2)의 (라) output_LED_easy.c 프로그램'의 ①을 참조한다.

② #include 〈timer_interrupt_mega128.h〉

'4.1의 (2)의 (라) timer_STEP_12_easy.c 프로그램'의 ②를 참조한다.

③ #include 〈delay.h〉

delay 함수를 정의한 헤더파일

④ interrupt [TIM2_OVF] void timer2_overflow(void)

'interrupt [TIM2_OVF]'은 인터럽트 벡터 테이블에 타이머/카운터 2 오버플로우 인터럽트가 사용되어짐을 알리는 지시어이며, 실제 타이머/카운터 2 오버플로우 인터럽트 서비스 프로그램 이름은 'timer2_overflow'이 된다.

'TIM2_OVF' 벡터 테이블 위치에 'timer2_overflow'이 실행되는 주소가 저장되게 된다. 즉, "jmp 'timer2_overflow' 주소"에 해당되는 명령어가 저장되게 된다.

⑤ unsigned char i;

부호없는 문자형 변수로 i를 선언한다.

⑥ pin_write(PA, 0b00000001);

포트 A의 PA0에 '1'을 출력하여 부저(PIEZO)를 on시킨다. 비프 음이 발생한다.

⑦ for(i=0; i 〈 5; i++){ 내용 }

'내용'은 LED0, LED2, LED4, LED6이 0.5초 동안 켜진 후 LED1, LED3, LED5, LED7이 0.5초 동안 켜진다. 이를 5회 반복한다.

```
pin_write(PF, 0b01010101);   // LED0, LED2, LED4, LED6 on
delay_ms(500);               // 500[ms] 지연
pin_write(PF, 0b10101010);   // LED1, LED3, LED5, LED7 on
delay_ms(500);               // 500[ms] 지연
```

⑧ pin_write(PA, 0b00000000);

포트 A의 PA0에 '0'을 출력하여 부저(PIEZO)를 off시킨다. 비프 음이 꺼진다.

⑨ timer_counter_value(2, 236);

타이머/카운터 2 레지스터에 236을 입력시킨다.

→ PD7(T2)로부터 하강모서리 신호가 감지되면 타이머/카운터 2 레지스터 값이 증가한다. 하강모서리 신호가 20회 감지되면 타이머/카운터 2 레지스터가 오버플로우 되어 '0'이(236 → 237 → … → 255 → 0) 되고 타이머/카운터 2 오버플로우 플래그 비트가 '1'이 된다.

⑩ pin_direction(PA, 0b00000001);

포트 A의 PA0만 출력 핀으로 설정한다.

나머지(PA7~PA1)는 입력 또는 출력 중 어느 것을 사용해도 무방하다.

여기서는 나머지(PA7~PA1)는 입력으로 설정한다.

⑪ pin_direction(PF, 0b11111111);

포트 F의 PF7~PF0을 출력 핀으로 설정한다.

⑫ pin_write(PA, 0b00000000);

부저(PIEZO)의 비프 음 발생을 off시키기 위하여 PA0에 '0'을 출력시킨다.

⑬ pin_write(PF, 0b00000000);

LED7~LED0을 모두 off시키기 위하여 PF7~PF0에 모두 '0'을 출력시킨다.

⑭ timer_int_vector_setup(2, enable, falling);

포트 D의 PD7(T2)은 입출력 기능의 PD7로 사용할 수도 있고 T2의 카운터 기능으로도 쓸 수 있다. 여기서는 카운터로 사용한다. PD7(T2)로부터 입력되는 신호를 하강모서리에서 인식하여 계수하게 하며, 타이머/카운터 2 오버플로우 인터럽트를 활성화시킨다.

⑮ timer_counter_value(2, 246);

타이머/카운터 2 레지스터에 246을 입력시킨다.

→ PD7(T2)로부터 하강모서리 신호가 감지되면 타이머/카운터 2 레지스터 값이 증가한다. 하강모서리 신호가 10회 감지되면 타이머/카운터 2 레지스터가 오버플로우 되어 '0'이(246 → 247 → … → 255 → 0) 되고 타이머/카운터 2 오버플로우 플래그 비트가 '1'이 된다.

⑯ all_interrupt_enable();

SREG 레지스터의 I 비트를 '1'로 만들어 전체 인터럽트를 활성화시킨다.

⑰ while(1);

무한루프로서, 인터럽트가 발생되기를 기다린다.

(3) CodeVisionAVR으로 C 프로그램(표준형) 작성 및 키트 실습

(가) CodeVisionAVR으로 C 프로그램(표준형, 일반적인 프로그램 형식) 작성

①~⑥ : '2.1의 (가) CodeVisionAVR으로 C 프로그램(간략형, 함수를 헤더파일로 정의한 형식) 작성'의 ①~⑥을 참조하여 동일하게 진행한다.

⑦ 컴퓨터에 'counter_BUZZER' 폴더(C:\ATmega128\counter_BUZZER)를 만든다.

'Create New Project' 화면에서 아래와 같이 진행한다.

'저장 위치(I):'를 'counter_BUZZER' 폴더로 선택한다.

'파일 이름(N):'에 'counter_BUZZER'을 써 넣는다.

'저장(S)'을 클릭한다.

⑧ '2.1의 (가) CodeVisionAVR으로 C 프로그램(간략형, 함수를 헤더파일로 정의한 형식) 작성'을 참조하여 동일하게 진행한다.

⑨ 'Configure Project counter_BUZZER.prj' 화면이 나타난다.

'Input Files'이 'counter_BUZZER.c'임을 알 수 있다.

'C Compiler'를 클릭한다.

⑩~⑬ : '2.1의 (가) CodeVisionAVR으로 C 프로그램(간략형, 함수를 헤더파일로 정의한 형식) 작성'의 ⑩~⑬을 참조하여 동일하게 진행한다.

⑭ 'counter_BUZZER.c*' 안의 내용을 모두 지운다.

'counter_BUZZER.c*' 안에 아래 그림과 같이 프로그램을 작성한다(주석('//...')으로 표시된 부분은 작성하지 않아도 된다. 프로그램 내용은 '(라) counter_BUZZER.c 프로그램' 참조).

```
C:\ATmega128\counter_BUZZER\counter_BUZZER.c
Notes   counter_BUZZER.c *

interrupt [TIM2_OVF] void timer2_overflow(void)
{
   unsigned char i;
   PORTA = 0b00000001;        // 부저 on
   for(i=0; i < 5; i++){
      PORTF = 0b01010101;     // LED 0, 2, 4, 6 on
      delay_ms(500);          // 500[ms] 지연
      PORTF = 0b10101010;     // LED 1, 3, 5, 7 on
      delay_ms(500);          // 500[ms] 지연
   }
   PORTA = 0b00000000;        // 부저 off
   TCNT2 = 0b11101100;        // 스위치 S0 20회 동작(on/off) -> 236 = .
}

void main(void)
{
   DDRA = 0b00000001;         // PA0을 출력으로 설정(부저)
   DDRF = 0b11111111;         // PF7 ~ PF0를 출력으로 설정(LED)
   DDRD = 0b00000000;         // PD7(T2)을 입력으로 설정
   PORTA = 0b00000000;        // 부저 off
   PORTF = 0b00000000;        // LED7 ~ LED0 모두 off
   TCCR2 = 0b00000110;        // 타이머/카운터2의 카운터 모드, 하강 에
   TCNT2 = 0b11110110;        // 스위치 S0 10회 동작(on/off) -> 246 = .
   TIMSK = 0b01000000;        // 타이머/카운터 2 오버플로 인터럽트 활
   SREG |= 0b10000000;        // 전체 인터럽트 활성화
   do{
     PORTF = TCNT2;           // TCNT2의 변화되는 값을 포트 F에 표시
   } while(1);                // 무한루프
}
```

(나) ATmega128 키트 실습(표준형 C 프로그램으로)

①~⑧ : '(나) ATmega128 키트 실습(간략형 C 프로그램으로)'의 ①~⑨를 참조하여 동일하게 진행한다.

⑨ 스위치 'S0'이 눌려질 때마다 LED가 변화하여 모든 LED가 켜진다. 다시 한 번 스위치 'S0'를 누르면 LED가 모두 꺼진다.

LED0, LED2, LED4, LED6이 0.5초 동안 켜진다. → LED1, LED3, LED5, LED7이 0.5초 동안 켜진다. 5회 반복하고 이 시간 동안 피에조(PIEZO) 부저가 비프 음을 발생한다.

전원이 켜진 후, 처음에는 스위치 'S0'가 10회 눌려졌을 때 LED들과 부저가 동작하고, 다음부터는 스위치 'S0'가 20회 눌려졌을 때 LED들과 부저가 동작한다.

(다) 하드웨어 회로도

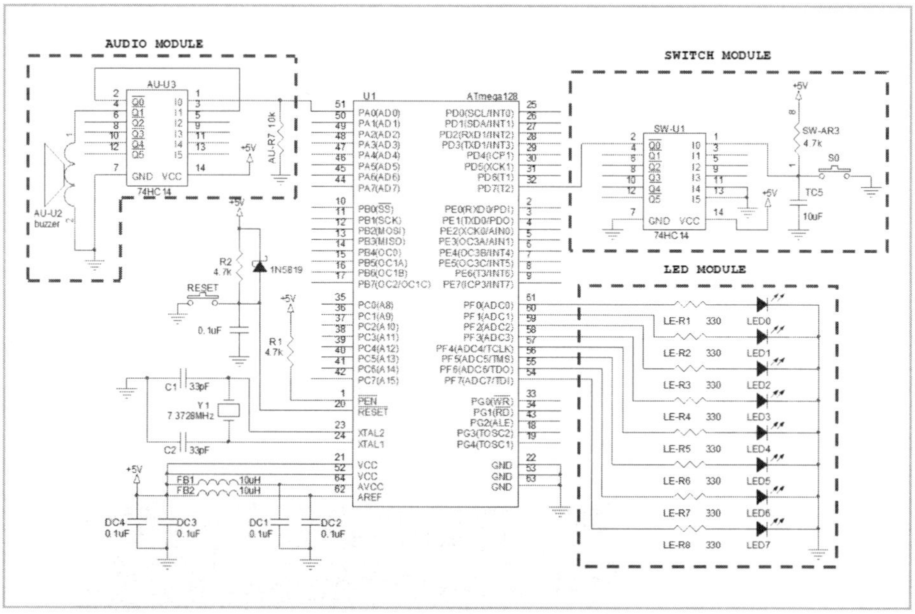

① 'AUDIO MODULE'의 'buzzer(AU-U3)' 동작은 '3.1의 (3)의 (다) 하드웨어 회로도'의 ①과 ②을 참조한다. 단, 핀(단자) 연결이 'PG0'에서 'PA0'으로 변경되었다.

② 'LED MODULE'의 'LED7~LED0'의 동작은 '2.1의 (3)의 (다) 하드웨어 회로도'의 ④를 참조한다. 단, 핀(단자) 연결이 'PE0~PE7'에서 'PF0~PF7'로 변경되었다.

③ 'SWITCH MODULE'의 'S0'의 동작은 '3.1의 (3)의 (다) 하드웨어 회로도'의 ①을 참조한다. 단, 핀(단자) 연결이 'PD0'에서 'PD7'로 변경되었다.

(라) counter_BUZZER.c 프로그램

```
// ATmega128의 각 레지스터들을 정의한 헤더파일
#include <mega128.h>

// delay 함수를 정의한 헤더파일
```

```
#include <delay.h>

// 타이머/카운터 2 오버플로우 인터럽트 서비스 프로그램
// 5초 동안 부저 동작, LED 5회 on/off
interrupt [TIM2_OVF] void timer2_overflow(void)
{
  unsigned char i;
  PORTA = 0b00000001;            // 부저 on
  for(i=0; i < 5; i++){
     PORTF = 0b01010101;         // LED 0, 2, 4, 6 on
     delay_ms(500);              // 500[ms] 지연
     PORTF = 0b10101010;         // LED 1, 3, 5, 7 on
     delay_ms(500);              // 500[ms] 지연
  }
  PORTA = 0b00000000;            // 부저 off
  TCNT2 = 0b11101100;            // 스위치 S0 20회 동작(on/off) -> 236 = 256-20
}

void main(void)
{
  DDRA = 0b00000001;             // PA0을 출력으로 설정(부저)
  DDRF = 0b11111111;             // PF7~PF0를 출력으로 설정(LED)
  DDRD = 0b00000000;             // PD7(T2)을 입력으로 설정
  PORTA = 0b00000000;            // 부저 off
  PORTF = 0b00000000;            // LED7~LED0 모두 off
  TCCR2 = 0b00000110;            // 타이머/카운터2의 카운터 모드, 하강 에지
  TCNT2 = 0b11110110;            // 스위치 S0 10회 동작(on/off) -> 246 = 256-10
  TIMSK = 0b01000000;            // 타이머/카운터 2 오버플로 인터럽트 활성화
  SREG |= 0b10000000;            // 전체 인터럽트 활성화
  do{
    PORTF = TCNT2;               // TCNT2의 변화되는 값을 포트 F에 표시
 } while(1);                     // 무한루프
}
```

전원이 켜지면 timer_BUZZER.c 프로그램이 동작하게 된다. 스위치 'S0'가 10회 눌러지면, 'LED MODULE'의 LED0, LED2, LED4, LED6이 0.5초 동안 켜진 후 LED1, LED3, LED5, LED7이 0.5초 동안 켜진다. 이를 5회 반복한다. 이 시간동안 'AUDIO MODULE'의 피에조(PIEZO) 부저가 비프 음을 발생한다.

이후부터는 스위치 'S0'가 20회가 눌러질 때, LED0, LED2, LED4, LED6이 0.5초 동안 켜진 후 LED1, LED3, LED5, LED7이 0.5초 동안 켜진다. 이를 5회 반복한다. 이 시간동안 피에조(PIEZO) 부저가 비프 음을 발생한다. TCCR2, TCNT2, TIMSK 레지스터에 대한 자세한 내용은 '(5) 카운터 모드'를 참조한다.

① #include 〈mega128.h〉

ATmega128의 각 레지스터들과 인터럽트 벡터 테이블을 정의한 헤더파일이다.

② #include 〈delay.h〉

delay 함수를 정의한 헤더파일

③ interrupt [TIM2_OVF] void timer2_overflow(void)

'interrupt [TIM2_OVF]'은 인터럽트 벡터 테이블에 타이머/카운터 2 오버플로우 인터럽트가 사용되어짐을 알리는 지시어이며, 실제 타이머/카운터 2 오버플로우 인터럽트 서비스 프로그램 이름은 'timer2_overflow'이 된다.

'TIM2_OVF' 벡터 테이블 위치에 'timer2_overflow'이 실행되는 주소가 저장되게 된다. 즉, "jmp 'timer2_overflow' 주소"에 해당되는 명령어가 저장되게 된다.

④ unsigned char i;

부호없는 문자형 변수로 i를 선언한다.

⑤ PORTA = 0b00000001;

포트 A의 PA0에 '1'을 출력하여 부저(PIEZO)를 on시킨다. 비프 음이 발생한다.

⑥ for(i=0; i 〈 5; i++){ 내용 }

'내용'은 LED0, LED2, LED4, LED6이 0.5초 동안 켜진 후 LED1, LED3, LED5, LED7이 0.5초 동안 켜진다. 이를 5회 반복한다.

```
PORTF = 0b01010101;        // LED0, LED2, LED4, LED6 on
delay_ms(500);             // 500[ms] 지연
PORTF = 0b10101010;        // LED1, LED3, LED5, LED7 on
delay_ms(500);             // 500[ms] 지연
```

⑦ PORTA = 0b00000000;

포트 A의 PA0에 '0'을 출력하여 부저(PIEZO)를 off시킨다. 비프 음이 꺼진다.

⑧ TCNT2 = 0b11101100;

타이머/카운터 2 레지스터에 0b11101100 = 236을 입력시킨다.

→ PD7(T2)로부터 하강모서리 신호가 감지되면 타이머/카운터 2 레지스터 값이 증가한다. 하강모서리 신호가 20회 감지되면 타이머/카운터 2 레지스터가 오버플로우 되어 '0'이(236 → 237 → … → 255 → 0) 되고 타이머/카운터 2 오버플로우 플래그 비트가 '1'이 된다.

⑨ DDRA = 0b00000001;

포트 A의 PA0만 출력 핀으로 설정한다.

나머지(PA7~PA1)는 입력 또는 출력 중 어느 것을 사용해도 무방하다.

여기서는 나머지(PA7~PA1)는 입력으로 설정한다.

⑩ DDRF = 0b11111111;

포트 F의 PF7~PF0을 출력 핀으로 설정한다.

⑪ DDRD = 0b00000000;

포트 D의 PD7(T2)은 입출력 기능의 PD7로 사용할 수도 있고 T2의 카운터 기능으로도 쓸 수 있다. 여기서는 카운터로 사용한다.

포트 D의 PD7를 입력 핀으로 설정한다.

나머지 PD6~PD0은 입력으로 설정한다.

⑫ PORTA = 0b00000000;

부저(PIEZO)의 비프 음 발생을 off시키기 위하여 PA0에 '0'을 출력시킨다.

⑬ PORTF = 0b00000000;

LED7~LED0을 모두 off시키기 위하여 PF7~PF0에 모두 '0'을 출력시킨다.

⑭ TCCR2 = 0b00000110;

PD7(T2)로부터 입력되는 신호를 하강모서리에서 인식하여 계수하게 한다.

⑮ TCNT2 = 0b11110110;

타이머/카운터 2 레지스터에 0b11110110 = 246을 입력시킨다.

→ PD7(T2)로부터 하강모서리 신호가 감지되면 타이머/카운터 2 레지스터 값이 증가한다. 하강모서리 신호가 10회 감지되면 타이머/카운터 2 레지스터가 오버플로우 되어 '0'이(246 → 247 → … → 255 → 0) 되고 타이머/카운터 2 오버플로우 플래그 비트가 '1'이 된다.

⑯ TIMSK = 0b01000000;

타이머/카운터 2 오버플로우 인터럽트를 활성화시킨다.

⑰ SREG |= 0b10000000;

SREG 레지스터의 I 비트를 '1'로 만들어 전체 인터럽트를 활성화시킨다.

⑱ do{ 내용 }while(1);

'내용'은 타이머/카운터 2 레지스터(TCNT2) 값을 포트 F의 'PF7~PF0'에 표시한다. 즉, 스위치 'S0'를 누를 때마다 타이머/카운터 2 레지스터 값이 증가하고 이를 'PF7~PF0'에 표시한다.

(4) CodeVisionAVR으로 C 프로그램(확장형) 작성 및 키트 실습

(가) CodeVisionAVR으로 C 프로그램(확장형, 레지스터 주소를 정의한 형식) 작성

①~⑥ : '2.1의 (가) CodeVisionAVR으로 C 프로그램(간략형, 함수를 헤더파일로 정의한 형식) 작성'의 ①~⑥을 참조하여 동일하게 진행한다.

⑦ 컴퓨터에 'counter_BUZZER_extension' 폴더(C:\ATmega128\counter_BUZZER_extension)를 만든다.

'Create New Project' 화면에서 아래와 같이 진행한다.

'저장 위치(I):'를 'counter_BUZZER_extension' 폴더로 선택한다.

'파일 이름(N):'에 'counter_BUZZER_extension'를 써 넣는다.

'저장(S)'을 클릭한다.

⑧은 '2.1의 (가) CodeVisionAVR으로 C 프로그램(간략형, 함수를 헤더파일로 정의한 형식) 작성'을 참조하여 동일하게 진행한다.

⑨ 'Configure Project counter_BUZZER_extension.prj' 화면이 나타난다.

'Input Files'이 'counter_BUZZER_extension.c'임을 알 수 있다.

'C Compiler'를 클릭한다.

⑩~⑬ : '2.1의 (가) CodeVisionAVR으로 C 프로그램(간략형, 함수를 헤더파일로 정의한 형식) 작성'의 ⑩~⑬을 참조하여 동일하게 진행한다.

⑭ 'counter_BUZZER_extension.c*' 안의 내용을 모두 지운다.

'counter_BUZZER_extension.c*' 안에 아래 그림과 같이 프로그램을 작성한

다(주석('//...')으로 표시된 부분은 작성하지 않아도 된다. 프로그램 내용은 '(다) counter_BUZZER_extension.c 프로그램' 참조).

C:\ATmega128\counter_BUZZER_extension\counter_BUZZER_extension.c

Notes | counter_BUZZER_extension.c *

```
interrupt [TIM2_OVF] void timer2_overflow(void)
{
  unsigned char i;
  PORTA = 0b00000001;       // 부저 on
  for(i=0; i < 5; i++){
     PORTF = 0b01010101;    // LED 0, 2, 4, 6 on
     delay_ms(500);         // 500[ms] 지연
     PORTF = 0b10101010;    // LED 1, 3, 5, 7 on
     delay_ms(500);         // 500[ms] 지연
  }
  PORTA = 0b00000000;       // 부저 off
  TCNT2 = 0b11101100;       // 스위치 S0 20회 동작(on/off) -> 236 = .
  TCCR2 = 0b00000110;
}

void main(void)
{
  DDRA = 0b00000001;        // PA0을 출력으로 설정(부저)
  DDRF = 0b11111111;        // PF7 ~ PF0를 출력으로 설정(LED)
  DDRD = 0b00000000;        // PD7(T2)을 입력으로 설정
  PORTA = 0b00000000;       // 부저 off
  PORTF = 0b00000000;       // LED7 ~ LED0 모두 off
  TCCR2 = 0b00000110;       // 타이머/카운터2의 카운터 모드, 하강 에
  TCNT2 = 0b11110110;       // 스위치 S0 10회 동작(on/off) -> 246 = .
  TIMSK = 0b01000000;       // 타이머/카운터 2 오버플로 인터럽트 활성
  SREG |= 0b10000000;       // 전체 인터럽트 활성화
  do{
    PORTF = TCNT2;          // 타이머/카운터 2 레지스터 값을 포트 F어
  } while(1);               // 무한루프
}
```

(나) ATmega128 키트 실습(확장형 C 프로그램으로)

①~⑧ : '(나) ATmega128 키트 실습(간략형 C 프로그램으로)'의 ①~⑨를 참조하여 동일하게 진행한다.

⑨ '(다) ATmega128 키트 실습(표준형 C 프로그램으로)'의 ⑨를 참조하여 동일하게 진행한다.

(다) counter_BUZZER_extension.c 프로그램

```
/// ATmega128 포트 A와 포트 F의 방향과 출력, 포트 D의 방향을 정의
sfrb      DDRD=0x11;
sfrb      DDRA=0x1a;
sfrb      PORTA=0x1b;
#define   DDRF          (*(unsigned int *)0x61)
#define   PORTF         (*(unsigned int *)0x62)

// ATmega128 타이머/카운터 2 인터럽트 관련 레지스터 정의
sfrb      TCNT2=0x24;
sfrb      TCCR2=0x25;
sfrb      TIFR=0x36;
sfrb      TIMSK=0x37;

sfrb      SREG=0x3f;              // 전체인터럽트 활성화 관련 레지스터

#define   TIM2_OVF    11          // 타이머/카운터2 오버플로우 인터러트 벡터 주소

// delay 함수를 정의한 헤더파일
#include <delay.h>

// 타이머/카운터 2 오버플로우 인터럽트 서비스 프로그램
// 5초 동안 부저 동작, LED 5회 on/off
interrupt [TIM2_OVF] void timer2_overflow(void)
{
  unsigned char i;
  PORTA = 0b00000001;                 // 부저 on
  for(i=0; i < 5; i++){
    PORTF = 0b01010101;               // LED 0, 2, 4, 6 on
    delay_ms(500);                    // 500[ms] 지연
    PORTF = 0b10101010;               // LED 1, 3, 5, 7 on
    delay_ms(500);                    // 500[ms] 지연
  }
  PORTA = 0b00000000;                 // 부저 off
  TCNT2 = 0b11101100;                 // 스위치 S0 20회 동작(on/off) -> 236 = 256-20
}

void main(void)
{
  DDRA = 0b00000001;                  // PA0을 출력으로 설정(부저)
```

```
  DDRF = 0b11111111;            // PF7~PF0를 출력으로 설정(LED)
  DDRD = 0b00000000;            // PD7(T2)을 입력으로 설정
  PORTA = 0b00000000;           // 부저 off
  PORTF = 0b00000000;           // LED7~LED0 모두 off
  TCCR2 = 0b00000110;           // 타이머/카운터2의 카운터 모드, 하강 에지
  TCNT2 = 0b11110110;           // 스위치 S0 10회 동작(on/off) -> 246 = 256-10
  TIMSK = 0b01000000;           // 타이머/카운터 2 오버플로 인터럽트 활성화
  SREG |= 0b10000000;           // 전체 인터럽트 활성화
  do{
    PORTF = TCNT2;              // 타이머/카운터 2 레지스터 값을 포트 F에 표시
 } while(1);                    // 무한루프
}
```

전원이 켜지면 timer_BUZZER_extension.c 프로그램이 동작하게 된다. 스위치 'S0'가 10회 눌러지면, LED0, LED2, LED4, LED6이 0.5초 동안 켜진 후 LED1, LED3, LED5, LED7이 0.5초 동안 켜진다. 이를 5회 반복한다. 이 시간동안 피에조(PIEZO) 부저가 비프 음을 발생한다. 이후부터는 스위치 'S0'가 20회 눌러질 때, LED들과 부저가 동작한다.

'#define TIM2_OVF 11'에 대한 설명은 '4.2의 (4)의 (다) timer_WATCH_extension.c 프로그램'을 참조한다.

64 I/O 레지스터 영역과 160 확장 I/O 레지스터 영역에 적용한 'sfrb'와 '#define'에 대한 설명은 '4.1의 (4)의 (다) timer_STEP_12_extension.c 프로그램'을 참조한다.

C 프로그램의 나머지 내용은 '4.3의 (3)의 (라) timer_BUZZER.c 프로그램'과 동일하다.

(5) 카운터 모드

ATmega128의 카운터 모드는 외부 신호를 PD6(T1), PD7(T2), PE6(T3)로부터 입력받아서 계수하게 된다. 계수하는 위치는 포트 핀의 값이 '0'에서 '1'로 변하는 상승모서리와 '1'에서 '0'으로 변하는 하강모서리에서 일어난다.

- 타이머/카운터 1의 경우 PD6(T1) 핀으로 들어오는 신호의 변화로부터 계수한다.

- 타이머/카운터 2의 경우 PD7(T2) 핀으로 들어오는 신호의 변화로부터 계수한다.
- 타이머/카운터 3의 경우 PE6(T3) 핀으로 들어오는 신호의 변화로부터 계수한다.

(가) 타이머/카운터 2 오버플로우 관련 레지스터

그림 4-11로부터 타이머/카운터 2의 구조를 살펴보면 타이머 기능인 경우에는 내부 클록(시스템 클록)으로부터 입력된 신호(프리스케일러(prescaler)를 거쳐 분주된 클록 신호) 또는 카운터 기능인 경우에는 외부 핀으로부터 입력된 신호(상승모서리 또는 하강모서리 마다 1개의 클록으로 인식)가 제어 논리 회로를 거쳐 'count' 신호로 TCNTn(n은 2) 레지스터에 입력된다. 이 신호는 TCNTn 레지스터의 값을 '+1'씩 증가시킨다. TCNTn은 8비트 최대값 '255'이 된 후에 다시 '0'으로 바뀌면서 오버플로우를 발생하게 된다. 즉, TOVn(n은 2)에 '1'이 발생하게 된다.

Tn(n은 2) 상에서의 신호 변화는 그 핀이 출력으로 설정되어 있더라도 카운터에 계속 클록 신호를 주게 된다.

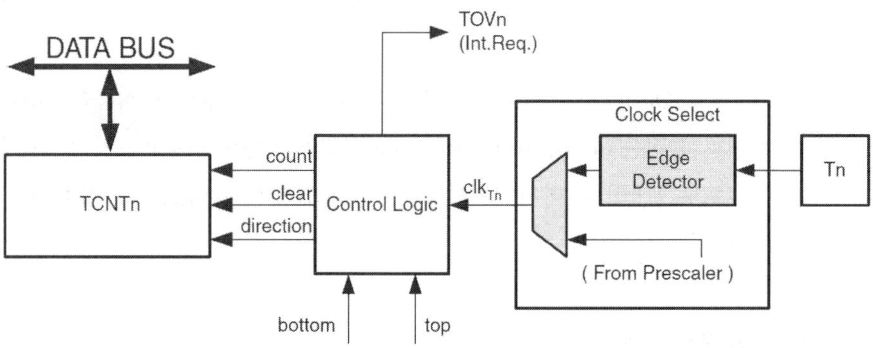

❙그림 4-11❙ 타이머/카운터 2 계수 부분 구조

타이머/카운터 2 관련 레지스터는 타이머/카운터 인터럽트 마스크 레지스터(TIMSK, Timer/Counter Interrupt Mask Register), 타이머/카운터 인터럽트 플래그 레지스터(TIFR, Timer/Counter Interrupt Flag Register), 타이머/카운터 제어 레지스터 2(TCCR0, Timer/Counter Control Register 2), 타이머/카운터 레지스터

2(TCNT0, Timer/Counter Register 2)이다.

■ 타이머/카운터 인터럽트 마스터 레지스터, TIMSK

타이머/카운터와 관련된 인터럽트의 사용 유무를 나타내는 레지스터이다. TIMSK의 6번 비트인 TOIE2 비트를 '1'로 하면 타이머/카운터 2 오버플로 인터럽트를 사용하겠다는 의미이고, '0'이면 사용하지 않겠다는 의미이다.

비트번호	7	6	5	4	3	2	1	0	
	OCIE2	TOIE2	TICIE1	OCIE1A	OCIE1B	TOIE1	OCIE0	TOIE0	TIMSK
읽기/쓰기	R/W	R/W	R/W	R/W	R/W	R/W	R/W	R/W	
초기값	0	0	0	0	0	0	0	0	

■ 타이머/카운터 인터럽트 플래그 레지스터, TIFR

타이머/카운터와 관련된 인터럽트의 발생 유무를 나타내는 레지스터이다. 타이머/카운터 2 오버플로 인터럽트가 발생되면 TIFR의 6번 비트인 TOV2 비트가 '1'이 되어 인터럽트 요청신호가 발생된다. 인터럽트(벡터방식) 서비스 프로그램으로 이동하면 이 비트는 '0'이 된다. 이 비트를 강제적으로 클리어시키기 위해서는 이 비트에 '1'을 써 넣어야 한다.

비트번호	7	6	5	4	3	2	1	0	
	OCF2	TOV2	ICF1	OCF1A	OCF1B	TOV1	OCF0	TOV0	TIFR
읽기/쓰기	R/W	R/W	R/W	R/W	R/W	R/W	R/W	R/W	
초기값	0	0	0	0	0	0	0	0	

■ 타이머/카운터 제어 레지스터 2, TCCR2

타이머/카운터 기능을 제어하기 위한 레지스터이다. TCCR2는 특수 기능 레지스터 주소(괄호( )는 데이터 메모리 주소) 0x25(0x45)에 위치하고 있으며 기능에 따라 읽기와 쓰기 동작을 할 수 있다.

비트번호	7	6	5	4	3	2	1	0	
	FOC2	WGM20	COM21	COM20	WGM21	CS22	CS21	CS20	TCCR2
읽기/쓰기	W	R/W	R/W	R/W	R/W	R/W	R/W	R/W	
초기값	0	0	0	0	0	0	0	0	

- 비트 3, 6 - WGM21, WGM20 : 파형 발생 모드(Waveform Generation Mode)
  타이머/카운터 2가 발생할 수 있는 동작 모드를 선택한다. 타이머/카운터 기능일 때는 일반(범용) 모드(Normal mode)를 적용한다. 즉 'WGM21 = 0, WGM20 = 0'을 설정하면 된다.
- 비트 2..0 - CS22..20 : 클록 선택(Clock Select)
  카운터 모드를 사용하는 경우, '110'이면 PD7(T2) 핀의 하강모서리에서 계수를 하고, '111'이면 PD7(T2) 핀의 상승 모서리에서 계수를 한다.

표 4-5 타이머/카운터 2 클록 선택

WGM21, WGM20	CS22	CS21	CS20	기능
00 8비트 타이머/카운터 모드	0	0	0	타이머 정지
	0	0	1	시스템 클록($clk_{I/O}$)
	0	1	0	$clk_{I/O}$를 8 분주하는 프리스케일러
	0	1	1	$clk_{I/O}$를 64 분주하는 프리스케일러
	1	0	0	$clk_{I/O}$를 256 분주하는 프리스케일러
	1	0	1	$clk_{I/O}$를 1024 분주하는 프리스케일러
	1	1	0	외부클록 핀, 하강모서리(카운터 모드)
	1	1	1	외부클록 핀, 상승모서리(카운터 모드)

- 타이머/카운터 레지스터 2, TCNT2

계수되는 8비트 크기의 값을 TCNT0에 저장한다. TCNT2는 특수 기능 레지스터 주소(괄호( )는 데이터 메모리 주소) 0x24(0x44)에 위치하고 있으며 기능에 따라 읽기와 쓰기 동작을 할 수 있다.

비트번호	7	6	5	4	3	2	1	0	
	TCNT2[7:0]								TCNT2
읽기/쓰기	R/W	R/W	R/W	R/W	R/W	R/W	R/W	R/W	
초기값	0	0	0	0	0	0	0	0	

05 CHAPTER

비동기 직렬통신

직렬통신은 동기식과 비동식이 있으며, 동기식은 서로 동기를 맞춘 후, 클록에 따라 데이터를 송수신한다. 비동기 통신은 송수신간의 동기를 맞출 필요 없이 송수신간의 일정한 규약이 형성되어 있으면, 송신측에서 데이터를 보낼 수 있고 수신측에서는 버퍼에 쌓인 데이터를 수신하면 된다. ATmega128은 비동기식 직렬통신을 위하여 범용 비동기 송수신기(UART)를 2개(번호만 다르고 기능은 동일) 내장하고 있으며, 시작신호 1비트 + 데이터 신호 5~9비트 + 패러티 1비트(사용하지 않을 수도 있음) + 정지신호 1~2비트로 구성되어 있다. 송신신호는 설정해 놓은 보레이트에 따라 송신되며 수신측에서도 동일한 통신 규약으로 설정해 놓았을 경우에만 에러 없이 수신이 가능하다. 비동기식 직렬통신도 폴링방식과 인터럽트 벡터 방식을 사용할 수 있다.

- 비동기 송신 기능

  UDR이 비워 있으면 데이터를 송신할 수 있으며 UDRE 또는 TXC 비트를 확인(폴링방식)하거나 인터럽트(UDR 비워있음 또는 송신 완료)를 이용할 수 있다. 송신 속도는 UBRR의 설정에 따라 2400[bps]~2[Mbps]까지 가능하다.

- 비동기 수신 기능

  송신측과 동일한 보레이트와 통신 규약이 설정된 상태에서 송신된 데이터를 수신할 수 있다. UDR에 데이터가 수신되면 RXC 비트가 '1'이 되며, 이를 확인(폴링방식)하거나 인터럽트(수신 완료)를 이용하여 데이터를 입력받을 수 있다.

5.1 폴링방식을 이용한 비동기 직렬통신으로 LED 원격 제어

(1) ATmega128 키트에서의 "폴링방식을 이용한 비동기 직렬통신으로 LED 원격 제어" 동작 순서도

직렬통신과 LED 원격 제어('5' 입력시)

① 전원이 켜진다. 'LED MODULE'의 'LED0~LED7'은 꺼져 있다.

② 하이퍼터미널에 '0~9' 숫자 중 하나를 입력하면 하이퍼터미널에 'LED0 점등~LED 모두 소등' 중 하나가 표시되고 'LED0~LED7' 중 하나가 켜지거나 모든 LED가 켜짐 또는 꺼짐이 나타난다. 예를 들면, '5'을 입력하면 하이퍼터미널에 'LED5 점등'이 표시되고 'LED0'이 켜진다. '8'을 입력하면 하이퍼터미널에 'LED 모두 점등'이 표시되고 모든 LED가 켜진다.

(2) CodeVisionAVR으로 C 프로그램(간략형) 작성 및 키트 실습

(가) CodeVisionAVR으로 C 프로그램(간략형, 함수를 헤더파일로 정의한 형식) 작성

①~⑥ : '2.1의 (가) CodeVisionAVR으로 C 프로그램(간략형, 함수를 헤더파일로 정의한 형식) 작성'의 ①~⑥을 참조하여 동일하게 진행한다.

⑦ 컴퓨터에 'uart_LED_easy' 폴더(C:\ATmega128\uart_LED_easy)를 만든다.
'Create New Project' 화면에서 아래와 같이 진행한다.
'저장 위치(I):'를 'uart_LED_easy' 폴더로 선택한다.
'파일 이름(N):'에 'uart_LED_easy'를 써 넣는다.
'저장(S)'을 클릭한다.

⑧ '2.1의 (가) CodeVisionAVR으로 C 프로그램(간략형, 함수를 헤더파일로 정의한 형식) 작성'을 참조하여 동일하게 진행한다.

⑨ 'Configure Project uart_LED_easy.prj' 화면이 나타난다.
'Input Files'이 'uart_LED_easy.c'임을 알 수 있다.
'C Compiler'를 클릭한다.

⑩~⑬ : '2.1의 (가) CodeVisionAVR으로 C 프로그램(간략형, 함수를 헤더파일로 정의한 형식) 작성'의 ⑩~⑬을 참조하여 동일하게 진행한다.

⑭ 'uart_LED_easy.c*' 안의 내용을 모두 지운다.
'uart_LED_easy.c*' 안에 아래 그림과 같이 프로그램을 작성한다(주석('//...')으로 표시된 부분은 작성하지 않아도 된다. 프로그램 내용은 '(라) uart_LED_easy.c 프로그램' 참조).

C:\ATmega128\uart_LED_easy\uart_LED_easy.c

Notes | uart_LED_easy.c *

```
                break;
            case '3':
                pin_write(PB, 0x08);        // LED3 점등
                uart_puts("LED3 점등");
                break;
            case '4':
                pin_write(PB, 0x10);        // LED4 점등
                uart_puts("LED4 점등");
                break;
            case '5':
                pin_write(PB, 0x20);        // LED5 점등
                uart_puts("LED5 점등");
                break;
            case '6':
                pin_write(PB, 0x40);        // LED6 점등
                uart_puts("LED6 점등");
                break;
            case '7':
                pin_write(PB, 0x80);        // LED7 점등
                uart_puts("LED7 점등");
                break;
            case '8':
                pin_write(PB, 0xff);        // LED7 ~ LED0 모두 점등
                uart_puts("LED 모두 점등");
                break;
            default:
                pin_write(PB, 0x00);        //LED7 ~ LED0 모두 소등
                uart_puts("LED 모두 소등");
        }
    }
}
```

(나) ATmega128 키트 실습(간략형 C 프로그램으로)

①~② : '2.1의 (나) ATmega128 키트 실습(간략형 C 프로그램으로)'의 ①~②를 참조하여 동일하게 진행한다.

③ 아래 그림과 같이 'UART MODULE'의 'RXD0, TXD0'과 'LED MODULE'의 'LED0~LED7'를 'ATmega128 MCU MODULE'의 포트 E의 'PE0, PE1'과 포트 B의 'PB0~PB7'에 각각 서로 연결한다.

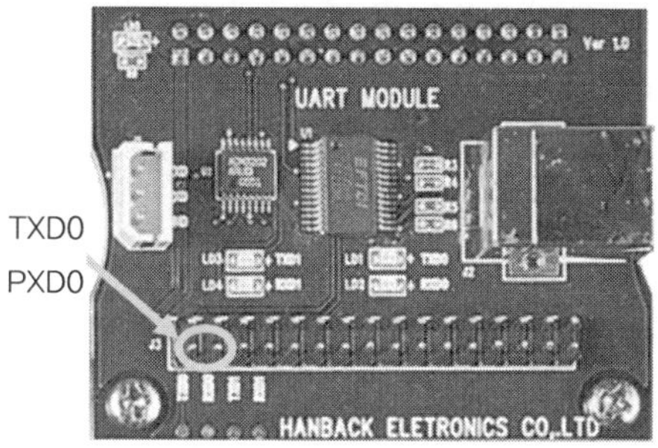
UART MODULE
TXD0
PXD0
HANBACK ELETRONICS CO.,LTD

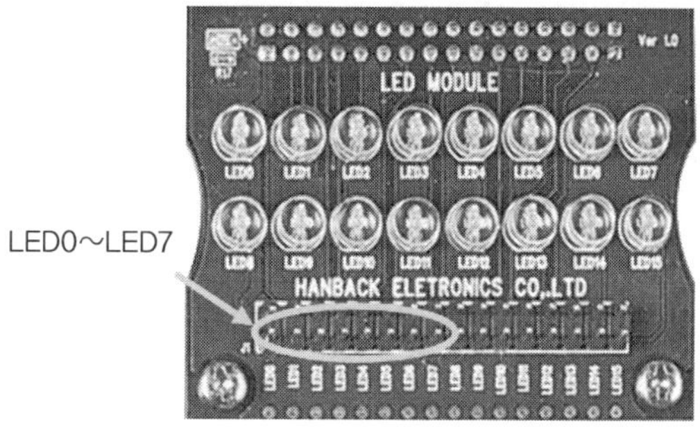
LED MODULE
LED0~LED7
HANBACK ELETRONICS CO.,LTD

ATMEL ATMEGA128 MCU MODULE
포트 E
(PE0, PE1)
포트 B
(PB0~PB7)
HANBACK ELETRONICS CO.,LTD

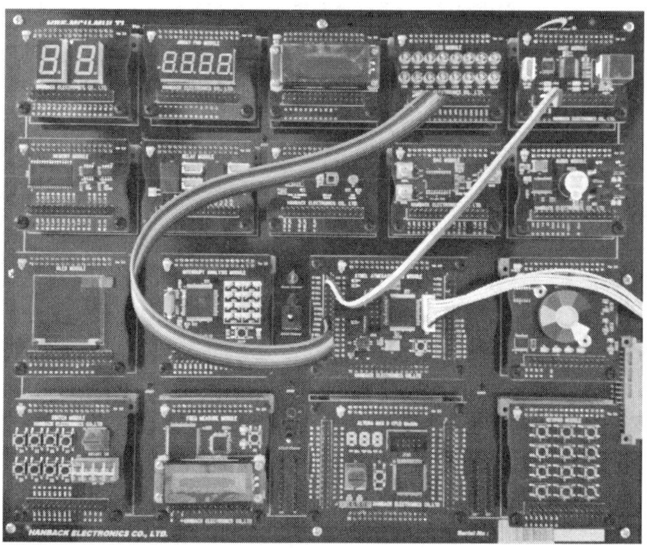

④~⑤ : '2.1의 (나) ATmega128 키트 실습(간략형 C 프로그램으로)'의 ④~⑤을 참조하여 동일하게 진행한다.

⑥ 'UART MODULE'의 USB 커넥터(J2)와 컴퓨터의 USB 포트를 USB 케이블을 이용하여 연결한다.

⑦ 하이퍼터미널(hyperterminal)은 부록을 참조하여 설치한다(하이퍼터미널 파일은 컴퓨터의 바탕화면 또는 C 폴더 등에 'hyperterminal'로 되어 있다).

⑧~⑩ : '2.1의 (나) ATmega128 키트 실습(간략형 C 프로그램으로)'의 ⑥~⑧을 참조하여 동일하게 진행한다.

⑪ 하이퍼터미널에 '0~9' 숫자 중 하나를 입력하면 하이퍼터미널에 'LED0 점등~LED 모두 소등' 중 하나가 표시되고 'LED0~LED7' 중 하나가 켜지거나 모든 LED가 켜짐 또는 꺼짐이 나타난다. 예를 들면, '5'을 입력하면 하이퍼터미널에 'LED0 점등'이 표시되고 'LED5'가 켜진다. 본인이 하이퍼터미널에 입력한 숫자(또는 문자)가 나타나게 하려면 부록을 참조한다.

(다) 하드웨어 블록도

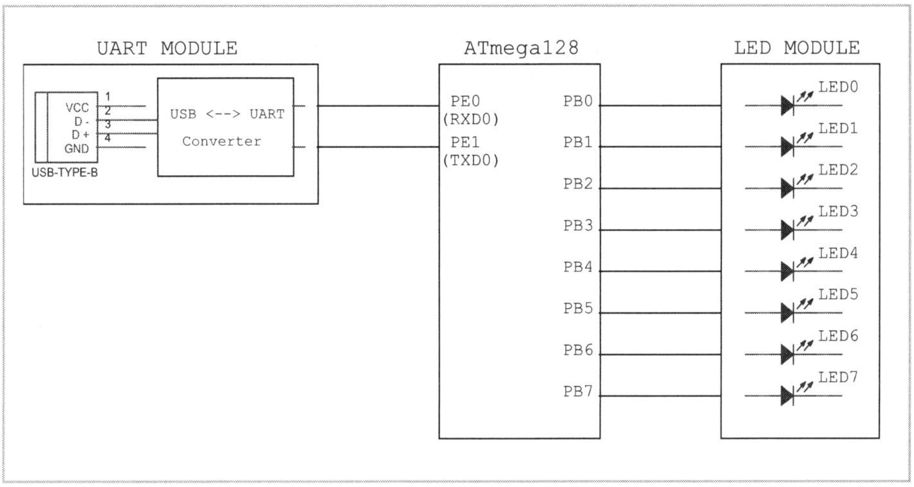

ATmega128 포트 B의 PB0~PB7에는 'LED MODULE'의 'LED0~LED7'이 연결되어 있다. 포트 E의 PE0(RXD0)과 PE1(TXD0)에는 'UART MODULE'의 'RXD0'와 'TXD0'가 각각 연결되어 있다.

① 하이퍼터미널에서 입력된 문자/숫자 등의 데이터는 아스키코드 등의 2진수 형태의 데이터로 변환되어 컴퓨터의 COM 포트(USB 커넥터)를 통해 USB 신호로 출력된다. 이 신호는 USB 케이블을 거쳐 'UART MODULE'의 USB 커넥터(J2)를 통과하여 'USB/UART 변환기'(USB 신호를 UART로 변환하거나, UART 신호를 USB 신호로 변환)로 입력된다. UART 신호로 데이터는 변환된 후, 'UART MODULE'의 'RXD0'을 거쳐 포트 E의 'PE0(RXD0)'으로 입력되게 된다.

ATmega128에서 생성된 데이터는 포트 E의 'PE1(TXD0)'으로 출력되어 'UART MODULE'의 'TXD0'로 입력된다. 'USB/UART 변환기'에서 USB 신호로 변환되어 'UART MODULE'의 USB 커넥터(J2)를 거쳐 컴퓨터로 전송되게 된다.

② 하이퍼터미널에서 입력한 데이터 값에 따라 아래와 같은 출력이 발생하게 된다.

하이퍼터미널 입력 값	LED 상태	하이퍼터미널 출력 표시
'0'	LED0 켜짐	LED0 점등
'1'	LED1 켜짐	LED1 점등
'2'	LED2 켜짐	LED2 점등
'3'	LED3 켜짐	LED3 점등
'4'	LED4 켜짐	LED4 점등
'5'	LED5 켜짐	LED5 점등
'6'	LED6 켜짐	LED6 점등
'7'	LED7 켜짐	LED7 점등
'8'	LED7~LED0 켜짐	LED 모두 점등
'9' 또는 다른 문자 등	LED7~LED0 꺼짐	LED 모두 소등

③ 포트 B의 각 핀(단자)에 'high(1)'가 출력되면(약 +5[V]) 핀과 연결되어 있는 LED에 약 +5[V] 전압이 연결되어 LED는 켜지게 된다. 포트 B의 각 핀(단자)에 'low(0)'가 출력되면(약 +0[V]) 핀과 연결되어 있는 LED에 약 +0[V] 전압이 연결되어(LED에 전류가 흐르지 않아) LED는 꺼지게 된다.

(라) uart_LED_easy.c 프로그램

```
// ATmega128의 입출력 포트의 출력을 정의한 헤더파일
#include <inout_mega128.h>

// ATmega128의 직렬통신 인터럽트 관련한 기능을 정의한 헤더파일
#include <uart_interrupt_mega128.h>

void put(unsigned char tx_data)     // 비동기통신 송신(1 바이트)
{
  while(!serial_TX_available(0));  // UDR0이 비워있는지 검사
  serial_TX_write(0, tx_data);      // 데이터를 UDR0로 송신
}

unsigned char get(void)             // 비동기통신 수신(1바이트)
```

```
{
  while(!serial_RX_available(0)); // UDR0로 데이터가 수신되었는지 검사
  return(serial_RX_read(0));       // UDR0에서 데이터 입력
}

void uart_puts(char *str)          // 문자열 송신
{
  while(*str){                     // 문자열 데이터가 없을 때까지 반복
    put(*str);                     // 1 바이트 데이터 송신
    str++;                         // 다음 데이터의 주소 값 증가
  }
  put('\r');                       // CR: Carriage return, '\r' 또는 '₩r'
  put('\n');                       // LF: Line feed, '\n' 또는 '₩n'
}

void main(void)
{
  unsigned char i;
  pin_direction(PB, 0xff);         // PB7~PB0을 출력으로 설정
  pin_direction(PE, 0x02);         // PE1은 출력, PE0은 입력으로 설정
  pin_write(PB, 0x00);             // LED7~LED0 모두 소등(off)
  serial_setup(0, 115200);         // UART0 115200 bps 설정

  while(1)
  {
    i = get();                     // 데이터 수신
    switch(i)
    {
        case '0':
            pin_write(PB, 0x01);    // LED0 점등
            uart_puts("LED0 점등"); // 한글완성형 코드 KSC 5601
            break;
        case '1':
            pin_write(PB, 0x02);    // LED1 점등
            uart_puts("LED1 점등");
            break;
        case '2':
            pin_write(PB, 0x04);    // LED2 점등
            uart_puts("LED2 점등");
            break;
        case '3':
```

```
            pin_write(PB, 0x08);      // LED3 점등
            uart_puts("LED3 점등");
            break;
        case '4':
            pin_write(PB, 0x10);      // LED4 점등
            uart_puts("LED4 점등");
            break;
        case '5':
            pin_write(PB, 0x20);      // LED5 점등
            uart_puts("LED5 점등");
            break;
        case '6':
            pin_write(PB, 0x40);      // LED6 점등
            uart_puts("LED6 점등");
            break;
        case '7':
            pin_write(PB, 0x80);      // LED7 점등
            uart_puts("LED7 점등");
            break;
        case '8':
            pin_write(PB, 0xff);      // LED7~LED0 모두 점등
            uart_puts("LED 모두 점등");
            break;
        default:
            pin_write(PB, 0x00);      // LED7~LED0 모두 소등
            uart_puts("LED 모두 소등");
    }
  }
}
```

전원이 켜진 후, 하이퍼터미널에 '0~9' 숫자 중 하나를 입력하면 하이퍼터미널에 'LED0 점등~LED 모두 소등' 중 하나가 표시되고 'LED0~LED7' 중 하나가 켜지거나 모든 LED가 켜짐 또는 꺼짐이 나타난다.

① #include <inout_mega128.h>

'2.1의 (2)의 (라) output_LED_easy.c 프로그램'의 ①을 참조한다.

② #include <uart_interrupt_mega128.h>

ATmega128의 비동기 직렬통신 인터럽트와 관련한 기능(벡터방식, 폴링방

식)을 정의한 함수형 헤더파일. 'mega128.h'은 'inout_mega 128.h'에 포함되어 있음.

컴퓨터의 'C:\cvavreval\INC' 위치에 'uart_interrupt_mega128.h' 파일을 넣는다('uart_interrupt_mega128.h' 파일을 만드는 방법은 부록을 참조하기 바람).

③ void put(unsigned char tx_data){ 내용 }

비동기 직렬통신을 이용하여 1바이트의 데이터를 전송한다.

while(!serial_TX_available(0)); // UDR0이 비워있는지 검사

→ 직렬통신 0의 데이터 레지스터 UDR0이 비워있는지 검사

→ UDR0이 비워있을 때까지 기다린다.

serial_TX_write(0, tx_data); // 데이터를 UDR0로 송신

→ 직렬통신 0의 데이터 레지스터 UDR0에 1바이트 데이터(tx_data) 쓰기

→ UDR0에 데이터가 쓰여지면, 자동으로 데이터가 연결된 장치로(여기는 컴퓨터) 송신된다.

④ unsigned char get(void){ 내용 }

비동기 직렬통신을 이용하여 1 바이트의 데이터를 수신한다.

while(!serial_RX_available(0)); // UDR0로 데이터가 수신되었는지 검사

→ 직렬통신 0의 데이터 레지스터 UDR0에 데이터가 입력되었는지 검사

→ UDR0에 데이터가 입력될 때까지 기다린다.

return(serial_RX_read(0)); // UDR0에서 데이터 입력

→ 직렬통신 0의 데이터 레지스터 UDR0에서 데이터 읽기

→ get() 함수를 빠져나올 때 UDR0에서 읽은 값을 가지고 온다.

⑤ void uart_puts(char *str){ 내용 }

비동기 직렬통신(UART)를 통해 문자열 데이터를 1 바이트 씩 송신한 후, 하이퍼터미널에서 다음 문자가 표시될 열과 행의 위치를 다음 줄/첫 번째 칸으로 바꾼다.

while(*str){ 내용} // 문자열 데이터(*str)가 없을 때('0')까지 반복

'내용'은 1바이트의 문자를 송신하고 문자열 주소를 +1 증가시키는 것이다.

put(*str); // 1바이트 데이터 송신

→ put() 함수를 이용하여 1바이트 데이터를 전송한다.

str++; // 전송할 다음 문자열의 주소 값 증가

put('\r'); // CR: Carriage return, '\r' 또는 '₩r'

→ 커서의 위치를 다음 줄로 이동

put('\n'); // LF: Line feed, '\n' 또는 '₩n'

→ 커서의 위치를 첫 번째 칸으로 이동

⑥ unsigned char i;

부호없는 문자형 변수 i를 선언한다.

⑦ pin_direction(PB, 0xff);

포트 B의 PB7~PB0를 출력 핀으로 설정한다. 0xff = 0b11111111.

⑧ pin_direction(PE, 0x02);

포트 D의 PE1(TXD0)과 PE0(RXD0)은 입출력 기능의 PE1과 PE0으로 사용할 수도 있고 TXD0과 RXD0의 직렬통신 기능으로도 쓸 수 있다. 여기서는 직렬통신으로 사용한다. 포트 E의 PE1(TXD0)은 출력, PE0(RXD0)은 입력으로 설정한다. 0x02 = 0b00000010.

나머지(PE7~PE2)는 입력 또는 출력 중 어느 것을 사용해도 무방하다. 여기서, 나머지는 입력으로 설정한다.

⑨ pin_write(PB, 0x00);

'LED7~LED0'을 모두 꺼지게 하기 위해서 PB7~PB0에 '0'을 출력시킨다.

⑩ serial_setup(0, 115200);

비동기 직렬통신 0(UART0)의 통신 속도를 115200 [bps]로 설정한다.

⑪ while(1){ 내용 }

비동기 직렬통신 0(UART0)으로 입력되는 값에 따라 'LED7~LED0'을 켜고 'LED0 점등~LED 모두 소등'의 문자열을 출력한다((다) 하드웨어 회로도 ②를 참조한다).

i = get(); // 데이터 수신

→ 비동기 직렬통신 0(UART0)으로부터 입력된 값을 변수 i에 저장한다.

switch(i){ 내용 } // i 값에 따라 LED on/off 및 문자열 출력

'내용'은 case '0'~default에 대한 것이다.

case '0': // i가 '0'일 때

pin_write(PB, 0x01); // LED0을 점등(on)시킨다

```
uart_puts("LED0 점등");  // 한글완성형 코드 KSC 5601
```
→ 문자열 'LED0 점등'이 출력되어 하이퍼터미널에 'LED0 점등'이 나타난다. 한글은 '한글완성형 코드 KSC 5601'에서 제공하는 코드로 변환된다.

```
break;                    // switch 문을 빠져 나온다.
 ⋮
```

(3) CodeVisionAVR으로 C 프로그램(표준형) 작성 및 키트 실습

(가) CodeVisionAVR으로 C 프로그램(표준형, 일반적인 프로그램 형식) 작성

①~⑥ : '2.1의 (가) CodeVisionAVR으로 C 프로그램(간략형, 함수를 헤더파일로 정의한 형식) 작성'의 ①~⑥을 참조하여 동일하게 진행한다.

⑦ 컴퓨터에 'uart_LED' 폴더(C:\ATmega128\uart_LED)를 만든다.
'Create New Project' 화면에서 아래와 같이 진행한다.
'저장 위치(I):'를 'uart_LED' 폴더로 선택한다.
'파일 이름(N):'에 'uart_LED'을 써 넣는다.
'저장(S)'을 클릭한다.

⑧ '2.1의 (가) CodeVisionAVR으로 C 프로그램(간략형, 함수를 헤더파일로 정의한 형식) 작성'을 참조하여 동일하게 진행한다.

⑨ 'Configure Project uart_LED.prj' 화면이 나타난다.
'Input Files'이 'uart_LED.c'임을 알 수 있다.
'C Compiler'를 클릭한다.

⑩~⑬ : '2.1의 (가) CodeVisionAVR으로 C 프로그램(간략형, 함수를 헤더파일로 정의한 형식) 작성'의 ⑩~⑬을 참조하여 동일하게 진행한다.

⑭ 'uart_LED.c*' 안의 내용을 모두 지운다.
'uart_LED.c*' 안에 아래 그림과 같이 프로그램을 작성한다(주석('//...')으로 표시된 부분은 작성하지 않아도 된다. 프로그램 내용은 '(라) uart_LED.c 프로그램' 참조).

C:\ATmega128\uart_LED\uart_LED.c

Notes | uart_LED.c *

```
                break;
            case '3':
                PORTB = 0x08;                   // LED3 점등
                uart_puts("LED3 점등");
                break;
            case '4':
                PORTB = 0x10;                   // LED4 점등
                uart_puts("LED4 점등");
                break;
            case '5':
                PORTB = 0x20;                   // LED5 점등
                uart_puts("LED5 점등");
                break;
            case '6':
                PORTB = 0x40;                   // LED6 점등
                uart_puts("LED6 점등");
                break;
            case '7':
                PORTB = 0x80;                   // LED7 점등
                uart_puts("LED7 점등");
                break;
            case '8':
                PORTB = 0xff;                   // LED7 ~ LED0 모두 점등
                uart_puts("LED 모두 점등");
                break;
            default:
                PORTB = 0x00;                   //LED7 ~ LED0 모두 소등
                uart_puts("LED 모두 소등");
        }
    }
}
```

(나) ATmega128 키트 실습(표준형 C 프로그램으로)

①~⑨ : '(나) ATmega128 키트 실습(간략형 C 프로그램으로)'의 ①~⑨를 참조하여 동일하게 진행한다.

(다) 하드웨어 회로도

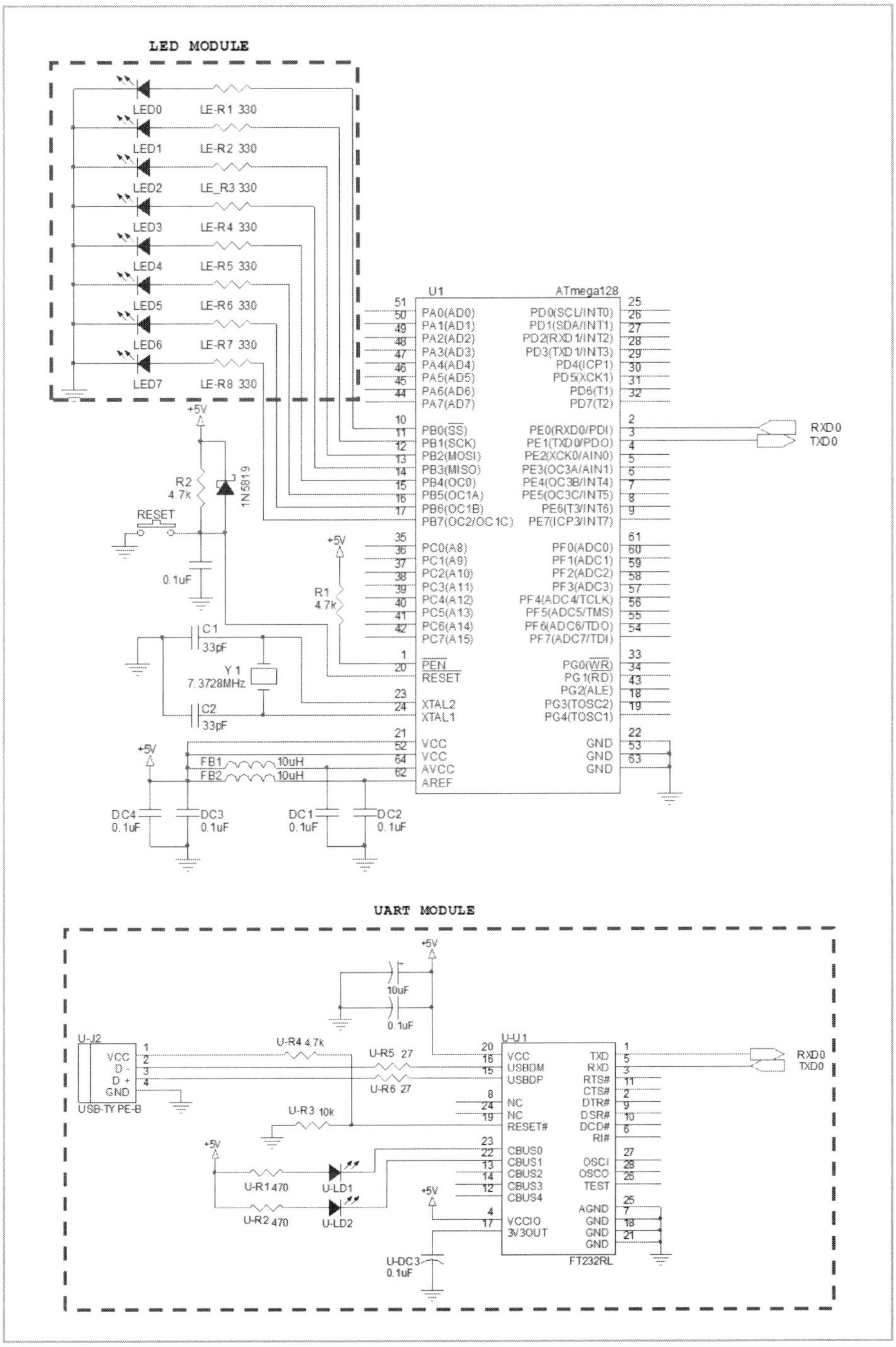
LED MODULE
LED0
LED1
LED2
LED3
LED4
LED5
LED6
LED7
LE-R1 330
LE-R2 330
LE_R3 330
LE-R4 330
LE-R5 330
LE-R6 330
LE-R7 330
LE-R8 330
U1
ATmega128
PA0(AD0)
PA1(AD1)
PA2(AD2)
PA3(AD3)
PA4(AD4)
PA5(AD5)
PA6(AD6)
PA7(AD7)
PB0(SS)
PB1(SCK)
PB2(MOSI)
PB3(MISO)
PB4(OC0)
PB5(OC1A)
PB6(OC1B)
PB7(OC2/OC1C)
PC0(A8)
PC1(A9)
PC2(A10)
PC3(A11)
PC4(A12)
PC5(A13)
PC6(A14)
PC7(A15)
PEN
RESET
XTAL2
XTAL1
VCC
VCC
AVCC
AREF
PD0(SCL/INT0)
PD1(SDA/INT1)
PD2(RXD1/INT2)
PD3(TXD1/INT3)
PD4(ICP1)
PD5(XCK1)
PD6(T1)
PD7(T2)
PE0(RXD0/PDI)
PE1(TXD0/PDO)
PE2(XCK0/AIN0)
PE3(OC3A/AIN1)
PE4(OC3B/INT4)
PE5(OC3C/INT5)
PE6(T3/INT6)
PE7(ICP3/INT7)
PF0(ADC0)
PF1(ADC1)
PF2(ADC2)
PF3(ADC3)
PF4(ADC4/TCLK)
PF5(ADC5/TMS)
PF6(ADC6/TDO)
PF7(ADC7/TDI)
PG0(WR)
PG1(RD)
PG2(ALE)
PG3(TOSC2)
PG4(TOSC1)
GND
GND
GND
RXD0
TXD0
+5V
R2
4.7k
1N5819
RESET
0.1uF
R1
4.7k
C1
33pF
Y1
7.3728MHz
C2
33pF
FB1 10uH
FB2 10uH
DC4 0.1uF
DC3 0.1uF
DC1 0.1uF
DC2 0.1uF
UART MODULE
10uF
0.1uF
U-J2
VCC
D -
D +
GND
USB-TYPE-B
U-R4 4.7k
U-R5 27
U-R6 27
U-R3 10k
U-R1 470
U-R2 470
U-LD1
U-LD2
U-U1
VCC
USBDM
USBDP
NC
NC
RESET#
CBUS0
CBUS1
CBUS2
CBUS3
CBUS4
VCCIO
3V3OUT
TXD
RXD
RTS#
CTS#
DTR#
DSR#
DCD#
RI#
OSCI
OSCO
TEST
AGND
GND
GND
GND
FT232RL
U-DC3
0.1uF
RXD0
TXD0

① 'LED MODULE'의 'LED0~LED7'의 동작은 '2.1의 (3)의 (다) 하드웨어 회로도'의 ④를 참조한다. 단, 핀(단자) 연결이 'PE0~PE7'에서 'PB0~PB7'로 바뀌었다.

② 'UART MODULE'의 USB 커넥터 J2에 USB 케이블이 연결되면(반대쪽은 컴퓨터) J2의 'VCC'에 +5[V]가 인가되어 U-U1의 'RESET#'에 약 3.4[V]가 공급된다($\frac{10k}{10k+4.7k} \times 5[V] \fallingdotseq 3.4[V]$). U-U1은 리셋상태에서 벗어나 정상상태(RESET# > 1.3[V])로 동작하게 된다. USB 케이블이 J2에 연결되지 않은 상태에서는 'RESET#'에는 약 0[V]가 주어지게 되고(저항 10[kΩ]가 GND(0[V])와 연결되어 있어 'RESET#'도 0[V]), U-U1은 리셋 상태에 머무르게 된다. 'CBUS0'와 'CBUS1'은 각각 'TXD'와 'RXD' 핀 신호에 따른 LED 구동용 핀(단자)이다. 출력 전압은 CMOS 레벨로 3,2[V]~4.9[V]이다. LED 순방향 전압이 2[V]이면, 전류는 $\frac{3.2[V]-2[V]}{470[\Omega]} \fallingdotseq 2.6[mA]$~$\frac{4.9[V]-2[V]}{470[\Omega]} \fallingdotseq 6.2[mA]$가 될 것이다. 'VCCIO' 핀은 +5[V] 전원을 사용하므로 +5[V]를 연결한다(+3.3[V] 사용시에는 '3V3OUT' 핀만 연결한다). 오실레이터는 내부 오실레이터(12[MHz])를 사용하므로 'OSCI', 'OSCO' 핀에 아무 것도 연결하지 않는다. U-U1의 'TXD'와 'RXD'핀은 ATmega128의 'RXD0'와 'TXD0'에 각각 연결한다(한쪽이 송신이면 상대방은 수신이므로 서로 반대의 핀을 연결). 'USBDM'과 'USBDP'에 연결된 저항 27[Ω]은 USB 신호의 송신과 수신 전달의 효율성을 위한 임피던스 매칭용이다.

(라) uart_LED.c 프로그램

```
// ATmega128의 각 레지스터들을 정의한 헤더파일
#include <mega128.h>

void put(unsigned char tx_data)  // 비동기통신 송신(1바이트)
{
  while(!(UCSR0A & 0x20));        // UDR0이 비워있는지 검사(0x20 = 0b00100000)
  UDR0 = tx_data;                 // 데이터를 UDR0로 송신
}

unsigned char get(void)          // 비동기통신 수신(1바이트)
```

```
{
  while(!(UCSR0A & 0x80));          // UDR0로 데이터 수신됐는지 검사(0x80=0b10000000)
  return(UDR0);                     // UDR0에서 데이터 입력
}

void uart_puts(char *str)           // 문자열 송신
{
  while(*str){                      // 문자열 데이터가 없을 때까지 반복
    put(*str);                      // 1바이트 데이터 송신
    str++;                          // 다음 데이터의 주소 값 증가
  }
  put('\r');                        // CR: Carriage return, '\r' 또는 '₩r'
  put('\n');                        // LF: Line feed, '\n' 또는 '₩n'
}

void main(void)
{
  unsigned char i;
  DDRB = 0xff;                      // PB7~PB0을 출력으로 설정
  DDRE = 0x02;                      // PE1은 출력, PE0은 입력으로 설정
  PORTB = 0x00;                     // LED7~LED0 모두 소등(off)

  // UART0 초기 설정
  UBRR0H = 0x00;                    // 7.3728[MHz]일 경우 115200[bps]
  UBRR0L = 0x03;                    // 7372800/(16*115200) -1 = 3 (0x03 = 0b00000011)
  UCSR0A = 0x00;                    // 보통 비동기 통신 모드
  UCSR0B = 0x18;                    // 송신, 수신 활성화(0x18 = 0b00011000)
  UCSR0C = 0x06;                    // 8비트 데이터 크기(0x06 = 0b00000110)

  while(1)
  {
    i = get();                        // 데이터 수신
    switch(i)
    {
      case '0':
        PORTB = 0x01;                 // LED0 점등
        uart_puts("LED0 점등");       // 한글완성형 코드 KSC 5601
        break;
      case '1':
        PORTB = 0x02;                 // LED1 점등
```

```
            uart_puts("LED1 점등");
            break;
        case '2':
            PORTB = 0x04;                 // LED2 점등
            uart_puts("LED2 점등");
            break;
        case '3':
            PORTB = 0x08;                 // LED3 점등
            uart_puts("LED3 점등");
            break;
        case '4':
            PORTB = 0x10;                 // LED4 점등
            uart_puts("LED4 점등");
            break;
        case '5':
            PORTB = 0x20;                 // LED5 점등
            uart_puts("LED5 점등");
            break;
        case '6':
            PORTB = 0x40;                 // LED6 점등
            uart_puts("LED6 점등");
            break;
        case '7':
            PORTB = 0x80;                 // LED7 점등
            uart_puts("LED7 점등");
            break;
        case '8':
            PORTB = 0xff;                 // LED7~LED0 모두 점등
            uart_puts("LED 모두 점등");
            break;
        default:
            PORTB = 0x00;                 // LED7~LED0 모두 소등
            uart_puts("LED 모두 소등");
    }
  }
}
```

전원이 켜진 후, 하이퍼터미널에 '0~9' 숫자 중 하나를 입력하면 하이퍼터미널에 'LED0 점등~LED 모두 소등' 중 하나가 표시되고 'LED0~LED7' 중 하나가 켜지거나 모든 LED가 켜짐 또는 꺼짐이 나타난다. UBRR0H, UBRR0L, UCSR0A, UCSR0B, UCSR0C, UDR0 레지스터에 대한 자세한 설명은 '(5) USART(범용 동기/비동기 송수신기)'를 참조한다.

① #include 〈inout_mega128.h〉

'2.1의 (2)의 (라) output_LED_easy.c 프로그램'의 ①을 참조한다.

② void put(unsigned char tx_data){ 내용 }

비동기 직렬통신을 이용하여 1바이트의 데이터를 전송한다.

while(!(UCSR0A & 0x20)); // UDR0이 비워있는지 검사(0x20=0b00100000)

→ 직렬통신 0의 데이터 레지스터 UDR0이 비워있는지 검사(UCSR0A의 'UDRE0' 비트 검사)

→ UDR0이 비워있을 때까지 기다린다.

UDR0 = tx_data; // 데이터를 UDR0로 송신

→ 직렬통신 0의 데이터 레지스터 UDR0에 1바이트 데이터(tx_data) 쓰기

→ UDR0에 데이터가 쓰여지면, 자동으로 데이터가 연결된 장치로(여기는 컴퓨터) 송신된다.

③ unsigned char get(void){ 내용 }

비동기 직렬통신을 이용하여 1 바이트의 데이터를 수신한다.

while(!(UCSR0A & 0x80)); // UDR0로 데이터 수신됐는지 검사
// (0x80 = 0b10000000)

→ 직렬통신 0의 데이터 레지스터 UDR0에 데이터가 입력되었는지 검사(UCSR0A의 'RXC0' 비트 검사)

→ UDR0에 데이터가 입력될 때까지 기다린다.

return(UDR0); // UDR0에서 데이터 입력

→ 직렬통신 0의 데이터 레지스터 UDR0에서 데이터 읽기

→ get() 함수를 빠져나올 때 UDR0에서 읽은 값을 가지고 온다.

④ void uart_puts(char *str){ 내용 }

'5.1의 (2)의 (라) uart_LED_easy.c 프로그램'의 ⑤를 참조한다.

⑤ unsigned char i;

부호없는 문자형 변수 i를 선언한다.

⑥ DDRB = 0xff; // PB7~PB0을 출력으로 설정

포트 B의 PB7~PB0를 출력 핀으로 설정한다. 0xff = 0b11111111.

⑦ DDRE = 0x02; // PE1은 출력, PE0은 입력으로 설정

포트 E의 PE1(TXD0)과 PE0(RXD0)은 입출력 기능의 PE1과 PE0으로 사용할 수도 있고 TXD0과 RXD0의 직렬통신 기능으로도 쓸 수 있다. 여기서는 직렬통신으로 사용한다. UCSR0B 레지스터의 'TXEN0'와 'RXEN0'를 '1'로 활성화 시키면 입출력 설정을 하지 않아도 된다. 포트 E의 PE1(TXD0)은 출력, PE0(RXD0)은 입력으로 설정한다. 0x02 = 0b00000010.

나머지(PE7~PE2)는 입력 또는 출력 중 어느 것을 사용해도 무방하다. 여기서, 나머지는 입력으로 설정한다.

⑧ PORTB = 0x00; // LED7~LED0 모두 소등(off)

'LED7~LED0'을 모두 꺼지게 하기 위해서 PB7~PB0에 '0'을 출력시킨다.

⑨ UBRR0H = 0x00; // 7.3728[MHz]일 경우 115200[bps]

UBRR0L = 0x03; // 7372800/(16*115200) –1 = 3 (0x03 = 0b00000011)

비동기 직렬통신 0(UART0)의 통신 속도(BAUD)를 115200 [bps]로 설정한다.

$$\rightarrow \text{UBRR} = \frac{f_{osc}}{16 \times \text{BAUD}} - 1 = \frac{7372800}{16 \times 115200} - 1 = 3$$

⑩ UCSR0A = 0x00; // 보통 비동기 통신 모드

비동기 직렬통신 0(UART0)의 통신 속도를 보통 모드로 설정한다. U2X0 =0

⑪ UCSR0B = 0x18; // 송신, 수신 활성화(0x18 = 0b00011000)

비동기 직렬통신 0이 수신과 송신이 가능하도록 'RXEN0', 'TXEN0' 비트에 '1'

⑫ UCSR0C = 0x06; // 8비트 데이터 크기(0x06 = 0b00000110)

비동기 통신, 송수신 데이터 크기 8비트 + 패리티 없음 + 정지 1비트,

→ 'UMSEL0'는 '0', 'USZ02/USZ01/USZ00'은 '011' + 'UPM01/UPM00'은 '00' + 'USBS0'은 '0'

⑬ while(1){ 내용 }

비동기 직렬통신 0(UART0)으로 입력되는 값에 따라 'LED7~LED0'을 켜고

'LED0 점등~LED 모두 소등'의 문자열을 출력한다((다) 하드웨어 회로도 ②를 참조한다).

```
i = get();                    // 데이터 수신
```

→ 비동기 직렬통신 0(UART0)으로부터 입력된 값을 변수 i에 저장한다.

```
switch(i){ 내용 }              // i 값에 따라 LED on/off 및 문자열 출력
```

'내용'은 case '0'~default에 대한 것이다.

```
case '0':                     // i가 '0'일 때
    PORTB = 0x01;             // LED0 점등
    uart_puts("LED0 점등"); // 한글완성형 코드 KSC 5601
```

→ 문자열 'LED0 점등'이 출력되어 하이퍼터미널에 'LED0 점등'이 나타난다. 한글은 '한글완성형 코드 KSC 5601'에서 제공하는 코드로 변환된다.

```
    break;                    // switch 문을 빠져 나온다.
  ⋮
```

(4) CodeVisionAVR으로 C 프로그램(확장형) 작성 및 키트 실습

(가) CodeVisionAVR으로 C 프로그램(확장형, 레지스터 주소를 정의한 형식) 작성

①~⑥ : '2.1의 (가) CodeVisionAVR으로 C 프로그램(간략형, 함수를 헤더파일로 정의한 형식) 작성'의 ①~⑥을 참조하여 동일하게 진행한다.

⑦ 컴퓨터에 'uart_LED_extension' 폴더(C:\ATmega128\uart_LED_extension)를 만든다.

'Create New Project' 화면에서 아래와 같이 진행한다.

'저장 위치(I):'를 'uart_LED_extension' 폴더로 선택한다.

'파일 이름(N):'에 'uart_LED_extension'를 써 넣는다.

'저장(S)'을 클릭한다.

⑧은 '2.1의 (가) CodeVisionAVR으로 C 프로그램(간략형, 함수를 헤더파일로 정의한 형식) 작성'을 참조하여 동일하게 진행한다.

⑨ 'Configure Project uart_LED_extension.prj' 화면이 나타난다.
'Input Files'이 'uart_LED_extension.c'임을 알 수 있다.
'C Compiler'를 클릭한다.

⑩~⑬ : '2.1의 (가) CodeVisionAVR으로 C 프로그램(간략형, 함수를 헤더파일로 정의한 형식) 작성'의 ⑩~⑬을 참조하여 동일하게 진행한다.

⑭ 'uart_LED_extension.c*' 안의 내용을 모두 지운다.
'uart_LED_extension.c*' 안에 아래 그림과 같이 프로그램을 작성한다(주석('//...')으로 표시된 부분은 작성하지 않아도 된다. 프로그램 내용은 '(다) uart_LED_extensionc 프로그램' 참조).

C:\ATmega128\uart_LED_extension\uart_LED_extension.c

Notes | uart_LED_extension.c *

```
                break;
            case '3':
                PORTB = 0x08;                   // LED3 점등
                uart_puts("LED3 점등");
                break;
            case '4':
                PORTB = 0x10;                   // LED4 점등
                uart_puts("LED4 점등");
                break;
            case '5':
                PORTB = 0x20;                   // LED5 점등
                uart_puts("LED5 점등");
                break;
            case '6':
                PORTB = 0x40;                   // LED6 점등
                uart_puts("LED6 점등");
                break;
            case '7':
                PORTB = 0x80;                   // LED7 점등
                uart_puts("LED7 점등");
                break;
            case '8':
                PORTB = 0xff;                   // LED7 ~ LED0 모두 점등
                uart_puts("LED 모두 점등");
                break;
            default:
                PORTB = 0x00;                   //LED7 ~ LED0 모두 소등
                uart_puts("LED 모두 소등");
        }
    }
}
```

(나) ATmega128 키트 실습(확장형 C 프로그램으로)

①~⑨ : '(나) ATmega128 키트 실습(간략형 C 프로그램으로)'의 ①~⑨를 참조하여 동일하게 진행한다.

(다) uart_LED_extension.c 프로그램

```
// ATmega128 포트 B 방향 및 출력, 포트 E 방향을 정의
sfrb      DDRB=0x17;
sfrb      DDRE=0x02;
sfrb      PORTB=0x18;

// ATmega128 직렬통신 0 관련 레지스터 정의
sfrb      UBRR0L=0x09;
sfrb      UCSR0B=0x0a;
sfrb      UCSR0A=0x0b;
sfrb      UDR0=0x0c;
#define   UBRR0H      (*(unsigned char *) 0x90)
#define   UCSR0C      (*(unsigned char *) 0x95)

sfrb      SREG=0x3f;               // 전체인터럽트 활성화 관련 레지스터

void put(unsigned char tx_data)    // 비동기통신 송신(1 바이트)
{
  while(!(UCSR0A & 0x20));        // UDR0이 비워있는지 검사(0x20 = 0b00100000)
  UDR0 = tx_data;                 // 데이터를 UDR0로 송신
}

unsigned char get(void)           // 비동기통신 수신(1바이트)
{
  while(!(UCSR0A & 0x80));        // UDR0로 데이터 수신됐는지 검사(0x80=0b10000000)
  return(UDR0);                   // UDR0에서 데이터 입력
}

void uart_puts(char *str)         // 문자열 송신
{
  while(*str){                    // 문자열 데이터가 없을 때까지 반복
    put(*str);                    // 1 바이트 데이터 송신
    str++;                        // 다음 데이터의 주소 값 증가
  }
```

```
  put('\r');                    // CR: Carriage return, '\r' 또는 '₩r'
  put('\n');                    // LF: Line feed, '\n' 또는 '₩n'
}

void main(void)
{
  unsigned char i;
  DDRB = 0xff;          // PB7~PB0을 출력으로 설정
  DDRE = 0x02;          // PE1은 출력, PE0은 입력으로 설정
  PORTB = 0x00;         // LED7~LED0 모두 소등(off)

  // UART0 초기 설정
  UBRR0H = 0x00;        // 7.3728[MHz]일 경우 115200[bps]
  UBRR0L = 0x03;        // 7372800/(16*115200) -1 = 3 (0x03 = 0b00000011)
  UCSR0A = 0x00;        // 보통 비동기 통신 모드
  UCSR0B = 0x18;        // 송신, 수신 인에이블(0x18 = 0b00011000)
  UCSR0C = 0x06;        // 8비트 데이터 크기(0x06 = 0b00000110)

  while(1)
  {
   i = get();           // 데이터 수신
   switch(i)
   {
     case '0':
       PORTB = 0x01;            // LED0 점등
       uart_puts("LED0 점등");  // 한글완성형 코드 KSC 5601
       break;
     case '1':
       PORTB = 0x02;            // LED1 점등
       uart_puts("LED1 점등");
       break;
     case '2':
       PORTB = 0x04;            // LED2 점등
       uart_puts("LED2 점등");
       break;
     case '3':
       PORTB = 0x08;            // LED3 점등
       uart_puts("LED3 점등");
       break;
     case '4':
```

```
            PORTB = 0x10;           // LED4 점등
            uart_puts("LED4 점등");
            break;
        case '5':
            PORTB = 0x20;           // LED5 점등
            uart_puts("LED5 점등");
            break;
        case '6':
            PORTB = 0x40;           // LED6 점등
            uart_puts("LED6 점등");
            break;
        case '7':
            PORTB = 0x80;           // LED7 점등
            uart_puts("LED7 점등");
            break;
        case '8':
            PORTB = 0xff;           // LED7~LED0 모두 점등
            uart_puts("LED 모두 점등");
            break;
        default:
            PORTB = 0x00;           // LED7~LED0 모두 소등
            uart_puts("LED 모두 소등");
    }
  }
}
```

전원이 켜진 후, 하이퍼터미널에 '0~9' 숫자 중 하나를 입력하면 하이퍼터미널에 'LED0 점등~LED 모두 소등' 중 하나가 표시되고 'LED0~LED7' 중 하나가 켜지거나 모든 LED가 켜짐 또는 꺼짐이 나타난다.

64 I/O 레지스터 영역과 160 확장 I/O 레지스터 영역에 적용한 'sfrb'와 '#define'에 대한 설명은 '4.1의 (4)의 (다) timer_STEP_12_extension.c 프로그램'을 참조한다.

C 프로그램의 나머지 내용은 '5.1의 (3)의 (라) uart_LED.c 프로그램'과 동일하다.

(5) USART(범용 동기/비동기 송수신기)

컴퓨터 기기의 통신 방법으로, 직렬로 한번에 한 개의 신호를 보내는 통신 방법을 직렬통신이라 한다. 반면 한 번에 많은 데이터를 동시에 보낼 수 있는 통신 방법을 병렬통신이라 한다. 대표적인 직렬 통신으로 모뎀, LAN, RS-232 등이 있다.

직렬통신에는 크게 비동기식 방식과 동기식 방법 2가지로 나누어진다. 동기식 통신의 경우 2개의 디바이스 사이에 동기를 취하고 그 타이밍에 따라 데이터를 송수신한다. 반면 비동기식 통신의 경우, 동기 신호가 없으므로 데이터의 처음과 끝에는 반드시 시작 신호(비트)와 정지 신호(비트)가 붙는다. 시작 비트는 데이터의 시작을 나타내고, 정지 비트는 데이터의 종료를 의미한다. 즉, 보내지는 데이터는 시작 비트와 정지 비트 사이에 위치하게 된다.

마이크로컨트롤러 ATmega128은 동일한 기능을 수행하는 2개의 범용 동기/비동기 송수신기(USART, Universal Synchronous and Asynchronous Receiver and Transmitter) USART0과 USART1을 내장하고 있다. 전이중(분리된 송신 레지스터 및 수신 레지스터) 직렬통신이 가능하며 멀티프로세서 통신모드로 동작할 수도 있다.

ATmega128 USART의 동기 모드와 비동기 모드 중 많이 사용되는 비동기 직렬통신 모드의 기능은 다음과 같다.

- 보레이트(baud rate)발생기는 아주 큰 보레이트(bps)를 발생
- 낮은 XTAL 주파수에서 높은 보레이트
- 5~9 비트 데이터 송수신
- 프레임, 데이터 오버런, 패리티 에러 검출(Framing Error, Data Overrun Error, Parity Error Detection)
- 오류 시작 비트 검출(Asynchronous Clock Recovery)
- 3개 인터럽트들(송신 완료, UDR(송신용 데이터 레지스터) 비워있음, 수신 완료)
- 2배속 비동기 통신 속도 지원(U2X)

(가) 데이터 전송(Data Transmission)

USART의 비동기 직렬통신 전송기의 블록도(그림 5-1)에서와 같이, 데이터 전송

은 USART 데이터 레지스터 UDR0(또는 UDR1)에 전송될 데이터를 씀으로써 시작된다. 데이터는 UDR0(또는 UDR1)으로부터 송신 시프트 레지스터(Transmit Shift Register)로 전송된다.

만일 송신 시프트 레지스터가 공백 상태라면, 데이터는 UDR0(또는 UDR1)으로부터 시프트 레지스터로 전송된다. 이때 USART 제어 상태 레지스터 A, UCSR0A (또는 UCSR1A)안에 USART 데이터 레지스터 비워있음 비트 UDRE0(또는 UDRE1)은 '1'이 된다. 이 비트가 '1'이 될 때, USART는 다음 문자를 받을 준비를 한다. 데이터가 UDR0(또는 UDR1)으로부터 시프트 레지스터로 전송되는 것과 동시에 시프트 레지스터의 비트 0은 '0'(시작 비트)이 되며, 비트 10(데이터가 8비트인 경우)은 '1'(정지 비트)이 된다. 만일 9비트 데이터를 전송하려면 USART 제어 상태 레지스터 C, UCSR0C(또는 UCSR1C)의 문자 크기 비트들 UCSZ02..00(또는 UCSZ12..10)을 모두 '1'로 선택하고, USART 제어 상태 레지스터 B, UCSR0B(또는 UCSR1B)의 송신 데이터 비트 8인 TXB80(또는 TXB81)에 전송하려는 '1' 또는 '0'을 입력하면 송신 데이터 비트 8은 송신 시프트 레지스터 안의 비트 9로 전송된다.

시프트 레지스터로 전송 동작을 수행하게 하는 보레이트 클록 상에서, 시작 비트는 TXD0(또는 TXD1) 핀에서 전송되어 나온다. 그 다음 LSB를 선두로 데이터가 전송된다. 정지 비트가 시프트되어 나올 때, 어떠한 새로운 데이터가 UDR0(또는 UDR1)에 쓰여진다면 시프트 레지스터로 로딩된다. 로딩 중에 UDRE0(또는 UDRE1)은 '1'이 된다. 만약 정지 비트가 시프트되어 나갈 때 보낼 새로운 데이터가 UDR0(또는 UDR1) 안에 없다면, UDRE0(또는 UDRE1)은 UDR0(또는 UDR1)이 다시 쓰일 때까지 '1'인 상태로 남아 있을 것이다. 새로운 데이터가 전혀 쓰이지 않아 UDRE0(또는 UDRE1)이 '1' 상태이고 송신 시프트 레지스터에도 데이터가 전송되고 없을 때, UCSR0A(또는 UCSR1A)안의 송신 완료 플래그 TXC0(또는 TXC1)은 '1'이 된다.

USART 제어 상태 레지스터 B, UCSR0B(또는 UCSR1B)안의 송신기 활성화 비트 TXEN0(또는 TXEN1)이 '1'이 될 때, USART의 송신기는 활성화 되어 진다. 이 비트가 '0'이 될 때, TXD0(또는 TXD1)핀은 범용 입출력으로 사용될 수 있다. TXEN0과 TXEN1이 '1'이 될 때, USART의 송신기는 PE1(TXD0)와 PD3(TXD1) 핀은 I/O의 방향을 결정하는 DDRE와 DDRD 레지스터의 값과 무관하게 직렬통신용 송신기 핀으로 사용이 된다.

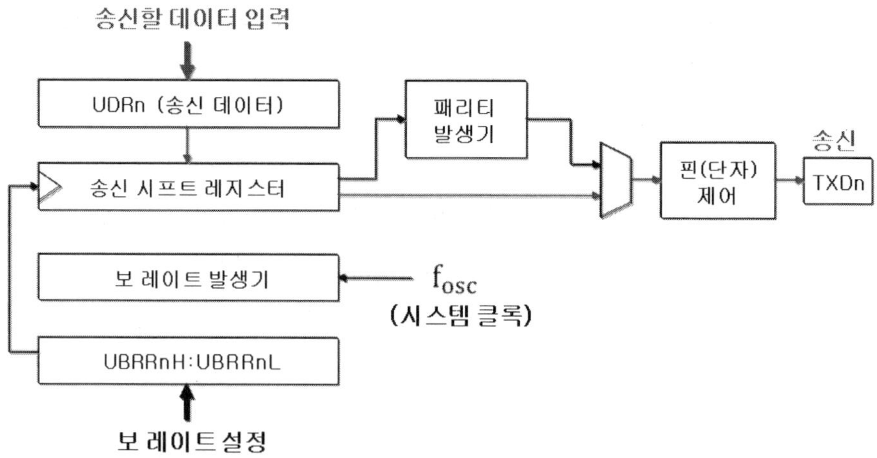

▌그림 5-1▐ USART의 비동기 직렬통신 송신기(n : 0 또는 1)

(나) 데이터 수신(Data Reception)

USART의 비동기 직렬통신 수신기의 블록도(그림 5-2)에서, USART의 수신기는 보레이트의 16배 주파수(2배속(U2X0=1 또는 U2X1=1)일 때는 8배 주파수)에서 RXD0(또는 RXD1) 핀인 PE0(또는 PD2)상의 신호를 샘플링 한다. 라인이 아이들(idle) 상태일 때, 논리 '0'인 한 개의 샘플 신호는 시작 비트의 하강모서리로서 해석될 것이며, 시작 비트 검출 과정은 초기화된다. 샘플 1(첫번째)이 첫 번째 영('0') 샘플을 의미한다고 하자. '1'에서 '0'으로 신호가 바뀐 후, 수신기는 클록 8, 9, 10 위치에서 RXD0(또는 RXD1) 핀을 샘플링한다. 만일 이들 3개의 샘플 중 2개나 그 이상 샘플들이 논리 '1'로 검출되면, 시작 비트는 노이즈 스파크(noise spark)로서 인식되어 제거되고 수신기는 다음 '1'에서 '0'으로의 천이를 찾기 시작한다. 만일, 유효한 시작 비트가 검출되면, 시작 비트 다음에 오는 데이터 비트의 샘플링은 실행된다. 이 비트들도 클록 8, 9, 10 위치에서 샘플링된다. 2배속일 때는 클록 4, 5, 6 위치에서 샘플링한다.

데이터 회복(Data Recovery) 과정에서, 3개의 샘플들 중 최소한 두 개 샘플에서 발견된 논리 값이 올바른 비트 값으로서 취해진다. 샘플링 되어진 모든 비트들은 수신 시프트 레지스터(Receive Shift Register)안으로 시프트되어 들어간다. 들어오는 문자의 샘플링은 아래 데이터 샘플링 그림 5-3에 나타나 있다.

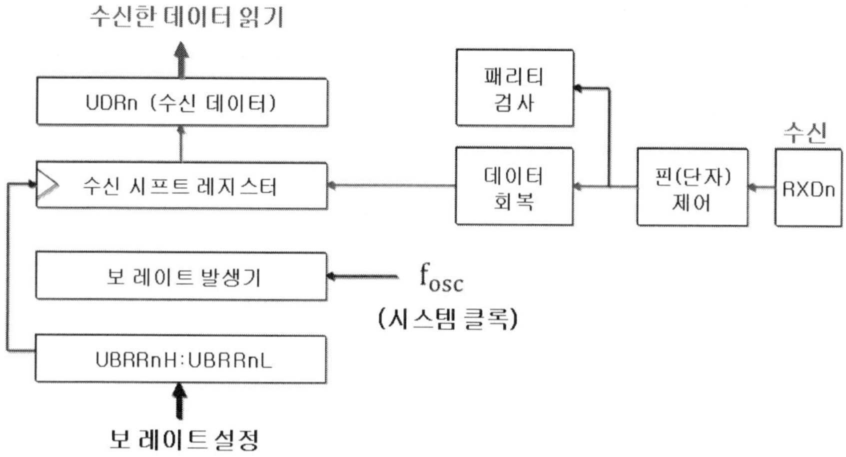

▌그림 5-2▐ USART의 비동기 직렬통신 수신기(n : 0 또는 1)

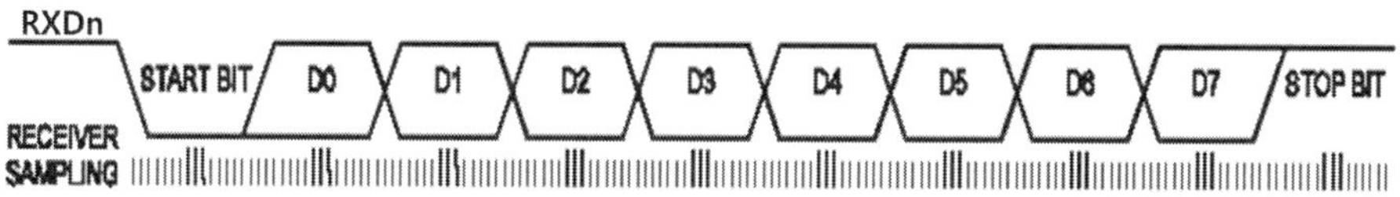

▌그림 5-3▐ 수신 데이터(8비트일 경우) 샘플링(n : 0 또는 1)

정지비트가 수신기로 들어갈 때, 3가지 샘플들의 대다수는 정지 비트를 받아들이기 위하여 '1'이 되어야 한다. 만일 2개나 그 이상의 샘플들이 논리 '0'이라면, USART 제어 상태 레지스터 A, UCSR0A(또는 USCR1A)안의 프레이밍 에러 FE0(또는 FE1))은 '1'이 된다. UDR0(또는 UDR1) 레지스터를 읽기 전에, 사용자는 프레이밍 에러를 검출하기 위하여 FE0(또는 FE1) 비트를 항상 점검해야만 한다.

문자 수신 사이클이 끝날 때, 유효한 정지 비트가 검출되던 안되던, 데이터는 UDR0(또는 UDR1)으로 전송되고 UCSR0A(또는 UCSR1A)안의 수신 완료 플래그 RXC0(또는 RXC1)은 '1'이 된다. UDR0(UDR1)은 사실 물리적으로 분리된 2개의 레지스터들이고, 1개는 송신 데이터용 TXB0[7:0](또는 TXB1[7:0])이며 다른 것은 수신 데이터용 레지스터 RXB0[7:0](또는 RXB1[7:0])이다. UDR0(또는 UDR1)이 읽혀질 때, 수신 데이터 레지스터가 액세스되고, UDR0(또는 UDR1)이 쓰여질 때, 송신 데이터 레지스터가 액세스된다. 만일 9비트 데이터를 수신하려면 USART 제어 상태 레지스터 C, UCSR0C(또는 UCSR1C)의 문자 크기 비트들 UCSZ02..00(또는 UCSZ12..10)을 '111'로 선택한 상태에서, 데이터가 UDR0(또는 UDR1)에 전송될 때 수신 시프트 레지스터안의 비트 9는 USART 제어 상태 레지스터 B, UCSR0B(또는 UCSR1B)의 수신 데이터 비트 8인 RXB80(또는 RXB81)로 입력된다.

UDR0(또는 UDR1)과 시프트 레지스터에 문자가 수신되어 있고 RXD0(또는 RXD1)을 통해 다음 문자의 시작 비트가 감지되면, UCSR0A(또는 USCR1A)안의 데이터 오버런 비트 DOR0(또는 DOR1)이 '1'이 된다. 이것은 시프트 레지스터로 전송된 데이터 바이트가 UDR0(또는 UDR1)으로 전송되지 않고 잃게 된다는 것을 의미한다. UDR0(또는 UDR1)안의 유효한 데이터 바이트가 읽혀질 때, 데이터 오버런 비트가 클리어된다. 그러므로 보레이트가 높거나 CPU 부하가 높은 경우, 사용자는 항상 UDR0(또는 UDR1) 레지스터를 읽기 전 오버런을 탐지하기 위하여 데이터 오버런 비트를 체크하여야 한다.

USART 제어 상태 레지스터 B, UCSR0B(또는 UCSR1B)안의 수신기 활성화 비트 RXEN0(또는 RXEN1)가 '0'이 될 때, 수신기는 작동 불능 상태가 된다. 이것은 PE0(RXD0)(또는 PD2(RXD1)) 핀이 범용 입출력 핀으로 사용될 수 있다는 것을 의미한다. RXEN0과 RXEN1이 '1'이 될 때, USART 수신기는 DDRE와 DDRD 레지스터의 PE0(RXD0)와 PD2(RXD1) 핀의 입출력 방향 설정과 무관하게 입력 핀으로서 PE0(RXD0)와 PD2(RXD1)에 연결될 것이다.

(다) USART의 비동기 직렬통신 제어

ATmega128을 이용해서 직렬 통신을 하려면 USART 데이터 레지스터(UDR0 또는 UDR1), USART 제어 상태 레지스터 A(UCSR0A 또는 UCSR1A), USART 제어 상태 레지스터 B(UCSR0B 또는 UCSR1B), USART 제어 상태 레지스터 C(UCSR0C 또는 UCSR1C), USART 보레이트 레지스터(UBRR0H/UBRR0L 또는 UBRR1H/UBRR1L)가 필요하다.

■ USART 데이터 레지스터(UDR0 또는 UDR1)

USART 데이터 레지스터(UDR0 또는 UDR1)는 사실상 물리적으로 분리된 2개의 레지스터(TXB0[7:0](또는 TXB1[7:0]), RXB0[7:0](또는 RXB1[7:0]))로서

똑같은 I/O 어드레스를 공유한다. 레지스터에 쓰기할 때는, USART 송신 데이터 레지스터에 쓰여진다. USART 데이터 레지스터를 읽을 때는, USART 수신 데이터 레지스터(2개의 FIFO로 구성되어 있어, 2바이트의 데이터가 저장된다)로부터 읽혀진다. UDR0과 UDR1 각각의 레지스터는 특수 기능 레지스터의 0x0C(0x2C), (0x9C)번지를 사용해서 읽기와 쓰기 동작을 하게 된다.

비트번호	7	6	5	4	3	2	1	0	
	RXBn[7:0]								UDRn(읽기)
	TXBn[7:0]								UDRn(쓰기)
읽기/쓰기	R/W	R/W	R/W	R/W	R/W	R/W	R/W	R/W	
초기값	0	0	0	0	0	0	0	0	

■ USART 제어 상태 레지스터 A(UCSR0A 또는 UCSR1A)

USART 제어 상태 레지스터 A(UCSR0A 또는 UCSR1A)는 특수 기능 레지스터의 0x0B(0x2B), (0x9B)번지에 각각 위치하고 있으며 기능에 따라 읽기와 쓰기 동작을 하게 된다.

비트번호	7	6	5	4	3	2	1	0	
	RXCn	TXCn	UDREn	FEn	DORn	UPEn	U2Xn	MPCMn	UCSRnA
읽기/쓰기	R	R/W	R	R	R	R	R/W	R/W	
초기값	0	0	1	0	0	0	0	0	

▸ 비트 7 - RXCn : USARTn 수신 완료(Receive Complete), n:0 또는 1

이 비트는 수신된 문자가 수신 시프트 레지스터로부터 UDR0(또는 UDR1)로 전송될 때 '1'이 된다. 이 비트는 검출된 프레임 에러와 상관없이 세트된다. USART 제어 상태 레지스터 A, UCSR0A(또는 UCSR1A)안의 RXCIE0(또는 RXCIE1) 비트가 '1'이 되어 있고, RXC0(또는 RXC1)이 '1'이 될 때 USART 수신 완료 인터럽트는 실행될 것이다. RXC0(또는 RXC1)은 UDR0(또는 UDR1)을 읽음으로써 클리어('0') 된다. 인터럽트 방식의 데이터 수신을 사용할 때, RXC0(또는 RXC1)를 클리어하기 위해서는 USART 수신 완료 인터럽트 루틴은 UDR0(또는 UDR1)을 읽어야만 하며, 그렇지 않으면 인터럽트가 종료되자마자 새로운 인터럽트가 발생되게 된다.

▸ 비트 6 - TXCn : USARTn 전송 완료(Transmit Complete)

이 비트는 송신 시프트 레지스터안의 정지 비트를 포함한 모든 문자들이 시프트되어 나가고 새로운 데이터가 UDR0(또는 UDR1)에 전혀 쓰여지지 않을 때 '1'이 된다. USART 제어 상태 레지스터 B, UCSR0B(또는 UCSR1B)안의 TXCIE0(또는 TXCIE1) 비트가 '1'이 되어 있고, TXC0(또는 TXC1)이 '1'이 될 때 USART 전송 완료 인터럽트를 발생시킨다. 인터럽트 처리 루틴이 실행될 때, TXC0(또는 TXC1)은 하드웨어적으로 클리어('0') 된다. 또는 TXC0(또는 TXC1) 비트에 '1'을 써서 TXC 비트를 클리어시킨다.

▸ 비트 5 - UDREn : USARTn 데이터 레지스터 공백(Date Register Empty)

이 비트는 UDR0(또는 UDR1)으로 쓰여진 문자가 송신 시프트 레지스터로 전송되었을 때 '1'이 된다. 이 비트가 '1'이 되는 것은 송신기가 전송을 위해 새로운 데이터를 받을 준비가 됨을 나타낸다. UCSR0B(또는 UCSR1B)의 UDRIE0(또는 UDRIE1) 비트가 '1'이 되어 있고, UDRE0(또는 UDRE1)이 '1'이 되어 있는 동안 USART 데이터 레지스터 비워있음(공백) 인터럽트가 실행된다. UDRE0(또는 UDRE1)은 UDR0(또는 UDR1)에 데이터를 쓰기 함으로써 '0'이 된다. 인터럽트 방식의 데이터 전송을 사용할 때, UDRE0(또는 UDRE1) 비트를 클리어하기 위해서는, USART 데이터 레지스터 비워있음 인터럽트 루틴은 UDR0(또는 UDR1)에 데이터를 써야 한다. 그렇지 않으면, 인터럽트 루틴이 종료되자마자 새로운 인터럽트가 발생되게 된다. UDRE0(또는 UDRE1) 비트는 리셋에서 '1'로 초기화되므로 인터럽트 사용시 주의를 하여야 한다.

▸ 비트 4 - FEn : USARTn 프레이밍 에러(Framing Error)

이 비트는 프레이밍 에러가 검출되면, 즉 수신된 문자의 첫 번째 정지 비트가 '0'일 때 '1'이 된다. UCSR0A(또는 UCSR1A)를 쓰기하면 이 비트는 무조건 '0'으로 클리어 된다.

▸ 비트 3 - DORn : USARTn 데이터 오버런 에러(DAta Overun Error)

UDR0(또는 UDR1)의 수신 버퍼에 현재 읽지 않은 수신 문자가 들어 있는 상태를 나타내는 비트이다. 오버런 에러는 UDR0(또는 UDR1)에 현재 읽지 않은 수신 문자(2바이트)가 들어있는 상태에서 수신 시프트 레지스터에 새로운 데이터가 수신 완료되고 다시 그 다음 수신 데이터 문자의 스타트 비트가 검출되면 발생한다. 새로운 문자가 입력되면(오버런 발생시점부터 오버런 해제시점 전까지) UDR0(또는 UDR1) 레지스터 안의 데이터는 손실(변경)되지 않고 수신 쉬프트 레지스터 안의 데이터가 새로운 문자 데이터로 변경된다. UCSR0A(또는 UCSR1A) 레지스터를 쓰기하면 이 비트는 무조건 '0'으로 클리어 된다.

▸ 비트 2 - UPEn : USARTn 패리티 에러(Parity Error)

UCSR0C(또는 UCSR1C) 레지스터에서 UPM01(또는 UMP11)을 '1'로 만들어 패리티 비트를 사용하도록 설정한 경우에만 발생할 수 있다. UCSR0A(또는 UCSR1A) 레지스터를 쓰기하면 이 비트는 무조건 '0'으로 클리어 된다.

▸ 비트 1 - U2Xn : 2배속 USARTn 전송 속도(Transmission Speed)

비동기 모드에서만 유효한 것으로서 클록의 분주비를 16에서 8로 1/2만큼 낮추어 전송속도를 2배 높이는 기능을 수행한다.

▸ 비트 0 - MPCMn : USARTn 멀티프로세서 통신 모드

주소 정보를 포함하지 않는 모든 수신 데이터는 수신부에 의하여 무시된다. 송신부는 이 비트에 의하여 영향을 받지 않는다.

■ USART 제어 상태 레지스터 B(UCSR0B 또는 UCSR1B)

USART 제어 상태 레지스터 B(UCSR0B 또는 UCSR1B)는 특수 기능 레지스터 주소(괄호( )는 데이터 메모리 주소) 0x0A(0x2A), (0x9A)에 각각 존재하고 있으며 기능에 따라 읽기와 쓰기 동작을 하게 된다.

비트번호	7	6	5	4	3	2	1	0	
	RXCIEn	TXCIEn	UDRIEn	RXENn	TXENn	UCSZn2	RXB8n	TXB8n	UCSRnB
읽기/쓰기	R/W	R/W	R/W	R/W	R/W	R/W	R	R/W	
초기값	0	0	0	0	0	0	0	0	

▸ 비트 7 - RXCIEn : USARTn 수신 완료 인터럽트 활성화, n:0 또는 1

이 비트가 '1'이 될 때, USART 제어 상태 레지스터 A, UCSR0A(또는 UCSR1A))의 RXC0(또는 RXC1) 비트가 '1'이고 전체 인터럽트가 활성화되

어 있으면(I 비트가 '1') 수신 완료 인터럽트 루틴 프로그램이 수행된다.

- 비트 6 - TXCIEn : USARTn 송신 완료 인터럽트 활성화

  이 비트가 '1'이 될 때, UCSR0A(또는 UCSR1A))의 TXC0(또는 TXC1) 비트가 '1'이고 전체 인터럽트가 활성화되어 있으면(I 비트가 '1') 송신 완료 인터럽트 루틴 프로그램이 수행된다.

- 비트 5 - UDRIEn : USARTn 데이터 레지스터 비워있음 인터럽트 활성화

  이 비트가 '1'이 될 때, UCSR0A(또는 UCSR1A))의 UDRE0(또는 UDRE1) 비트가 '1'이고 전체 인터럽트가 활성화되어 있으면(I 비트가 '1') USART 데이터 레지스터 비워있음 인터럽트 루틴 프로그램이 수행된다.

- 비트 4 - RXENn : USARTn 수신기 활성화(Receiver Enable)

  이 비트를 '1'로 세트할 때, USART0(또는 USART1) 수신기가 활성화된다. 수신기가 비활성화될 때, RXC0(또는 RXC1), DOR0(또는 DOR1)과 FE0(또는 FE1) 상태 플래그 비트들은 '1'이 될 수 없다.

- 비트 3 - TXEN : USARTn 송신기 활성화(Transmitter Enable)

  이 비트를 '1'로 세트할 때, USART0(또는 USART1) 송신기는 활성화된다. 문자 전송 중에 송신기를 비활성화시킬 때, 송신기 시프트 레지스터 안에 있는 문자와 UDR0(또는 UDR1) 안의 다음 전송 문자가 완전하게 전송되기 전에는 송신기는 비활성화되지 않는다.

- 비트 2 - UCSZn2 : USARTn 문자 크기 비트(Character Size) 2

  UCSR0C(또는 UCSR1C) 레지스터의 UCSZ01(또는 UCSZ11), UCSZ00(또는 UCSZ10) 비트와 함께 송수신할 문자의 데이터 비트수를 설정한다.

- 비트 1 - RXB8n : USARTn 수신 데이터 비트 8(Receive Data Bit 8)

  수신할 문자가 9비트로 설정된 경우 수신된 문자의 9번째 비트(MSB)를 저장한다. 이는 반드시 UDR0(또는 UDR1) 레지스터보다 먼저 읽혀야 한다.

- 비트 0 - TXB8n : USARTn 송신 데이터 비트 8(Transmit Data Bit 8)

  전송 문자가 9비트로 설정된 경우 송신할 문자의 9번째 비트(MSB)를 저장한다. 이는 반드시 UDR0(또는 UDR1)레지스터보다 먼저 쓰기를 하여야 한다.

■ UCSRT 제어 상태 레지스터 C(UCSR0C 또는 UCSR1C)

USART 제어 레지스터 C(UCSR0C 또는 UCSR1C)는 데이터 메모리 주소 0x95, 0x9D번지에 각각 존재하고 있으며 기능에 따라 읽기와 쓰기 동작을 하게 된다.

비트번호	7	6	5	4	3	2	1	0	
	–	UMSELn	UPMn1	UPMn0	USBSn	UCSZn1	UCSZn0	UCPOLn	UCSRnC
읽기/쓰기	R/W	R/W	R/W	R/W	R/W	R/W	R/W	R/W	
초기값	0	0	0	0	0	1	1	0	

▸ 비트 6 - UMSELn : USARTn 모드 선택(Mode Select)

이 비트가 '1'이면 USART0(또는 UCSRT1) 포트를 동기 전송 모드로 설정하고, '0'이면 비동기 전송 모드로 설정한다.

▸ 비트 5..4 - UPMn1..0 : USARTn 패리티 모드(Parity Mode)

USART0(또는 UCSRT1)에서 패리티 모드를 설정한다.

▌표 5-1▐ UART 패리티 모드

UMP01 (UPM11)	UPM00 (UPM10)	패리티 모드
0	0	패리티를 사용하지 않는다
0	1	–
1	0	짝수 패리티
1	1	홀수 패리티

▸ 비트 3 - USBSn : USARTn 정지 비트 선택(Stop Bit Select)

이 비트가 '0'이면 USART0(또는 UCSRT1)에서 데이터 포맷을 구성하는 정지 비트를 1개로 설정하고, '1'이면 정지 비트를 2개로 설정한다.

▸ 비트 2..1 - UCSZn1..0 : USARTn 문자 크기 비트(Character Size) 1과 0

UCSR0B(또는 UCSR1B) 레지스터의 UCSZ02(또는 UCSZ12) 비트와 함께 송수신할 문자의 데이터 비트수를 설정한다.

▌표 5-2▐ UART 데이터 크기

UCSZ02 (UCSZ12)	UCSZ01 (UCSZ11)	UCSZ00 (UCSZ10)	데이터 크기
0	0	0	5비트
0	0	1	6비트
0	1	0	7비트
0	1	1	8비트
1	0	0	–
1	0	1	–
1	1	0	–
1	1	1	9비트

▸ 비트 0 - UCPOLn : USARTn 클록 극성(Clock Polarity)

동기 전송 모드의 슬레이브 동작에서만 유효한 것으로 이 비트를 '0'으로 설정하면 송신 데이터는 XCK0(또는 XCK1) 클록의 상승모서리에서 새로운 값이 출력되고, 수신 데이터는 XCK0(또는 XCK1) 클록의 하강모서리에서 검출된다. 이 비트를 '1'로 설정하면 송신 데이터는 XCK0(또는 XCK1) 클록의 하강모서리에서 새로운 값이 출력되고, 수신 데이터는 XCK0(또는 XCK1) 클록의 상승모서리에서 검출된다.

■ USART 보레이트 레지스터(Baud Rate Register) – UBRR0(또는 UBRR1)

보레이트는 비동기 직렬통신시 통신 속도를 결정하는 데 사용된다. 보레이트 발생기에서 만들어지며, 보레이트 발생기는 주파수 분주기로서 표 5-3의 공식에 따라 보레이트를 발생시킨다. USART 보레이트 레지스터(UBRR0 또는 UBRR1)는 16비트 읽기/쓰기 레지스터로서(실제는 12비트만 사용 : UBRR0L(또는 UBRR1L) 레지스터 8비트와 UBRR0H(또는 UBRR1H) 레지스터 중 하위 4비트 사용)

▌표 5-3▐ USART의 비동기 통신 보레이트 및 UBRR 공식

동작 모드	보레이트를 결정하는 공식	UBRR 레지스터값을 결정하는 공식
일반 모드	$BAUD=\frac{f_{osc}}{16(UBRRn+1)}$	$UBRR=\frac{f_{osc}}{16\times BAUD}-1$
2배속 모드	$BAUD=\frac{f_{osc}}{8(UBRRn+1)}$	$UBRR=\frac{f_{osc}}{8\times BAUD}-1$

• BAUD : 보레이트(Baud Rate)
• f_{osc} = 수정발진기 클록 주파수(Crystal Clock Frequency)
• UBRRn = UART 보레이트 레지스터(UBRR)의 값(0–4095), UBRRnH/UBRRnL(n: 0 또는 1)

표준 수정발진기 주파수에 대해서 가장 일반적으로 사용되는 보레이트는 표 5-4에 설정된 UBRR0(또는 UBRR1)을 이용하여 발생시킬 수 있다. 에러가 1 퍼센트 보다 높은 보레이트를 사용하는 것은 권고되지 않는다. 높은 에러율은 더 적은 잡음 저항을 제공한다. UBRR0H/UBRR0L(또는 UBRR1H/UBRR1L) 레지스터는 특수 기능 레지스터 주소(괄호( )는 데이터 메모리 주소)의 (0x90) /0x09(0x29), (0x98/0x99)번지에 각각 존재하고 있으며 기능에 따라 읽기와 쓰기 동작을 할 수 된다.

비트번호	15	14	13	12	11	10	9	8	
	–	–	–	–	UBRRn[11:8]				UBRRnH
	UBRRn[7:0]								UBRRnL
읽기/쓰기	R	R	R	R	R/W	R/W	R/W	R/W	
	R/W	R/W	R/W	R/W	R/W	R/W	R/W	R/W	
초기값	0	0	0	0	0	0	0	0	
	0	0	0	0	0	0	0	0	

▌표 5-4▐ 다양한 수정발진기 주파수에서의 UBRR(UBRR0또는 UBRR1) 설정(계속)

Baud Rate (bps)	f_{osc} = 1.0000 MHz				f_{osc} = 1.8432 MHz				f_{osc} = 2.0000 MHz				f_{osc} = 3.6864 MHz				f_{osc} = 4.0000 MHz			
	U2X = 0		U2X = 1		U2X = 0		U2X = 1		U2X = 0		U2X = 1		U2X = 0		U2X = 1		U2X = 0		U2X = 1	
	UBRR	Error (%)	UBRR	Error (%)	UBRR	Error (%)	UBRR	Error (%)	UBRR	Error (%)	UBRR	Error (%)	UBRR	Error (%)	UBRR	Error (%)	UBRR	Error (%)	UBRR	Error (%)
2400	25	0.2	51	0.2	47	0.2	95	0.0	51	0.2	103	0.2	95	0.0	191	0.0	103	0.2	207	0.2
4800	12	0.2	25	0.2	23	0.2	47	0.0	25	0.2	51	0.2	47	0.0	95	0.0	51	0.2	103	0.2
9600	6	–7.0	12	0.2	11	0.2	23	0.0	12	0.2	25	0.2	23	0.0	47	0.0	25	0.2	51	0.2
14.4k	3	8.5	8	–3.5	7	3.7	15	0.0	8	–3.5	16	2.1	15	0.0	31	0.0	16	2.1	34	–0.8
19.2k	2	8.5	6	–7.0	5	7.5	11	0.0	6	–7.0	12	0.2	11	0.0	23	0.0	12	0.2	25	0.2
28.8k	1	–18.6	3	8.5	3	7.8	7	0.0	3	8.5	8	–3.5	7	0.0	15	0.0	8	–3.5	16	2.1
38.4k	1	8.5	2	8.5	2	7.8	5	0.0	2	8.5	6	–7.0	5	0.0	11	0.0	6	–7.0	12	0.2
57.6k	0	–	1	8.5	1	7.8	3	0.0	1	8.5	3	8.5	3	0.0	7	0.0	3	8.5	8	–3.5
76.8k	–	–	1	–18.6	1	22.9	2	0.0	1	–18.6	2	8.5	2	0.0	5	0.0	2	8.5	6	–7.0
115.2k	–	–	0	8.5	0	7.8	1	0.0	0	8.5	1	8.5	1	0.0	3	0.0	1	8.5	3	8.5
230.4k	–	–	–	–	–	–	0	0.0	–	–	–	–	0	0.0	1	0.0	0	8.5	1	8.5
250k	–	–	–	–	–	–	–	–	–	–	0	0.0	0	–7.8	1	–7.8	0	0.0	1	0.0
0.5M													–	–	0	–7.8	1	–	0	0.0
1M													–	–	–	–	–	–	–	–
Max[1]	62.5 kbps		125 kbps		115.2 kbps		230.4 kbps		125 kbps		250 kbps		230.4 kbps		460.8 kbps		250 kbps		0.5 Mbps	

| 표 5-4 | 다양한 수정발진기 주파수에서의 UBRR(UBRR0또는 UBRR1) 설정

Baud Rate (bps)	f_{osc} = 7.3728 MHz				f_{osc} = 8.0000 MHz				f_{osc} = 11.0592 MHz				f_{osc} = 14.7456 MHz				f_{osc} = 16.0000 MHz			
	U2X = 0		U2X = 1		U2X = 0		U2X = 1		U2X = 0		U2X = 1		U2X = 0		U2X = 1		U2X = 0		U2X = 1	
	UBRR	Error (%)	UBRR	Error (%)	UBRR	Error (%)	UBRR	Error (%)	UBRR	Error (%)	UBRR	Error (%)	UBRR	Error (%)	UBRR	Error (%)	UBRR	Error (%)	UBRR	Error (%)
2400	191	0.0	383	0.0	207	0.2	416	–0.1	287	0.0	575	0.0	383	0.0	767	0.0	416	–0.1	832	0.0
4800	95	0.0	191	0.0	103	0.2	207	0.2	143	0.0	287	0.0	191	0.0	383	0.0	207	0.2	416	–0.1
9600	47	0.0	95	0.0	51	0.2	103	0.2	71	0.0	143	0.0	95	0.0	191	0.0	103	0.2	207	0.2
14.4k	31	0.0	63	0.0	34	–0.8	68	0.6	47	0.0	95	0.0	63	0.0	127	0.0	68	0.6	138	–0.1
19.2k	23	0.0	47	0.0	25	0.2	51	0.2	35	0.0	71	0.0	47	0.0	95	0.0	51	0.2	103	0.2
28.8k	15	0.0	31	0.0	16	2.1	34	–0.8	23	0.0	47	0.0	31	0.0	63	0.0	34	–0.8	68	0.6
38.4k	11	0.0	23	0.0	12	0.2	25	0.2	17	0.0	35	0.0	23	0.0	47	0.0	25	0.2	51	0.2
57.6k	7	0.0	15	0.0	8	–3.5	16	2.1	11	0.0	23	0.0	15	0.0	31	0.0	16	2.1	34	–0.8
76.8k	5	0.0	11	0.0	6	–7.0	12	0.2	8	0.0	17	0.0	11	0.0	23	0.0	12	0.2	25	0.2
115.2k	3	0.0	7	0.0	3	8.5	8	–3.5	5	0.0	11	0.0	7	0.0	15	0.0	8	–3.5	16	2.1
230.4k	1	0.0	3	0.0	1	8.5	3	8.5	2	0.0	5	0.0	3	0.0	7	0.0	3	8.5	8	–3.5
250k	1	–7.8	3	–7.8	1	0.0	3	0.0	2	–7.8	5	–7.8	3	–7.8	6	5.3	3	0.0	7	0.0
0.5M	0	–7.8	1	–7.8	0	0.0	1	0.0	–	–	2	–7.8	1	–7.8	3	–7.8	1	0.0	3	0.0
1M	–	–	0	–7.8	–	–	0	0.0	–	–	–	–	0	–7.8	1	–7.8	0	0.0	1	0.0
Max[1]	460.8 kbps		921.6 kbps		0.5 Mbps		1 Mbps		691.2 kbps		1.3824 Mbps		921.6 kbps		1.8432 kbps		1 Mbps		2 Mbps	

1. UBRR = 0, Error = 0.0%

5.2 인터럽트를 이용한(벡터 방식) 비동기 직렬통신과 문자형 LCD 구동

(1) ATmega128 키트에서의 "인터럽트를 이용한(벡터 방식) 비동기 직렬통신과 문자형 LCD 구동" 동작 순서도

직렬통신 및 문자형 LCD 구동

① 전원이 켜지면 'TEXT LCD MODULE'의 LCD에 'ID No.:'이 표시된다. 하이퍼터미널을 연결한다. 'ATmega128 MCU MODULE'의 'RESET' 스위치를 누른다.

② 'TEXT LCD MODULE'의 LCD에 'ID No.:'이 표시되고, 하이퍼터미널에도 'ID No.:'이 나타난다.

③ 하이퍼터미널에 숫자와 문자 등을 입력하면 LCD에 9개까지 표시된다. 하이퍼터미널과 LCD에 'PW No.:'가 표시된다.

④ 하이퍼터미널에 숫자와 문자 등을 입력하면 LCD에 4개까지 표시된다.

(2) CodeVisionAVR으로 C 프로그램(간략형) 작성 및 키트 실습

(가) CodeVisionAVR으로 C 프로그램(간략형, 함수를 헤더파일로 정의한 형식) 작성

①~⑥ : '2.1의 (가) CodeVisionAVR으로 C 프로그램(간략형, 함수를 헤더파일로 정의한 형식) 작성'의 ①~⑥을 참조하여 동일하게 진행한다.

⑦ 컴퓨터에 'uart_LCD_easy' 폴더(C:\ATmega128\uart_LCD_easy)를 만든다.
'Create New Project' 화면에서 아래와 같이 진행한다.
'저장 위치(I):'를 'uart_LCD_easy' 폴더로 선택한다.
'파일 이름(N):'에 'uart_LCD_easy'를 써 넣는다.
'저장(S)'을 클릭한다.

⑧ '2.1의 (가) CodeVisionAVR으로 C 프로그램(간략형, 함수를 헤더파일로 정의한 형식) 작성'을 참조하여 동일하게 진행한다.

⑨ 'Configure Project uart_LCD_easy.prj' 화면이 나타난다.
'Input Files'이 'uart_LCD_easy.c'임을 알 수 있다.
'C Compiler'를 클릭한다.

⑩~⑬ : '2.1의 (가) CodeVisionAVR으로 C 프로그램(간략형, 함수를 헤더파일로 정의한 형식) 작성'의 ⑩~⑬을 참조하여 동일하게 진행한다.

⑭ 'uart_LCD_easy.c*' 안의 내용을 모두 지운다.
'uart_LCD_easy.c*' 안에 아래 그림과 같이 프로그램을 작성한다(주석('//...')으로 표시된 부분은 작성하지 않아도 된다. 프로그램 내용은 '(라) uart_LCD_easy.c 프로그램' 참조).

C:\ATmega128\uart_LCD_easy\uart_LCD_easy.c

Notes | uart_LCD_easy.c *

```
    lcd_init();                          // LCD 초기화

    // LCD와 모니터에 'ID No.:' 및 ID 값 표시
    lcd_position(0, 0);                  // LCD 표시
    lcd_puts("ID No.:");

    uart_enterkey();                     // CR(Carriage Return)과 LF(Lin
    uart_enterkey();                     // CR(Carriage Return)과 LF(Lin
    uart_puts("ID No.:");                // 모니터 표시
    rx_count = 0;                        // LCD 표시될 문자 수 초기화
    lcd_position(0, 7);                  // LCD에 표시될 문자 위치
    serial_int_RX(1, enable);            // 비동기 직렬통신 1 수신 인터
    while(!(rx_count == 9));             // LCD에 표시될 문자 수(9문자까
    uart_enterkey();                     // CR(Carriage Return)과 LF(Lin

    delay_ms(1000);                      // ID와 PW 사이의 시간 간격

    // LCD와 모니터에 'PW No.:' 및 PW 값 표시
    lcd_position(1, 0);                  // LCD 표시
    lcd_puts("PW No.:");

    uart_enterkey();                     // CR(Carriage Return)과 LF(Lin
    uart_puts("PW No.:");                // 모니터 표시
    rx_count = 0;                        // LCD 표시될 문자 수 초기화
    lcd_position(1, 7);                  // LCD에 표시될 문자 위치
    serial_int_RX(1, enable);            // 비동기 직렬통신 1 수신 인터
    while(!(rx_count == 4));             // LCD에 표시될 문자 수(4문자까
    all_interrupt_disable();             //전체 인터럽트 비활성화
}
```

(나) ATmega128 키트 실습(간략형 C 프로그램으로)

①~② : '2.1의 (나) ATmega128 키트 실습(간략형 C 프로그램으로)'의 ①~②를 참조하여 동일하게 진행한다.

③ 아래 그림과 같이 'UART MODULE'의 'RXD0, TXD0'과 'TEXT LCD MODULE'의 'D0~D7, RS, R/W, E'를 'ATmega128 MCU MODULE'의 포트 B의 'PD2, PD3'과 포트 A · 포트 C의 'PA0~PA7, PC0~PC2'에 각각 서로 연결한다.

TEXT LCD MODULE
D0~D7
RS
R/W
E

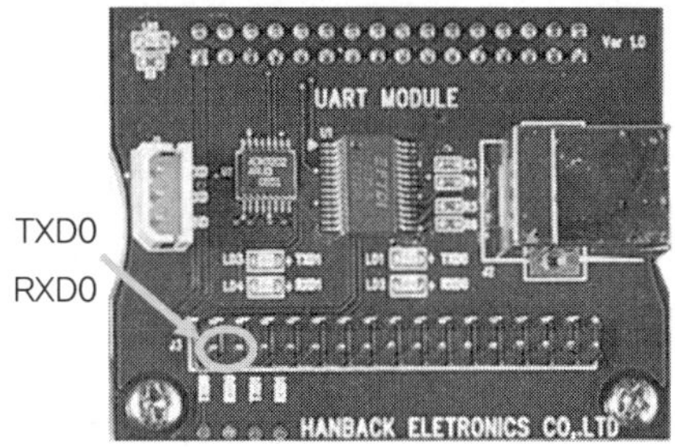
UART MODULE
TXD0
RXD0
HANBACK ELETRONICS CO.,LTD

ATMEL ATMEGA128 MCU MODULE
포트 D
(PD2, PD3)
포트 C
(PC0~PC2)
포트 A
(PA0~PA7)
HANBACK ELETRONICS CO.,LTD

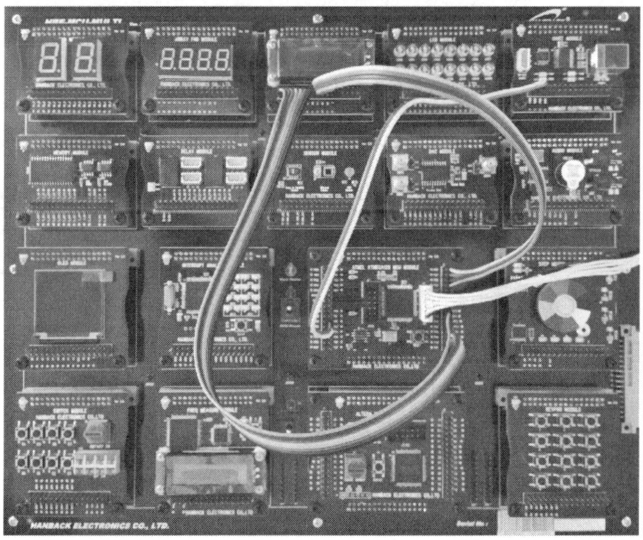

④~⑤ : '2.1의 (나) ATmega128 키트 실습(간략형 C 프로그램으로)'의 ④~⑤을 참조하여 동일하게 진행한다.

⑥ 'UART MODULE'의 USB 커넥터(J2)와 컴퓨터의 USB 포트를 USB 케이블을 이용하여 연결한다.

⑦ 하이퍼터미널(hyperterminal)은 부록을 참조하여 설치한다(하이퍼터미널 파일은 컴퓨터의 바탕화면 또는 C 폴더 등에 'hyperterminal'로 되어 있다). 'COM 포트 속성(통신 규약) 선택'에서, '패리티(P):'는 '짝수'를 선택한다.

⑧~⑩ : '2.1의 (나) ATmega128 키트 실습(간략형 C 프로그램으로)'의 ⑥~⑧을 참조하여 동일하게 진행한다.

⑪ 'TEXT LCD MODULE'의 LCD에 'ID No.:'이 표시되고, 하이퍼터미널에도 'ID No.:'이 나타난다. 하이퍼터미널에 숫자와 문자 등을 입력하면 LCD에 9개까지 표시된다. 하이퍼터미널과 LCD에 'PW No.:'가 표시된다. 하이퍼터미널에 숫자와 문자 등을 입력하면 LCD에 4개까지 표시된다. 하이퍼터미널에 입력한 숫자(또는 문자)가 나타나게 하려면 부록을 참조한다.

직렬통신 및 문자형 LCD 구동

(다) 하드웨어 블록도

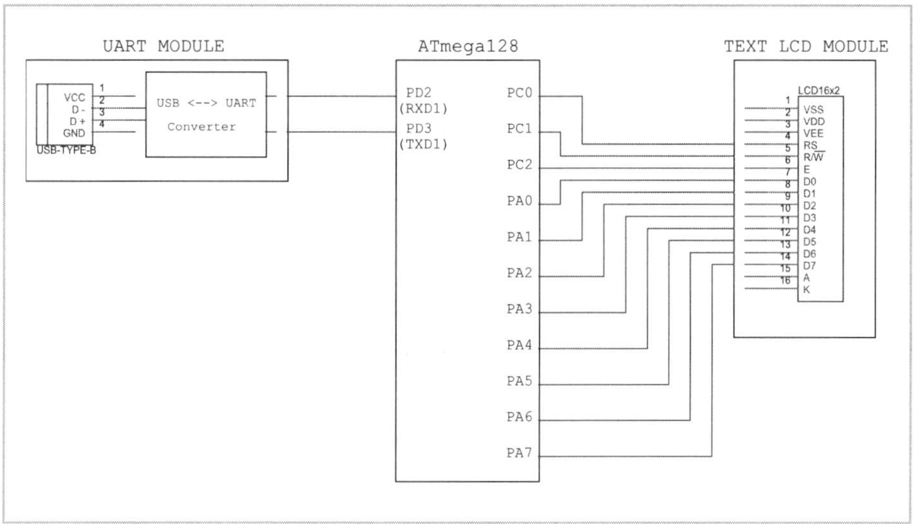

ATmega128 포트 C의 PC0~PC2, 포트 A의 PA0~PA7에는 'TEXT LCD MODULE'의 'RS, R/W, E, D0~D7'이 연결되어 있다. 포트 D의 PD2(RXD1)과 PD3(TXD1)에는 'UART MODULE'의 'RXD0'와 'TXD0'가 각각 연결되어 있다.

① 'UART MODULE'의 USB 커넥터(J2)와 ATmega128과의 입출력 동작은 '5.1의 (2)의 (다) 하드웨어 블록도'의 ①을 참조한다. 단, ATmega128의 핀(단자) 연결이 'PE0, PE1'에서 'PD2, PD3'로 변경되었다.

② 'TEXT LCD MODULE'의 'VDD'는 +5[V]이다(문자형 LCD 전압은 +5[V]). 'VEE'는 가변저항을 사용하여 0~+5[V]를 가변하여 LCD가 가장 잘 보이는 각도를 조절하게 한 후, 고정저항으로 각도를 정한다. 읽기/쓰기할 때에 RS가 'high(1)'일 때는 데이터이고 'low(0)'일 때는 명령어(또는 주소)이다. R/W는 'high(1)'일 때는 데이터/주소(또는 busy 플래그) 읽기이고 'low(0)'일 때는 데이터/명령어(또는 주소) 쓰기이다. 한다. E는 'high(1)'에서 'low(0)'로 바뀌는 하강모서리에서 읽기와 쓰기가 이루어진다. 읽기는 E를 'high(1)'로 한 후 일정한 시간이 지나고 데이터를 읽고 E를 'low(0)'로 하며, 쓰기는 'high(1)'로 한 후, 데이터를 보내고 일정 시간이 지나고 E를

'low(0)'로 한다. 'D0~D7'은 데이터 버스이며, 4비트로도 데이터를 주고받을 수 있다. 4비트 제어 시에는 'D4~D7'만을 이용하며 8비트 데이터를 보낼 때, 상위 4비트를 먼저 보내고 그 다음에 하위 4비트를 보내면 된다.

(라) uart_LCD_easy.c 프로그램

```
// ATmega128의 입출력 포트의 출력을 정의한 헤더파일
#include <inout_mega128.h>

// ATmega128의 직렬통신 인터럽트 관련한 기능을 정의한 헤더파일
#include <uart_interrupt_mega128.h>

// 16x2 문자형 LCD 구동 프로그램을 정의한 헤더파일
#include <lcd_1602_easy.h>

volatile unsigned char uart_data, rx_count;

// UART 1 송신버터 비워있음 인터럽트 서비스 프로그램
interrupt [USART1_DRE] void uart1_dreint(void)  // 송신 인터럽트(UDR1 레지스
                                                // 터가 비워있음)
{
  serial_TX_write(1, uart_data);    // 데이터를 UDR1로 송신
  serial_int_TX(1, disable);        // 송신 인터럽트 비활성화
}

// UART 1 수신완료 인터럽트 서비스 프로그램
interrupt [USART1_RXC] void uart1_rxcint(void)   // 수신 인터럽트
{
  if(!serial_error_check(1)){       // 프레임, 오버런, 패러티 에러가 없으면…
     uart_data = serial_RX_read(1); // 1바이트 수신 데이터 읽기
     lcd_write_char(uart_data);     // LCD에 1문자 표시
     rx_count++;                    // 수신 데이터 수 증가
  }
}

void uart_enterkey(void)            // CR(Carriage Return)과 LF(Line Feed)
{
  uart_data = '\r';                 // CR: Carriage Return, '\r' 또는 '₩r'
  serial_int_TX(1, enable);         // 송신 인터럽트 활성화
```

```
  delay_ms(1);                       // 115200[bps] x 11비트 전송시 약 100[us]
                                     // 시간 필요
  uart_data = '\n';                  // LF: Line Feed, '\n' 또는 '₩n'
  serial_int_TX(1, enable);          // 송신 인터럽트 활성화
  delay_ms(1);                       // 115200[bps] x 11비트 전송시 약 100[us]
                                     // 시간 필요
}

void uart_puts(char *str)            // 문자열 송신
{
  while(*str){                       // 문자열 데이터(*str)가 없을 때까지 반복
    uart_data = *str;                // 1 바이트 데이터 저장
    serial_int_TX(1, enable);        // 송신 인터럽트 활성화
    delay_ms(1);                     // 115200[bps] x 11비트 전송시 약 100[us]
                                     // 시간 필요
    str++;                           // 다음 데이터의 주소 값 증가
  }
}

void  main(void)
{
  pin_direction(PD, 0x08);           // PD3(TXD1)는 출력, PD2(RXD1)는 입력으
                                     // 로 설정
  serial_int_vector_setup(1, even, 115200); // UART1 짝수패리티 115200 bps
                                            // 설정
  all_interrupt_enable();            // 전체 인터럽트 활성화

  RS_pin_setup(PC, 0);               // RS 핀의 포트 위치 및 핀 번호
  RW_pin_setup(PC, 1);               // RW 핀의 포트 위치 및 핀 번호
  E_pin_setup(PC, 2);                // E 핀의 포트 위치 및 핀 번호
  LCD_data_setup(PA);                // LCD의 D7~D0와 연결되는 ATmega128 포트

  lcd_init();                        // LCD 초기화

  // LCD와 모니터에 'ID No.:' 및 ID 값 표시
  lcd_position(0, 0);                // LCD 표시
  lcd_puts("ID No.:");

  uart_enterkey();                   // CR(Carriage Return)과 LF(Line Feed)
  uart_puts("ID No.:");              // 모니터 표시
  rx_count = 0;                      // LCD 표시될 문자 수 초기화
```

```
  lcd_position(0, 7);                 // LCD에 표시될 문자 위치
  serial_int_RX(1, enable);           // 비동기 직렬통신 1 수신 인터럽트 활성화
  while(!(rx_count == 9));            // LCD에 표시될 문자 수(9문자까지)

  delay_ms(1000);                     // ID와 PW 사이의 시간 간격

  // LCD와 모니터에 'PW No.:' 및 PW 값 표시
  lcd_position(1, 0);                 // LCD 표시
  lcd_puts("PW No.:");

  uart_enterkey();                    // CR(Carriage Return)과 LF(Line Feed)
  uart_puts("PW No.:");               // 모니터 표시
  rx_count = 0;                       // LCD 표시될 문자 수 초기화
  lcd_position(1, 7);                 // LCD에 표시될 문자 위치
  serial_int_RX(1, enable);           // 비동기 직렬통신 1 수신 인터럽트 활성화
  while(!(rx_count == 4));            // LCD에 표시될 문자 수(4문자까지)
  all_interrupt_disable();            // 전체 인터럽트 비활성화
}
```

전원이 켜지면 'TEXT LCD MODULE'의 LCD에 'ID No.:'이 표시된다. 하이퍼터미널을 연결한다. 'ATmega128 MCU MODULE'의 'RESET' 스위치를 누른다. 'TEXT LCD MODULE'의 LCD에 'ID No.:'가 다시 표시되고 하이퍼터미널에도 'ID No.:'이 나타난다. 하이퍼터미널에 숫자와 문자 등을 입력하면 LCD에 9개까지 표시된다. 하이퍼터미널과 LCD에 'PW No.:'가 표시된다. 하이퍼터미널에 숫자와 문자 등을 입력하면 LCD에 4개까지 표시된다.

① #include 〈inout_mega128.h〉

'2.1의 (2)의 (라) output_LED_easy.c 프로그램'의 ①을 참조한다.

② #include 〈uart_interrupt_mega128.h〉

'5.1의 (2)의 (라) uart_LED_easy.c 프로그램'의 ②를 참조한다.

③ #include 〈lcd_1602_easy.h〉

16x2 문자형 LCD 구동 프로그램을 정의한 헤더파일이다. LCD의 핀(RS, R/W, E, D0~D7)들의 위치를 설정하고 LCD 초기화 프로그램, 명령어 및 LCD 커서 위치 설정, 문자 표시 프로그램을 지니고 있다.

④ volatile unsigned char uart_data, rx_count;

uart_data, rx_count를 SRAM 공간에 휘발성 부호없는 문자형 전역변수로 선언한다.

⑤ interrupt [USART1_DRE] void uart1_dreint(void)

'interrupt [USART1_DRE]'은 인터럽트 벡터 테이블에 직렬통신 1의 데이터 레지스터(UDR1) 비워있음 인터럽트가 사용되어짐을 알리는 지시어이며, 실제 직렬통신 1의 데이터 레지스터(UDR1) 비워있음 인터럽트 서비스 프로그램 이름은 'uart1_dreint'이 된다.

'USART1_DRE' 벡터 테이블 위치에 'uart1_dreint'이 실행되는 주소가 저장되게 된다. 즉, "jmp 'uart1_dreint' 주소"에 해당되는 명령어가 저장되게 된다.

⑥ serial_TX_write(1, uart_data); // 데이터를 UDR1로 송신

전역변수 uart_data에 저장된 데이터를 UDR1로 입력한다.

⑦ serial_int_TX(1, disable); // 송신 인터럽트 비활성화

UDR1 비워있음 인터럽트를 비활성화시킨다.

⑧ interrupt [USART1_RXC] void uart1_rxcint(void)

'interrupt [USART1_RXC]'은 인터럽트 벡터 테이블에 직렬통신 1의 수신완료 인터럽트가 사용되어짐을 알리는 지시어이며, 실제 직렬통신 1의 수신완료 인터럽트 서비스 프로그램 이름은 'uart1_rxcint'이 된다.

'USART1_RXC' 벡터 테이블 위치에 'uart1_rxcint'이 실행되는 주소가 저장되게 된다. 즉, "jmp 'uart1_rxcint' 주소"에 해당되는 명령어가 저장되게 된다.

⑨ if(!serial_error_check(1)) { 내용 } // 프레임,오버런,패러티 에러가 없으면…

수신된 데이터가 프레임, 오버런, 패리티 에러가 없으면 데이터를 수신하여 LCD에 1 문자 표시한다.

uart_data = serial_RX_read(1); // 1바이트 수신 데이터 읽기

→ UDR01으로부터 데이터를 받아서 전역변수 uart_data에 저장한다.

lcd_write_char(uart_data); // LCD에 1문자 표시

→ uart_data에 저장된 데이터를 LCD에 문자(또는 숫자)로 표시한다.

rx_count++; // 수신 데이터 수 증가

→ LCD에 표시된 문자(또는 숫자)의 수를 나타낸다.

⑩ void uart_enterkey(void) { 내용 }

하이퍼터미널의 커서의 위치를 다음 줄의 첫 번째 칸으로 이동시킨다.

uart_data = '\r'; // CR: Carriage Return, '\r' 또는 '₩r'

→ 커서의 위치를 다음 칸으로 이동시킨다.

serial_int_TX(1, enable); // 송신 인터럽트 활성화

→ uart_data에 저장된 데이터의 송신을 위하여 UDR1 비워있음 인터럽트를 활성화시킨다.

delay_ms(1); // 115200[bps] x 11비트 전송시 약 100[us] 시간 필요

→ 115200[bps]로 11비트 데이터(시작+8비트 데이터+패리티 1비트+정지1비트)를 전송시키기 위해서는 최소 100[us] 시간 필요하므로 여유있게 1[ms] 지연시간을 준다. 지연시간을 주지 않고 사용자가 프로그램을 구성하여 연속으로 보내게 할 수도 있다.

⑪ void uart_puts(char *str){ 내용 }

비동기 직렬통신(UART)를 통해 문자열 데이터를 1 바이트 씩 송신한다. 문자열 데이터가 없을 때('0'일 때)까지 분자열을 전송한다.

while(*str){ 내용} // 문자열 데이터(*str)가 없을 때('0')까지 반복

'내용'은 1 바이트의 문자를 송신 인터럽트를 이용하여 전송하고 문자열 주소를 +1 증가시키는 것이다.

uart_data = *str; // 1바이트 데이터 저장

serial_int_TX(1, enable); // 송신 인터럽트 활성화

→ 1개의 문자(또는 숫자) 데이터를 uart_data에 저장한 후, UDR1 비워있음 인터럽트를 활성화하여 1 바이트 데이터를 전송한다.

delay_ms(1); // 115200[bps] x 11비트 전송시 약 100[us] 시간 필요

str++; // 전송할 다음 문자열의 주소 값 증가

→ 전송할 다음 문자열의 주소 값을 +1 증가시킨다.

⑫ pin_direction(PD, 0x08); // PD3(TXD1)는 출력, PD2(RXD1)는 입력으로 설정

포트 D의 PD3(TXD1)과 PD2(RXD1)은 입출력 기능의 PD3와 PD2로 사용할 수도 있고 TXD1과 RXD1의 직렬통신 기능으로도 쓸 수 있다. 여기서는 직렬통신으로 사용한다. 포트 D의 PD3(TXD1)은 출력, PD2(RXD1)은 입력으로 설정한다.

나머지 PD7~PD4, PD1~PD0는 입력 또는 출력 중 어느 것을 사용해도 무방하나, 여기서는 입력으로 설정한다.

⑬ serial_int_vector_setup(1, even, 115200); //UART1 짝수패리티, 115200[bps]
비동기 직렬통신 1(UART1)에 짝수패리티를 사용하고 통신속도는 115200[bps]로 설정한다.

⑭ all_interrupt_enable(); // 전체 인터럽트 활성화
34개의 모든 인터럽트가 발생할 수 있도록 전체 인터럽트를 활성화시킨다.

⑮ RS_pin_setup(PC, 0); // RS 핀의 포트 위치 및 핀 번호
LCD의 RS 핀(단자)과 연결되는 ATmega128의 핀(단자) 위치를 포트 C의 PC0으로 설정한다.

⑯ RW_pin_setup(PC, 1); // RW 핀의 포트 위치 및 핀 번호
LCD의 RW 핀(단자)과 연결되는 ATmega128의 핀(단자) 위치를 포트 C의 PC1로 설정한다.

⑰ E_pin_setup(PC, 2); // E 핀의 포트 위치 및 핀 번호
LCD의 E 핀(단자)과 연결되는 ATmega128의 핀(단자) 위치를 포트 C의 PC2로 설정한다.

⑱ LCD_data_setup(PA); // LCD의 D7~D0와 연결되는 ATmega128 포트
LCD의 D7~D0 핀(단자)과 연결되는 ATmega128의 핀(단자) 위치를 포트 A의 PA7~PA0으로 설정한다.

⑲ lcd_init(); // LCD 초기화
LCD의 초기화 과정을 실행한다.

⑳ lcd_position(0, 0); // LCD 표시
LCD의 커서 위치를 첫 번째 행, 첫 번째 열로 한다.

㉑ lcd_puts("ID No.:");
LCD에 'ID No.:'을 표시한다.

㉒ uart_enterkey(); // CR(Carriage Return)과 LF(Line Feed)
하이퍼터미널의 커서 위치를 다음 줄/첫 번째 칸으로 이동시킨다.

㉓ uart_puts("ID No.:"); // 모니터 표시
하이퍼터미널에 'ID No.:'을 표시한다.

㉔ rx_count = 0; // 표시될 문자 수 초기화

LCD에 표시될 문자 개수를 초기화시킨다.

㉕ lcd_position(0, 7); // LCD에 표시될 문자 위치

LCD에 표시할 문자의 위치를 첫 번째 행(0행), 8번째 열(7번 열)로 한다.

㉖ serial_int_RX(1, enable); // 비동기 직렬통신 1 수신 인터럽트 활성화

비동기 직렬통신 1 수신 완료 인터럽트 활성화시킨다.

㉗ while(!(rx_count == 9)); // LCD에 표시될 문자 수(9문자까지)

LCD에 문자가 9개 표시될 때까지 하이퍼터미널로부터 데이터를 받는다.

㉘ delay_ms(1000); // ID와 PW 사이의 시간 간격

LCD에 문자가 9개 표시되고 1초의 시간지연을 갖게 한다.

⋮

㉙ all_interrupt_disable() // 전체 인터럽트 비활성화

34개의 모든 인터럽트가 발생하지 못하게 전체 인터럽트를 비활성화시킨다.

(3) CodeVisionAVR으로 C 프로그램(표준형) 작성 및 키트 실습

(가) CodeVisionAVR으로 C 프로그램(표준형, 일반적인 프로그램 형식) 작성

①~⑥ : '2.1의 (가) CodeVisionAVR으로 C 프로그램(간략형, 함수를 헤더파일로 정의한 형식) 작성'의 ①~⑥을 참조하여 동일하게 진행한다.

⑦ 컴퓨터에 'uart_LCD' 폴더(C:\ATmega128\uart_LCD)를 만든다.
'Create New Project' 화면에서 아래와 같이 진행한다.
'저장 위치(I):'를 'uart_LCD' 폴더로 선택한다.
'파일 이름(N):'에 'uart_LCD'을 써 넣는다.
'저장(S)'을 클릭한다.

⑧ '2.1의 (가) CodeVisionAVR으로 C 프로그램(간략형, 함수를 헤더파일로 정의한 형식) 작성'을 참조하여 동일하게 진행한다.

⑨ 'Configure Project uart_LCD.prj' 화면이 나타난다.
'Input Files'이 'uart_LCD.c'임을 알 수 있다.
'C Compiler'를 클릭한다.

⑩~⑬ : '2.1의 (가) CodeVisionAVR으로 C 프로그램(간략형, 함수를 헤더파일

로 정의한 형식) 작성'의 ⑩~⑬을 참조하여 동일하게 진행한다.

⑭ 'uart_LCD.c*' 안의 내용을 모두 지운다.
'uart_LCD.c*' 안에 아래 그림과 같이 프로그램을 작성한다(주석('//...')으로 표시된 부분은 작성하지 않아도 된다. 프로그램 내용은 '(라) uart_LCD.c 프로그램' 참조).

C:\ATmega128\uart_LCD\uart_LCD.c

Notes | uart_LCD.c *

```
    SREG |= 0x80;                         // 전체 인터럽트 활성화(I 비트

    lcd_init();                           // LCD 초기화

    // LCD와 모니터에 'ID No.:' 및 ID 값 표시
    lcd_position(0, 0);                   // LCD 표시
    lcd_puts("ID No.:");

    uart_enterkey();                      // CR(Carriage Return)과 LF(Lin
    uart_puts("ID No.:");                 // 모니터 표시
    rx_count = 0;                         // LCD에 표시될 문자 수 초기화
    lcd_position(0, 7);                   // LCD에 표시될 문자 위치
    UCSR1B |= 0x80;                       // 비동기 직렬통신 1 수신 인터
    while(!(rx_count == 9));              // LCD에 표시될 문자 수(9문자까

    delay_ms(1000);                       // ID와 PW 사이의 시간 간격

    // LCD와 모니터에 'PW No.:' 및 PW 값 표시
    lcd_position(1, 0);                   // LCD 표시
    lcd_puts("PW No.:");

    uart_enterkey();                      // CR(Carriage Return)과 LF(Lin
    uart_puts("PW No.:");                 // 모니터 표시
    rx_count = 0;                         // LCD에 표시될 문자 수 초기화
    lcd_position(1, 7);                   // LCD에 표시될 문자 위치
    UCSR1B |= 0x80;                       // 비동기 직렬통신 1 수신 인터
    while(!(rx_count == 4));              // LCD에 표시될 문자 수(4문자까
    SREG &= 0x7f;                         // 전체 인터럽트 비활성화(I
}
```

(나) ATmega128 키트 실습(표준형 C 프로그램으로)

①~⑨ : '(나) ATmega128 키트 실습(간략형 C 프로그램으로)'의 ①~⑨를 참조하여 동일하게 진행한다.

(다) 하드웨어 회로도

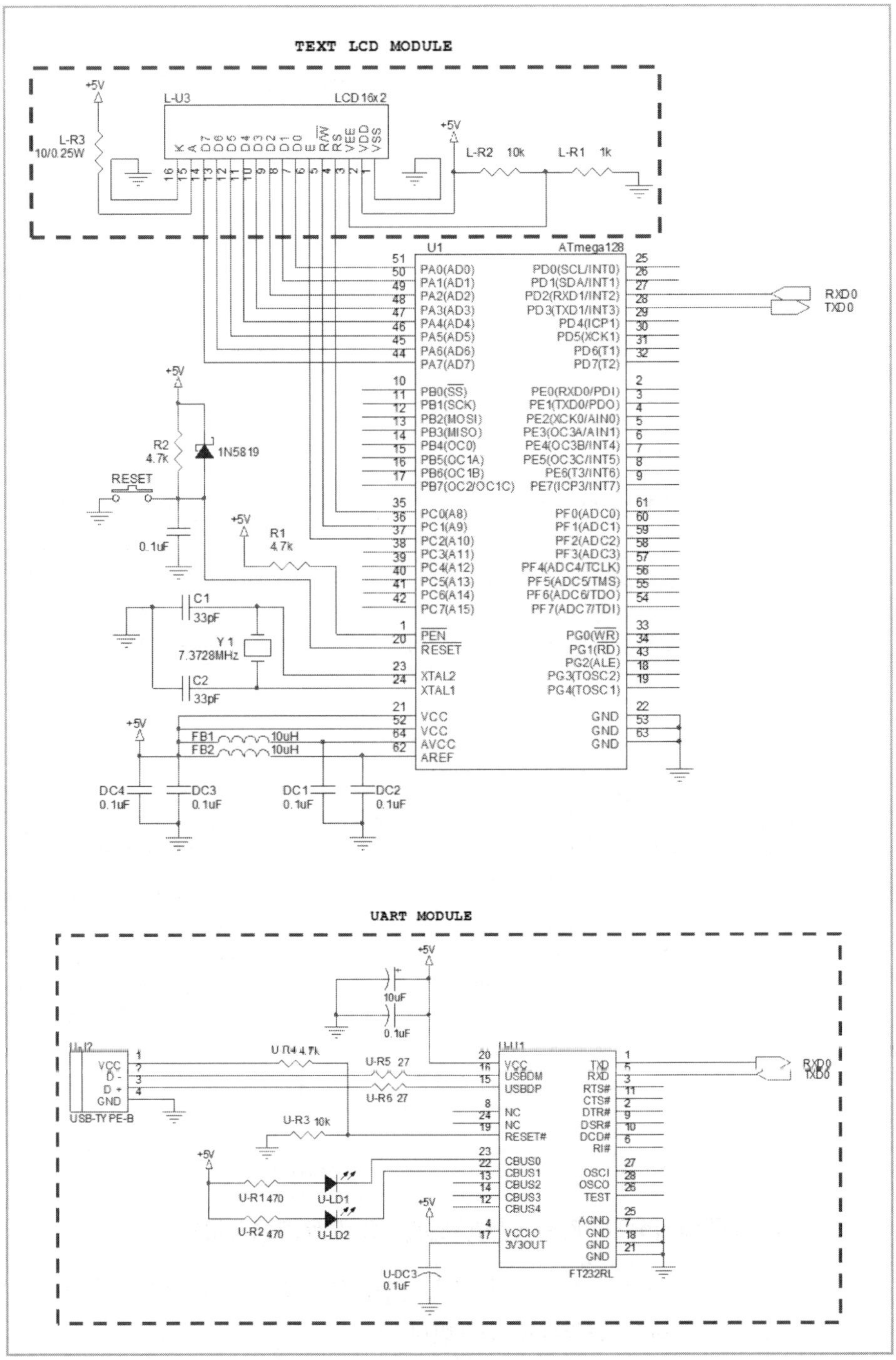
TEXT LCD MODULE
+5V
L-R3
10/0.25W
L-U3
LCD16x2
K A D7 D6 D5 D4 D3 D2 D1 D0 E R/W RS VEE VDD VSS
L-R2 10k
L-R1 1k
U1
ATmega128
PA0(AD0)
PA1(AD1)
PA2(AD2)
PA3(AD3)
PA4(AD4)
PA5(AD5)
PA6(AD6)
PA7(AD7)
PD0(SCL/INT0)
PD1(SDA/INT1)
PD2(RXD1/INT2)
PD3(TXD1/INT3)
PD4(ICP1)
PD5(XCK1)
PD6(T1)
PD7(T2)
RXD0
TXD0
PB0(SS)
PB1(SCK)
PB2(MOSI)
PB3(MISO)
PB4(OC0)
PB5(OC1A)
PB6(OC1B)
PB7(OC2/OC1C)
PE0(RXD0/PDI)
PE1(TXD0/PDO)
PE2(XCK0/AIN0)
PE3(OC3A/AIN1)
PE4(OC3B/INT4)
PE5(OC3C/INT5)
PE6(T3/INT6)
PE7(ICP3/INT7)
R2
4.7k
1N5819
RESET
0.1uF
R1
4.7k
PC0(A8)
PC1(A9)
PC2(A10)
PC3(A11)
PC4(A12)
PC5(A13)
PC6(A14)
PC7(A15)
PF0(ADC0)
PF1(ADC1)
PF2(ADC2)
PF3(ADC3)
PF4(ADC4/TCLK)
PF5(ADC5/TMS)
PF6(ADC6/TDO)
PF7(ADC7/TDI)
C1
33pF
Y1
7.3728MHz
C2
33pF
PEN
RESET
XTAL2
XTAL1
PG0(WR)
PG1(RD)
PG2(ALE)
PG3(TOSC2)
PG4(TOSC1)
VCC
VCC
AVCC
AREF
GND
GND
GND
FB1 10uH
FB2 10uH
DC4 0.1uF
DC3 0.1uF
DC1 0.1uF
DC2 0.1uF
UART MODULE
10uF
0.1uF
VCC
D-
D+
GND
USB-TYPE-B
U-R4 4.7k
U-R5 27
U-R6 27
U-R3 10k
U-R1 470
U-R2 470
U-LD1
U-LD2
VCC
USBDM
USBDP
NC
NC
RESET#
CBUS0
CBUS1
CBUS2
CBUS3
CBUS4
VCCIO
3V3OUT
TXD
RXD
RTS#
CTS#
DTR#
DSR#
DCD#
RI#
OSCI
OSCO
TEST
AGND
GND
GND
GND
FT232RL
U-DC3
0.1uF

① 'TEXT LCD MODULE'의 동작은 '5.2의 (2)의 (다) 하드웨어 블록도'의 ②를 참조한다.

'A'와 'K' 핀은 LCD 백라이트용 LED들의 Anode와 Cathode를 표시하는 것이다. LCD의 문자가 어두운 곳에서도 잘 보이게 하려고 LCD 판넬 뒤쪽에 LED들이 나열되어 있다. 'A'에는 +, 'K'에는 -전원을 연결한다. LED들이 필요로 하는 전류(약 100[mA], LCD 종류와 제조사마다 다름)를 계산하면 저항 10[Ω] (L-R3)에 소비되는 전력은 약 100[mW]($i^2 \times R = 0.1^2 \times 10[\Omega] = 100[mW]$)이다. 따라서 저항의 소비 전력 여유를 고려하여 0.25[W](=250[mW]) 저항을 사용한다.

저항 L-R1과 L-R2의 1[kΩ]와 10[kΩ]는 LCD 문자가 가장 잘 보이는 각도를 선택한 결과이다.

② 'UART MODULE'의 동작은 '5.1의 (3)의 (다) 하드웨어 회로도'의 ②를 참조한다. 단, 핀(단자) 연결이 'PE0, PE1'에서 'PD2, PD3'로 바뀌었다.

(라) uart_LCD.c 프로그램

```
// ATmega128의 각 레지스터들을 정의한 헤더파일
#include <mega128.h>

// RS, RW, E가 연결된 핀 번호
#define    LCD_RS          0        // RS 핀 번호
#define    LCD_RW          1        // RW 핀 번호
#define    LCD_E           2        // E 핀 번호
#define    BUSY            7        // BUSY 핀 번호

// D7~D0가 연결될 포트
#define    LCD_data_DDR    DDRA     // D7~D0 입출력 방향 결정
#define    LCD_data_PORT   PORTA    // D7~D0 출력 값 결정
#define    LCD_data_PIN    PINA     // D7~D0 입력 값 읽기

// RS, RW, E가 연결될 포트
#define    LCD_cmd_DDR     DDRC     //RS, RW, E 핀이 포함된 포트의 입출력 방향 결정
#define    LCD_cmd_PORT    PORTC    //RS, RW, E 핀이 포함된 포트의 출력 값 결정

// 16x2 문자형 LCD 구동 프로그램을 정의한 헤더파일
```

```
#include <lcd_1602.h>

volatile unsigned char uart_data, rx_count;

// UART 1 송신버터 비워있음 인터럽트 서비스 프로그램
interrupt [USART1_DRE] void uart1_dreint(void) // 송신 인터럽트(UDR1 레지스
                                               // 터가 비워있음)
{
  UDR1 = uart_data;                 // 데이터를 UDR1로 송신
  UCSR1B &= 0xdf;                   // 송신 인터럽트 비활성화
}

// UART 1 수신완료 인터럽트 서비스 프로그램
interrupt [USART1_RXC] void uart1_rxcint(void)   // 수신 인터럽트
{
  if(!(UCSR1A & 0x1c )){            // 프레임, 오버런, 패러티 에러가 없으면…
     uart_data = UDR1;              // 1바이트 수신 데이터 읽기
     lcd_write_char(uart_data);     // LCD에 1문자 표시
     rx_count++;                    // 수신 데이터 수 증가
    }
}

void uart_enterkey(void)            // CR(Carriage Return)과 LF(Line Feed)
{
  uart_data = '\r';                 // CR: Carriage Return, '\r' 또는 '₩r'
  UCSR1B |= 0x20;                   // 송신 인터럽트 활성화
  delay_ms(1);                      // 115200[bps] x 11비트 전송시 약 100[us]
                                       시간 필요
  uart_data = '\n';                 // LF: Line Feed, '\n' 또는 '₩n'
  UCSR1B |= 0x20;                   // 송신 인터럽트 활성화
  delay_ms(1);                      // 115200[bps] x 11비트 전송시 약 100[us]
                                       시간 필요
}

void uart_puts(char *str)           // 문자열 송신
{
  while(*str){                      // 문자열 데이터가 없을 때까지 반복
     uart_data = *str;              // 1 바이트 데이터 송신
     UCSR1B |= 0x20;                // 송신 인터럽트 활성화
     delay_ms(1);                   // 115200[bps] x 11비트 전송시 약 100[us]
                                       시간 필요
     str++;                         // 다음 데이터의 주소 값 증가
```

```
    }
}

void  main(void)
{
  DDRD = 0x08;                    // PD3(TXD1)는 출력, PD2(RXD1)는 입력으로 설정

  // UART1 초기 설정
  UBRR1H = 0;                     // 7.3728[MHz]일 경우 115200[bps]
  UBRR1L = 3;                     // 7372800/(16x115200) -1 = 3
  UCSR1A = 0x00;                  // 비동기식 보통 모드
  UCSR1B = 0x18;                  // 송신, 수신 활성화
  UCSR1C = 0x26;                  // 짝수 패러티, 8비트 데이터 크기
  SREG |= 0x80;                   // 전체 인터럽트 활성화(I 비트에 '1')

  lcd_init();                     // LCD 초기화

  // LCD와 모니터에 'ID No.:' 및 ID 값 표시
  lcd_position(0, 0);             // LCD 표시
  lcd_puts("ID No.:");

  uart_enterkey();                // CR(Carriage Return)과 LF(Line Feed)
  uart_puts("ID No.:");           // 모니터 표시
  rx_count = 0;                   // LCD에 표시될 문자 수 초기화
  lcd_position(0, 7);             // LCD에 표시될 문자 위치
  UCSR1B |= 0x80;                 // 비동기 직렬통신 1 수신 인터럽트 활성화
  while(!(rx_count == 9));        // LCD에 표시될 문자 수(9문자까지)

  delay_ms(1000);                 // ID와 PW 사이의 시간 간격

  // LCD와 모니터에 'PW No.:' 및 PW 값 표시
  lcd_position(1, 0);             // LCD 표시
  lcd_puts("PW No.:");

  uart_enterkey();                // CR(Carriage Return)과 LF(Line Feed)
  uart_puts("PW No.:");           // 모니터 표시
  rx_count = 0;                   // LCD에 표시될 문자 수 초기화
  lcd_position(1, 7);             // LCD에 표시될 문자 위치
  UCSR1B |= 0x80;                 // 비동기 직렬통신 1 수신 인터럽트 활성화
  while(!(rx_count == 4));        // LCD에 표시될 문자 수(4문자까지)
  SREG &= 0x7f;                   // 전체 인터럽트 비활성화(I 비트에 '0')
}
```

전원이 켜지면 'TEXT LCD MODULE'의 LCD에 'ID No.:'이 표시된다. 하이퍼터미널을 연결한다. 'ATmega128 MCU MODULE'의 'RESET' 스위치를 누른다. 'TEXT LCD MODULE'의 LCD에 'ID No.:'가 다시 표시되고 하이퍼터미널에도 'ID No.:'이 나타난다. 하이퍼터미널에 숫자와 문자 등을 입력하면 LCD에 9개까지 표시된다. 하이퍼터미널과 LCD에 'PW No.:'가 표시된다. 하이퍼터미널에 숫자와 문자 등을 입력하면 LCD에 4개까지 표시된다. UBRR1H, UBRR1L, UCSR1A, UCSR1B, UCSR1C, UDR1 레지스터에 대한 자세한 설명은 '5.1의 (5) USART(범용 동기/비동기 송수신기)'를 참조한다.

① #include 〈mega128.h〉

ATmega128의 각 레지스터들과 인터럽트 벡터 테이블을 정의한 헤더파일이다.

② // RS, RW, E가 연결된 핀 번호

```
#define   LCD_RS          0       // RS 핀 번호
#define   LCD_RW          1       // RW 핀 번호
#define   LCD_E           2       // E 핀 번호
#define   BUSY            7       // BUSY 핀 번호
// D7~D0가 연결될 포트
#define   LCD_data_DDR    DDRA    // D7~D0 입출력 방향 결정
#define   LCD_data_PORT   PORTA   // D7~D0 출력 값 결정
#define   LCD_data_PIN    PINA    // D7~D0 입력 값 읽기
// RS, RW, E가 연결될 포트
#define   CD_cmd_DDR      DDRC    // RS, RW, E 핀이 포함된 포트
                                  // 의 입출력 방향 결정
#define   LCD_cmd_PORT    PORTC   // RS, RW, E 핀이 포함된 포트
                                  // 의 출력 값 결정
```

→ LCD 제어와 문자 표시에 필요한 LCD의 RS, R/W, E, D7~D0 핀(단자)과 연결될 ATmega128의 포트와 핀(단자)을 정의한다.

→ 'lcd_1602.h' 헤더파일에 저장하여도 되나, 그럴 경우에는 포트와 핀(단자) 위치 변화시 'lcd_1602.h' 헤더파일을 수정하여야 하는 번거로

움이 있다.

→ 예를 들어, '#define LCD_RS 0'은 ATmega120의 포트 위치는 모르나 핀(단자) 번호는 '0'번 핀을 가리킨다.

→ RS, R/W, E는 같은 포트를 사용하여야 한다(LCD_cmd_DDR, LCD_cmd_PORT). 또한 D7~D0도 같은 포트를 사용하여야 한다(LCD_data_DDR, LCD_data_PORT, LCD_data_PIN).

③ #include 〈lcd_1602.h〉

16x2 문자형 LCD 구동 프로그램을 정의한 헤더파일이다. LCD 초기화 프로그램, 명령어 및 LCD 커서 위치 설정, 문자 표시 프로그램을 지니고 있다.

④ volatile unsigned char uart_data, rx_count;

uart_data, rx_count를 SRAM 공간에 휘발성 부호없는 문자형 전역변수로 선언한다.

⑤ interrupt [USART1_DRE] void uart1_dreint(void)

'5.2의 (2)의 (라) uart_LCD_easy.c 프로그램'의 ⑤를 참조한다.

⑥ UDR1 = uart_data; // 데이터를 UDR1로 송신

전역변수 uart_data에 저장된 데이터를 UDR1로 입력한다.

⑦ UCSR1B &= 0xdf; // 송신 인터럽트 비활성화

UDR1 비워있음 인터립트를 비활성화시킨다(UDRIE1 비트에 '0'을 입력한다).

⑧ interrupt [USART1_RXC] void uart1_rxcint(void)

'5.2의 (2)의 (라) uart_LCD_easy.c 프로그램'의 ⑧을 참조한다.

⑨ if(!(UCSR1A & 0x1c)) { 내용 } // 프레임, 오버런, 패러티 에러가 없으면…

수신된 데이터가 프레임, 오버런, 패리티 에러가 없으면(FE1, DOR1, UPE1 비트가 모두 '0') 데이터를 수신하여 LCD에 1문자 표시한다.

uart_data = UDR1; // 1바이트 수신 데이터 읽기

→ UDR01으로부터 데이터를 받아서 전역변수 uart_data에 저장한다.

lcd_write_char(uart_data); // LCD에 1문자 표시

→ uart_data에 저장된 데이터를 LCD에 문자(또는 숫자)로 표시한다.

rx_count++; // 수신 데이터 수 증가

→ LCD에 표시된 문자(또는 숫자)의 수를 나타낸다.

⑩ void uart_enterkey(void) { 내용 }

하이퍼터미널의 커서의 위치를 다음 줄의 첫 번째 칸으로 이동시킨다.

uart_data = '\r'; // CR: Carriage Return, '\r' 또는 '₩r'

→ 커서의 위치를 다음 칸으로 이동시킨다.

UCSR1B |= 0x20; // 송신 인터럽트 활성화

→ uart_data에 저장된 데이터의 송신을 위하여 UDR1 비워있음 인터럽트를 활성화시킨다(UDRIE1 비트에 '1'을 입력한다).

delay_ms(1); // 115200[bps] x 11비트 전송시 약 100[us] 시간 필요

→ '5.2의 (2)의 (라) uart_LCD_easy.c 프로그램'의 ⑩을 참조한다.

⑪ void uart_puts(char *str){ 내용 }

비동기 직렬통신(UART)를 통해 문자열 데이터를 1바이트 씩 송신한다. 문자열 데이터가 없을 때('0'일 때)까지 분자열을 전송한다.

while(*str){ 내용} // 문자열 데이터(*str)가 없을 때('0')까지 반복

'내용'은 1 바이트의 문자를 송신 인터럽트를 이용하여 전송하고 문자열 주소를 +1 증가시키는 것이다.

uart_data = *str; // 1바이트 데이터 저장

UCSR1B |= 0x20; // 송신 인터럽트 활성화

→ 1개의 문자(또는 숫자) 데이터를 uart_data에 저장한 후, UDR1 비워있음 인터럽트를 활성화(UDRIE1 비트에 '1'을 입력)하여 1바이트 데이터를 전송한다.

delay_ms(1); // 115200[bps] x 11비트 전송시 약 100[us] 시간 필요

str++; // 전송할 다음 문자열의 주소 값 증가

→ 전송할 다음 문자열의 주소 값을 +1 증가시킨다.

⑫ DDRD = 0x08; // PD3(TXD1)는 출력, PD2(RXD1)는 입력으로 설정

포트 D의 PD3(TXD1)과 PD2(RXD1)은 입출력 기능의 PD3와 PD2로 사용할 수도 있고 TXD1과 RXD1의 직렬통신 기능으로도 쓸 수 있다. 여기서는 직렬통신으로 사용한다. 포트 D의 PD3(TXD1)은 출력, PD2(RXD1)은 입력으로 설정한다.

나머지 PD7~PD4, PD1~PD0은 입력으로 설정한다.

⑬ UBRR1H = 0; // 7.3728[MHz]일 경우 115200[bps]

UBRR1L = 3; // 7372800/(16x115200) −1 = 3

비동기 직렬통신 1(UART1)의 통신 속도(BAUD)를 115200[bps]로 설정한다.

$$\rightarrow \mathrm{UBRR} = \frac{f_{osc}}{16 \times \mathrm{BAUD}} - 1 = \frac{7372800}{16 \times 115200} - 1 = 3$$

⑭ UCSR0A = 0x00; // 보통 비동기 통신 모드

비동기 직렬통신 1(UART1)의 통신 속도를 보통 모드로 설정한다. U2X0 =0

⑮ UCSR0B = 0x18; // 송신, 수신 활성화

비동기 직렬통신 0이 수신과 송신이 가능하도록 'RXEN', 'TXEN' 비트에 '1'

⑯ UCSR0C = 0x26; // 짝수패리티, 8비트 데이터 크기

비동기 통신, 송수신 데이터 크기 8비트 + 패리티 없음 + 정지 1비트,

→ 'UMSEL0'는 '0', 'USZ02/USZ01/USZ00'은 '011' + 'UPM01/UPM00'은 '00' + 'USBS0'은 '0'

⑰ SREG |= 0x80; // 전체 인터럽트 활성화(I 비트에 '1')

34개의 모든 인터럽트가 발생할 수 있도록 전체 인터럽트를 활성화시킨다('I' 비트에 '1'을 입력한다).

⑱ lcd_init(); // LCD 초기화

LCD의 초기화 과정을 실행한다.

⑲ lcd_position(0, 0); // LCD 표시

LCD의 커서 위치를 첫 번째 행, 첫 번째 열로 한다.

⑳ lcd_puts("ID No.:");

LCD에 'ID No.:'을 표시한다.

㉑ uart_enterkey(); // CR(Carriage Return)과 LF(Line Feed)

하이퍼터미널의 커서 위치를 다음 줄/첫 번째 칸으로 이동시킨다.

㉒ uart_puts("ID No.:"); // 모니터 표시

하이퍼터미널에 'ID No.:'을 표시한다.

㉓ rx_count = 0; // 표시될 문자 수 초기화

LCD에 표시될 문자 개수를 초기화시킨다.

㉔ lcd_position(0, 7); // LCD에 표시될 문자 위치

LCD에 표시할 문자의 위치를 첫 번째 행(0행), 8번째 열(7번 열)로 한다.

㉕ UCSR1B |= 0x80; // 비동기 직렬통신 1 수신 인터럽트 활성화

비동기 직렬통신 1 수신 완료 인터럽트 활성화시킨다(RXCIE1 비트에 '1'을 입력한다).

㉖ while(!(rx_count == 9)); // LCD에 표시될 문자 수(9문자까지)

LCD에 문자가 9개 표시될 때까지 하이퍼터미널로부터 데이터를 받는다.

㉗ delay_ms(1000); // ID와 PW 사이의 시간 간격

LCD에 문자가 9개 표시되고 1초의 시간지연을 갖게 한다.

⋮

㉘ SREG &= 0x7f; // 전체 인터럽트 비활성화블(I비트에 '0')

34개의 모든 인터럽트가 발생하지 못하게 전체 인터럽트를 비활성화시킨다('I'비트에 '0'을 입력한다).

(4) CodeVisionAVR으로 C 프로그램(확장형) 작성 및 키트 실습

(가) CodeVisionAVR으로 C 프로그램(확장형, 레지스터 주소를 정의한 형식) 작성

①~⑥ : '2.1의 (가) CodeVisionAVR으로 C 프로그램(간략형, 함수를 헤더파일로 정의한 형식) 작성'의 ①~⑥을 참조하여 동일하게 진행한다.

⑦ 컴퓨터에 'uart_LCD_extension' 폴더(C:\ATmega128\uart_LCD_extension)를 만든다.

'Create New Project' 화면에서 아래와 같이 진행한다.

'저장 위치(I):'를 'uart_LCD_extension' 폴더로 선택한다.

'파일 이름(N):'에 'uart_LCD_extension'를 써 넣는다.

'저장(S)'을 클릭한다.

⑧은 '2.1의 (가) CodeVisionAVR으로 C 프로그램(간략형, 함수를 헤더파일로 정의한 형식) 작성'을 참조하여 동일하게 진행한다.

⑨ 'Configure Project uart_LCD_extension.prj' 화면이 나타난다.

'Input Files'이 'uart_LCD_extension.c'임을 알 수 있다.

'C Compiler'를 클릭한다.

⑩~⑬ : '2.1의 (가) CodeVisionAVR으로 C 프로그램(간략형, 함수를 헤더파일

로 정의한 형식) 작성'의 ⑩~⑬을 참조하여 동일하게 진행한다.

⑭ 'uart_LCD_extension.c*' 안의 내용을 모두 지운다.
'uart_LCD_extension.c*' 안에 아래 그림과 같이 프로그램을 작성한다(주석('//...')으로 표시된 부분은 작성하지 않아도 된다. 프로그램 내용은 '(다) uart_LCD_extension.c 프로그램' 참조).

C:\ATmega128\uart_LCD_extension\uart_LCD_extension.c

Notes | uart_LCD_extension.c *

```
    SREG |= 0x80;                          // 전체 인터럽트 활성화(I 비트

    lcd_init();                            // LCD 초기화

    // LCD와 모니터에 'ID No.:' 및 ID 값 표시
    lcd_position(0, 0);                    // LCD 표시
    lcd_puts("ID No.:");

    uart_enterkey();                       // CR(Carriage Return)과 LF(Li
    uart_puts("ID No.:");                  // 모니터 표시
    rx_count = 0;                          // LCD에 표시될 문자 수 초기화
    lcd_position(0, 7);                    // LCD에 표시될 문자 위치
    UCSR1B |= 0x80;                        // 비동기 직렬통신 1 수신 인터
    while(!(rx_count == 9));               // LCD에 표시될 문자 수(9문자가

    delay_ms(5000);                        // ID와 PW 사이의 시간 간격

    // LCD와 모니터에 'PW No.:' 및 PW 값 표시
    lcd_position(1, 0);                    // LCD 표시
    lcd_puts("PW No.:");

    uart_enterkey();                       // CR(Carriage Return)과 LF(Li
    uart_puts("PW No.:");                  // 모니터 표시
    rx_count = 0;                          // LCD에 표시될 문자 수 초기화
    lcd_position(1, 7);                    // LCD에 표시될 문자 위치
    UCSR1B |= 0x80;                        // 비동기 직렬통신 1 수신 인터
    while(!(rx_count == 4));               // LCD에 표시될 문자 수(4문자가
    SREG &= 0x7f;                          // 전체 인터럽트 비활성화(I
}
```

(나) ATmega128 키트 실습(확장형 C 프로그램으로)

①~⑨ : '(나) ATmega128 키트 실습(간략형 C 프로그램으로)'의 ①~⑨를 참조하여 동일하게 진행한다.

(다) uart_LCD_extension.c 프로그램

```
// ATmega128 포트 A의 방향 및 입출력, 포트 C의 방향 및 출력, 포트 D 방향을 정의
sfrb      DDRD=0x11;
sfrb      DDRC=0x14;
sfrb      PORTC=0x15;
sfrb      PINA=0x19;
sfrb      DDRA=0x1a;
sfrb      PORTA=0x1b;

sfrb      SREG=0x3f;                // 전체인터럽트 활성화 관련 레지스터

// ATmega128 직렬통신 1 관련 레지스터 정의
#define   UBRR1H    (*(unsigned char *) 0x98)
#define   UBRR1L    (*(unsigned char *) 0x99)
#define   UCSR1B    (*(unsigned char *) 0x9a)
#define   UCSR1A    (*(unsigned char *) 0x9b)
#define   UDR1      (*(unsigned char *) 0x9c)
#define   UCSR1C    (*(unsigned char *) 0x9d)


#define   USART1_RXC      31      // UART1 수신완료 인터럽트 벡터 주소
#define   USART1_DRE      32      // UART1 송신버퍼비워있음 인터럽트 벡터 주소

// RS, RW, E가 연결된 핀 번호
#define   LCD_RS          0       // RS 핀 번호
#define   LCD_RW          1       // RW 핀 번호
#define   LCD_E           2       // E 핀 번호
#define   BUSY            7       // BUSY 핀 번호

// D7~D0가 연결될 포트
#define   LCD_data_DDR    DDRA    // D7~D0 입출력 방향 결정
#define   LCD_data_PORT   PORTA   // D7~D0 출력 값 결정
#define   LCD_data_PIN    PINA    // D7~D0 입력 값 읽기

// RS, RW, E가 연결될 포트
#define   LCD_cmd_DDR     DDRC    //RS, RW, E 핀이 포함된 포트의 입출력 방향 결정
#define   LCD_cmd_PORT    PORTC   //RS, RW, E 핀이 포함된 포트의 출력 값 결정

// 16x2 문자형 LCD 구동 프로그램을 정의한 헤더파일
#include <lcd_1602.h>
```

```
volatile unsigned char uart_data, rx_count;

// UART 1 송신버터 비워있음 인터럽트 서비스 프로그램
interrupt [USART1_DRE] void uart1_dreint(void) // 송신 인터럽트(UDR1 레지스
                                               // 터가 비워있음)
{
  UDR1 = uart_data;                   // 데이터를 UDR1로 송신
  UCSR1B &= 0xdf;                     // 송신 인터럽트 비활성화
}

// UART 1 수신완료 인터럽트 서비스 프로그램
interrupt [USART1_RXC] void uart1_rxcint(void)    // 수신 인터럽트
{
  if(!(UCSR1A & 0x1c )){              // 프레임, 오버런, 패러티 에러가 없으면…
     uart_data = UDR1;                // 1바이트 수신 데이터 읽기
     lcd_write_char(uart_data);       // LCD에 1문자 표시
     rx_count++;                      // 수신 데이터 수 증가
    }
}

void uart_enterkey(void)              // CR(Carriage Return)과 LF(Line Feed)
{
  uart_data = '\r';                   // CR: Carriage Return, '\r' 또는 '₩r'
  UCSR1B |= 0x20;                     // 송신 인터럽트 활성화
  delay_ms(1);                        // 115200[bps] x 11비트 전송시 약 100[us]
                                         시간 필요
  uart_data = '\n';                   // LF: Line Feed, '\n' 또는 '₩n'
  UCSR1B |= 0x20;                     // 송신 인터럽트 활성화
  delay_ms(1);                        // 115200[bps] x 11비트 전송시 약 100[us]
                                         시간 필요
}

void uart_puts(char *str)             // 문자열 송신
{
  while(*str){                        // 문자열 데이터가 없을 때까지 반복
     uart_data = *str;                // 1바이트 데이터 송신
     UCSR1B |= 0x20;                  // 송신 인터럽트 활성화
     delay_ms(1);                     // 115200[bps] x 11비트 전송시 약 100[us]
                                         시간 필요
     str++;                           // 다음 데이터의 주소 값 증가
  }
```

```
}

void  main(void)
{
  DDRD = 0x08;                      // PD3(TXD1)는 출력, PD2(RXD1)는 입력으로 설정

  // UART1 초기 설정
  UBRR1H = 0;                       // 7.3728[MHz]일 경우 115200[bps]
  UBRR1L = 0x03;                    // 7372800/(16x115200) -1 = 3
  UCSR1A = 0x00;                    // 비동기식 보통 모드
  UCSR1B = 0x18;                    // 송신, 수신 활성화
  UCSR1C = 0x26;                    // 짝수 패리티, 8비트 데이터 크기
  SREG |= 0x80;                     // 전체 인터럽트 활성화(I 비트에 '1')

  lcd_init();                       // LCD 초기화

  // LCD와 모니터에 'ID No.:' 및 ID 값 표시
  lcd_position(0, 0);               // LCD 표시
  lcd_puts("ID No.:");

  uart_enterkey();                  // CR(Carriage Return)과 LF(Line Feed)
  uart_puts("ID No.:");             // 모니터 표시
  rx_count = 0;                     // LCD에 표시될 문자 수 초기화
  lcd_position(0, 7);               // LCD에 표시될 문자 위치
  UCSR1B |= 0x80;                   // 비동기 직렬통신 1 수신 인터럽트 활성화
  while(!(rx_count == 9));          // LCD에 표시될 문자 수(9문자까지)

  delay_ms(1000);                   // ID와 PW 사이의 시간 간격

  // LCD와 모니터에 'PW No.:' 및 PW 값 표시
  lcd_position(1, 0);               // LCD 표시
  lcd_puts("PW No.:");

  uart_enterkey();                  // CR(Carriage Return)과 LF(Line Feed)
  uart_puts("PW No.:");             // 모니터 표시
  rx_count = 0;                     // LCD에 표시될 문자 수 초기화
  lcd_position(1, 7);               // LCD에 표시될 문자 위치
  UCSR1B |= 0x80;                   // 비동기 직렬통신 1 수신 인터럽트 활성화
  while(!(rx_count == 4));          // LCD에 표시될 문자 수(4문자까지)
  SREG &= 0x7f;                     // 전체 인터럽트 비활성화(I 비트에 '0')
}
```

전원이 켜지면 'TEXT LCD MODULE'의 LCD에 'ID No.:'이 표시된다. 하이퍼터미널을 연결한다. 'ATmega128 MCU MODULE'의 'RESET' 스위치를 누른다. 'TEXT LCD MODULE'의 LCD에 'ID No.:'가 다시 표시되고 하이퍼터미널에도 'ID No.:'이 나타난다. 하이퍼터미널에 숫자와 문자 등을 입력하면 LCD에 9개까지 표시된다. 하이퍼터미널과 LCD에 'PW No.:'가 표시된다. 하이퍼터미널에 숫자와 문자 등을 입력하면 LCD에 4개까지 표시된다.

64 I/O 레지스터 영역과 160 확장 I/O 레지스터 영역에 적용한 'sfrb'와 '#define'에 대한 설명은 '4.1의 (4)의 (다) timer_STEP_12_extension.c 프로그램'을 참조한다.

'#define USART1_RXC 31'은 ATmega128 인터럽트들의 벡터 번호 중 UART1 수신완료 인터럽트 벡터 번호를 컴파일러에게 알려주는 내용이다. UART1 수신완료 인터럽트(USART1_RXC)는 벡터 번호 31을 지시하는 것이다. 이렇게 설정해 두면 컴파일러가 'USART1_RXC'으로 정해둔 UART1 수신완료 인터럽트의 서비스 프로그램의 시작번지를 벡터 주소 안에 넣어두게 된다. 프로그램이 시작되고 인터럽트가 발생하면 벡터 주소 안의 인터럽트 서비스 프로그램 주소로 점프하여 서비스 프로그램을 수행하게 된다. '#define USART1_DRE 32'도 동일하다.

C 프로그램의 나머지 내용은 '5.2의 (3)의 (라) uart_LCD.c 프로그램'과 동일하다.

(5) 문자형(캐릭터, character) LCD

문자형 LCD는 LCD 판넬과 컨트롤러가 하나로 구성되어 있는 모듈 형태의 부품으로, 내부 롬(rom)에 저장되어 있는 문자(또는 숫자, 특수문자 등)에 대한 폰트 정보를 읽어 LCD에 표시하게 한다, 문자형 LCD의 기본 동작 기능은 다음과 같다.

- 캐릭터 LCD에 문자를 표시하기 위해선 LCD 초기화 과정이 선행되어야 한다.
- 문자가 표시될 LCD 위치의 어드레스를 입력한다.
- 표시할 문자는 C.G.ROM에 저장되어 있다. C.G.ROM 표(표 5-7)를 참조하여 표시할 문자의 문자코드를 데이터로 입력한다.
- LCD가 동작중인지를 비지(busy) 플래그로 검사하여 명령코드, 어드레스, 데이터를 입력한다. 비지 플래그를 검사하지 않고 시간지연을 이용하여도 된다.

- 첫 번째 라인의 어드레스는 '0x00', 두 번째 라인의 어드레스는 '0x40'으로 시작한다. 두 라인의 어드레스는 연결되어 있지 않다.
- 명령코드를 이용하여 어드레스의 '+1'씩 자동증가, '−1'씩 자동감소, LCD 표시 문자 지우기, 디스플레이 on/off, 점멸 등의 기능을 수행할 수 있다.

문자형 LCD에 사용되는 컨트롤러는 여러 가지 종류가 있으나 대부분 사용방법이 유사함으로 여기서는 일반적으로 가장 많이 사용되고 있는 HITACHI사의 HD44780을 설명한다.

(가) LCD 컨트롤러 HD44780의 특징 및 핀 기능

HD44780이 내포된 LCD 모듈의 블록도를 살펴보면(그림 5-4), LCD 모듈 환경을 어떻게 사용할 것인가를 설정하는데 이용되는 인스트럭션 레지스터(IR)와 LCD 모듈에 글자를 나타내기 위한 데이터 값이 들어가는 데이터 레지스터(DR)를 지니고 있다. 이들 레지스터는 외부에서 선택하게 되며 이때 사용되는 핀은 RS 핀이 된다.

문자형 LCD 컨트롤러 HD44780 특징은 다음과 같다.

- 5×7 도트, 5×10 도트의 디스플레이 폰트를 지니고 있다.
- 4비트, 8비트 마이크로프로세서와 간편하게 인터페이스 할 수 있다.
- 80×8비트의 D.D.RAM(Display Data RAM)을 내장하고 있다(최대 80 글자).
- C.G.ROM(Character Generator ROM)을 내장하고 있다.
  - 글자 폰트(Character Font) 5×8 도트 : 160글자
  - 글자 폰트(Character Font) 5×10 도트 : 32글자
- C.G.RAM(Character Generator RAM)을 내장하고 있다.
  - 글자 폰드(Character Font) 5×7 도트 : 8글사
  - 글자 폰트(Character Font) 5×10 도트 : 4글자

문자형 LCD 컨트롤러 HD44780을 이용한 LCD 모듈은 일반적으로 14개의 핀을 갖으며, 표 5-5는 LCD 모듈의 핀 번호와 각 핀의 기능을 나타낸 것이다. 추가로 LCD 백라이트를 위한 2개의 핀을 갖고 있는 LCD 모듈도 있다(ATmega128 키트는 LCD 백라이트용 'A'와 'K' 핀을 포함하여 16핀으로 구성되어 있다).

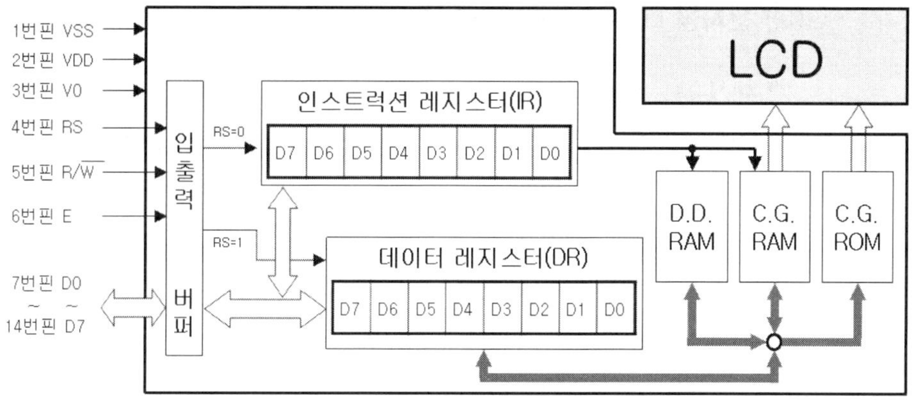

▌그림 5-4▐ HD447800이 내포된 LCD 모듈 블록도

▌표 5-5▐ 문자형 LCD 16×2 모듈 핀과 기능

핀번호	기호	레벨	기 능
1	VSS	–	0[V]
2	VDD	–	+5[V]
3	VEE	–	0~+5[V]를 가변하여 LCD가 보이는 각도를 조절한다.
4	RS	H/L	레지스터 선택, 입력신호로 레지스터를 선택하는데 사용한다. L : 명령/주소 입력, H : 데이터 입력
5	$R/\overline{W}$	H/L	읽기/쓰기, 입력신호로서 LCD 모듈에 데이터 또는 명령/주소를 읽고 쓸 때 사용한다. L : 쓰기(CPU → LCD 모듈), H : 읽기(LCD 모듈 → CPU)
6	E	H → L	활성화(Enable), 입력신호로서 동작의 시작을 나타내며 CPU가 LCD 모듈에 대해서 동작을 강제적으로 할 때 사용된다.
7	D0	H/L	데이터 버스(명령어, 어드레스, 데이터), CPU와 LCD 모듈 사이에 데이터를 주고받기 위한 데이터 버스이다. 4비트(D7–D4)/8(D7–D0)비트로 인터페이스가 가능하다.
8	D1	H/L	
9	D2	H/L	
10	D3	H/L	
11	D4	H/L	
12	D5	H/L	
13	D6	H/L	
14	D7	H/L	

(나) 문자형 LCD 컨트롤러 HD44780의 기본 동작

■ 레지스터 – IR, DR

HD44780은 8비트 레지스터인 인스트럭션 레지스터(IR)와 데이터 레지스터(DR)를 가지고 있다.

- 인스트럭션 레지스터(IR)

  D.D.RAM과 C.G.RAM에 대한 어드레스 정보와 클리어, 커서 이동 등에 대한 명령 코드를 가지고 있다. IR은 쓰기만 가능하고 읽기는 되지 않는다.

- 데이터 레지스터(DR)

  D.D.RAM과 C.G.RAM에 쓴 데이터나 읽어낸 데이터를 일시적으로 저장하는 역할을 한다.

마이크로컨트롤러에서 DR에 써넣은 데이터는 LCD 내부동작에 의해 D.D.RAM과 C.G.RAM에 자동적으로 써지게 되고, D.D.RAM과 C.G.RAM에서 데이터를 읽어낼 경우 읽어낸 데이터를 저장하는 역할을 한다. 또한 IR에 어드레스 정보를 써넣으면 LCD 내부 동작에 의해서 D.D.RAM, C.G.RAM으로부터 DR로 데이터가 전송된다. 마이크로컨트롤러로의 데이터 전송은 마이크로컨트롤러가 DR에서 데이터를 읽어내는 것으로 이루어진다. 마이크로컨트롤러에서 DR의 데이터를 읽어내면 D.D.RAM과 C.G.RAM의 다음 번지의 어드레스가 자동적으로 DR에 전송되어서 마이크로컨트롤러가 그 다음 번지를 읽어낼 수 있도록 하여 준다. 표 5-6은 LCD 모듈 RS와 R/$\overline{W}$의 관계를 나타낸다.

표 5-6 RS와 R/$\overline{W}$의 관계

RS	R/$\overline{W}$	동 작
0	0	디스플레이 클리어, on/off 등을 위한 IR 쓰기
0	1	비지 플래그(DB7)와 어드레스 카운터(DB0–DB6) 읽기
1	0	D.D.RAM 또는 C.G.RAM으로 데이터 전송하기 위한 DR 쓰기
1	1	D.D.RAM 또는 C.G.RAM로부터 데이터를 입력받기 위한 DR 읽기

■ 비지 플래그 – Busy Flag(BF)

- 비지 플래그가 '1'일 때 HD44780은 내부동작 모드로 다음 명령을 받을 수 없다.
- 비지 플래그가 '0'일 때 다음 명령을 받을 수 있다.
- 표 5-6에서, RS = 0, R/$\overline{W}$ = 1의 조건에서 DB7로 출력한다.

■ 어드레스 카운터 – Address Counter(AC)

- 어드레스 카운터(AC)는 D.D.RAM과 C.G.RAM의 어드레스를 지정할 때 사용한다.
- IR에 어드레스 정보를 써넣으면 이것은 AC로 전송된다.
- D.D.RAM 또는 C.G.RAM은 인스트럭션에 의해서 선택된다.
- D.D.RAM 또는 C.G.RAM에 디스플레이 데이터를 써놓은 후에 AC는 자동적으로 ±1이 된다.
- AC의 내용은 RS = 0, R/$\overline{W}$ = 1일 때 DB0~DB6으로 출력된다.

■ 디스플레이 데이터 램 – Display Data RAM(D.D.RAM)

- D.D.RAM에는 8비트 글자 코드의 디스플레이 데이터를 가지고 있다.
- 최대 용량은 80×8비트, 80 글자이다.
- D.D.RAM 내의 글자 표시에 사용되지 않는 메모리 영역은 일반적인 데이터 RAM으로 사용될 수 있다.
- D.D.RAM 어드레스와 LCD상의 글자 위치간의 관계는 다음과 같다.
- D.D.RAM 어드레스는 AC에서 세트하고 D.D.RAM 어드레스는 16진수로 표시된다.

	MSB						LSB
AC	AC6	AC5	AC4	AC3	AC2	AC1	AC0

- 1라인 디스플레이(N=0)

	1	2	3	4	5	……	79	80	(디스플레이 위치)
1라인	00	01	02	03	04	……	4E	4F	(D.D.RAM 어드레스)

- 표시되는 글자가 80보다 작으면 디스플레이는 맨 앞부터 시작된다. 예를 들면 8글자의 디스플레이는 다음과 같다.

1	2	3	4	5	6	7	8	(디스플레이 위치)
00	01	02	03	04	05	06	07	(D.D.RAM 어드레스)

- 디스플레이 시프트가 시행될 경우 D.D.RAM의 어드레스는 다음과 같이 움직인다.

→ 왼쪽 시프트

01	02	03	04	05	06	07	08

→ 오른쪽 시프트

4F	01	02	03	04	05	06	07

▸ 2라인 디스플레이(N=1)

(digit)	1	2	3	4	5	......	39	40	(디스플레이 위치)
1-line	00	01	02	03	04	......	26	27	
2-line	40	41	42	43	44	......	66	67	(D.D.RAM 어드레스)

- 만약 디스플레이 되는 글자가 40×2보다 작으면 2라인은 처음을 기준으로 하여 표시된다. 따라서 첫 번째 라인의 마지막 어드레스와 두 번째 라인의 시작 어드레스가 연속되지 않는 것에 주의한다.
예를 들어 HD44780을 사용하였을 때 8문자×2라인의 디스플레이는 다음과 같다.

(digit)	1	2	3	4	5	6	7	8	(디스플레이 위치)
1-line	00	01	02	03	04	05	06	07	
2-line	40	41	42	43	44	45	46	47	(D.D.RAM 어드레스)

디스플레이가 수행되고 남는 D.D.RAM 어드레스는 다음과 같이 된다.

왼쪽 시프트	01	02	03	04	05	06	07	08
디스플레이	41	42	43	44	45	46	47	48

오른쪽 시프트	27	00	01	02	03	04	05	06
디스플레이	67	40	41	42	43	44	45	46

■ 문자 발생기 롬 – Character Generator ROM(C.G.ROM)

▌표 5-7▐ 문자형 LCD 모듈 문자 코드와 문자 패턴 대응

상위비트 / 하위비트	0000	0010	0011	0100	0101	0110	0111
0000	C.G.RAM (1)		0	@	P	`	p
0001	(2)	!	1	A	Q	a	q
0010	(3)	"	2	B	R	b	r
0011	(4)	#	3	C	S	c	s
0100	(5)	$	4	D	T	d	t
0101	(6)	%	5	E	U	e	u
0110	(7)	&	6	F	V	f	v
0111	(8)	'	7	G	W	g	w
1000	(1)	(	8	H	X	h	x
1001	(2)	)	9	I	Y	i	y
1010	(3)	*	:	J	Z	j	z
1011	(4)	+	;	K	[	k	{
1100	(5)	,	〈	L	¥	l	|
1101	(6)	–	=	M	]	m	}
1110	(7)	.	〉	N	^	n	→
1111	(8)	/	?	O	_	o	←

C.G.ROM은 8비트 문자 코드 192 종류의 5×7도트, 5×10도트의 글자를 발생시킨다. 표 5-7은 C.G.ROM의 문자 코드와 문자 패턴의 대응 관계를 나타낸 것이다.

C.G.ROM에 문자 패턴을 LCD로 디스플레이하려면 다음과 같이 하면 된다.

▸ LCD로 표시하고자 하는 위치의 어드레스를 계산해서 D.D.RAM 용의 어드

레스 카운터에 D.D.RAM의 어드레스를 세트시킨다.

▸ D.D.RAM으로 문자 패턴(ASCII 코드)을 세트시킨다.

■ 문자 발생기 램 – Character Generator RAM(C.G.RAM)

C.G.RAM은 사용자가 프로그램을 가지고 새로운 글자의 패턴을 만들 경우에 사용되는 RAM이다. 5×7 도트는 8개, 5×10은 4개의 문자 패턴을 만들 수 있다.

▸ C.G.ROM 표(표 5-7)에서, 주소 '00000000~00001111'은 C.G.RAM 영역으로 사용자가 폰트를 8개 만들 수 있다(같은 번호는 동일 주소로 인식된다).

(다) LCD 인스트럭션(IR)

■ 클리어 디스플레이(Display Clear)

LCD 화면을 클리어한 후, 커서 위치는 홈으로 돌아가고 D.D.RAM 어드레스 카운터는 0이 된다.

RS	R/$\overline{W}$	D7	D6	D5	D4	D3	D2	D1	D0
0	0	0	0	0	0	0	0	0	1

■ 홈 리턴(Return Home)

D.D.RAM 어드레스 카운터를 0으로 만들어 주고, 디스플레이가 시프트되었던 것들은 본래의 위치로 돌라간다. 커서의 위치는 홈에 위치하고 D.D.RAM 내용은 바뀌지 않는다.

RS	R/$\overline{W}$	D7	D6	D5	D4	D3	D2	D1	D0
0	0	0	0	0	0	0	0	1	*

■ 엔트리 모드 세트(Entry Mode Set)

커서의 움직이는 방향과 디스플레이를 시프트할 것인지를 결정한다. 이런 동작은 데이터 읽기, 쓰기 동안에 수행된다.

RS	R/$\overline{W}$	D7	D6	D5	D4	D3	D2	D1	D0
0	0	0	0	0	0	0	1	I/D	S

- I/D = 1이면 어드레스가 +1, I/D = 0이면 어드레스가 -1
- S는 디스플레이 전체를 좌/우로 이동시키는 변수이다.
- S = 1, I/D = 1이면 디스플레이는 좌로 시프트된다.
- S = 1, I/D = 0이면 디스플레이는 우로 시프트된다.
- S = 0이면 디스플레이는 시프트되지 않는다.

■ 디스플레이 on/off 제어

전체 디스플레이의 on/off 제어, 커서의 on/off 제어, 커서 위치가 있는 부분의 글자를 깜빡이게 하는 역할을 한다(그림 5-5).

RS	R/$\overline{W}$	D7	D6	D5	D4	D3	D2	D1	D0
0	0	0	0	0	0	1	D	C	B

- D = 1이면 디스플레이 전체가 on되어 모든 글자가 나타난다.
- D = 0이면 디스플레이 전체가 off되어 어떤 글자도 나타나지 않는다. 이 때 디스플레이 데이터는 D.D.RAM에 남아 있기 때문에 다시 D = 1을 해 주면 그 전의 디스플레이 데이터가 다시 표시된다.
- C = 1이면 커서가 나타난다.
- C = 0이면 커서가 나타나지 않는다. 커서는 5×7 도트의 폰트를 사용할 경우 8번째 줄에 나타나고 5×10 도트의 폰트를 사용할 경우 11번째 줄에 나타난다.
- B = 1이면 커서는 글자 위치에서 깜빡이게 된다.
- B = 0이면 커서는 깜빡이지 않는다.

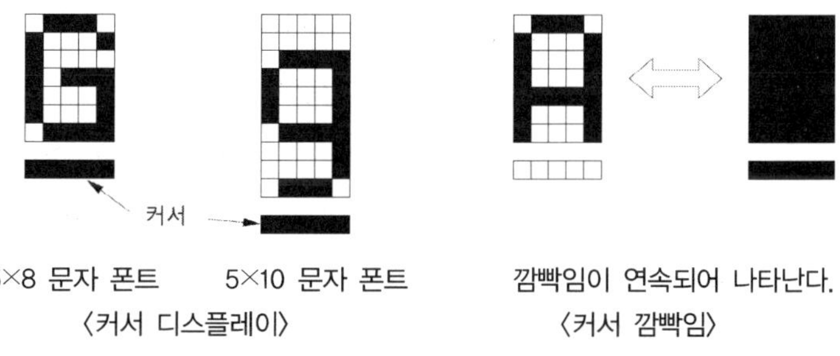

그림 5-5 커서 디스플레이 on/off

■ 커서 디스플레이 시프트(Cursor Display Shift)

D.D.RAM의 내용을 변경시키지 않은 상태에서 커서를 움직이고 디스플레이를 시프트 한다. 2라인 디스플레이의 경우, 커서는 첫 번째 라인의 마지막 칸(40 번째) 다음에 두 번째 라인으로 넘어간다. 첫째 라인과 두 번째 라인은 동시에 시프트된다.

디스플레이의 시프트는 단지 수평으로만 가능하고 두 번째 라인은 첫 번째 라인으로 시프트되지 않는다.

디스플레이의 시프트만 행해질 때는 어드레스 카운터는 변하지 않는다.

RS	R/$\overline{W}$	D7	D6	D5	D4	D3	D2	D1	D0
0	0	0	0	0	1	S/C	R/L	*	*

S/C	R/L	동 작
0	0	커서는 왼쪽으로 시프트된다(어드레스 카운터 하나 감소)
0	1	커서는 오른쪽으로 시프트된다(어드레스 카운터 하나 증가)
1	0	전체 디스플레이와 커서를 왼쪽으로 시프트시킨다.
1	1	전체 디스플레이와 커서를 오른쪽으로 시프트시킨다.

■ LCD 기능 설정(Function Set)

인터페이스 되는 데이터 라인, 디스플레이 라인, 글자 폰트를 설정해 준다.

RS	R/$\overline{W}$	D7	D6	D5	D4	D3	D2	D1	D0
0	0	0	0	1	DL	N	F	*	*

▸ DL = 1일 때 8비트(D0-D7)를 인터페이스 할 수 있다.

▸ DL = 0일 때 4비트(D4-D7)을 인터페이스 할 수 있다. 4비드로 인터페이스 되었을 경우, HD44780에서 필요로 하는 데이터는 8비트이므로 데이터를 읽거나 쓸 때 4비트씩 두 번 동작되어야 한다. 즉, 상위 4비트를 먼저 쓰고 그 다음에 하위 4비트를 쓴다. 예를 들면 '0b10110100'를 전송하려면 '1011'을 쓴 후 '0100'을 쓴다.

▸ N : 디스플레이 라인을 설정한다.

▸ F : 글자 폰트를 결정한다.

N	F	디스플레이 라인	글자폰트	듀티비	참 고
0	0	1	5×7 도트	1/8	
0	1	1	5×10도트	1/11	
1	*	2	5×7 도트	1/16	5×10 도트는 2라인 디스플레이가 안됨

LCD 기능 설정(Function Set)은 'Busy flag/address read' 명령을 제외한 모든 명령보다 앞에서 실행되어야 한다. 다른 인스트럭션이 일단 실행되고 나면 인터페이스 데이터를 바꾸어 주는 것 이외에는 LCD 기능 설정(Funtion Set)명령은 실행되지 않는다.

■ C.G.RAM 어드레스 설정

C.G.RAM 어드레스(ACG)를 설정할 수 있다. 어드레스 설정 후 C.G.RAM에 데이터를 읽고 쓸 수 있다.

RS	R/$\overline{W}$	D7	D6	D5	D4	D3	D2	D1	D0
0	0	0	1	ACG					

▸ ACG는 6비트이므로 C.G.RAM 어드레스는 6비트까지 설정 가능하다.

■ D.D.RAM 어드레스 설정

D.D.RAM 어드레스(ADD)를 설정할 수 있다. 어드레스 설정 후 D.D.RAM에 데이터를 읽고 쓸 수 있다.

RS	R/$\overline{W}$	D7	D6	D5	D4	D3	D2	D1	D0
0	0	1	ADD						

▸ ADD는 7비트이므로 D.D.RAM 어드레스는 7비트까지 설정 가능하다.

▸ 디스플레이 라인을 설정하는 N값에 따라서 N=0(1라인 디스플레이)이면 ADD는 '0x00-0x4f'이다. N=1(2라인 디스플레이)이면 ADD는 첫 번째 라인이 '0x00-0x27'이고 두 번째 라인은 '0x40-0x67'이다.

■ 비지 플래그와 어드레스 읽기(Read Busy Flag & Address)

HD44780내부의 동작 상태를 알아볼 수 있는 비지 플래그(BF)와 어드레스 카운터(AC)의 내용을 읽어볼 수 있다.

RS	R/$\overline{W}$	D7	D6	D5	D4	D3	D2	D1	D0
0	1	BF	AC						

- BF = 1이면 내부 동작이 진행되고 있는 중이라 다음 명령을 받을 수 없다.
- BF = 0이면 다음 명령을 받을 준비가 되어 있다.
- 어드레스 카운터(AC)를 읽어낼 수 있다.

■ C.G.RAM과 D.D.RAM 데이터 쓰기

D.D.RAM 또는 C.G.RAM에 8비트 데이터를 쓸 수 있다. C.G.RAM 또는 D.D.RAM 선택은 이전의 어드레스 설정에 따라서 결정된다. 데이터를 쓴 후, 어드레스는 엔트리 모드에 따라 '+1' 또는 '–1'이 된다.

RS	R/$\overline{W}$	D7	D6	D5	D4	D3	D2	D1	D0
1	0	Write Data							

■ C.G.RAM과 D.D.RAM 데이터 읽기

C.G.RAM 또는 D.D.RAM에서부터 8비트 데이터를 읽는다. 읽기 동작에 들어가기 이전에 반드시 D.D.RAM 또는 C.G.RAM 어드레스 설정 명령을 실행하여야 된다. 만약 어드레스 설정 명령이 읽기 동작 전에 실행되지 않으면 처음에 읽히는 데이터는 이상한 값으로 읽히게 되므로 처음 읽은 데이터는 버려야 한다. 그리고 두 번째 읽히는 데이터부터 진짜 데이터로 활용할 수 있다. 커서 시프트 명령어에 의해서 커서를 시프트시킨 후에는 어드레스 설정 명령이 '읽기' 명령 바로 전에 실행될 필요는 없다(커서 시프트 명령은 D.D.RAM 어드레스 설정 명령과 같기 때문에). 읽기 명령이 실행된 후에 엔트리 모드에 따라서 어드레스가 '+1' 또는 '–1'이 된다.

RS	R/$\overline{W}$	D7	D6	D5	D4	D3	D2	D1	D0
1	1	Read Data							

C.G.RAM, D.D.RAM으로 데이터를 써 놓은 후, 어드레스 카운터는 엔트리 모드에 따라 자동적으로 ±1이 되지만, 그 바로 다음에 읽기 명령을 실행해도 그 때 어드레스 카운터가 가리키는 RAM의 내용은 읽혀지지 않는다. 따라서 읽기를 할 때는 반드시 다음과 같이 행해야 된다.

- 읽기 전에 어드레스 설정 명령을 실행한다.
- D.D.RAM 경우는 읽기 전에 커서 시프트 명령을 실행한다.

(라) LCD 초기화

LCD 초기화는 그림 5-6과 같은 과정을 거쳐야 한다. 4비트로 제어할 때는 'D4 = 0'이어야 한다.

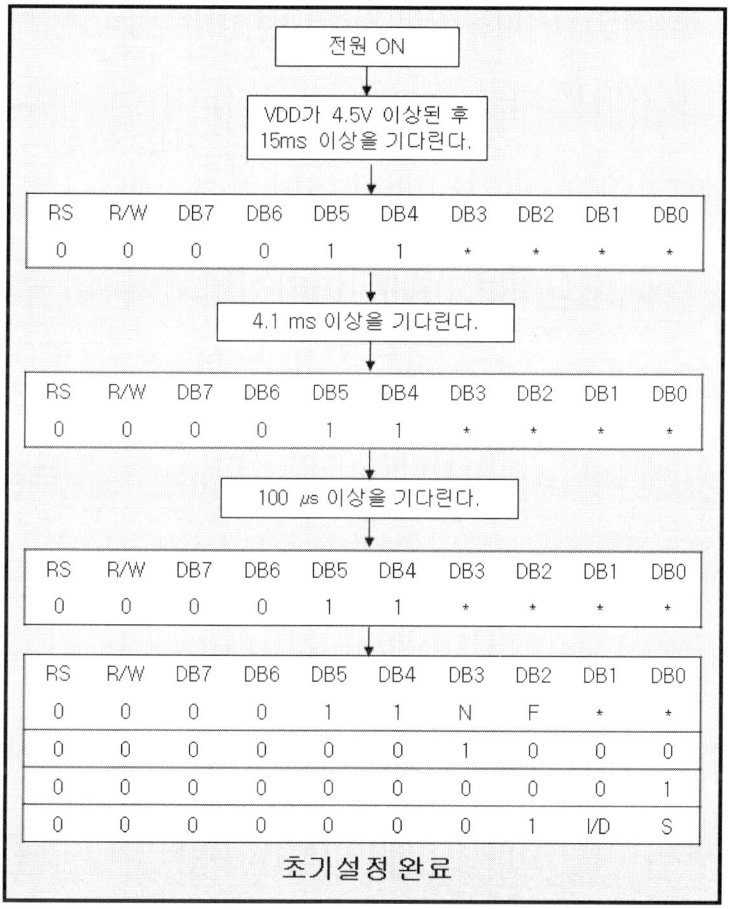

▌그림 5-6▐ 8비트 제어시 문자형 LCD 초기 과정

(마) 문자형 LCD 읽기/쓰기 동작도

문자형 LCD로부터 데이터 등을 읽을 때(그림 5-7) $R/\overline{W}$를 high(1)로 하고 E가 high(1)인 상태에서 일정한 시간(t_{DDR} =160[ns])이 지난 후 데이터가 버스에 실리면 데이터를 읽고 E를 low(0)로 만들면 된다. LCD로 데이터 등을 쓸 때(그림 5-8) $R/\overline{W}$를 low(0)로 하고 E가 high(1)인 상태에서 버스에 데이터를 실린 후 일정한 시간(t_{DSW} =80[ns])이 지난 다음 E를 low(0)로 만들면 된다.

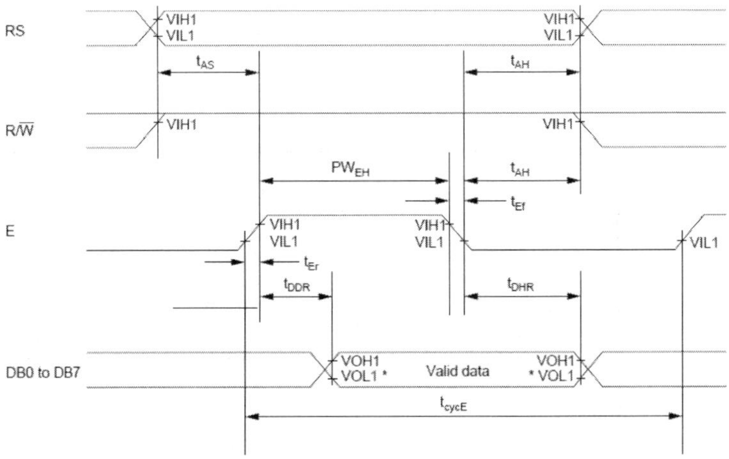

▌그림 5-7▐ 문자형 LCD HD44780 읽기 동작도

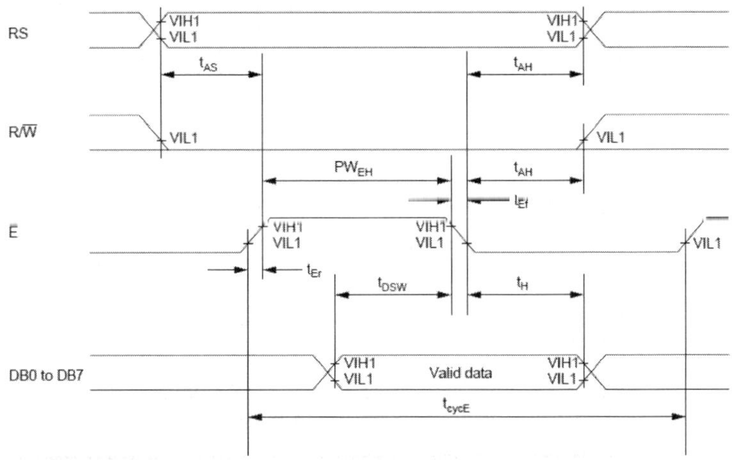

▌그림 5-8▐ 문자형 LCD HD44780 쓰기 동작도

부록

AVR Studio/ CodeVisionAVR/ 하이퍼터미널/ 헤더파일 설치하기

A AVR Studio 설치하기

컴파일러 프로그램인 CodeVisionAVR를 이용하여 사용자는 C 언어 등으로 프로그램을 작성하고 컴파일할 수 있다. 컴파일된 사용자 프로그램(HEX 파일)을 마이크로컨트롤러로 다운로딩하기 위하여 본 교재에서는 프로그램 다운로더인 'AVRISP mkII'를 이용하게 된다. 'AVR Studio'를 설치하여 PC가 'AVRISP mkII'를 인식하게 함으로써 사용자 프로그램(HEX 파일)를 마이크로컨트롤러로 다운로딩하게 된다.

AVR Studio(Version 4.18)를 선택

PC에 저장(C 폴더 또는 바탕화면 등)되어 있는 'AvrStudio4Setup' 파일을 찾아 선택한다. 'Avr Studio' 설치를 위한 준비과정이 이루어진다.

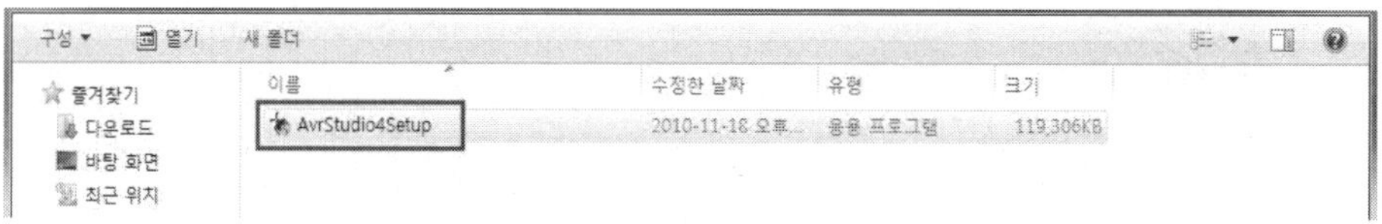

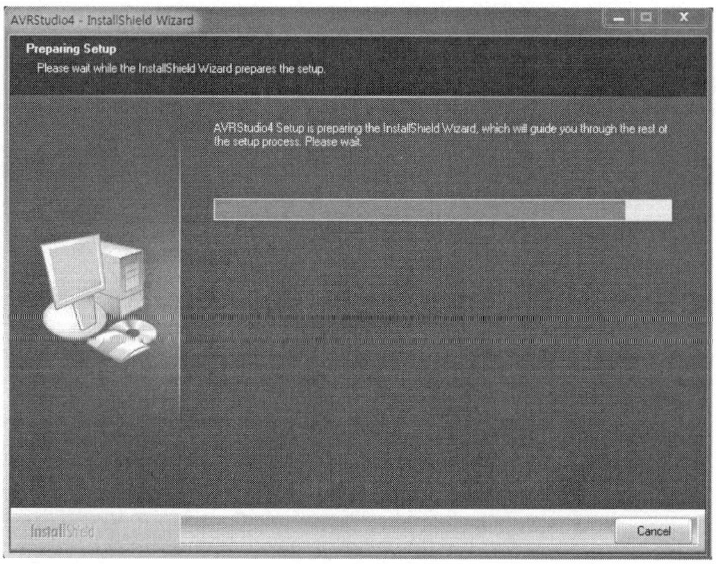

설치 시작

'Next >'를 클릭한다.

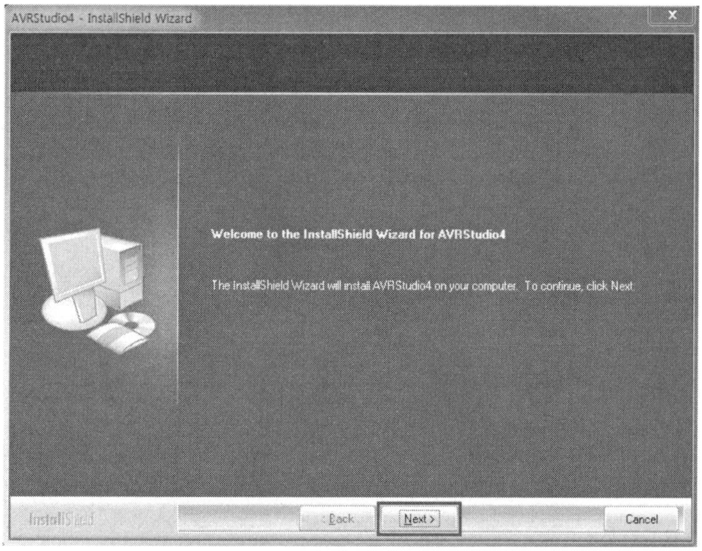

라이센스 동의

'I accept the terms of the license agreement'를 선택한 후, 'Next >'를 클릭한다.

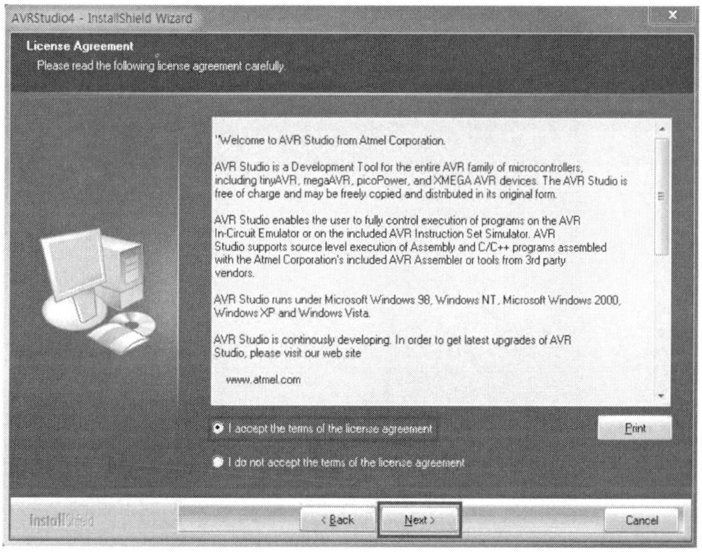

설치 장소 선택

설치 장소를 아래 그림과 같이 선택할 경우에는 'Next'를 클릭한다. 설치 장소를 변경할 경우에는 'Change'를 클릭하여 변경한 후 'Next >'를 클릭한다.

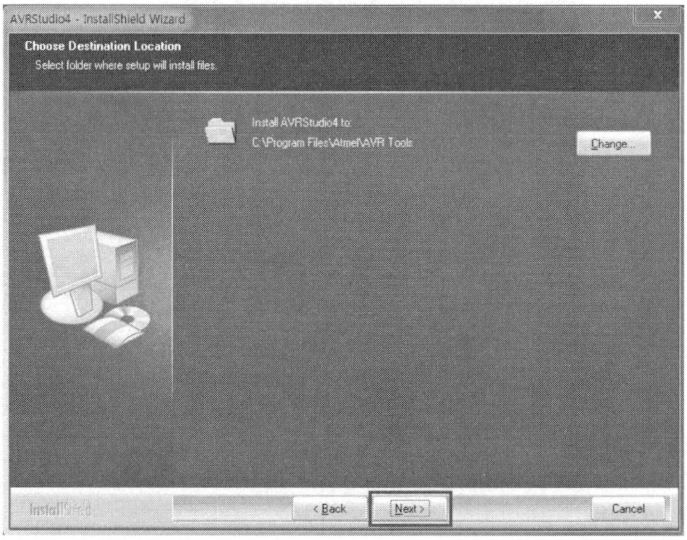

구성 요소 선택

'Next >'를 클릭한다.

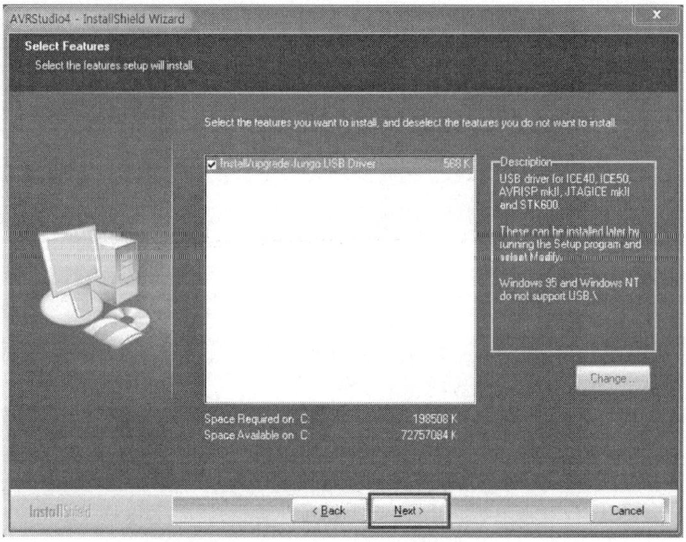

프로그램 설치

'Install'를 클릭한다.

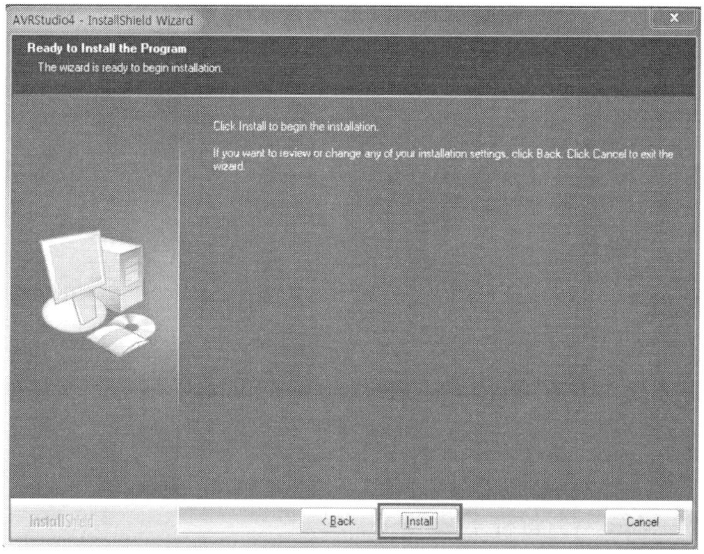

프로그램 설치 중

아래 그림과 같이 구성요소들이 설치되게 된다.

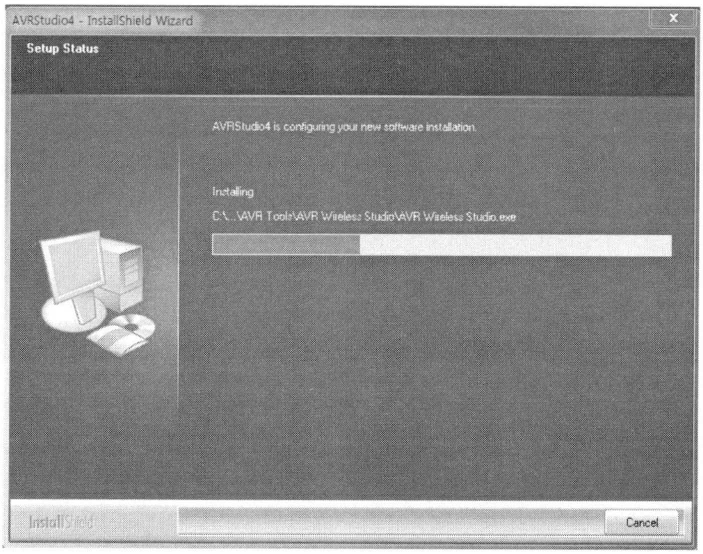

프로그램 설치

프로그램 다운로더 'AVRISP mkII'용 USB Driver를 설치하기 위하여 '설치(I)'를 클릭한다.

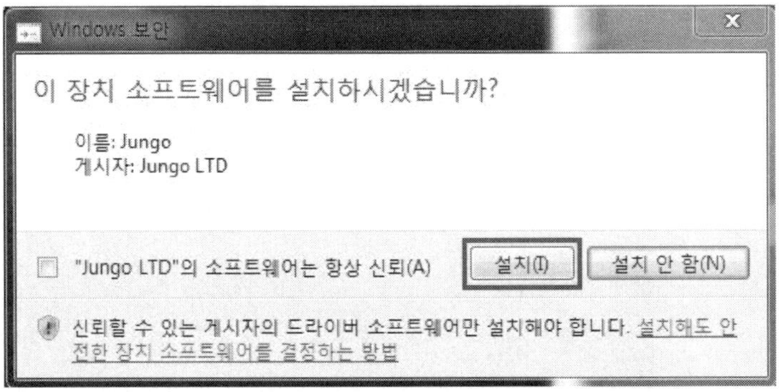

프로그램 설치 완료

'Finish'를 클릭한다.

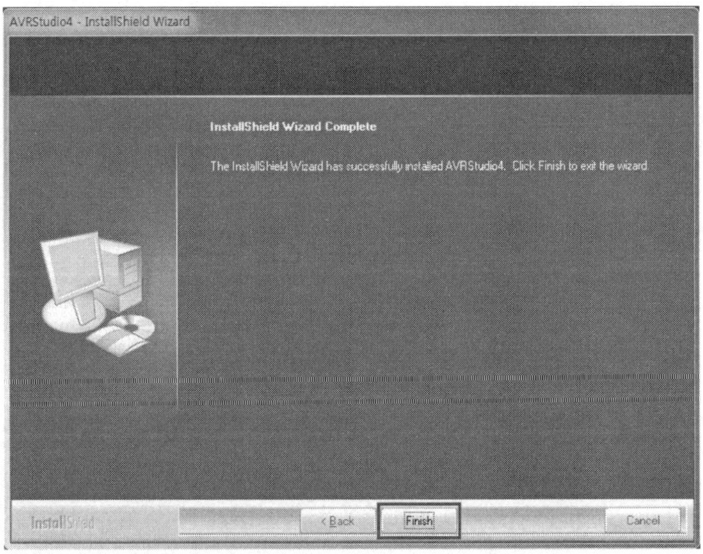

B CodeVisionAVR 설치하기

컴파일러 프로그램인 CodeVisionAVR(Version 3.10)를 순서대로 설치한다. CodeVisionAVR에서는 어셈블러나 C 언어 등으로 프로그램을 작성할 수 있다. 사용자 프로그램을 컴파일링하게 하고 오류를 알려주어 수정할 수 있게 하다. 컴파일된 사용자 프로그램(HEX 파일)을 마이크로컨트롤러로 다운로딩하게 하는 기능 등도 갖고 있다.

CodeVisionAVR(Version 3.10)를 선택

PC에 저장(C 폴더 또는 바탕화면 등)되어 있는 'CodeVisionAVR' 파일을 찾아 선택한다. 'CodeVisionAVR' 설치를 위한 준비과정이 이루어진다.

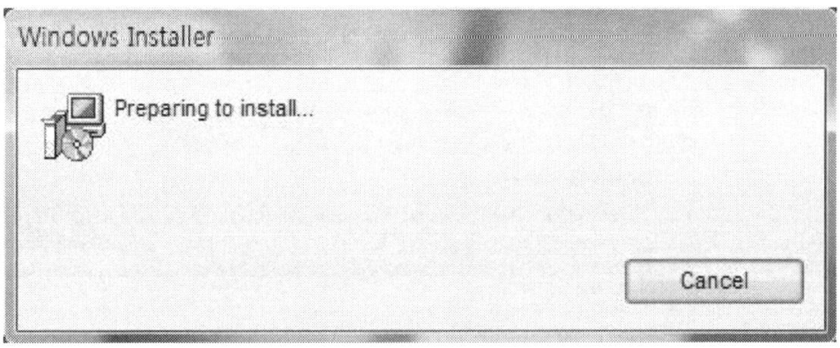

설치 시작

'Next >'를 클릭한다.

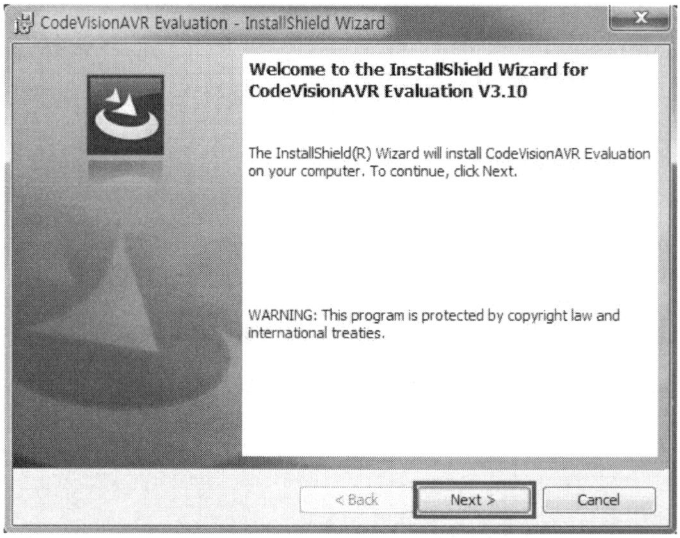

라이센스 동의

'I accept the terms of the license agreement'를 선택한 후, 'Next >'를 클릭한다.

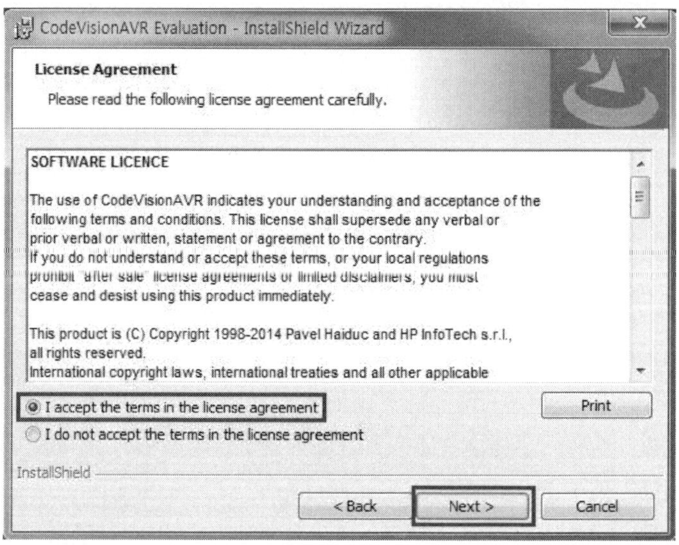

Readme 정보

'Next >'를 클릭한다.

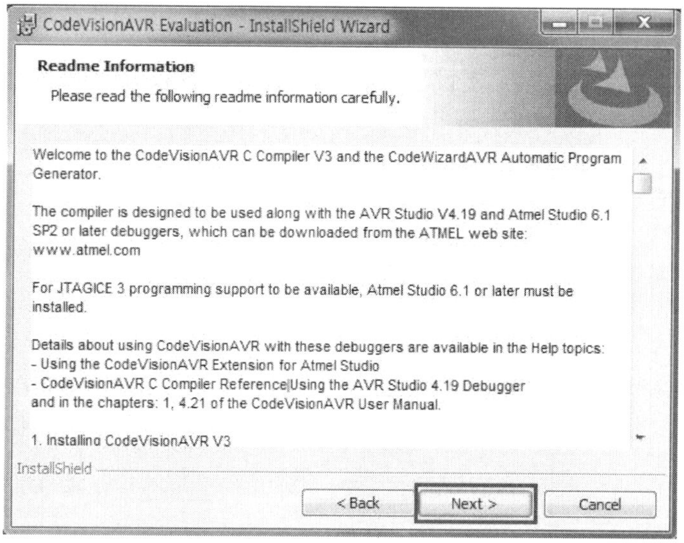

설치 장소 선택

설치 장소를 아래 그림과 같이 선택할 경우에는 'Next'를 클릭한다. 설치 장소를 변경할 경우에는 'Change...' 클릭하여 변경한 후 'Next >'를 클릭한다.

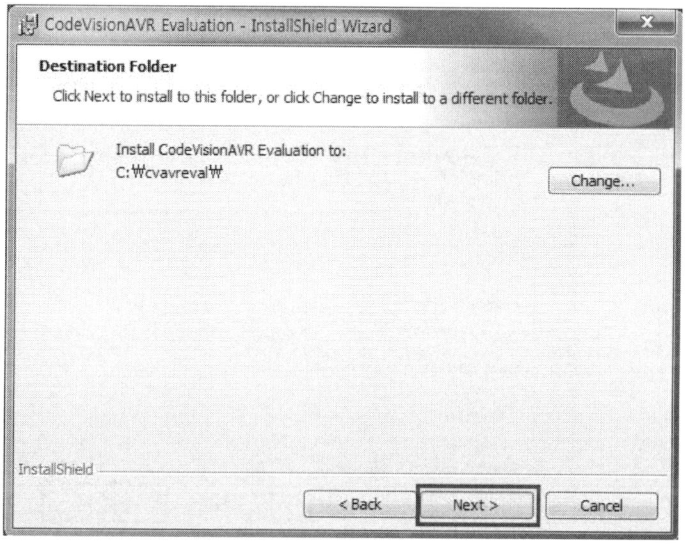

구성 요소 선택

'Next >'를 클릭한다.

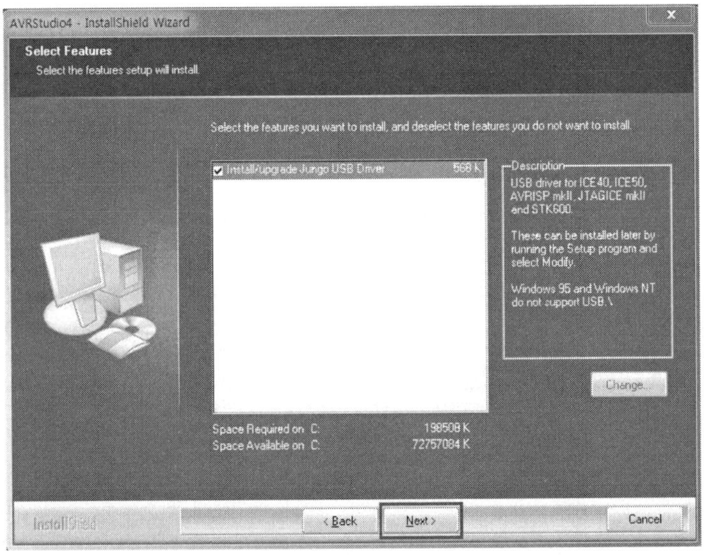

프로그램 설치

'Install'를 클릭한다.

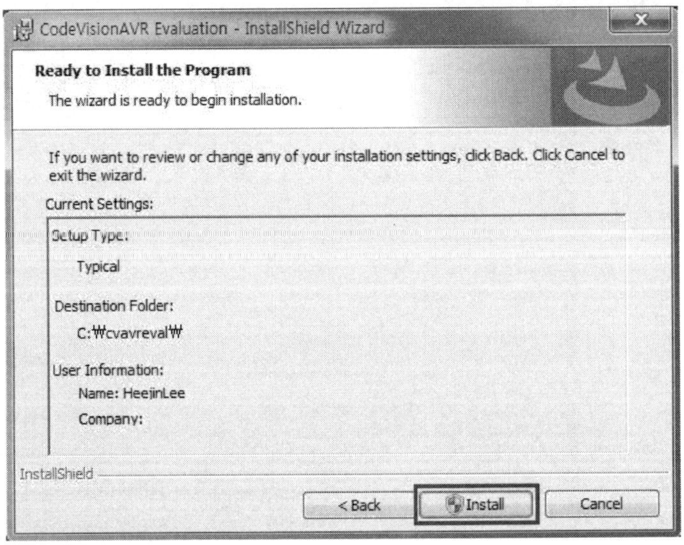

프로그램 설치 중

아래 그림과 같이 구성요소들이 설치되게 된다.

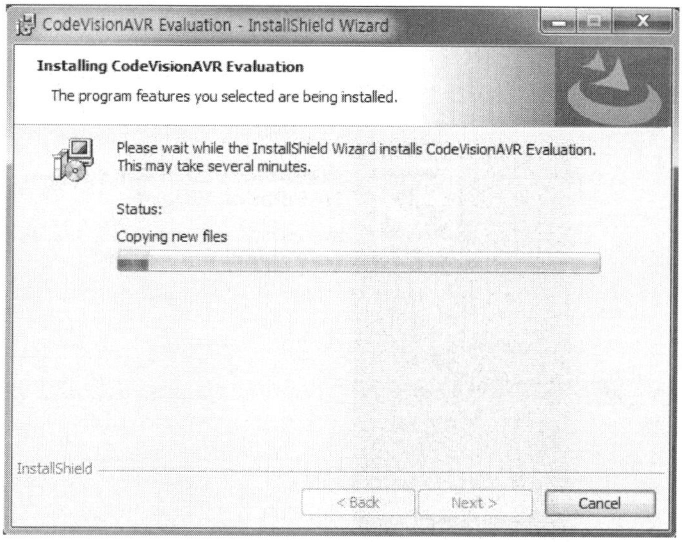

Atmel Studio 6.1 이후 버전 미설치 문구

본 교재에서 사용할 기능과는 관련성이 없다.

'OK'를 클릭한다.

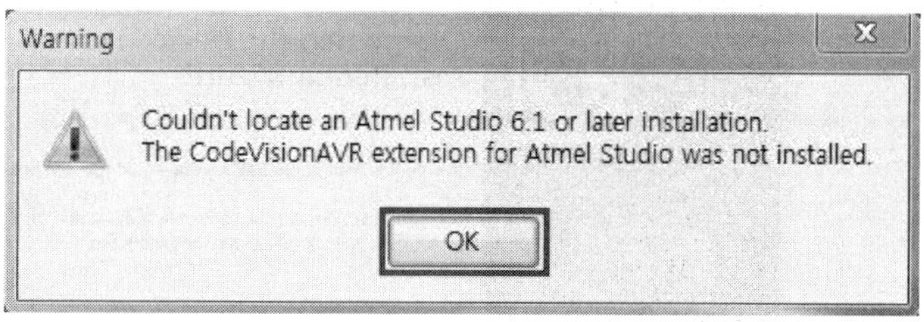

디바이스 드라이버 설치

CodeVisionAVR을 이용하여 PC와 마이크로컨트롤러를 연결하기 위한 디바이스 드라이버를 설치한다.

'다음(N) >'을 클릭한다.

'마침'을 클릭한다.

프로그램 설치 완료

'Finish'를 클릭한다.

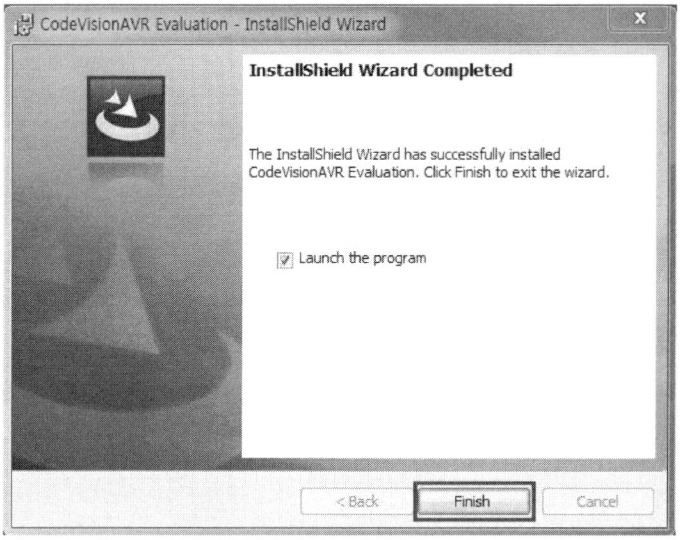

C 하이퍼터미널 설치하기

컴퓨팅와 ATmega128 키트를 직렬통신할 수 있게 하는 하이퍼터미널(hyperterminal) 프로그램을 순서대로 설치한다.

하이퍼터미널(hyperterminal) 폴더를 선택

PC에 저장(C 폴더 또는 바탕화면 등)되어 있는 'hyperterminal' 폴더를 선택한다.

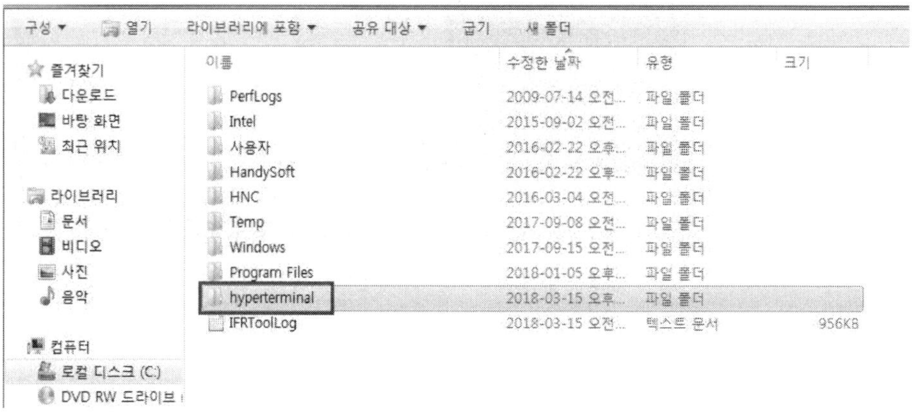

하이퍼터미널(hyperterminal)을 선택

'hyperterminal' 실행 파일을 선택한다.

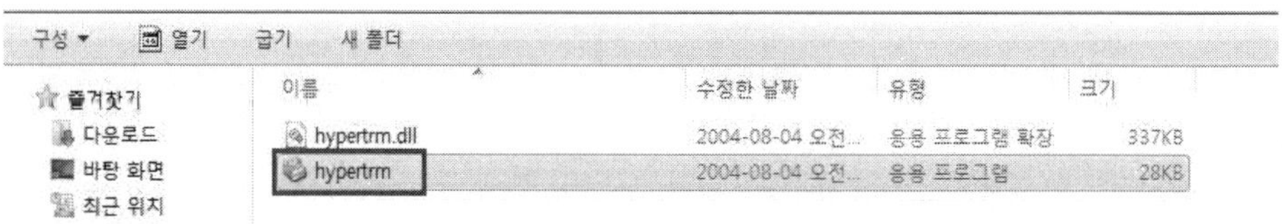

하이퍼터미널을 텔넷 기본프로그램으로 설정

'Yes'를 클릭한다.

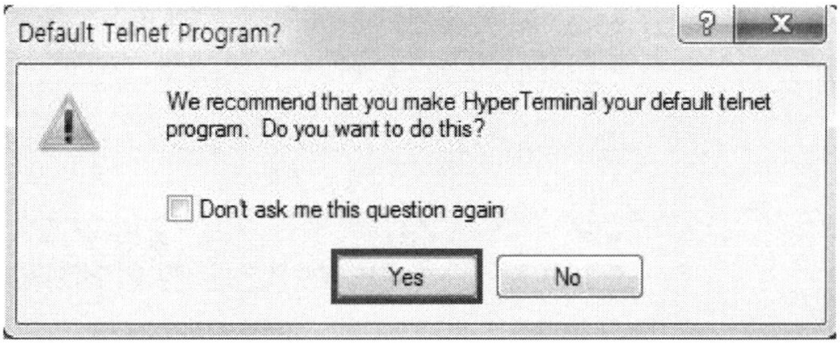

위치 정보 설정

지역번호에 '031'을 넣고(다른 번호도 상관없음) '확인'을 클릭한다.

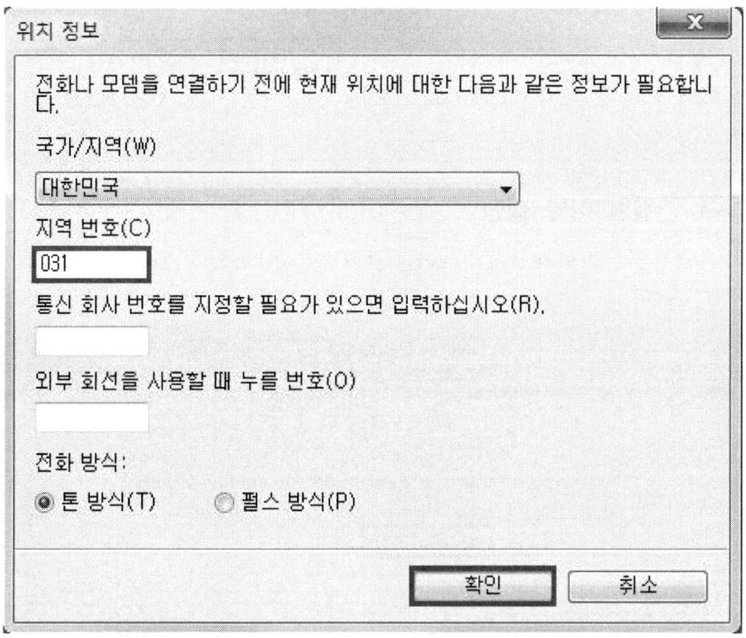

전화 걸기 규칙 설정

'확인'을 클릭한다.

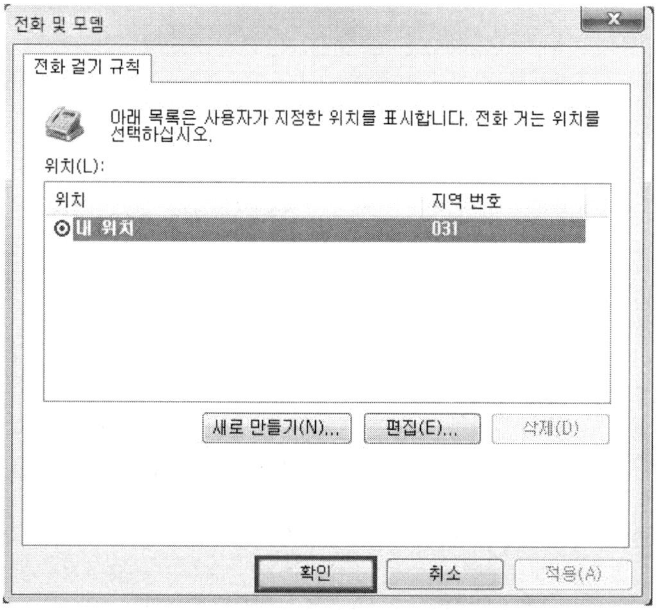

연결할 이름 설정

'Name' 위치에 '수원과학대학교'를 입력하고 'OK'를 클릭한다.

통신용 COM 포트(직렬 포트) 선택

ATmega128 키트와 연결되어 있는 COM 포트(직렬 포트)를 'Connection Using:'의 '▼'를 이용(클릭)하여 찾는다. 컴퓨터에 따라 COM 포트 번호는 다양하게 나타난다.

'OK'를 클릭한다.

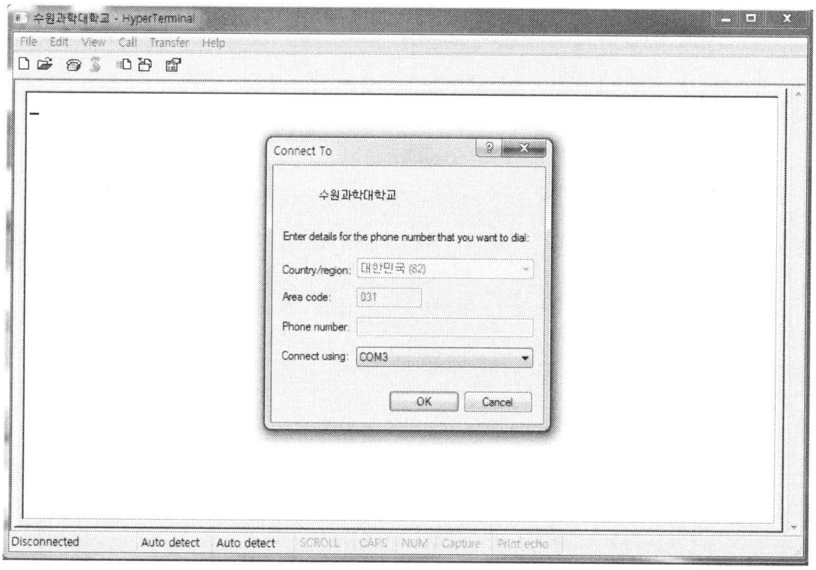

COM 포트 속성(통신 규약) 선택

ATmega128 키트와 통신하기 위한 통신 규약을 선택한다. 각 항목 옆의 ‘▼’를 클릭하여 선택하면 된다.

‘비트/초(B):’는 ‘115200’을 선택한다.

‘데이터 비트(D):’는 ‘8’을 선택한다.

‘패리티(P):’는 ‘없음’을 선택한다.

‘정지비트(S):’는 ‘1’을 선택한다.

‘흐름 제어(F):’는 ‘없음’을 선택한다.

‘적용’을 클릭한다.

‘확인’을 클릭한다.

통신 연결된 하이퍼터미널

ATmega128 키트와 통신하기 위한 상태가 되었다.

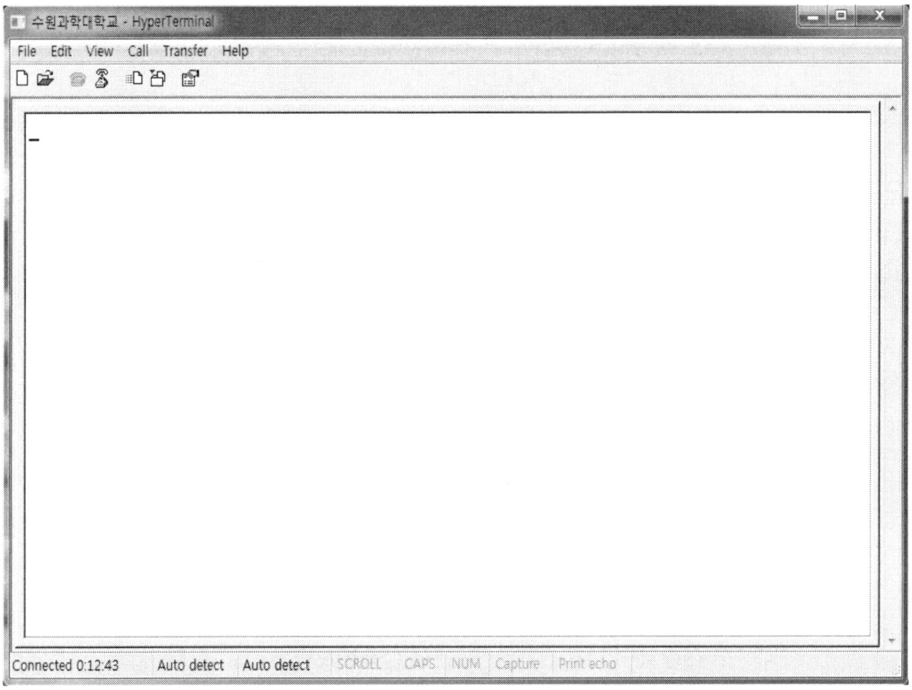

통신을 해제하기 싶으면 를 클릭한다. 아래와 같이 화면이 바뀐다.

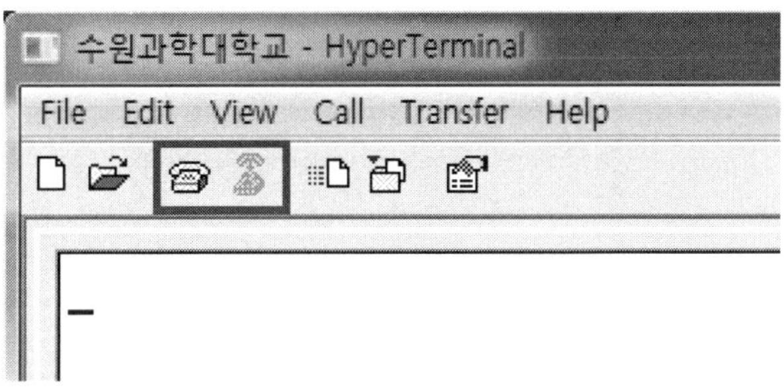

다시 통신을 하고 싶으면 를 클릭한다.

입력한 문자(또는 숫자) 나타나기

하이퍼터미널에 입력한 문자가 보이게 하기 위해서는 아래와 같이 설정하면 된다.

① 상단 메뉴에서 'File → Properties'을 선택한다.

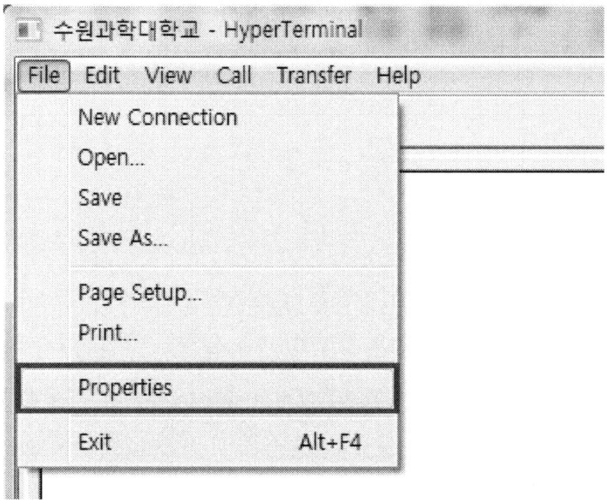

② '수원과학대학교 속성' 창에서 'Settting'을 선택한다.

③ '수원과학대학교 속성'의 'Setting' 창에서 'ASCII Setup...'을 선택한다.

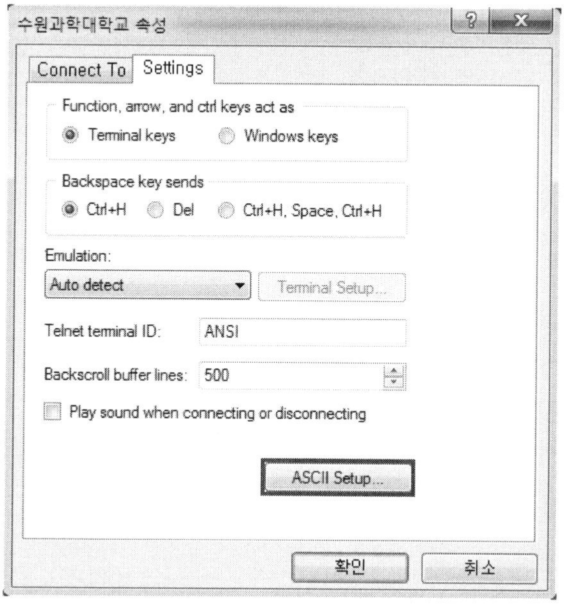

④ 'ASCII Setup' 창에서 'Echo typed characters locally'를 체크하고 'OK'를 클릭한다.

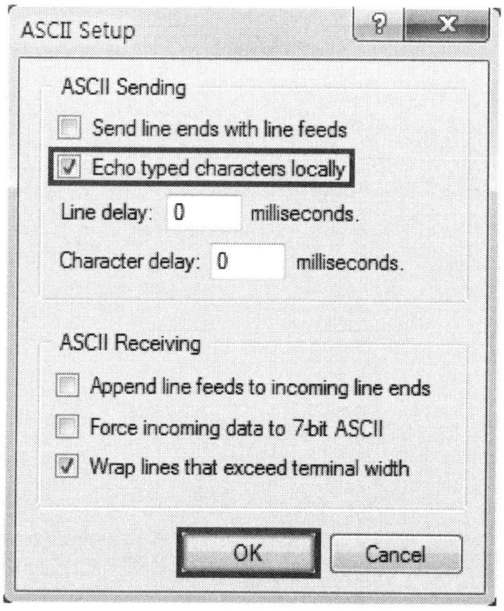

⑤ '수원과학대학교 속성'의 'Setting' 창에서 '확인'을 클릭한다.

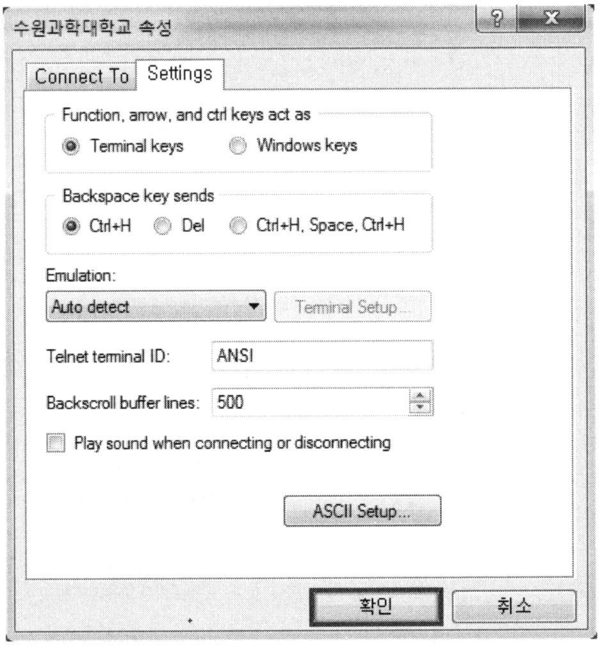

D 헤더파일 설치하기

ATmega128가 내장하고 있는 레지스터들을 손쉽게 사용하기 위하여, 각 기능별로 레지스터들을 헤더파일로 만들어 사용하면 초보자도 손쉽게 프로그램을 사용할 수 있다. 입출력, 외부 인터럽트, 타이머/카운터, 직렬통신 기능에 대한 헤더파일을 작성한 후에 컴퓨터의 'C:\cvavreval\INC' 위치에 넣어두면 된다.

입출력 헤더파일 작성하기

아래와 같이 'inout_mega128.h' 프로그램을 작성하고 'C:\cvavreval\INC' 위치에 넣어 둔다.

① CodeVisionAVR을 실행한다.

② 'File → New → Source File'을 선택한다.

③ 아래 프로그램을 작성한다.

④ 'File → Save As...'를 선택한다.

⑤ '저장 위치(I):'에는 "C:\cvavreval\INC'를 선택한다.
'파일 형식(T):'에는 'C Compiler header file (*.h)'를 선택한다.
'파일 이름(N):'에는 'inout_mega128.h'를 작성한다.
'저장(S)'를 클릭한다.

```
// ATmega128의 각 레지스터들을 정의한 헤더파일
#include <mega128.h>

// 함수가 선언은 되었지만 사용하지 않는 경우, 경고(warning)를 내지 말라고
// 컴파일어에게 알려주는 지시어
#pragma used+
void pin_direction(unsigned char i, unsigned char j);
void pin_write(unsigned char i, unsigned char j);
unsigned char pin_read(unsigned char i);
#pragma used-

#define     PA      'A'
#define     PB      'B'
```

```
#define     PC      'C'
#define     PD      'D'
#define     PE      'E'
#define     PF      'F'
#define     PG      'G'

// 입출력 포트의 각 핀(단자)의 방향(입력 또는 출력)을 결정하는 함수
// pin_direction(포트 이름, 포트의 각 핀 입출력 방향에 대한 값들('1' 또는 '0'))
void pin_direction(unsigned char i, unsigned char j)
{
   switch(i)
   {
      case 'A':
         DDRA = j;
         break;
      case 'B':
         DDRB = j;
         break;
      case 'C':
         DDRC = j;
         break;
      case 'D':
         DDRD = j;
         break;
      case 'E':
         DDRE = j;
         break;
      case 'F':
         DDRF = j;
         break;
      default:
         DDRG = j;
   }
}

// 출력 포트의 각 핀(단자)의 값('0' 또는 '1')을 결정하는 함수
// pin_write(포트 이름, 포트의 각 핀으로 출력되는 값들('1' 또는 '0'))
void pin_write(unsigned char i, unsigned char j)
{
   switch(i)
   {
```

```
        case 'A':
            PORTA = j;
            break;
        case 'B':
            PORTB = j;
            break;
        case 'C':
            PORTC = j;
            break;
        case 'D':
            PORTD = j;
            break;
        case 'E':
             PORTE = j;
            break;
        case 'F':
            PORTF = j;
            break;
        default:
            PORTG = j;
    }
}

// 포트의 각 핀(단자)으로 입력된 값을 읽어들이는 함수
// pin_read(포트 이름)
unsigned char pin_read(unsigned char i)
{
    unsigned char j;
    switch(i)
    {
        case 'A':
            j = PINA;
            break;
        case 'B':
            j = PINB;
            break;
        case 'C':
            j = PINC;
            break;
        case 'D':
            j = PIND;
```

```
            break;
        case 'E':
            j = PINE;
            break;
        case 'F':
            j = PINF;
            break;
        default:
            j = PING;
    }
    return j;
}
```

외부 인터럽트 헤더파일 작성하기

아래와 같은 'ex_interrupt_mega128.h' 프로그램을 작성하고 'C:\cvavreval\INC' 위치에 넣어 둔다('입출력 헤더파일 작성하기' 참조 바람). 'ex_interrupt_mega128.h'은 ATmega128의 외부인터럽트와 관련한 기능(벡터방식의 외부 인터럽트, 폴링방식 외부인터럽트 등)을 정의한 함수형 헤더파일이다. 'mega128.h'은 'inout_mega128.h'에 포함되어 있다.

```
#define    level      0b00000000       // '0' 레벨에서의 인터럽트 발생 요건
#define    toggle     0b00000001       // 상승 또는 하강모서리에서서의
                                       // 인터럽트 발생 요건
#define    falling    0b00000010       // 하강모서리에서의 인터럽트 발생 요건
#define    rising     0b00000011       // 상승모서리에서의 인터럽트 발생 요건

#define    enable     1
#define    disable    0

// 함수가 선언은 되었지만 사용하지 않는 경우, 경고(warning)를 내지 말라고
// 컴파일어에게 알려주는 지시어
#pragma used+
void ex_int_vector_setup(unsigned char i, unsigned char j,unsigned char k);
void ex_int_polling_setup(unsigned char i, unsigned char j);
unsigned char ex_int_polling_read(unsigned char i);
```

```
void all_interrupt_enable(void);
void all_interrupt_disable(void);
#pragma used-

// 전체 인터럽트 활성화
// SREG 레지스터의 I 비트를 '1'로 하면 활성화
void all_interrupt_enable(void)
{
    SREG |= 0b10000000;
}

// 전체 인터럽트 비활성화
// SREG 레지스터의 I 비트를 '0'으로 하면 비활성화
void all_interrupt_disable(void)
{
    SREG &= 0b01111111;
}

// 하드웨어 벡터방식의 외부 인터럽트 사용 요건(각 인터럽트 활성화 및 플래그 비트
//                                                   발생조건)
// ex_int_vector_setup(외부인터럽트 번호, 활성화 또는 비활성화, 플래그 비트 발생//
                                  조건)
void ex_int_vector_setup(unsigned char i, unsigned char j, unsigned char k)
{
    switch(i)
    {
        case 0:
            if(j == 0)    EIMSK &= 0b11111110;  // INT0 인터럽트를 비활성화
           else           EIMSK |= 0b00000001;  // INT0 인터럽트를 활성화
            EICRA &= 0b11111100;
            EICRA |= k;                         // INT0 인터럽트 발생 조건
            break;
        case 1:
            if(j == 0)    EIMSK &= 0b11111101;  // INT1 인터럽트를 비활성화
            else          EIMSK |= 0b00000010;  // INT1 인터럽트를 활성화
            EICRA &= 0b11110011;
            EICRA |= k << 2;                    // INT1 인터럽트 발생 조건
            break;
        case 2:
            if(j == 0)    EIMSK &= 0b11111011;  // INT2 인터럽트를 비활성화
            else          EIMSK |= 0b00000100;  // INT2 인터럽트를 활성화
```

```
        EICRA &= 0b11001111;
        EICRA |= k << 4;                          // INT2 인터럽트 발생 조건
        break;
    case 3:
        if(j == 0)    EIMSK &= 0b11110111;  // INT3 인터럽트를 비활성화
        else          EIMSK |= 0b00001000;  // INT3 인터럽트를 활성화
        EICRA &= 0b0011111111;
        EICRA |= k << 6;                          // INT3 인터럽트 발생 조건
        break;
    case 4:
        if(j == 0)    EIMSK &= 0b11101111;  // INT4 인터럽트를 비활성화
        else          EIMSK |= 0b00010000;  // INT4 인터럽트를 활성화
        EICRB &= 0b11111100;
        EICRB |= k;                               // INT4 인터럽트 발생 조건
        break;
    case 5:
        if(j == 0)    EIMSK &= 0b11011111;  // INT5 인터럽트를 비활성화
        else          EIMSK |= 0b00100000;  // INT5 인터럽트를 활성화
        EICRB &= 0b11110011;
        EICRB |= k << 2;                          // INT5 인터럽트 발생 조건
        break;
    case 6:
        if(j == 0)    EIMSK &= 0b10111111;  // INT6 인터럽트를 비활성화
        else          EIMSK |= 0b01000000;  // INT6 인터럽트를 활성화
        EICRB &= 0b11001111;
        EICRB |= k << 4;                          // INT6 인터럽트 발생 조건
        break;
    default:
        if(j == 0)    EIMSK &= 0b01111111;  // INT7 인터럽트를 비활성화
        else          EIMSK |= 0b10000000;  // INT7 인터럽트를 활성화
        EICRB &= 0b00111111;
        EICRB |= k << 6;                          // INT7 인터럽트 발생 조건
    }
}

// 소프트웨어 폴링방식의 외부 인터럽트 사용 요건(각 플래그 비트 발생 조건)
// ex_int_polling_setup(외부인터럽트 번호, 플래그 비트 발생조건)
void ex_int_polling_setup(unsigned char i, unsigned char j)
{
    switch(i)
    {
```

```
        case 0:
            DDRD &= 0b11111110;
            EICRA &= 0b11111100;
            EICRA |= j;                             // INT0 인터럽트 발생 조건
            break;
        case 1:
            DDRD &= 0b11111101;
            EICRA &= 0b11110011;
            EICRA |= j << 2;                        // INT1 인터럽트 발생 조건
            break;
        case 2:
            DDRD &= 0b11111011;
            EICRA &= 0b11001111;
            EICRA |= j << 4;                        // INT2 인터럽트 발생 조건
            break;
        case 3:
            DDRD &= 0b11110111;
            EICRA &= 0b0011111111;
            EICRA |= j << 6;                        // INT3 인터럽트 발생 조건
            break;
        case 4:
            DDRE &= 0b11101111;
            EICRB &= 0b11111100;
            EICRB |= j;                             // INT4 인터럽트 발생 조건
            break;
        case 5:
            DDRE &= 0b11011111;
            EICRB &= 0b11110011;
            EICRB |= j << 2;                        // INT5 인터럽트 발생 조건
            break;
        case 6:
            DDRE &= 0b10111111;
            EICRB &= 0b11001111;
            EICRB |= j << 4;                        // INT6 인터럽트 발생 조건
            break;
        default:
            DDRE &= 0b01111111;
            EICRB &= 0b00111111;
            EICRB |= j << 6;                        // INT7 인터럽트 발생 조건
    }
}
```

```
// 소프트웨어 폴링방식에서의 각 플래그 비트 읽기 및 클리어
// ex_int_polling_read(외부인터럽트 번호)
unsigned char ex_int_polling_read(unsigned char i)
{
    unsigned char j;
    switch(i)
    {
        case 0:
            j = EIFR & 0x01;                    // INTF0 비트 값을 저장
            EIFR = 0x01;                        // INTF0 비트를 클리어
            break;
        case 1:
            j = EIFR & 0x02;                    // INTF1 비트 값을 저장
            EIFR = 0x02;                        // INTF1 비트를 클리어
            break;
        case 2:
            j = EIFR & 0x04;                    // INTF2 비트 값을 저장
            EIFR = 0x04;                        // INTF2 비트를 클리어
            break;
        case 3:
            j = EIFR & 0x08;                    // INTF3 비트 값을 저장
            EIFR = 0x08;                        // INTF3 비트를 클리어
            break;
        case 4:
            j = EIFR & 0x10;                    // INTF4 비트 값을 저장
            EIFR = 0x10;                        // INTF4 비트를 클리어
            break;
        case 5:
            j = EIFR & 0x20;                    // INTF5 비트 값을 저장
            EIFR = 0x20;                        // INTF5 비트를 클리어
            break;
        case 6:
            j = EIFR & 0x40;                    // INTF6 비트 값을 저장
            EIFR = 0x40;                        // INTF6 비트를 클리어
            break;
        default:
            j = EIFR & 0x80;                    // INTF7 비트 값을 저장
            EIFR = 0x80;                        // INTF7 비트를 클리어
    }
    return j;
}
```

타이머/카운터 헤더파일 작성하기

아래와 같은 'timer_mega128.h' 프로그램을 작성하고 'C:\cvavreval\INC' 위치에 넣어 둔다('입출력 헤더파일 작성하기' 참조 바람).

```
#define    falling    0b00000110
#define    rising     0b00000111

#define    enable     1
#define    disable    0

// 함수가 선언은 되었지만 사용하지 않는 경우, 경고(warning)를 내지 말라고
// 컴파일어에게 알려주는 지시어
#pragma used+
void timer_int_vector_setup(unsigned char i, unsigned char j, unsigned int k);
void timer_counter_value(unsigned char i, unsigned int j);
void timer_int_polling_setup(unsigned char i, unsigned int j);
unsigned char timer_int_polling_read(unsigned char i);
void timer_int_polling_clear(unsigned char i);
void all_interrupt_enable(void);
void all_interrupt_disable(void);
#pragma used-

// 전체 인터럽트 활성화
// SREG 레지스터의 I 비트를 '1'로 하면 활성화
void all_interrupt_enable(void)
{
   SREG |= 0b10000000;
}

// 전체 인터럽트 비활성화
// SREG 레지스터의 I 비트를 '0'으로 하면 비활성화
void all_interrupt_disable(void)
{
   SREG &= 0b01111111;
}

// 하드웨어 벡터방식의 타이머/카운터 인터럽트 사용 요건
//(각 인터럽트 활성화 및 플래그 비트 발생조건)
// timer_int_vector_setup(타이머/카운터 번호, 활성화 또는 비활성화, 분주비
```

```
// 또는 상승/하강모서리)
void timer_int_vector_setup(unsigned char i, unsigned char j, unsigned int k)
{
    switch(i)
    {
      case 0:
          if(j == 1)          TIMSK |= 0b00000001;  // 타이머 0 인터럽트 활성화
          else                TIMSK &= 0b11111110;  // 타이머 0 인터럽트 비활성화
                              TCCR0 &= 0b11111000;  // 분주비 상태 초기화
          if(k == 0)          TCCR0 |= 0b00000000;  // 클록 연결하지 않음
          else if(k == 1)     TCCR0 |= 0b00000001;  // 1 분주
          else if(k == 8)     TCCR0 |= 0b00000010;  // 8 분주
          else if(k == 32)    TCCR0 |= 0b00000011;  // 32 분주
          else if(k == 64)    TCCR0 |= 0b00000100;  // 64 분주
          else if(k == 128)   TCCR0 |= 0b00000101;  // 128 분주
          else if(k == 256)   TCCR0 |= 0b00000110;  // 256 분주
          else if(k == 1024)  TCCR0 |= 0b00000111;  // 1024 분주
          break;
      case 1:
          if(j == 1)          TIMSK |= 0b00000100;  // 타이머/카운터 1 인터럽트
                                                       활성화
          else                TIMSK &= 0b11111011;  // 타이머/카운터 1 인터럽트
                                                       비활성화
                              TCCR1B &= 0b11111000; // 분주비 상태 초기화
          if(k == 0)          TCCR1B |= 0b00000000; // 클록 연결하지 않음
          else if(k == 1)     TCCR1B |= 0b00000001; // 1 분주
          else if(k == 8)     TCCR1B |= 0b00000010; // 8 분주
          else if(k == 64)    TCCR1B |= 0b00000011; // 64 분주
          else if(k == 256)   TCCR1B |= 0b00000100; // 256 분주
          else if(k == 1024)  TCCR1B |= 0b00000101; // 1024 분주
          else if(k == 6)     TCCR1B |= 0b00000110; // 카운터 하강모서리
          else if(k == 7)     TCCR1B |= 0b00000111; // 카운터 상승모서리
          break;
      case 2:
          if(j == 1)          TIMSK |= 0b01000000;  // 타이머/카운터 2 인터럽트
                                                       활성화
          else                TIMSK &= 0b10111111;  // 타이머/카운터 2 인터럽트
                                                       비활성화
                              TCCR2 &= 0b11111000;  // 분주비 상태 초기화
          if(k == 0)          TCCR2 |= 0b00000000;  // 클록 연결하지 않음
          else if(k == 1)     TCCR2 |= 0b00000001;  // 1 분주
```

```
        else if(k == 8)    TCCR2 |= 0b00000010;  // 8 분주
        else if(k == 64)   TCCR2 |= 0b00000011;  // 64 분주
        ellse if(k == 256) TCCR2 |= 0b00000100;  // 256 분주
        else if(k == 1024) TCCR2 |= 0b00000101;  // 1024 분주
        else if(k == 6)    TCCR2 |= 0b00000110;  // 카운터 하강모서리
        else if(k == 7)    TCCR2 |= 0b00000111;  // 카운터 상승모서리
        break;
    default:
        if(j == 1)         ETIMSK |= 0b00000100; // 타이머/카운터 3 인터럽
                                                    트 활성화
        else               ETIMSK &= 0b11111011; // 타이머/카운터 2 인터럽
                                                    트 비활성화
                           TCCR3B &= 0b11111000; // 분주비 상태 초기화
        if(k == 0)         TCCR3B |= 0b00000000; // 클록 연결하지 않음
        else if(k == 1)    TCCR3B |= 0b00000001; // 1 분주
        else if(k == 8)    TCCR3B |= 0b00000010; // 8 분주
        else if(k == 64)   TCCR3B |= 0b00000011; // 64 분주
        else if(k == 256)  TCCR3B |= 0b00000100; // 256 분주
        else if(k == 1024) TCCR3B |= 0b00000101; // 1024 분주
        else if(k == 6)    TCCR3B |= 0b00000110; // 카운터 하강모서리
        else if(k == 7)    TCCR3B |= 0b00000111; // 카운터 상승모서리
    }
}

// 타이머/카운터 값 입력
// timer_counter_value(타이머/카운터 번호, 타이머/카운터 값)
void timer_counter_value(unsigned char i, unsigned int j)
{
    switch(i)
    {
        case 0:
            TCNT0 = j;                 // 타이머/카운터 0에 값 입력
            break;
        case 1:
            TCNT1H = j >> 8;           // 타이머/카운터 1에 값 입력(상위바이트)
            TCNT1L = j;                // 타이머/카운터 1에 값 입력(하위바이트)
            break;
        case 2:
            TCNT2 = j;                 // 타이머/카운터 2에 값 입력
            break;
        default:
```

```
            TCNT3H = j >> 8;            // 타이머/카운터 3에 값 입력(상위바이트)
            TCNT3L = j;                 // 타이머/카운터 3에 값 입력(하위바이트)
    }
}

// 소프트웨어 폴링방식의 타이머/카운터 인터럽트 사용 요건
// (분주비 또는 상승/하강모서리 결정)
// timer_int_polling_setu(타이머/카운터 번호, 분주비 또는 상승/하강모서리)
void timer_int_polling_setup(unsigned char i, unsigned int j)
{
    switch(i)
    {
        case 0:
            TCCR0 &= 0b11111000;                          // 분주비 상태 초기화
            if(j == 0)          TCCR0  |= 0b00000000;  // 클록 연결하지 않음
            else if(j == 1)     TCCR0  |= 0b00000001;  // 1 분주
            else if(j == 8)     TCCR0  |= 0b00000010;  // 8 분주
            else if(j == 32)    TCCR0  |= 0b00000011;  // 32 분주
            else if(j == 64)    TCCR0  |= 0b00000100;  // 64 분주
            else if(j == 128)   TCCR0  |= 0b00000101;  // 128 분주
            else if(j == 256)   TCCR0  |= 0b00000110;  // 256 분주
            else if(j == 1024)  TCCR0  |= 0b00000111;  // 1024 분주
            break;
        case 1:
            TCCR1B &= 0b11111000;                         // 분주비 상태 초기화
            if(j == 0)          TCCR1B |= 0b00000000; // 클록 연결하지 않음
            else if(j == 1)     TCCR1B |= 0b00000001; // 1 분주
            else if(j == 8)     TCCR1B |= 0b00000010; // 8 분주
            else if(j == 64)    TCCR1B |= 0b00000011; // 64 분주
            else if(j == 256)   TCCR1B |= 0b00000100; // 256 분주
            else if(j == 1024)  TCCR1B |= 0b00000101; // 1024 분주
            else if(j == 6)     TCCR1B |= 0b00000110; // 카운터 하강모서리
            else if(j == 7)     TCCR1B |= 0b00000111; // 카운터 상승모서리
            break;
        case 2:
            TCCR2 &= 0b11111000;                          // 분주비 상태 초기화
            if(j == 0)          TCCR2  |= 0b00000000;  // 클록 연결하지 않음
            else if(j == 1)     TCCR2  |= 0b00000001;  // 1 분주
            else if(j == 8)     TCCR2  |= 0b00000010;  // 8 분주
            else if(j == 64)    TCCR2  |= 0b00000011;  // 64 분주
            else if(j == 256)   TCCR2  |= 0b00000100;  // 256 분주
```

```
        else if(j == 1024) TCCR2  |= 0b00000101;  // 1024 분주
        else if(j == 6)    TCCR2  |= 0b00000110;  // 카운터 하강모서리
        else if(j == 7)    TCCR2  |= 0b00000111;  // 카운터 상승모서리
        break;
      default:
        TCCR3B &= 0b11111000;                      // 분주비 상태 초기화
        if(j == 0)         TCCR3B |= 0b00000000; // 클록 연결하지 않음
        else if(j == 1)    TCCR3B |= 0b00000001; // 1 분주
        else if(j == 8)    TCCR3B |= 0b00000010; // 8 분주
        else if(j == 64)   TCCR3B |= 0b00000011; // 64 분주
        else if(j == 256)  TCCR3B |= 0b00000100; // 256 분주
        else if(j == 1024) TCCR3B |= 0b00000101; // 1024 분주
        else if(j == 6)    TCCR3B |= 0b00000110; // 카운터 하강모서리
        else if(j == 7)    TCCR3B |= 0b00000111; // 카운터 상승모서리
  }
}

// 소프트웨어 폴링방식에서의 각 플래그 비트 읽기
// timer_int_polling_read(타이머/카운터 번호)
unsigned char timer_int_polling_read(unsigned char i)
{
   unsigned char j;
   switch(i)
   {
      case 0:
         j = TIFR & 0x01;              // TOV0 비트 값을 저장한다.
         break;
      case 1:
         j = TIFR & 0x04;              // TOV1 비트 값을 저장한다.
         break;
      case 2:
         j = TIFR & 0x40;              // TOV2 비트 값을 저장한다.
         break;
      default:
         j = ETIFR & 0x04;             // TOV3 비트 값을 저장한다.
   }
  return j;
}

// 소프트웨어 폴링방식에서의 각 플래그 비트 클리어
// timer_int_polling_clear(타이머/카운터 번호)
```

```
void timer_int_polling_clear(unsigned char i)
{
    switch(i)
    {
        case 0:
            TIFR |= 0x01;                  // TOV0 비트를 클리어시킨다.
            break;
        case 1:
            TIFR |= 0x04;                  // TOV1 비트를 클리어시킨다.
            break;
        case 2:
            TIFR |= 0x40;                  // TOV2 비트를 클리어시킨다.
            break;
        default:
            ETIFR |= 0x04;                 // TOV3 비트를 클리어시킨다.
    }
}
```

직렬통신 헤더파일 작성하기

아래와 같은 'uart_mega128.h' 프로그램을 작성하고 'C:\cvavreval\INC' 위치에 넣어 둔다('입출력 헤더파일 작성하기' 참조 바람).

```
#define    even       0x20              // 짝수
#define    odd        0x30              // 홀수

#define    enable     1                 // 활성화
#define    disable    0                 // 비활성화

// 함수가 선언은 되었지만 사용하지 않는 경우, 경고(warning)를 내지 말라고
// 컴파일어에게 알려주는 지시어
#pragma used+
void serial_int_TX(unsigned char i, unsigned char j);
void serial_int_RX(unsigned char i, unsigned char j);
void serial_int_vector_setup(unsigned char i, unsigned char j, unsigned long k);
void serial_setup(unsigned char i, unsigned long j);
unsigned char serial_TX_available(unsigned char i);
```

```
unsigned char serial_RX_available(unsigned char i);
void serial_TX_write(unsigned char i, unsigned char j);
unsigned char serial_RX_read(unsigned char i);
unsigned char serial_error_check(unsigned char i);
void all_interrupt_enable(void);
void all_interrupt_disable(void);
#pragma used-

// 전체 인터럽트 활성화
// SREG 레지스터의 I 비트를 '1'로 하면 활성화
void all_interrupt_enable(void)
{
    SREG |= 0b10000000;
}

// 전체 인터럽트 비활성화
// SREG 레지스터의 I 비트를 '0'으로 하면 비활성화
void all_interrupt_disable(void)
{
    SREG &= 0b01111111;
}

// 비동기 직렬통신 송신 인터럽트 사용유무
// serial_int_TX(직렬통신 번호, 비활성화/비활성화)
void serial_int_TX(unsigned char i, unsigned char j)
{
        if(i == 0) {
            if(j == 1)     UCSR0B |= 0x20;   // 직렬통신 0 송신인터럽트 활성화
            else           UCSR0B &= 0xdf;   // 직렬통신 0 송신인터럽트 비활성화
        }
        else if(i == 1) {
            if(j == 1)     UCSR1B |= 0x20;   // 직렬통신 1 송신인터럽트 활성화
            else           UCSR1B &= 0xdf;   // 직렬통신 1 송신인터럽트 비활성화
        }
}
// 비동기 직렬통신 수신 인터럽트 사용유무
// serial_int_RX(직렬통신 번호, 비활성화/비활성화)
void serial_int_RX(unsigned char i, unsigned char j)
{
        if(i == 0) {
            if(j == 1)     UCSR0B |= 0x80;   // 직렬통신 0 수신인터럽트 활성화
```

```
        else            UCSR0B &= 0x7f;   // 직렬통신 0 수신인터럽트 비활성화
    }
    else if(i == 1) {
        if(j == 1)      UCSR1B |= 0x80;   // 직렬통신 1 수신인터럽트 활성화
        else            UCSR1B &= 0x7f;   // 직렬통신 1 수신인터럽트 비활성화
    }
}

// 비동기 직렬통신 사용 요건(패러티 포함)
// serial_int_vector_setup(직렬통신 번호, 패러티(비활성화/짝수/홀수), 통신속도)
void serial_int_vector_setup(unsigned char i, unsigned char j, unsigned
long k)
{
    unsigned long m;
    m = (7372800/16)/k - 1;                   // 계산값에서 소숫점은 사용하지 못하
                                                 므로 없앤다.
    if(i == 0) {                              // UART0일 때
                UCSR0A = 0x00;                // 보통 비동기 통신 모드
                UCSR0B = 0x18;                // 송신, 수신 인에이블
                UCSR0C = 0x06 | j;            // 8비트 데이터 크기
                UBRR0H = m >> 8;              // 송수신 속도(상위바이트)
                UBRR0L = m;                   // 송수신 속도(하위바이트)
    }
    else if(i == 1) {                         // UART1일 때
                UCSR1A = 0x00;                // 보통 비동기 통신 모드
                UCSR1B = 0x18;                // 송신, 수신 인에이블
                UCSR1C = 0x06 | j;            // 8비트 데이터 크기
                UBRR1H = m >> 8;              // 송수신 속도(상위바이트)
                UBRR1L = m;                   // 송수신 속도(하위바이트)
    }
}

// 비동기 직렬통신 사용 요건(패러티 불포함)
// serial_setup(직렬통신 번호, 통신속도)
void serial_setup(unsigned char i, unsigned long j)
{
    unsigned long k;
    k = (7372800/16)/j - 1;                   // 계산값에서 소숫점은 사용하지 못하
                                                 므로 없앤다.
    if(i == 0) {                              // UART0일 때
                UCSR0A = 0x00;                // 보통 비동기 통신 모드
```

```
                UCSR0B = 0x18;          // 송신, 수신 인에이블
                UCSR0C = 0x06;          // 8비트 데이터 크기
                UBRR0H = k >> 8;        // 송수신 속도(상위바이트)
                UBRR0L = k;             // 송수신 속도(하위바이트)
        }
        else if(i == 1) {       // UART1 일 때
                UCSR1A = 0x00;          // 보통 비동기 통신 모드
                UCSR1B = 0x18;          // 송신, 수신 인에이블
                UCSR1C = 0x06;          // 8비트 데이터 크기
                UBRR1H = k >> 8;        // 송수신 속도(상위바이트)
                UBRR1L = k;             // 송수신 속도(하위바이트)
        }
}

// 소프트웨어 폴링방식의 직렬통신 송신 사용 요건(각 플래그 비트 발생 조건)
// serial_TX_available(직렬통신 번호)
unsigned char serial_TX_available(unsigned char i)
{
        unsigned char   j = 0;
        if(i == 0)      j = UCSR0A & 0x20;      // UDRE0 비트 값을 저장
        else if(i == 1) j = UCSR1A & 0x20;      // UDRE1 비트 값을 저장
        return j;
}

// 소프트웨어 폴링방식의 직렬통신수신 사용 요건(각 플래그 비트 발생 조건)
// serial_TX_available(직렬통신 번호)
unsigned char serial_RX_available(unsigned char i)
{
        unsigned char   j = 0;
        if(i == 0)      j = UCSR0A & 0x80;      // RXC0 비트 값을 저장
        else if(i == 1) j = UCSR1A & 0x80;      // RXC1 비트 값을 저장
        return j;
}
// 직렬통신 송신 데이터 값 입력
// serial_TX_write(직렬통신 번호,송신 데이터 값)
void serial_TX_write(unsigned char i, unsigned char j)
{
        if(i == 0)      UDR0 = j;               // 데이터를 UDR0로 송신
        else if(i == 1) UDR1 = j;               // 데이터를 UDR1로 송신
}
```

```
// 직렬통신 수신 데이터 값 읽기
// serial_RX_read(직렬통신 번호)
unsigned char serial_RX_read(unsigned char i)
{
        unsigned char    j = 0;
        if(i == 0)       j = UDR0;                  // UDR0 값을 저장
        else if(i == 1)  j = UDR1;                  // UDR1 값을 저장
        return j;
}

// 직렬통신 수신 데이터 에러 검사
// serial_error_check(직렬통신 번호)
unsigned char serial_error_check(unsigned char i)
{
        unsigned char j = 0;
        if(i == 0)       j = UCSR0A & 0x1c;     // 수신 데이터 프레임, 오버런,
                                                // 패러티 에러 검사
        else if(i == 1)  j = UCSR1A & 0x1c;     // 수신 데이터 프레임, 오버런,
                                                // 패러티 에러 검사
        return j;
}
```

LCD_easy 헤더파일 작성하기

아래와 같은 'lcd_1602_easy.h' 프로그램을 작성하고 'C:\cvavreval\INC' 위치에 넣어 둔다('입출력 헤더파일 작성하기' 참조 바람). 간략형 프로그램에 LCD를 사용할 때 적용되는 LCD 헤더파일이다.

```
// delay 함수를 정의한 헤더피일
#include <delay.h>

// LCD 제어에 사용되는 변수를 휘발성 부호없는 문자형으로 선언
// 컴파일러가 최저화(optimization)할 때 변수를 함부로 정리하지 못하게 하기 위함
volatile unsigned char RS_pin, RW_pin, E_pin, RS_num, RW_num, E_num,
LCD_data_dir, LCD_BUSY_flag;

// LCD의 RS 핀(단자)이 연결되는 포트의 방향(출력)과 핀 번호를 정의
```

```
// RS_enable()과 RS_disable()에 사용할 포트 위치와 핀 번호를 위해 변수(RS_pin,
RS_num)에 값 지정
void RS_pin_setup(volatile unsigned char i, volatile unsigned char j)
{
    switch(i)
    {
        case 'A':
            DDRA |= (1 << j);
            RS_pin = 'A';
            RS_num = j;
            break;
        case 'B':
            DDRB |= (1 << j);
            RS_pin = 'B';
            RS_num = j;
            break;
        case 'C':
            DDRC |= (1 << j);
            RS_pin = 'C';
            RS_num = j;
            break;
        case 'D':
            DDRD |= (1 << j);
            RS_pin = 'D';
            RS_num = j;
            break;
        case 'E':
            DDRE |= (1 << j);
            RS_pin = 'E';
            RS_num = j;
            break;
        case 'F':
            DDRF |= (1 << j);
            RS_pin = 'F';
            RS_num = j;
            break;
        default:
            DDRG |= (1 << j);
            RS_pin = 'G';
            RS_num = j;
    }
```

```
}

// RS 핀에 high 값 할당(주소, 명령어 쓰기)
void RS_enable(void)
{
    switch(RS_pin)
    {
        case 'A':
            PORTA |= (1 << RS_num);
            break;
        case 'B':
            PORTB |= (1 << RS_num);
            break;
        case 'C':
            PORTC |= (1 << RS_num);
            break;
        case 'D':
            PORTD |= (1 << RS_num);
            break;
        case 'E':
            PORTE |= (1 << RS_num);
            break;
        case 'F':
            PORTF |= (1 << RS_num);
            break;
        default:
            PORTG |= (1 << RS_num);
    }
}

// RS 핀에 low 값 할당(데이터 쓰기)
void RS_disable(void)
{
    switch(RS_pin)
    {
        case 'A':
            PORTA &= ~(1 << RS_num);
            break;
        case 'B':
            PORTB &= ~(1 << RS_num);
            break;
```

```
        case 'C':
            PORTC &= ~(1 << RS_num);
            break;
        case 'D':
            PORTD &= ~(1 << RS_num);
            break;
        case 'E':
            PORTE &= ~(1 << RS_num);
            break;
        case 'F':
            PORTF &= ~(1 << RS_num);
            break;
        default:
            PORTG &= ~(1 << RS_num);
    }
}

// LCD의 RW 핀(단자)이 연결되는 포트의 방향(출력)과 핀 번호를 정의
// RW_enable()과 RW_disable()에 사용할 포트 위치와 핀 번호를 위해 변수(RW_pin,
RW_num)에 값 지정
void RW_pin_setup(volatile unsigned char i, volatile unsigned char j)
{
    switch(i)
    {
        case 'A':
            DDRA |= (1 << j);
            RW_pin = 'A';
            RW_num = j;
            break;
        case 'B':
            DDRB |= (1 << j);
            RW_pin = 'B';
            RW_num = j;
            break;
        case 'C':
            DDRC |= (1 << j);
            RW_pin = 'C';
            RW_num = j;
            break;
        case 'D':
            DDRD |= (1 << j);
```

```
            RW_pin = 'D';
            RW_num = j;
            break;
        case 'E':
            DDRE |= (1 << j);
            RW_pin = 'E';
            RW_num = j;
            break;
        case 'F':
            DDRF |= (1 << j);
            RW_pin = 'F';
            RW_num = j;
            break;
        default:
            DDRG |= (1 << j);
            RW_pin = 'G';
            RW_num = j;
    }
}

// RW 핀에 high 값 할당(데이터, 주소, 명령어 읽기)
void RW_enable(void)
{
    switch(RW_pin)
    {
        case 'A':
            PORTA |= (1 << RW_num);
            break;
        case 'B':
            PORTB |= (1 << RW_num);
            break;
        case 'C':
            PORTC |= (1 << RW_num);
            break;
        case 'D':
            PORTD |= (1 << RW_num);
            break;
        case 'E':
            PORTE |= (1 << RW_num);
            break;
        case 'F':
```

```
            PORTF |= (1 << RW_num);
            break;
        default:
            PORTG |= (1 << RW_num);
    }
}

// RW 핀에 low 값 할당(데이터, 주소, 명령어 쓰기)
void RW_disable(void)
{
    switch(RW_pin)
    {
        case 'A':
            PORTA &= ~(1 << RW_num);
            break;
        case 'B':
            PORTB &= ~(1 << RW_num);
            break;
        case 'C':
            PORTC &= ~(1 << RW_num);
            break;
        case 'D':
            PORTD &= ~(1 << RW_num);
            break;
        case 'E':
            PORTE &= ~(1 << RW_num);
            break;
        case 'F':
            PORTF &= ~(1 << RW_num);
            break;
        default:
            PORTG &= ~(1 << RW_num);
    }
}

// LCD의 E 핀(단자)이 연결되는 포트의 방향(출력)과 핀 번호를 정의
// E_enable()과 E_disable()에 사용할 포트 위치와 핀 번호를 위해 변수(E_pin,
E_num)에 값 지정
void E_pin_setup(volatile unsigned char i, volatile unsigned char j)
{
    switch(i)
```

```
    {
        case 'A':
            DDRA |= (1 << j);
            E_pin = 'A';
            E_num = j;
            break;
        case 'B':
            DDRB |= (1 << j);
            E_pin = 'B';
            E_num = j;
            break;
        case 'C':
            DDRC |= (1 << j);
            E_pin = 'C';
            E_num = j;
            break;
        case 'D':
            DDRD |= (1 << j);
            E_pin = 'D';
            E_num = j;
            break;
        case 'E':
            DDRE |= (1 << j);
            E_pin = 'E';
            E_num = j;
            break;
        case 'F':
            DDRF |= (1 << j);
            E_pin = 'F';
            E_num = j;
            break;
        default:
            DDRG |= (1 << j);
            E_pin = 'G';
            E_num = j;
    }
}

// LCD 기능(데이터, 주소, 명령어 쓰기 및 읽기)의 활성화
void E_enable(void)
{
```

```
    switch(E_pin)
    {
        case 'A':
            PORTA |= (1 << E_num);
            break;
        case 'B':
            PORTB |= (1 << E_num);
            break;
        case 'C':
            PORTC |= (1 << E_num);
            break;
        case 'D':
            PORTD |= (1 << E_num);
            break;
        case 'E':
            PORTE |= (1 << E_num);
            break;
        case 'F':
            PORTF |= (1 << E_num);
            break;
        default:
            PORTG |= (1 << E_num);
    }
}

// LCD 기능(데이터, 주소, 명령어 쓰기 및 읽기)의 비활성화
void E_disable(void)
{
    switch(E_pin)
    {
        case 'A':
            PORTA &= ~(1 << E_num);
            break;
        case 'B':
            PORTB &= ~(1 << E_num);
            break;
        case 'C':
            PORTC &= ~(1 << E_num);
            break;
        case 'D':
            PORTD &= ~(1 << E_num);
```

```
            break;
        case 'E':
            PORTE &= ~(1 << E_num);
            break;
        case 'F':
            PORTF &= ~(1 << E_num);
            break;
        default:
            PORTG &= ~(1 << E_num);
    }
}

// LCD의 D7~D0 핀(단자)이 연결되는 포트의 방향(출력)을 정의
// 'PORT'와 'PIN' 레지스터를 정의하기 위한 변수(LCD_data_dir)에 값 지정
void LCD_data_setup(unsigned char i)
{
    switch(i)
    {
        case 'A':
            DDRA = 0xff;
            LCD_data_dir = 'A';
            break;
        case 'B':
            DDRB = 0xff;
            LCD_data_dir = 'B';
            break;
        case 'C':
            DDRC = 0xff;
            LCD_data_dir = 'C';
            break;
        case 'D':
            DDRD = 0xff;
            LCD_data_dir = 'D';
            break;
        case 'E':
            DDRE = 0xff;
            LCD_data_dir = 'E';
            break;
        case 'F':
            DDRF = 0xff;
            LCD_data_dir = 'F';
```

```
            break;
        default:
            DDRG = 0xff;
            LCD_data_dir = 'G';
    }
}

// D7~D0로 출력되는 값과 포트 위치 정의
void LCD_data_PORT(unsigned char i)
{
    switch(LCD_data_dir)
    {
        case 'A':
            PORTA = i;
            break;
        case 'B':
            PORTB = i;
            break;
        case 'C':
            PORTC = i;
            break;
        case 'D':
            PORTD = i;
            break;
        case 'E':
            PORTE = i;
            break;
        case 'F':
            PORTF = i;
            break;
        default:
            PORTG = i;
    }
}

// LCD의 busy flag 비트 값 읽기
void LCD_flag_check(void)
{
    switch(LCD_data_dir)
    {
        case 'A':
```

```
            LCD_BUSY_flag = PINA & 0x80;
            break;
        case 'B':
            LCD_BUSY_flag = PINB & 0x80;
            break;
        case 'C':
            LCD_BUSY_flag = PINC & 0x80;
            break;
        case 'D':
            LCD_BUSY_flag = PIND & 0x80;
            break;
        case 'E':
            LCD_BUSY_flag = PINE & 0x80;
            break;
        case 'F':
            LCD_BUSY_flag = PINF & 0x80;
            break;
        default:
            LCD_BUSY_flag = PING & 0x80;
    }
}

// LCD의 busy flag 비트 값 읽기 위한 포트 방향 변경(D7 관련 최상위 비트만 입력으로 변경)
void LCD_BUSY_enable(void)
{
    switch(LCD_data_dir)
    {
        case 'A':
            DDRA &= 0x7f;
            break;
        case 'B':
            DDRB &= 0x7f;
            break;
        case 'C':
            DDRC &= 0x7f;
            break;
        case 'D':
            DDRD &= 0x7f;
            break;
        case 'E':
            DDRE &= 0x7f;
```

```
            break;
        case 'F':
            DDRF &= 0x7f;
            break;
        default:
            DDRG &= 0x7f;
    }
}

// D7 관련한 최상위 비트를 출력으로 변경
void LCD_BUSY_disable(void)
{
    switch(LCD_data_dir)
    {
        case 'A':
            DDRA |= 0x80;
            break;
        case 'B':
            DDRB |= 0x80;
            break;
        case 'C':
            DDRC |= 0x80;
            break;
        case 'D':
            DDRD |= 0x80;
            break;
        case 'E':
            DDRE |= 0x80;
            break;
        case 'F':
            DDRF |= 0x80;
            break;
        default:
            DDRG |= 0x80;
    }
}

// LCD가 동작중인지를 LCD의 busy flag 비트로 검사('1'이면 busy)
void lcd_busy(void)
{
        E_disable();
```

```
        LCD_BUSY_enable();
        do{
            RS_disable();
            RW_enable();
            E_enable();
            delay_us(1000);
            LCD_flag_check();
            E_disable();
        }while(LCD_BUSY_flag);
        LCD_BUSY_disable();
}

// LCD에 명령어, 주소, 데이타를 쓸 때 LCD의 E 핀 활성화
void lcd_enable(void)
{
        E_enable();
        delay_us(1000);
        E_disable();
}

// LCD 기능 설정(인터페이스 비트 수(8비트 또는 4비트), LCD 라인 수(1라인/2라인), 글
자 폰트(5x7/5x10))
void lcd_func_set(void)
{
        RW_disable();
        RS_disable();
        LCD_data_PORT(0x38);
        lcd_enable();
}

// LCD에 명령어/주소 쓰기
void lcd_command(unsigned char lcd_data)
{
        lcd_busy();
        RW_disable();
        RS_disable();
        LCD_data_PORT(lcd_data);
        lcd_enable();
}

// 전원이 on된 후 LCD 초기화 과정
```

```
void lcd_init(void)
{
        E_disable();
        delay_ms(20);
        lcd_func_set();
        delay_ms(10);
        lcd_func_set();
        delay_us(1000);
        lcd_func_set();
        delay_us(1000);

        lcd_command(0x38);
        lcd_command(0x0c);
        lcd_command(0x01);
        lcd_command(0x06);
}

// LCD에 1문자 쓰기
void lcd_write_char(unsigned char lcd_data)
{
        lcd_busy();
        RW_disable();
        RS_enable();
        LCD_data_PORT(lcd_data);
        lcd_enable();
        RS_disable();
}

// LCD에 표시될 문자의 위치 정의(행(0 또는 1 라인), 열(0~15))
void lcd_position(unsigned char i, unsigned char j)
{
        unsigned char address;
        if(i == 1)      address = 0xc0 + j;         // 1번 행에 표시되 열 위치
        else            address = 0x80 + j;         // 0번 행에 표시되 열 위치
        lcd_command(address);
}

// LCD에 문자열 표시
void lcd_puts(char *str)
{
        while(*str){                  // 문자열 데이터가 없을 때까지 반복
```

```
        lcd_write_char(*str);      // 1 문자 표시
        str++;                     // 다음 문자 주소 값 증가
    }
}
```

LCD 헤더파일 작성하기

아래와 같은 'lcd_1602.h' 프로그램을 작성하고 'C:\cvavreval\INC' 위치에 넣어 둔다('입출력 헤더파일 작성하기' 참조 바람). 표준형 프로그램에 LCD를 사용할 때 적용되는 LCD 헤더파일이다.

```
// delay 함수를 정의한 헤더파일
#include <delay.h>

void lcd_busy(void)               // LCD가 동작중인지를 검사
{
    unsigned char i;
        LCD_cmd_PORT &= ~(1 << LCD_E);
        LCD_data_DDR &= 0x7f;
        do{
            LCD_cmd_PORT &= ~(1 << LCD_RS);
            LCD_cmd_PORT |= (1 << LCD_RW);
            LCD_cmd_PORT |= (1 << LCD_E);
            delay_us(1000);
            i = LCD_data_PIN & (1 << BUSY);
            LCD_cmd_PORT &= ~(1 << LCD_E);
        }while(i);
        LCD_data_DDR |= 0x80;
}

void lcd_enable(void)             // LCD에 명령이나 데이타를 쓸 때 LCD 인에이블
{
        LCD_cmd_PORT |= (1 << LCD_E);
        delay_us(1000);
        LCD_cmd_PORT &= ~(1 << LCD_E);
}
```

```
void lcd_func_set(void) // LCD 기능 설정
{
        LCD_cmd_PORT &= ~(1 << LCD_RW);
        LCD_cmd_PORT &= ~(1 << LCD_RS);
        LCD_data_PORT = 0x38;
        lcd_enable();
}

void lcd_command(unsigned char lcd_data)    // LCD에 명령어 쓰기
{
        lcd_busy();
        LCD_cmd_PORT &= ~(1 << LCD_RW);
        LCD_cmd_PORT &= ~(1 << LCD_RS);
        LCD_data_PORT = lcd_data;
        lcd_enable();
}

void lcd_init(void)                 // 전원이 on된 후 LCD 초기화 과정
{
        LCD_cmd_DDR |= ((1 << LCD_RS) | (1 << LCD_RW) | (1 << LCD_E));
                                    // RS, RW, E핀 출력 정의
        LCD_data_DDR = 0xff;        // D7~D0 입출력 방향 결정

        LCD_cmd_PORT &= ~(1 << LCD_E);
        delay_ms(20);
        lcd_func_set();
        delay_ms(10);
        lcd_func_set();
        delay_us(1000);
        lcd_func_set();
        delay_us(1000);

        lcd_command(0x38);
        lcd_command(0x0c);
        lcd_command(0x01);
        lcd_command(0x06);
}

void lcd_write_char(unsigned char lcd_data) // LCD에 한 문자 쓰기
{
        lcd_busy();
```

```
        LCD_cmd_PORT &= ~(1 << LCD_RW);
        LCD_cmd_PORT |= (1 << LCD_RS);
        LCD_data_PORT = lcd_data;
        lcd_enable();
        LCD_cmd_PORT &= ~(1 << LCD_RS);
}

void lcd_position(unsigned char i, unsigned char j) // LCD에 문자가 표시될
                                                        위치 설정
{
        unsigned char address;
        LCD_cmd_DDR |= ((1 << LCD_RS) | (1 << LCD_RW) | (1 << LCD_E));
                                        // RS, RW, E핀 출력 정의
        if(i == 1)    address = 0xc0 + j;
        else          address = 0x80 + j;
        lcd_command(address);
}

void lcd_puts(char *str)            // LCD에 문자열 표시
{
        while(*str){                // 문자열 데이터가 없을 때까지 반복
        lcd_write_char(*str);       // 1 문자 표시
        str++;                      // 다음 문자 주소 값 증가
  }
}
```

찾아보기

윤창용

현) 수원과학대학교 전기과 교수

이희진

현) 국립한경대학교 전기전자제어공학과 교수

정가 20,000원

AVR 마이크로컨트롤러 혼자서 터득하기

2019년 3월 2일 초판 인쇄
2019년 3월 8일 초판 발행
저　자 : 윤창용 · 이희진
발행자 : 송　준
발행처 : 홍릉과학출판사
주　소 : 서울시 강북구 인수봉로 50길 10
01093
등　록 : 1976년 10월 21일 제5-66호
전　화 : (02) 999-2274~5, 903-7037
팩　스 : (02) 905-6729
e-mail: hongpub@hongpub.co.kr
http://www.hongpub.co.kr
ISBN: 979-11-5600-653-4

저자와의 협의하에 인지생략